Nelles Verlag

Photo: olenatur (Fotolia)

Indien

Der Norden

Autoren:
Helmut Köllner, Julia Ziegelmaier,
Ravinder Kumar, Nirmal Ghosh,
Zothanpari Hrahsel, R. Nagaswamy,
Sumita Paul, Bill Aitken, Hamdi Bey,
Shalini Saran, Varsha Das,
Probir Sen, Berthold Schwarz

KABUL
AFGHANISTAN
Jalalabad
MARDAN
ISLAMABAD
PESHAWAR
Ghazni
3462
3145
Bannu
RAWALPINDI
(Indus)
Mianwali
1522
Tank
Sindh
GUJRANWALA
Chenab
Zhob
2965
3111
LAHORE
PAKISTAN
DERA GHAZI KHAN
Mt. Khalifat 3485
MULTAN
Sibi
1503
Jampur
180
BAHAWALPUR
1264
Ahmadpur East
Kandhkot
SHIKARPUR
KHAIRPUR
DADU
NAWABSHAH
HYDERABAD
Badin
168
Kargil
LADAKH
4370
SRINAGAR
172
Leh
7135
ZANSKAR
KASHMIR
Hemis
Padum
JAMMU &
JAMMU
5685
6666
PATHANKOT
234
HIMACHAL
PRADESH
AMRITSAR
JALANDHAR
CHANDIGARH
UTTARAKHAND
DEHRA DUN
236
PUNJAB
184
ABOHAR
Thanesar
KARNAL
HARYANA
Yamuna
HISAR
ROHTAK
CHURU
72
DELHI
MORADABAD
RAMPUR
BAREILLY
UTTAR
PRADESH
Ganga (Ganges)
6372
6133
CHINA
Ali
Leo Pagral 6727
TIBET
Namru
GREAT
Nanda Devi 7817
Pithoragarh
192
BIKANER
Jhunjhunun
196
SIKAR
ALWAR
ALIGARH
97
103
AGRA
Jaisalmer
RAJASTHAN
Fatehpur Sikri
140
JODHPUR
JAIPUR
125
LUCKNOW
AJMER
138
Chambal
GWALIOR
KANPUR
PALI
SHIVPURI
JHANSI
94
KOTA
1316
Mount Abu 1200
Chittorgarh
Khajuraho
157
REWA
GUNA
128
135
132
UDAIPUR
685
INDIA
Radhanpur
Biaora
MADHYA
SAGAR
Sanchi
GANDHINAGAR
UJJAIN
BHOPAL
160
Mandvi
WADHWAN
AHMEDABAD
PRADESH
JABALPUR
Gulf of Kutch
144
674
INDORE
Dwarka
RAJKOT
GUJARAT
VADODARA
Narmada
ITARSI
BHAVNAGAR
1325
937
KHANDHWA
PORBANDAR
JETPUR
SURAT
NAGPUR
PRABHAS PATAN
Gulf of Khambhat
DHULE
AMRAVATI
146
NASHIK
AURANGABAD
Washim
CHANDRAPUR
MAHARASHTRA
THANE
MUMBAI
1488
961
NANDED
664
RAMAGUNDAM
PUNE
773
NIZAMABAD
674
1405
929
WARANGAL
SATARA
SOLAPUR
TELANGANA
HYDERABAD
KOTHAGUDEM
KOLHAPUR
BIJAPUR
MAHBUBNAGAR
0
100
200 km

Nationalparks 20
Delhi 72/73
Haryana / Punjab / Uttar Pradesh 94/95
Agra 97
Fatehpur Sikri 103
Varanasi 108/109
Buddhistische Stätten 112
Sarnath 113
Jaipur 125
Rajasthan 128/129
Udaipur 132
Mount Abu 135
Jodhpur 138
Jaisalmer 140
Ahmedabad 144
Gujarat 146
Madhya Pradesh 152/153
Khajuraho 157
Sanchi 160
Jammu und Kaschmir 168/169
Srinagar 172/173
Himachal Pradesh 184/185
Uttarakhand 192/193
Bihar / Jharkhand / Westbengalen 202/203
Calcutta 209
Calcutta / Hugli 217
Sikkim 225
Assam 227
Trekking im Himalaya 234
Trekking im Himalaya 236/237

Liebe Leserin, lieber Leser,

AKTUALITÄT wird in der Nelles-Reihe groß geschrieben. Unsere Korrespondenten dokumentieren laufend die Veränderungen der weltweiten Reiseszene, und unsere Kartografen berichtigen ständig die auf den Text abgestimmten Karten.
Wir freuen uns über jeden Korrekturhinweis! Unsere Adresse: Nelles Verlag, Machtlfinger Str. 26 Rgb., D-81379 München, Tel. +49 (0)89 3571940, Fax +49 (0)89 35719430, E-Mail: Info@Nelles.com, Internet: www.Nelles.com
Haftungsbeschränkung: Trotz sorgfältiger Bearbeitung können fehlerhafte Angaben nicht ausgeschlossen werden, der Verlag lehnt jegliche Produkthaftung ab. Alle Angaben ohne Gewähr. Firmen, Produkte und Objekte sind subjektiv ausgewählt und bewertet.

LEGENDE

Top-Attraktion
★★ *(in Karte)*
★★ *(in Text)*
sehr sehenswert
★ *(in Karte)*
★ *(in Text)*
8 Orientierungsnummer in Text und Karte
8 Orientierungsnummer in Text und Stadtplan
8 Orientierungsnummer in Text und Detailplan
Öffentliches bzw. bedeutendes Gebäude
Hotel / Restaurant
Markt / Einkaufszentrum
Botschaft / Polizei
Hospital / Postamt

JAIPUR *(Ort)* Fort Amber *(Sehenswürdigkeit)* in Karte gelb Unterlegtes wird im Text erwähnt
internationaler Flughafen / nationaler Flughafen
Kangri 6000 Berggipfel (Höhe in Meter)
Shingo La 5091 Paß (Höhe in Meter)
UNESCO Welterbe
Nationalpark / Strand
Kloster / antike Stätte
Kirche / Moschee
Hinduistischer Tempel / Buddhistischer Tempel
Golfplatz / Aussichtspunkt
Touristeninformation

Staatsgrenze
Provinzgrenze
Mehrspurige Straße
Fernverkehrstraße
Hauptstraße
Nebenstraße, Fahrweg
Eisenbahn
Stadtmauer
Road Corridors in India: Golden Quadrilateral North-South Corridor East-West Corridor
18 Entfernung in Kilometer
9 Straßennummer
P Bus Station / Parkplatz

IMPRESSUM

INDIEN – Der Norden

Druck: Bayerlein, Germany
Einband durch DBGM geschützt

- R2617 -

Kartenverzeichnis 3
Impressum / Kartenlegende / Haftungsbeschränkung 4

1 FEATURES

Höhepunkte. 13
Geschichte im Überblick 14
Götter, Rinder und Asketen 16
Nationalparks 21
Die Küche Nordindiens 24

2 GESCHICHTE UND KULTUR

Streifzug durch die indische Geschichte 27
Unberührbare und Situation der Frau heute 64

3 DIE FRUCHTBAREN EBENEN DES NORDENS

Delhi 69
INFO: Restaurants, Sehenswürdigkeiten 88-89

Haryana 90
Punjab 92
INFO: Restaurants, Sehenswürdigkeiten 93

Uttar Pradesh 97
Agra / Taj Mahal 5
Fatehpur Sikri 101
Varanasi (Benares) 107
Sarnath 112
INFO: Restaurants, Sehenswürdigkeiten 116-117

4 IM REICH DER FANTASIE

Rajasthan. 121
Jaipur 123
Udaipur. 131
Mount Abu / Dilwara / Ranakpur. 134
Jaisalmer 139
INFO: Restaurants, Sehenswürdigkeiten 142-143

Gujarat 144
INFO: Restaurants, Sehenswürdigkeiten 151

Madhya Pradesh 154
Khajuraho 156
INFO: Restaurants, Sehenswürdigkeiten 163

5 MAJESTÄTISCHE GIPFEL

Jammu und Kaschmir 167
Srinagar 170
Ladakh 174
Zanskar 181
INFO: Restaurants, Sehenswürdigkeiten 183

Himachal Pradesh 185
INFO: Restaurants, Sehenswürdigkeiten 191

Uttarakhand 192
INFO: Restaurants, Sehenswürdigkeiten 197

6 LAND DER WEISEN UND DICHTER

Bihar 201
Jharkhand 206
INFO: Restaurants, Sehenswürdigkeiten 207

Calcutta (Kolkata) 208
Westbengalen 216
Darjeeling 219
INFO: Restaurants, Sehenswürdigkeiten 222-223

7 VERBOTENE GRENZEN

Sikkim 224
Assam 226
Arunachal Pradesh 228
Nagaland 228
Meghalaya 229
Tripura 230
Manipur 231
Mizoram 232
INFO: Restaurants, Sehenswürdigkeiten 233

8 TREKKING

Trekking im Himalaya 235
Zur Quelle des Ganges 239

9 REISE-INFORMATIONEN

Vorbereitungen . . . 242
Klima / Reisezeit . . . 242
Bekleidung . . . 242
Visum . . . 242
Zoll . . . 243
Währung / Geldumtausch / Devisen . . . 243
Gesundheitsvorsorge . . . 243
Ausreise . . . 244

Reisewege nach Indien . . . 244

Reisen innerhalb Indiens . . . 244
Fluglinien . . . 244
Bahn / Indian Railways . . . 245
Busse . . . 245
Taxis . . . 246

Praktische Tipps . . . 246
Alkohol . . . 246
Banken . . . 246
Buchhandlungen . . . 246
Einkaufen . . . 246
Feste / Feiertage . . . 246
Fotografieren . . . 247
Führer . . . 247
Gewichte und Maße . . . 247
Kino . . . 247
Literaturtipps für Indien . . . 247
Netzspannung . . . 247
Post . . . 248
Presse . . . 248
Telekommunikation . . . 248
Touristen-Information . . . 248
Verhaltensregeln . . . 248
Zeit . . . 248

Adressen . . . 249
Botschaften und Konsulate . . . 249
Indisches Fremdenverkehrsamt . . . 249

Speisekarte . . . 249

Redewendungen in Hindi . . . 250

Autoren . . . 251

Register . . . 252

Helmut Köllner

Auf dem Kunzom-Pass (4551 m), zwischen Lahaul und Spiti

Martin Thomas

Hochzeit in Bharatpur

Photo: Aditya Arya

HÖHEPUNKTE

★**Delhi** (S. 69): Besuchermagneten der dynamischen indischen Hauptstadt sind der islamische Turm ★★**Qutab Minar** von 1199, ★★**Humayuns Grabmal** (16. Jahrhundert, Vorläufer des Taj Mahal), das ★★**Nationalmuseum** (Kunstgeschichtsexponate von Weltrang) und das quirlige Basarviertel ★★**Old Delhi** mit ★**Jama Masjid** und ★★**Rotem Fort**.

★**Agra** (S. 5): ★★**Taj Mahal**, ★★**Agra Fort**, ★★**Itimad-ud-Daulah** und ★**Akbars Mausoleum** sind absolute Höhepunkte der Mogularchitektur.

★★**Fatehpur Sikri** (S. 101): Ab 1569 errichtete Residenz Kaiser Akbars mit dem prachtvollen Siegestor ★★**Buland Darwaza** der Gr. Moschee.

★**Varanasi** (**Benares**, S. 107): Stimmungsvolle Ruderbootfahrt zum Sonnenaufgang entlang der ★★**Ghats**.

★★**Sarnath** (S. 112): Das über 2200 Jahre alte ★★**Löwenkapitell** ist der Stolz des ★★**Archäologischen Museums** dieser frühbuddhistischen Stätte.

★**Jaipur** (S. 123): Eine der sehenswertesten Städte Rajasthans, mit ★**Stadtpalast**, Observatorium ★**Jantar Mantar** und der fantastischen Fassade des ★**Palasts der Winde**.

★★**Udaipur** (S. 131): Traditionsreiche Rajputen-Residenzstadt mit monumentalem ★★**Stadtpalast**.

★★**Dilwara** (S. 134): Faszinierende Marmortempel der Jaina am ★**Mt. Abu** aus dem 11. bis 13. Jahrhundert.

★**Ranakpur** (S. 136): ★★**Adinath-Tempel** von 1432 aus weißem Marmor, mit außergewöhnlich fein gearbeiteten Skulpturen.

Links: Das göttliche Liebespaar Vishnu und Lakshmi, zu Stein geworden in Kajuraho.

★★**Jaisalmer** (S. 139): Großartiges mittelalterliches Wüstenfort mit kunstvoll verzierten ★★**Havelis**.

★★**Khajuraho** (S. 156): Tempel (11. Jh.) und erotische Skulpturen vom Feinsten.

★★**Bhimbetka** (S. 160): 9000 Jahre alte Felsmalereien, die ältesten Zeugnisse indischen Kunstschaffens.

★★**Sanchi** (S. 160): Der ★★**Große Stupa** aus frühbuddhistischer Zeit (3. Jh. v. Chr.) mit seinen vier kunstvoll behauenen ★★**Steintoren** ist eines der wichtigsten buddhistischen Pilgerziele.

★**Srinagar** (S. 170): Nostalgische Hausboote ankern zwischen Lotosblüten im ★★**Dal-See** und ★★**Nagin-See**; die Sicherheitslage ist allerdings prekär.

★★**Ladakh** (S. 174): Tibetisch geprägte Himalayaklöster – u. a. ★★**Lamayuru**, ★★**Alchi**, ★★**Leh**, ★★**Hemis**.

★★**Zanskar** (S. 181): Weltabgeschiedene Klöster in großartiger Landschaft: ★★**Rangdum**, ★★**Karsha**, ★★**Thonde**

★★**Tabo Gompa** (S. 190): 1000 Jahre alte Sakralkunst in einem gut erhaltenen tibetisch-buddhistischen Himalayakloster im Tal von ★**Spiti**.

★**Calcutta/Kolkata** (S. 208): Bengalens Metropole bietet das ★**Indische Museum**, das größte des Landes – mit einer Million Exponaten aus Kunst, Geschichte, Kultur und Natur Indiens.

★**Darjeeling** (S. 219): Nepalesisch geprägte Himalayastadt mit ★★**Himalayablick** und zum UNESCO-Welterbe zählender ★★**Himalayabahn**.

7000-3000 v.Chr. Erste neolithische Lehmziegelsiedlungen im nordindischen Mehrgarh; Getreideanbau und Viehwirtschaft beginnen.

2150-1750 v. Chr. Hochkultur im Industal (Mohenjodaro u. Harappa). Erste Städte mit Wasserversorgungs- und Entsorgungssystem.

Ab 1400 v. Chr. Die Arya, kriegerische Nomaden, wandern über den Hindukusch ein und erobern nach und nach den Subkontinent.

1300-1000 v. Chr. Entstehung der Veden (Hymnen u. Anrufungen), die bereits das Kastensystem als göttliche Ordnung enthalten.

1000-600 v. Chr. Spätvedische Zeit. Entstehung der Upanishaden; Idee vom Kreislauf der Wiedergeburten (Samsara) wegen individ. Taten (Karma); die Seele des Menschen (Atman) ist eins mit dem Göttlichen (Brahman).

6. Jh. v. Chr. Siddhartha Gautama „Buddha" und Vardhamana „Mahavira" gründen die Reformreligionen Buddhismus und Jainismus, predigen Selbsterkenntnis, beten keine Schöpfergötter an, ignorieren Kastengrenzen.

325 v. Chr. Siegeszug Alexanders des Großen bis zum Indus.

273-232 v. Chr. Großreich des Maurya-Kaisers Ashoka auf dem indischen Subkontinent. Ashoka wird zum Förderer des Buddhismus.

20-250 n. Chr. Kushana-Großreich (von Ost-Turkestan, Afghanistan u. Punjab bis Benares), Förderung des Buddhismus.

2. Jh n. Chr. Entstehung des figürlichen Buddhabildnisses in Mathura und Gandhara.

4.-6. Jh. Gupta-Reich, Förderung buddhistischer und hinduistischer Kunst.

711 Arabereinfall in das Industal.

740-1036 Gujara-Pratihara-Dynastie.

998-1030 Raubzüge des Mahmud von Ghazni im Namen des Islams nach Nordindien.

1192 Die Truppen Mohammed von Ghurs erobern Nordindien. Sein General Qutub-ud-Din Aibak gründet das erste Sultanat von Delhi.

1290-1320 Khalji-Dynastie.General Malik Kafur erobert Südindien bis Madurai.

1320-1398 Tughluq-Dynastie. Gründung von drei Städten im Bereich Delhis. Mohammed Tughluq verlagert die Hauptstadt zum Dekkan.

1398/99 Der Mongole Timur (Tamerlan, Timur Lenk) erobert Delhi.

1484-1526 Lodhi-Dynastie. 1498 landet Vasco da Gama in Indien, und 1510 wird Goa portugiesische Kolonie.

1526 Der Muslim Babur gründet das Mogulreich. Sein Sohn Humayun muss nach Entmachtung (1540) durch Sher Shah Sur nach Persien fliehen u. erobert Delhi 1555 zurück.

1556-1605 Der Mogulkaiser Akbar zeichnet sich durch religiöse Toleranz aus: Bündnispolitik mit hinduistischen Rajputenhöfen.

1600 Gründung der britischen Handelsgesellschaft East India Company, die ab 1680 eigene Streitkräfte in Indien aufstellt.

1605-1627 Jehangir festigt das Mogulreich.

Photo: Wilhelm Klein

Ein stolzer Rajpute aus der Wüste West-Rajasthans.

1628-1688 Mogulkaiser Shah Jahan baut Delhi aus und errichtet das Taj Mahal in Agra.

1658-1707 Unter Aurangzeb erreicht das Mogulreich seine größte Ausdehnung.

1738/39 Nadir Shah erobert und plündert Delhi und nimmt den Pfauenthron mit nach Persien – der Anfang vom Ende des Mogulreichs.

1757 Der britische Offizier Robert Clive besiegt den Nabob von Bengalen; die Britische Ostindien-Kompanie, eine Aktiengesellschaft Londoner Kaufleute, dehnt – gegen die Konkurrenz von Franzosen, Holländern und Portugiesen – von ihren Hafenhandelsstützpunkten Calcutta, Madras und Bombay ihren Einfluss weiter aus.

1761 Die hinduistischen Marathen werden zur stärksten Macht in Indien.

1805 Nach ihrem Sieg im 2. Marathenkrieg dominiert die East India Company Indien.

1857 Sepoy-Aufstand hinduistischer und muslimischer Soldaten der Ostindien-Kompanie gegen ihre britischen Befehlshaber. Die britische Krone übernimmt nun direkt die Herrschaft; Königin Viktoria wird 1877 Kaiserin von Indien und ein britischer

Photo: Robert Höbel

Hinduistische Inderin mit Schal (dupatta) und rotem Punkt (bindi).

Vizekönig regiert in ihrem Namen von Kalkutta aus.

1885 Gründung des Indian National Congress.

1906 Ali Jinnah gründet die Muslimliga.

1911 *New Delhi* wird neue Hauptstadt und George V. dort zum Kaiser von Indien gekrönt.

1920 Mahatma Gandhi ruft zum gewaltlosen Widerstand gegen die Britenherrschaft auf.

15.8.1947 Unabhängigkeit Indiens, Gandhi und Nehru als Vorkämpfer. Abspaltung des muslimischen Pakistan, in Folge Massaker, Vertreibungen und Flucht auf beiden Seiten.

1948 Indo-pakistanischer Krieg um Kaschmir, Teilung durch Waffenstillstandslinie(LOC). Ein Hindu-Fanatiker ermordet Gandhi, Jawarharlal Nehru wird erster Premierminister Indiens.

1962 Grenzkrieg mit China.

1965 Zweiter indo-pakistanischer Krieg.

1966 Indira Gandhi, Nehrus Tochter, wird Premierministerin.

1971 Dritter indo-pakistanischer Krieg; Ostpakistan wird als Bangladesh selbständig.

1974 Erster indischer Atomtest.

1975 Das Königreich Sikkim wird Unionsstaat.

1984 Indira Gandhi lässt den von Sikh-Separatisten besetzten Goldenen Tempel in Amritsar stürmen und wird deshalb ermordet. Ihr Sohn Rajiv gewinnt die Wahl.

1989 Der Aufstand im überwiegend muslimischen Kaschmir beginnt.

1991 Ermordung Rajiv Gandhis durch eine tamilische Selbstmordattentäterin. Nachfolger P.V.N. Rao und Finanzminister Manmohan Singh liberalisieren die Wirtschaft; der Aufschwung beginnt.

1992 Hindu-Nationalisten zerstören die Babri-Moschee in Ayodhya (Geburtsort Ramas).

1998 Die hindunationale BJP gewinnt die Wahlen; Atal Bihari Vajpayee wird Premierminister. Atombombentests in Indien und Pakistan.

1999 Pakistans Angriff auf Kargil im Himalaya („Kargil-Krieg") wird zurückgeschlagen.

2002 Ausschreitungen zwischen radikalen Hindus und Muslimen im Staat Gujarat.

2004 Wahlsieg der Kongresspartei unter Sonia Gandhi. Wirtschaftsreformer Manmohan Singh wird Premierminister. Ein Tsunami in Südindien kostet fast 9000 Menschenleben.

2008 „26/11": Schwere, 4 Tage dauernde Terroranschläge in Mumbai durch pakistanische islamistische Attentäter, die sich u. a. im Taj-Mahal-Hotel verschanzen; 164 Tote.

2009 Wahlsieg für die Kongresspartei und deren Premierminister Manmohan Singh.

2011 Zensus in Indien: das Land hat über 1,2 Milliarden Einwohner; die Bevölkerung wächst weiter.

2012 Nach Gruppenvergewaltigung mit Todesfolge Massenproteste für mehr Frauenrechte.

2014 Narendra Modi erreicht mit der hindunationalen BJP die absolute Mehrheit u. wird neuer Premierminister. Telangana wird der 29. Bundesstaat.

2016 Unruhen in Kaschmir. Das Wirtschaftswachstum beträgt 7,3 %. 1000-Rupien-Scheine werden aus dem Umlauf genommen u. die 500er erneuert.

Photo: Bettina Dolansky (Montanus)

GÖTTER, RINDER UND ASKETEN

Das Pantheon des Hinduismus

Die Hymnen des Veda sind von – den Ariern bedrohlich erscheinenden – Naturphänomenen beeinflusst: Jedes wurde personifiziert, und dem entsprechenden Geist schrieb man übernatürliche Kräfte zu. Später entwickelten sich aus diesen Naturgeistern die Götter des Hinduismus, die man für unterschiedliche Erscheinungsformen eines einzigen höchsten Wesens hielt und die bis heute von den Hindus angebetet werden. Insgesamt wurden 33 Gottheiten verehrt, die man in 3 Gruppen einteilen kann: die Götter der Erde, der Luft und des Himmels. Die Götter wurden im Vedischen Zeitalter durch Opfergaben wie Butter und *soma*-Saft und das Singen vedischer Hymnen günstig gestimmt. Die meisten Götter waren männlich, doch auch weibliche Gottheiten wie die Göttin der Morgenröte, **Ushas**, oder die des Flusses, **Sarasvati**, wurden in den Veden verehrt.

Oben: Shiva und seine Gattin Parvati mit ihrem Sohn, dem elefantenköpfigen Ganesha, und ihrem „Fahrzeug", dem Stier Nandi.

Der Feuergott **Agni** war ein wichtiger Gott für die Menschen des Vedischen Zeitalters. Agni leitet sich von einem indo-germanischen Wort ab, das im Lateinischen *ignis* und im Slawischen *ogoni* heißt. Agnis lodernde Flammen erscheinen wie Haare oder wie Zungen, mit denen er die Opfergaben empfängt und zu den anderen Göttern trägt.

Indra war der mächtigste Gott der vedischen Zeit. Er personifiziert das Gewitter, das die Trockenheit beendet und die Dunkelheit vertreibt. Die Wolken erinnern an sich bewegende Festungen, die von Indra angegriffen werden: Also heißt er auch der Zerstörer und wurde deshalb von den Ariern bevorzugt in Kriegszeiten angerufen.

Den alles umschließenden Himmel verkörpert **Varuna**, der Große Herr, in seiner Bedeutung fast so wichtig wie Indra. Er beherrscht Himmel und Erde und trennt sie voneinander; dies wird das Große Gesetz genannt.

Der Gott des Sturmes und des zerstörerischen Blitzes ist der ewig junge **Rudra**. Rudra scheint wie eine glühende Sonne. Im Lauf der Geschichte wurde Rudra mit Agni, dem Feuergott, identifiziert – aus dieser vereinigten Gottheit wurde der großzügige und glückverheißende **Shiva**, der aber auch Schrecken verbreiten konnte und diejenigen tötete, die Angst vor seinem Zorn hatten.

Ebenfalls ein Gott aus dem Vedischen Zeitalter ist **Vishnu**; er ist das Leuchten der Sonne, er ist ein Strahl, der durch den Himmel und die Luft auf die Erde fällt. **Rama** und **Krishna** sind zwei seiner zehn Herabkünfte/Erscheinungsformen (Avatare). Ein anderer wichtiger Gott, der jedoch erst später Bedeutung erlangte, ist **Brahma**, der Schöpfer; er ist identisch mit dem Gott Brihaspati, dem Weltenhüter des Zenits.

Zwar spielten die Gottheiten Rudra, Vishnu und Brahma zu Beginn der Vedischen Zeit nur untergeordnete Rollen, doch die kraftvolle Bildersprache, die sich später um sie herum entfaltete, hob sie in den Pantheon des Hinduismus.

Shiva ist der Gott des Gegensatzes und der Vereinigung des Gegensatzes; das ist das Merkmal dieses furchteinflößenden und glückverheißenden Gottes. In der Dreieinigkeit der hinduistischen Götter gilt Brahma als Schöpfer und Vishnu als Bewahrer. Shiva ist der Zerstörer des Alls, wenn die Zeit gekommen ist; er bringt den Tod. Doch für seine Anhänger ist er sowohl Zerstörer als auch Schöpfer und Bewahrer. Auch Vishnu wird als Bewahrer der erschaffenen Welt begriffen, bis sie erneut zerstört und wieder erschaffen wird. Er ist „Allesbewahrer", der höchste Gott und Erstgeborene der Schöpfung, die weder Anfang noch Ende kennt.

Die Macht der Götter spiegelt sich in ihrer Vielarmigkeit und unzähligen Beinamen wider. Die Göttinnen gelten als Form von **Shakti**, der weiblichen Urkraft des Universums; **Parvati** repräsentiert so die aktive Energie Shivas, **Lakshmi** diejenige Vishnus.

Die „heilige Kuh"

Die außerhalb Indiens kaum nachvollziehbare Tradition der Verehrung der Kuh (womit der Verzicht auf Rindfleisch verbunden ist) lässt sich etwa 3500 Jahre zurückverfolgen, also bis zu den Ariern, einem indogermanischen Hirtenvolk. Zum Alltag der Arier gehörten Opferrituale, bei denen neben der Opferung heilige Verse rezitiert wurden. Den formalen Ablauf des Opferrituals bestimmten die Brahmanen-Priester; die Opfergaben, hauptsächlich geschmolzene Butter, wurden von der Bevölkerung dargebracht. Im Leben der Menschen hatte die Kuh denselben Stellenwert wie das vedische Feuer oder die Verse der Brahmanen.

Von den domestizierten Tieren war die Kuh das mit Abstand nützlichste Tier, alle ihre Produkte waren verwertbar: Milch, *curd* (Yoghurt), *ghee* (Butterschmalz), der Mist und sogar der Urin (als vielseitiges Heilmittel).

Die Kuh war *kamadhenu*, die Erfüllerin aller Wünsche. Das Füttern und die Pflege einer Kuh wurden als aktive Verehrung verstanden. Im Lauf der Zeit entwickelte sich die Kuh zum Sinnbild der Göttlichkeit, gleichsam zum Wohnsitz der Götter. Die Religion verlangte von den Menschen, einem Brahmanen eine Kuh (*godana*) zu schenken, damit dieser sie anbeten und dadurch die Götter wohlwollend stimmen konnte.

Eine Legende des Veda, die den Kampf zwischen dem brahmanischen Weisen Vasishta und dem König Visvamitra schildert, verdeutlicht die Verehrung, die die Menschen der Kuh entgegenbrachten: Vasishta besaß die Kuh Kamadhenu, die alle Wünsche erfüllte. Deshalb wollte der König die Kuh haben, doch es gelang ihm nicht, sie in seinen Besitz zu bringen. Er musste erkennen, dass die geistige Kraft des Brahmanen – symbolisiert in der Kuh – stärker war als die materielle Macht eines Königs. Er tat Buße und wurde später ein brahmanischer Weiser.

Eine andere Legende erzählt die Geschichte des Weisen Chyavana, der am Zusammenfluss von Ganges und Yamuna seine Bußübungen unter Wasser vollzog. Als an dieser Stelle Fischer ihr Netz auswarfen und den Weisen aus dem Wasser fischten, waren sie ziemlich verstört; der Weise aber beruhigte sie. Er bat sie, zum König zu gehen und ihm zu sagen, dass auch er, der Weise, wie die Fische seinen Preis hätte. Sofort eilte der König herbei und bot Unsummen von Geld, dann die Hälfte seines Königreiches und schließlich – in seiner Verzweiflung – das ganze Reich. Doch immer lehnte der Weise das Angebot ab. Schließlich bot der König eine Kuh als Gegenwert an, und siehe da, der Weise nickte zustimmend.

Die fünf Produkte der Kuh – Milch, Joghurt, *ghee* (Butterschmalz), Urin und Mist – gelten als rituell rein; besonders Butterschmalz, Milch und Joghurt sind wichtig für den Tempelkult. Wenn morgens die Tore des Tempels geöffnet werden, wird eine Kuh hingestellt, damit der Blick des Gottes, wenn er die Augen ins Universum öffnet, als erstes auf die Kuh fällt. Dieser Brauch, der die Götter günstig stimmen soll, wird *Visvarupa Darsana* genannt. Er garantiert den Menschen göttlichen Segen. So hat man früher dem König, nachdem er aufgewacht war, heilige Gegenstände gezeigt, unter anderem eine Kuh.

Es gibt 16 Geschenke – einschließlich einer Kuh –, die ein König oder ein reicher Mann bei passender Gelegenheit machen kann. Bei einer Beerdigung ist das Geschenk einer Kuh unabdingbar, um die Erfüllung der Rituale zu garantieren.

Die Shivaiten reiben ihren Körper und die Stirn mit einer heiligen Asche aus Kuhdung ein.

Krishna, als Kuhhirte eine Inkarnation Vishnus, bevorzugte Kuhmilch und Butter, und mit eben diesen Opfergaben wirbt man um seine Gunst.

Rechts: Auf Spenden wartender Sadhu.

Gurus und Asketen

In Indien ist der Anblick eines orange gekleideten *sadhu* oder *sannyasin* (Wanderasket) keineswegs ungewöhnlich. Entweder ist der Kopf kahlgeschoren, oder er trägt einen langen Bart, verfilztes Haar und wandert mit einer Bettelschale durch das Land. Ebenfalls alltäglich ist die Verehrung, die man ihm entgegenbringt. Häufig begegnet man den *sadhus* an Wallfahrtsorten, wo trotz der Ähnlichkeit ihres Erscheinungsbildes Unterschiede deutlich werden.

Seit den 1960er Jahren haben indische *gurus* (spirituelle Lehrer) die Fantasie der Menschen der westlichen Welt angeregt und wurden zu Kultfiguren hochstilisiert; ein berühmtes Beispiel hierfür war Bhagwan (posthum „Osho" genannt) in Poona, der scharenweise europäische und amerikanische „Sinnsucher" anzog. Überall in Indien existieren *ashrams*, deren Spektrum von einigen kleinen, in abgelegenen Wäldern liegenden Hütten bis hin zu durchorganisierten Siedlungen mit Schulen, Krankenhäusern und anderen sozialen Einrichtungen reicht. Besucher werden in einem solchen *ashram* gerne aufgenommen, auch dürfen sie an den Lehrveranstaltungen des *gurus* und seiner Schüler teilnehmen. Lange Zeit war im Westen der *guru* quasi ein Synonym für Indien. Die *gurus* sind ein integraler Bestandteil der indischen Hindu-Kultur, in der sie vor allem die Rolle eines religiösen Lehrers spielen.

Vor etwa 2000 Jahren tauchten die ersten asketischen *sadhus* in Indien auf, die überzeugt waren, dass die Wurzel allen menschlichen Leidens die materiellen Bedürfnisse sind. So heißt es: „Sobald der Mensch in Objektbegriffen denkt, entwickelt er eine Beziehung zu diesem Objekt, und von diesem Moment an dauert es nicht mehr lange, bis man dieses Objekt besitzen will. Die Folgen dieses Besitzdenkens sind Angst, Hass, Neid. Der Mensch denkt nicht mehr sachlich und verliert seine

Photo: Wolfgang Hellige

Erkenntnisfähigkeit; am Ende gar sich selbst."

Ähnlich dachten die buddhistischen und jainistischen Seher: Will man dem Leiden entfliehen, bedeutet dies, seine Bedürfnisse zu kontrollieren und seine Wahrnehmung zu schulen. Der beste Weg ist die völlige Loslösung vom Irdischen. Im Jainismus kennt man das Fasten bis zum Tod als höchste Form der Entsagung und als Bekundung, dass selbst der Tod nichts bedeutet.

Sobald sich ein Mensch entschieden hat, ein Leben als *sadhu* zu führen, sprengt er die Grenzen seines bisherigen Lebens, die seiner Familie, seiner Heimat, seiner Kastenzugehörigkeit oder die seiner Religion. Er begibt sich in ein Reich ohne Grenzen, das Reich des universalen Bewusstseins, und er wird zu einem Zentrum der Ruhe. Die Ausgeglichenheit und die Selbstbeherrschung der *sadhus* erwecken bei ihren Mitmenschen tiefe Verehrung, die sie sich nur durch ununterbrochene Bemühungen, ständige Bewusstheit und den wahren Willen nach Loslösung von allem Irdischen erhalten. Manchmal gewinnt man den Eindruck, diese Männer verfügten über übernatürliche Kräfte, und sie könnten geistige wie körperliche Schmerzen heilen. In den heiligen Schriften steht, dass diese Kräfte nur für die Heilung der Leiden anderer Menschen genutzt werden dürfen; sollte ein *sadhu* sie zu seinen eigenen Gunsten nutzen wollen, etwa um Ruhm und Wohlstand zu erlangen, dann verliert er diese Kräfte.

Dieses Ideal der *sadhus* wird seit dem Vedischen Zeitalter überliefert; doch es gibt viele Scharlatane, die den gesellschaftlichen Rang eines *sadhus* zur Bereicherung ausnutzen. Schon vor 1500 Jahren war man sich der Gefahr des Missbrauchs des *sadhu*-Status bewusst. In einer Verszeile aus der Shankara-Zeit heißt es: „Safrangelbe Roben oder seidene Kleidung, ein geschorener Kopf oder verfilzte Locken sollen die Mitmenschen blenden, um sich als *sadhu* den Bauch vollzuschlagen. Unter einer Million *sadhus* gibt es vielleicht einen, der ernsthaft die Wahrheit sucht."

KYRGYZSTAN
UZBEKISTAN
TADZHIKISTAN
Dušanbe
AFGHANISTAN
Kabul
Indus
Srinagar
Dachigam
Islamabad
JAMMU & KASHMIR
C H I N A
T I B E T
1
Great Himalayan
Lahore
Amritsar
Multan
Chandigarh
PAKISTAN
PUNJAB
UTTARAKHAND
Dehra Dun
Rajaji
Lhasa
Zangbo
Satlaj
HARYANA
Corbett
NEPAL
Sindh (Indus)
Delhi
Yamuna
3
Dibrugarh
UTTAR PRADESH
Kathmandu
RAJASTHAN
Sariska
Dudhwa
Agra
2
BHUTAN
Kaziranga
Desert
Chitwan
Jodhpur
Jaipur
Keoladeo Ghana
Valmiki
9
4
Hyderabad
Kanpur
Faizabad
Patna
Manas
Guwahati
Brahmaputra
8
Ranthambhore
Ganga
BIHAR
Allahabad
(Ganges)
Imphal
Udaipur
Varanasi
5
Panna
Dhaka
7
6
GUJARAT
JHARKHAND
Bandavgarh
Little Rann of Kutch
Ahmedabad
MADHYA PRADESH
Betla
WEST BENGAL
BANGLA-DESH
Ranchi
CHHATTIS-GARH
Jabalpur
Mandalay
Rajkot
Indore
Kolkata (Calcutta)
Pench
Kanha
Narmada
Gir
Simlipal
MYANMAR
Surat
Satpura
Sundarbans
Nagpur
Raipur
DIU
DAMAN
ODISHA
Ayeyarwady
Bhitarkanika
MAHARASHTRA
Bhubaneswar
Mumbai (Bombay)
Nasik
I N D I A
B A Y
Indravati
Godavari
Pune
Solapur
Hyderabad
ANDHRA
Yangon
Chandoli
TELANGANA
Papikonda
Rajahmundry
ARABIAN
O F
Vijayawada
Krishna
PRADESH
GOA
Panaji
KARNATAKA
SEA
ANDAMAN ISLANDS (INDIA)
Chennai (Madras)
Mangalore
Bangalore
Nagarahole
TAMIL NADU
Bandipur
PONDICHERRY
B E N G A L
LAKSHADWEEP (INDIA)
Mudumalai
Coimbatore
Silent Valley
Cochin
Madurai
KERALA
Jaffna
Periyar
Trivandrum
SRI LANKA
NICOBAR ISLANDS (INDIA)
Colombo
MALDIVES
I N D I A N
O C E A N
1 HIMACHAL PRADESH
2 SIKKIM
3 ARUNACHAL PRADESH
4 NAGALAND
5 MANIPUR
6 MIZORAM
7 TRIPURA
8 MEGHALAYA
9 ASSAM
NATIONALPARKS
© Nelles Verlag GmbH, München

NATIONALPARKS

In Indien findet man noch immer eine große Vielfalt an geschützten Wäldern und seltenen Tierarten.

Der **Dachigam National Park** (21 km von Srinagar, Kaschmir) ist ein ursprüngliches alpines Ökosystem, das sich von 1700 Meter bis in Höhen von 4300 Meter hinauf erstreckt. Dort lebt der stark vom Aussterben bedrohte Kaschmir-Hirsch *(hangul)* sowie eine ansehnliche Population schwarzer und in höheren Lagen brauner Himalaya-Bären, die man vor allem im Sommer beobachten kann. Ferner gibt es dort Moschus-Hirsche, Füchse, Murmeltiere und eine reiche Vogelwelt. Die beste Zeit zur Beobachtung des seltenen Kaschmir-Hirschs ist der Winter, wenn sich die Tiere wegen der Schneemassen in tieferen Lagen aufhalten.

Corbett Tiger Reserve

Der **Corbett National Park** und das **Project Tiger Reserve** liegen in Uttarakhand, 300 km östlich von New Delhi. Dieser älteste Nationalpark Indiens ist zugleich einer der schönsten, gelegen in den grünen Vorbergen des Kumaon-Himalaya. Er bietet mit seinen laubwerfenden, v. a. aus Salbäumen bestehenden Mischwäldern, weiten Grasflächen und ständig wasserführenden Flüssen Lebensraum für Tiger, deren Beutetiere und auch wilde Elefanten, die im Sommer aus den umliegenden Wäldern einwandern. Der Corbett National Park befindet sich im Herzen des Gebietes, wo Jim Corbett um 1920 die meisten Menschenfresser-Tiger erlegte. Besucher können auf Elefanten durch den Park reiten, außerdem existiert ein recht gutes Straßennetz. Man bekommt relativ leicht *chital*, *sambar* – die größte Hirschart Indiens – Muntjaks, Wildschweine, Warane, Ghaviale (fischfressende Krokodile) und von den über 500 Vogelarten Rebhühner, Bankiva-Hühner, Fasane, Habichte, Bussarde, Adler und Paradiesfliegenschnäpper zu sehen. Viel Fotosafariglück braucht man für Tiger und Leoparden.

Westlich des Corbett-Nationalparks liegt der **Rajaji-Nationalpark** mit einer Fläche von 820 km^2, der ebenfalls Elefanten, Leoparden, Hyänen und Tiger beheimatet.

Dudhwa, Manas und Kaziranga

Südöstlich von Corbett befindet sich der **Dudhwa National Park** im **Terai**-Tiefland: ein dichter, oft sumpfiger Dschungel an der Grenze zwischen Indien und Nepal am Fuß des Himalayas. Dudhwa ist bekannt für seine große Population der bedrohten Hirschart *barasingha*, auch Tiger und deren Beutetiere sind zahlreich vertreten, die Vielfalt der Vogelwelt ist enorm. Das Nashorn war in Dudhwa ausgerottet, bis man um 1985 Rhinos aus Kaziranga (Assam) und Chitwan (Nepal) hier ansiedelte.

In Richtung Grenze nach Bhutan, 176 km von Guwahati in Assam, liegt das **Manas Tiger Reserve**. Hier herrscht üppig-grüner tropischer Regenwald vor. Das Reservat wurde nach dem Manas-Fluss, der es durchfließt, benannt und ist der einzige bekannte Lebensraum der wunderschönen Goldlanguren, einer Affenart. Hier lebt eine größere Population von Tigern, wilden Büffeln und Elefanten; die farbenfrohe Vogelwelt reicht vom bedrohten großen Indischen Nashornvogel bis zum winzigen Mennigvogel. Es ist nicht leicht, in Manas Tiger zu Gesicht zu bekommen, Büffel und Elefanten kann man jedoch gut beobachten. Zudem gibt es Lippenbären, Sambars, Wildschweine und Muntjaks. Die Vielfalt der Insektenarten ist faszinierend. Ein unvergessliches Erlebnis stellt eine Bootsfahrt auf dem Fluss dar. Im Dschungel leben auch Gaurs und Nashörner, wobei letztere von Wilderei bedroht sind.

Flora und Fauna in **Kaziranga** (221 km von Guwahati) sind vielfältig und gut zu beobachten. Nashörner,

» Karte S. 20

Wasserbüffel und kleine Herden von *barasin-ghas* stehen auf den Wiesen und in den Sümpfen, Bankiva-Hühner stolzieren umher, und am Himmel kreisen Fischadler und Weihen. An den zahlreichen, dichtbewachsenen Wasserläufen sind häufig wilde Elefanten zu sehen. Der an einer Seite vom Brahmaputra und auf der anderen Seite von einem Highway begrenzte Kaziranga-Park beherbergt einige Exemplare des Indischen Panzernashorns. Im Winter kommen Wanderenten, Gänse und andere Wasservögel hierher, an klaren Tagen zeigt sich im Hintergrund der Himalaya. Fotopirsch zu Fuß ist gefährlich; man kommt auch per Reitelefant oder Jeep nah an Nashörner heran.

Die Sundarbans

Die **Sundarbans**, weitläufige Mangrovensümpfe, sind heute Nationalpark, UNESCO-Welterbe und das Tigerreservat mit der größten Tigerpopulation Indiens und der geringsten Entfernung zur nächsten Großstadt: Calcutta ist nur 70 Kilometer entfernt. In diesem Gebiet wird mehr als anderswo die Anpassungsfähigkeit des Tigers deutlich, der hier zu einem exzellenten Schwimmer geworden ist. Auf den ersten Blick erscheinen die Sundarbans nur wie Sumpfland und niedriger grüner Dschungel. Bei näherer Betrachtung jedoch treten faszinierende Lebensformen zutage: Winkerkrabben, Schlammspringer, Meereskrokodile und -schildkröten sowie Tiger – die sich selten sehen lassen, aber extrem gefährlich sind. Alljährlich fallen ihnen Dutzende einheimische Holzsammler und Fischer zum Opfer. Gegen Abend kann man oft Axis-Hirsche und Wildschweine beobachten. Bei Sajnekhali existiert eine Wasservogelkolonie. Die einzige Möglichkeit, die Sundarbans zu erleben, ist, per Boot auf den winzigen Flüsschen zwischen den Mangroven durchzuschippern.

Rechts: Fotopirsch mit Safari-Jeeps zu den Tigern des Ranthambore-Nationalparks.

Ranthambhore, Ghana und Sariska

Die Tiger von **Ranthambhore** lassen sich weit weniger durch die Nähe des Menschen stören als die in Corbett, Dudhwa oder in den Sundarbans. Dieses Tigerreservat mit Nationalpark besteht aus wenig fruchtbarer Felslandschaft und niedrigem Dschungel, der von grünen Lichtungen unterbrochen wird. Aufgrund dieses offenen Dschungels und dank Wasserstellen können die Tiere, auch Tiger, gut beobachtet werden. In Ranthambhore konzentrieren sich Sambars, Axis-Hirsche, Hyänen, Leoparden und Krokodile um drei kleine natürliche Seen, die im Winter auch Zugvögel anziehen. Mit Glück sieht man die wunderschöne, heute bedrohte Indische Echtgazelle *chinkara*, Nilgai-Antilopen und Wildschweine.

Zwischen Ranthambhore und dem Sariska Tiger Reserve, 175 km von Delhi, liegt ein weltbekanntes Vogelschutzgebiet: der **Keoladeo Ghana National Park** (UNESCO-Weltnaturerbe). Der ursprünglich künstlich angelegte Sumpf besteht nun aus einem 29 km^2 großen Seensystem, durchzogen von Fahrwegen und Pfaden und unterbrochen von Gebieten, in denen Sambars, Nilgai-Antilopen, Wildschweine, Axis-Hirsche, Pythons und eine Vielzahl verschiedener Vogelarten leben. Berühmt ist der Ghana indes für seine Wasservögel. Im September verwandeln Störche, Löffler, Silberreiher, Ibisse, Reiher und andere Vogelarten die Akazienbäume in eine riesige krächzende, flatternde und zwitschernde Kinderstube. Kurz nach der Brutzeit kommen die Zugvögel aus Russland, aus China und Indiens äußerstem Norden: Abertausende von Enten und Gänsen. Im November ist eine Attraktion geboten – die Ankunft des Sibirischen Kranichs.

Sariska National Park, 200 km südwestlich von Delhi, ist ein großes Tiger-

» Karte S. 20

Photo: Alexandra Giese (iStockphoto)

reservat und von Delhi aus am besten zu erreichen. Sambars, Axis-Hirsche, Nilgai-Antilopen und Affen sind hier gut zu beobachten; einen Tiger zu sehen ist allerdings Glückssache, da Sariska große Probleme mit Wilderei hat und 2005 der Park tigerfrei war. Ab 2009 wurden einige Tiger aus Ranthambore dort wieder angesiedelt. In diesem trockenen, laubabwerfenden Wald sind an Wasserstellen Beobachtungstürme aufgebaut.

Pench, Kanha und Bandhavgarh

Der riesige **Pench-Nationalpark** liegt etwa 70 km nördlich von Nagpur, zum Großteil in Madhya Pradesh (etwa 10 % des Parks gehören zu Maharastra, www.pench.net). Dieses Biotop hat Kipling einst zum „Dschungelbuch" inspiriert und war auch Schauplatz der BBC-Serie „Tiger, Spy in the Jungle", die mit versteckten Kameras operierte. Entlang des Pench River lassen sich Sambar-Hirsche, Schakale, Languren, Leoparden und auch Tiger beobachten. Wohnen kann man in komfortablen Jungle Lodges z. B. der Taj- oder Tuli-Gruppe (Baghvan Taj Wilderness Lodge, www.tajhotels.com; Tuli Tiger Corridor, www.tulihotels.com).

Die beiden Nationalparks von **Kanha** und **Bandhavgarh** in Madhya Pradesh eignen sich gut zur Tigerbeobachtung vom Auto oder vom Elefantenrücken. Die Tiger leben hier ungestört neben den anderen Großsäugern: den Elefanten. Der Dschungel besteht aus Laubbäumen, in Kanha aus Bambuswäldern, unterbrochen von Lichtungen, die häufig von Axis-Hirschen und *barasinghas* aufgesucht werden. Zu beobachten sind auch die *chousingha*-Antilope, die Hirschziegenantilope sowie Wildhunde. Bandhavgarh besitzt außerdem eine verlassene Festung und alte Höhlen.

Gir Forest (Sasan Gir)

Indische Löwen, bis zum 17. Jh. noch häufig, existieren nur noch im **Gir Forest** in Gujarat; 2010 wurden über 400 gezählt. In **Kutch** (Kachchh) in Gujarat lebt noch der Indische Wildesel.

» Karte S. 20

DIE KÜCHE NORDINDIENS

Die indische Küche kennt etwa 25 verschiedene Gewürze, und je nach Gericht wird eine bestimmte Gewürzzusammenstellung frisch im Mörser zerstampft, z. B. Chili und Pfeffer für besondere Schärfe, Ingwer für leichte Schärfe und für die Verdauung, dazu noch Kardamom, Muskat, Zimt, Kümmel, Kreuzkümmel, Nelken, Gelbwurz und Knoblauch. Safran gibt dem Reis sein delikates Aroma und die gelbe Farbe. Viele *Masala*-Soßen enthalten den scharf-süßlichen Koriander; *Garam Masala* ist eine aromatische Mixtur, meist aus scharfem Pfeffer, Nelken, Zimt, Kardamom und Kümmel. Auch Pfefferminze, Lorbeer, Sesam, Fenchel, Zwiebelsamen und Senf finden Verwendung. „Curry" ist übrigens nur eine Verballhornung des Tamil-Worts *kari*, das schlicht „Sauce" bedeutet.

Gekocht wird meist mit *Ghee* (geklärter Butter), ansonsten mit Sesam-, Senfsamen- oder Kokosöl. In Nordindien wächst der beste Reis: *Basmati*.

Das indische Fladenbrot (*Roti*) ist köstlich. *Pappadams* sind hauchdünne, kross frittierte Fladen aus dem Mehl von Hülsenfrüchten, oft aus Linsenmehl. *Chapatis* (Fladen aus Mehl und Wasser) gehören zu jeder Mahlzeit. Mit Butter bestrichen heißt das Brot *Paratha*, im Ofen gebacken *Nan* und frittiert *Puri*.

Beliebte Snacks sind *Masala Dosa* (scharf gewürztes Gemüse in einer Teigtasche aus Linsenmehl), *Pakora* (in Fett ausgebackene Gemüsestücke im Teigmantel, z. B. Blumenkohl, Auberginen, Kartoffeln), *Samosa* (dreieckige, mit Gemüsecurry gefüllte Pastetchen) und *Chana* (gewürzte Kichererbsen, mit *Nan*-Brot serviert).

Eine Spezialität Nordindiens ist die **Tandoori-Küche**, benannt nach dem *tandoor*, dem traditionellen Holzkohle-Lehmofen. Die Gerichte werden in einer Mischung aus Gewürzen und Joghurt mariniert, bevor sie im Ofen gegart werden. Der Punjab, Heimat des *tandoor*, besitzt eine deftige Küche, die von Eroberern aus dem Nordwesten beeinflusst wurde – von Griechen, Persern, Afghanen und Mongolen. Besonders köstlich sind *Tandoori Murgh* (Huhn), *Murgh Tikka* (mit Pfefferminze und Knoblauch marinierte Hühnerstücke ohne Knochen), *Shikh Kebab* (Lammhackfleisch-Röllchen im *tandoor* gegrillt), *Tandoori Jhinga* (Garnelen) und *Tandoori Pomfret* (Fisch).

Weitere beliebte Punjabi-Gerichte sind *Murgh Makhani* (Huhn in Butter) und *Raarha Meat* (geröstetes Lamm).

Die **Kaschmiri-Küche** ist mild mit fein abgerundeten Aromen; Gewürze werden eher sparsam verwendet, viele Gerichte enthalten Joghurt oder auch Mandeln. In Kaschmir sollte man *Rogan Josh* (Lammcurry) oder *Gushtaba* (gewürzte Fleischbällchen in Joghurtsauce) probieren.

Die **Mughlai-Küche** kommt aus der Ganges- und der Indus-Ebene. In Awadh, dem heutigen Lucknow-Distrikt in Uttar Pradesh, entwickelte sie sich zur Mogulzeit zu vollen Blüte. Einige Awadh-Köstlichkeiten sind *Murgh Mussalam* (gefülltes Huhn), *Gosht Korma* (ein Lamm-Curry, das mit Safran, Muskatblüte und Kardamom gewürzt ist), *Nahari* (Lamm-Curry, das zum Frühstück mit Sauerteigbrot gegessen wird), *Sabzi Gosht* (Eintopf aus Lamm, Rüben oder Zucchini und Spinat, mit Senföl zubereitet), *Phaldari Kofta* (Bällchen aus rohen Bananen in einer reichhaltigen Tomatensauce) und *Dhingri Dulma* (eine mit Kreuzkümmel abgeschmeckte Mischung aus Pilzen und Quark). *Kakori* und *Galouti* sind *kebab*-Spezialitäten.

Bei *Biriyani*-Gerichten wird das Fleisch (Huhn oder Lamm) mit gewürztem, orangefarbenem Reis vermischt, der oft mit Nüssen und Trockenfrüchten angereichert ist. Das Reisgericht *Pulao* ist die einfachere Variante.

Beim sehr scharfen *Vindaloo*-Curry wird das Fleisch zuvor in Essigmarina-

Rechts: Feine nordindische Curries.

Photo: Joe Gough (iStockphoto)

de eingelegt, und für die reichhaltigen *Korma*-Gerichte wird das geschmorte Fleisch in einer milden Sauce aus Joghurt oder Sahne serviert. *Saag Gosht* besteht aus Fleisch und Spinat.

Viele **vegetarische Gerichte** kann man auch als Beilagen bestellen: *Dhal* (das senf-ockerfarbene Linsenpüree aus roten Linsen) und *Dhal Makhani* (schwarze Linsen in reichhaltiger Soße), *Mattar Paneer* (Käse und Erbsen in Sauce), *Alu Dum* (süßliches Kartoffelcurry mit Nüssen), *Alu Chhole* (sauergewürzte Kichererbsen und gewürfelte Kartoffeln), *Sarsonda Saag* (Gemüse aus Senfblättern mit Butterflocken), *Chholia Te Paneer* (Kichererbsen mit gebratenen Käsewürfeln) und *Bharta* (Auberginen mit Zwiebeln und Tomaten vom Grill), *Sabzi* (Gemüsecurry), *Bhujias* (frisches Gemüse).

Dahi (Joghurt) oder *Raita* (Joghurt mit Gemüse, meist Gurken, ähnlich dem griechischen Tzaziki) gibt man oft über den Reis, um dessen Schärfe zu mildern; *Chutneys* sind scharfe, meist süß-saure Saucen mit eingelegtem Gemüse oder Obst (z. B. *Mango-Chutney*, *Coconut-Chutney*, *Lime-Chutney*).

Von erfrischender Kühle ist *Lassi* (gequirlter Joghurt), süß oder gesalzen oder mit Mangosaft vermischt.

Thali: In vielen Restaurants werden preiswerte, vegetarische *Thali*-Menüs angeboten. *Thali* ist eigentlich die Bezeichnung für ein rundes Metalltablett mit einer Anzahl kleiner Metallschalen; in ländlichen Gegenden kann das „Tablett" auch aus Bananenblättern bestehen. In den Schälchen findet man z. B. Reis, *Dhal*, Joghurt und Gemüsecurry, begleitet von Pickles, *Chapatis* und *Pappadams*.

Nachspeisen: Basis vieler Süßspeisen ist Käsequark oder eingedickte Milch. *Jalebi* sind frittierte Teigspiralen in Sirup, *Kulfi* ist eine Art Eiscreme mit Pistazien und/oder Mandeln, *Gulab Jamun* ist eine Süßigkeit aus Milch, Joghurt und gemahlenen Mandeln in Sirup, *Rasgulla* sind kleine süße Quarkbällchen, mit Rosenwasser parfümiert, und *Firni* ist Reispudding mit Mandeln, Rosinen und Pistazien.

Photo: Shalini Saran

STREIFZUG DURCH DIE INDISCHE GESCHICHTE

Indien ist ein Land voller Widersprüche. Einerseits begegnet man Aufgeschlossenheit gegenüber modernen Ideen und den Herausforderungen der westlichen Welt, andererseits aber herrscht ein geradezu defätistischer Gleichmut in manchen Lebensbereichen.

In über 5000 Jahren haben die Inder durch ihr handwerkliches Geschick, durch Fleiß und die Entwicklung intellektueller und philosophischer Eigenständigkeit eine einzigartige Kultur und Gesellschaftsordnung geschaffen, deren Merkmale sowohl Beständigkeit und Hartnäckigkeit, als auch Lebenskraft und Überschwänglichkeit sind. Auf unvergleichliche Weise wird heute in Indien Altes und Neues miteinander verknüpft; jahrhundertalte Moralvorstellungen, Bräuche und Arbeitsmethoden existieren gleichwertig neben modernen Ideen und Produktionsmitteln. Die fast unübersehbare Vielfalt der gesellschaftlichen Schichten, Kasten und Stämme sowie die Gegensätze zwischen Arm und Reich, zwischen Hindu-Mehrheit und Muslim-Minderheit bilden ein spannungsgeladenes weil im Kern starres Sozialgefüge, an dem die raschen sozioökonomischen Veränderungen der letzten Jahre zerren.

Will man Indiens kulturelles Hauptfundament, den Hinduismus, in dem Berge und Flüsse heilig sind, besser verstehen, sollte man zunächst einen Blick auf die geografischen Verhältnisse des Subkontinents werfen: Seine Nordgrenze verläuft mitten durch das von ewigem Schnee bedeckte Himalaya-Gebirge, das geologisch betrachtet eines der jüngsten Gebirge der Erde ist. Im Karakorum im Nordwesten (seit 1947 zu Pakistan) und im Osten, in Sikkim (seit 1975 zu Indien) erreichen die Berge über 8000 m. Von Kaschmir ziehen sich mittelhohe Sandsteingebirge in weitem Bogen zum Arabischen Meer hin; sie markieren die Westgrenze des Subkontinents.

Links: Die Schlacht von Khanua (aus dem Barburnama, 1598).

Lebensadern des indischen Subkontinents

Die fruchtbaren Ebenen des Ganges und des Indus, die einen wesentlichen Teil des indischen Subkontinents ausmachen, verdanken ihre Entstehung der Kontinentalverschiebung und deren Knautschzone – dem Himalaya. Ein weit verzweigtes Netz von kleinen und großen Flüssen aus dem Gebirge hat fruchtbaren Schlamm in die Ebenen geschwemmt und hier abgelagert. Die Quellen der drei großen indischen Flüsse Indus, Ganges und Brahmaputra liegen im Himalaya. Auf ihrem Weg zum Arabischen Meer oder zum Golf von Bengalen durchziehen diese Lebensadern des Subkontinents die vielfältigsten Landschaften.

Der Indus fließt zunächst nach Westen, macht dann einen Bogen und lädt schließlich seine mitgeführten Feststoffe in der Ebene ab, die sich als Schwemmland auch seiner Nebenflüsse Jhelum, Chenab, Ravi, Beas und Sutlej über Jahrtausende hinweg gebildet hat. Dieses heute in Pakistan gelegene Schwemmland war der Boden, auf dem die älteste indische Zivilisation von Mohenjodaro einst erblühte. Heute fehlen dort jedoch der Regen und die fruchtbare Erde, welche die Ganges-Ebene zu einem der dichtest besiedelten Zentren ganz Indiens gemacht haben.

Die Quellen des Ganges und des Brahmaputra entspringen beide unweit der Indusquelle im zentralen Himalaya. Der Ganges fließt zunächst in südöstlicher Richtung und erreicht bald die ersten Ausläufer der Ebenen seines Schwemmlandes. Dann fließt er über 1000 Kilometer weiter in östlicher Richtung und mündet schließlich in

Bangladesch in den Golf von Bengalen. Durch den Zufluss seiner wichtigsten Nebenflüsse Yamuna, Gomti, Sone und Rapti vergrößert er sich ständig, und noch bevor er ins Meer mündet, öffnet er sich den gewaltigen Wassermassen des Brahmaputra, der auf seinen Schwemmlandebenen ebenso fruchtbar wie zerstörend wirken kann.

Die ausgedehnten Ebenen des Ganges und seiner Nebenflüsse bilden das Kernland der indischen Zivilisation. In diesem in sich geschlossenen Teil des Subkontinents – 400 km in seiner Nord-Süd-Ausbreitung und etwa 1200 km entlang einer West-Ost-Achse – konnte sich eine eigenständige Gesellschaftsordnung entwickeln. Die Ebenen des Ganges standen dabei von Anfang an im Mittelpunkt der indischen Geschichte. Da die Landwirtschaft und damit das Leben entlang des Flusses auf Gedeih und Verderb auf ihn angewiesen sind, spielt der Ganges eine große Rolle in den Mythen der Inder. Kein Fluss der Welt, so glauben die Inder, lässt sich mit dem Ganges vergleichen. Jawaharlal Nehru hat gesagt, dass die indische Gesellschaft durch eine Nabelschnur mit dem großen Fluss verbunden sei – durchtrenne man sie, zerstöre man die indische Kultur.

Ein entscheidender Faktor, der das Klima Indiens prägt, ist der Monsun. Dieser saisonale Regen entsteht durch die feuchten Winde, die in den Sommermonaten vom Arabischen Meer und dem Golf von Bengalen in nordöstlicher Richtung auf das Festland ziehen. Während der regenbringende Sommermonsun vom Kap Komorin bis nach Kaschmir zieht, schafft er die nötigen Voraussetzungen für das Wachstum auf den Feldern und hält so den jährlichen Kreislauf aufrecht, der den Rhythmus der hier lebenden Menschen prägt.

Den Süden der fruchtbaren Gangesebene begrenzt das flache Vindhya-Gebirge, dessen Gipfel nur rund 1000 m hoch sind. Dieses Gebirge trennt die Ebenen Nordindiens vom Rest des Subkontinents. Das halbinselförmige Land südlich des Gebirges wird von mehreren Flüssen durchzogen, die bis auf die Narmada allesamt in den Gebirgen entlang der Westküste, den West-Ghats entspringen.

Rechts: Die Stadt von Mohenjodaro um 2300 v. Chr., fantasievoll rekonstruiert.

Während die Narmada in den Golf von Khambhat mündet, fließen die Mahanadi, Godavari, Krishna und Kaveri ostwärts und münden in den Golf von Bengalen. Diese Flüsse südlich der Vindhya-Berge können es zwar mit denen des Nordens weder hinsichtlich ihrer Wasserkapazitäten noch hinsichtlich der Fruchtbarkeit ihrer Schwemmlandebenen aufnehmen. Dennoch entstanden auch an deren Ufern agrarische Gesellschaftsformen, denen das Wasser dieser Flüsse als Lebensader ihrer Zivilisation heilig war.

Frühgeschichtliche Kulturen

Frühe Zeugnisse einer prähistorischen Kultur lassen sich bis in die Altsteinzeit zurückverfolgen. Später entstand im Industal (heute in Pakistan) eine erste Hochkultur auf dem Subkontinent, die sich bis ins heutige Gujarat, Rajasthan und den Punjab ausdehnte: Von 2600 bis 1800 v. Chr. erblühte eine bronzezeitliche Stadtkultur. Lebensgrundlage waren Landwirtschaft (Weizenanbau) und Handel. Im Indus-Tal florierten die Städte Mohenjodaro und Harappa, beide am Indus, aber 600 km voneinander entfernt gelegen. Dort existierte bereits eine sozial differenzierte Gesellschaft. Die durchdachte Anlage dieser Städte, mit schachbrettartigem Grundriss, blieben auf dem indischen Subkontinent lange unübertroffen – die Häuser waren sogar an eine Art Kanalisation angeschlossen.

Eine Verwaltung kontrollierte die Nutzung der für die Gemeinschaft lebensnotwendigen Ressourcen wie die Wasserversorgung und baute Getreide-

Photo: Wilhelm Klein

speicher und Hafenanlagen. Einer dieser Häfen war Lothal, von wo die Schiffe aufbrachen, um mit anderen Kulturen in Vorderasien Handel zu treiben.

Das auffallendste Vermächtnis dieser Indus-Kultur sind Siegelbilder. Gefertigt wurden die Siegel v.a. aus Steatit; kleine Reliefs zeigen Götter, Göttinnen und Tiergottheiten, Totemzeichen, rituelle Symbole oder Alltagsszenen. Diese Siegel tragen auch – bisher unentschlüsselte – Inschriften.

Unter den Kleinplastiken finden sich schlichte Bronzefiguren wie das „Tanzende Mädchen", einen Torso mit fehlendem Kopf oder den berühmten „Kopf des Priesterkönigs". Manche Fundstücke interpretierten Historiker als Vorläufer späterer hinduistischer Kulte, so die vielen Terrakottafiguren von Muttergöttinnen oder das Siegel des sogenannten „Protoshiva", auf dem eine Person mit gekreuzten Beinen sitzend und von Tieren umgeben dargestellt ist – doch das ist spekulativ, solange die Schrift dieser Kultur noch nicht entziffert ist.

Die Ankunft der Arier

Die Herkunft der Indoarier liegt im Dunkeln. Vermutlich kamen sie aus den südrussischen Steppen, wanderten vom Aralsee südöstwärts und gelangten um 1500 v. Chr. über den Hindukusch auf den indischen Subkontinent. Sie drangen ins Fünfstromland (Punjab) vor und besiedelten die großen Ebenen des Indus und seiner Nebenflüsse.

Unklar ist, welches sesshafte Volk die arischen Nomaden bei ihrer Ankunft unterwarfen. Die alten vedischen Schriften beschreiben die arischen Führer als Götter – Indra war einer von ihnen –, die befestigte Siedlungen, so genannte *pura*, zerstörten. Da zu dieser Zeit die Städte der Harappa-Kultur bereits seit Jahrhunderten entvölkert waren, ist es unwahrscheinlich, dass damit die Siedlungen dieser alten Hochkultur gemeint waren. Zudem werden die Einheimischen als kleinwüchsig, dunkelhäutig und als Verehrer des Phallus geschmäht. Auch Auseinandersetzungen mit Jäger- und Sammlergemeinschaften, die in

Photo: Julia Ziegelmaier

den Wäldern lebten, sind beschrieben. Diese halbmythologischen Erzählungen lassen vermuten, dass die Arier bei ihrer Einwanderung auf erheblichen Widerstand stießen. Sie setzten sich aber schließlich durch, wurden sesshaft und gründeten ihre eigenen Siedlungen entlang der Flüsse, zuerst am Indus, später auch in den Ganges-Ebenen. Allmählich passte sich dieses Hirtenvolk so der Agrarwirtschaft an, ohne jedoch die Viehzucht völlig aufzugeben.

Veden, Brahmanen und die Entstehung der Kasten

Schriftliches Zeugnis aus dieser Zeit ist der Veda, die älteste Sammlung indischer Schriften, die über viele Jahrhunderte nur mündlich überliefert wurden. Namentlich sind es der *Rigveda*, der *Samaveda*, der *Yajurveda* und der *Atharvaveda*, die in der Sprache der Arier, dem *Sanskrit*, geschrieben wurden. Der gesamte Veda gilt in den orthodoxen Traditionen als Offenbarung und wurde von den Priestern etwa als Lobeshymnen oder magische Formeln angewandt. Der zeitliche Rahmen, in dem dieses umfangreiche Werk entstand, ist nicht präzise zu datieren; die ältesten Teile, im *Rigveda* und *Atharvaveda*, wurden wohl Anfang des 1. Jt. v. Chr. verfasst.

In manchen Versen beschrieben sie ihre neue Umwelt, die sie nun besiedelten, in anderen wiederum suchten sie nach dem Ursprung des Universums und der Menschen und versuchten, sich selbst als Sozialwesen zu begreifen. Fragen des Glaubens und der Zauberei wurden angesprochen; das gesprochene Wort hatte noch Macht über die Elemente und die Geschicke der Menschen. Eines ist den vier Veden gemeinsam: Es existiert in allen eine Vielheit von Göttern, denen man später im Pantheon des Hinduismus wiederbegegnet: u. a. Indra, Varuna, Agni, Prajapati. Die später bedeutendsten Hindugötter Vishnu oder Shiva erscheinen damals noch in untergeordneter Position.

Oben: Kuhverehrung in einem Hindutempel.

Die Veden beschränkten sich nicht nur auf Texte oder Formeln heiliger Kulthandlungen: Sie offenbaren auch die Sozialordnung und politische Struktur der Arier. Als die Arier mit ihrer militärischen Überlegenheit auf dem Subkontinent vordrangen, waren sie gesellschaftlich bereits stark gegliedert. Es gab Führer und berittene Krieger auf der einen Seite und die große Menge des Fußvolkes auf der anderen Seite, dessen Arbeit und Fertigkeiten die Säulen der arischen Gesellschaft bildeten. Eine wichtige Persönlichkeit jedes Stammes war der Priester oder Schamane, dessen Wissen und Weisheit das sittliche Rüstzeug zum Leben und Überleben lieferte. Alle Erfahrungen und das Wissen einer Gruppe konzentrierten sich in der Priesterschaft, die es mündlich an ihre Schüler weitergab. Dieses Wissen und andere Fähigkeiten machten die Arier den Einheimischen überlegen, so dass sie sich ohne größere Probleme in ihrer neuen Heimat durchsetzen konnten. Ihr kultisches Brauchtum, das von den Priestern bestimmt und kontrolliert wurde, war ein derart elementarer Bestandteil des Alltags der Arier, dass es noch heute, nach über drei Jahrtausenden, im rituellen Leben der orthodoxen Hindus anzutreffen ist.

Dank des Veda können wir uns ein Bild von der bronzezeitlichen Arierkultur machen – wie aus einem Hirtenvolk ein Volk von Bauern wurde, nachdem es sich in seiner neuen Heimat etabliert hatte. Die riesigen Viehherden, die es mitgebracht hatte, blieben anfangs wichtigste Grundlage seines Wohlstands, verloren aber später an Bedeutung, als die Arier in die weitaus fruchtbarere Gangesebene im Nordosten Indiens vordrangen. Dort gingen sie dann vom Weizen- zum Reisanbau über.

Auf den Gehöften der Siedlungen – die meist an einem Flussufer lagen – hatte der Sippenälteste das Sagen. Seine Stimme entschied und schlichtete Zwistigkeiten in der Sippe; innerhalb des Ältestenrates der agrarischen Gemeinschaft wurden die Probleme, die die Gemeinschaft betrafen, erörtert.

Besonders mächtige Familien einer oder mehrerer Siedlungen bildeten die Elite der Krieger eines Stammes, die sich von den anderen Ariern schon allein durch ihren Namen, *Kshatriya*, abhoben. Diese wählten ihrerseits einen Führer, der über die Gesamtheit der Stämme und Ansiedlungen herrschte.

Der geballten politischen und militärischen Macht der Kriegerkaste stand eine andere Gruppe gegenüber: die der Priester, später *Brahmanen* genannt, deren Macht darin lag, dass sie als einzige die kultischen Rituale beherrschten und als Verbindungsglieder zu den Göttern für die Menschen der damaligen Zeit extrem wichtig waren.

Diese Brahmanen waren die Schöpfer des Veda. Die Beziehungen zwischen den Kshatriyas, die die politische Macht verkörperten, und den Brahmanen, den religiösen Führern, waren von einem ständigen Wechsel zwischen Auseinandersetzung und Zusammenarbeit gekennzeichnet.

Erst unterhalb der Klasse der Krieger und Priester stand die große Masse der Bevölkerung, die die Felder bestellte und das Vieh hütete. Sie nannte man zunächst *Vis*, später dann *Vaishya*.

Im Veda gibt es Hinweise, dass die Ureinwohner des Subkontinents, die in die Wälder und Randgebiete abgedrängt worden waren, in den Siedlungen der Arier die niedrigste soziale Position innehatten. Sie mussten die schwersten Feldarbeiten übernehmen und für die Aufzucht der Tiere sorgen. Die Menschen dieser untersten Klasse wurden *Shudras* genannt. Im Veda ist festgehalten, dass die Shudras ein Volk minderen Wertes seien, da sie nichtarischer Herkunft waren.

Der Ursprung des Kastensystems der Hindus liegt demnach weit zurück in der Bronzezeit, als die Arier einwanderten und die Ebenen des Nordwestens und Nordens besiedelten, nach und nach sesshaft wurden und auf den fruchtbaren Feldern Weizen und Reis anbauten, wobei sie das Land der Urbevölkerung, einem Volk von Jägern und Sammlern, abringen mussten. Die Ureinwohner wurden unterjocht, zu schweren Arbeiten herangezogen und als niedrigste Kaste ein Glied in der arischen Gesellschaftsstruktur.

Öfter wird im Veda nicht nur von Konflikten zwischen den Ariern und den Ureinwohnern Indiens, sondern auch zwischen Arierstämmen gesprochen; von kriegerischen Auseinandersetzungen zwischen rivalisierenden Clans um die Kontrolle der fruchtbarsten Gebiete.

Aufschluss darüber geben zwei wichtige epische Schriften aus jener Zeit, das *Mahabharata* und das *Ramayana*, die die Einwanderung der indogermanischen Arier und deren Besiedlung des Subkontinents überliefern.

Mahabharata und Bhagavadgita

Das ältere der beiden Epen ist das *Mahabharata*. Hierin werden das Leben und die Kämpfe der arischen Stämme anschaulich geschildert, nachdem sie sich im oberen Ganges-Tal und am Fluss Yamuna in der Umgebung des heutigen Delhi niedergelassen hatten. Verfasst wurde es zu Beginn des 1. Jahrtausends v. Chr. angeblich von dem mythischen Weisen Vyasa; im Lauf der Jahrhunderte erfuhr die Urfassung jedoch zahlreiche Exkurse und Ergänzungen durch verschiedene Autoren.

Erzählt wird die Geschichte eines Krieges zwischen Vettern, den niederträchtigen Kauravas und den vorbildlich tugendhaften Pandavas. Da die Kauravas einen blinden Vater hatten, der aufgrund seines Gebrechens den Pflichten eines Königs nicht nachkommen konnte, erhielt dessen jüngerer Bruder Pandu die Königswürde. Als aber die Söhne des alten Königs herangewachsen waren, machten sie ihren Herrschaftsanspruch durch ihren ältesten Bruder geltend, einen ehrgeizigen Krieger. Um sie zufriedenzustellen, wurde ihnen ein Teil des Reiches zugewiesen, in dem sie eine neue Hauptstadt gründeten, Indraprastha – das sich nach Ansicht indischer Historiker am Ufer der Yamuna im heutigen Delhi befand.

Obwohl das Stammreich ihrer Ahnen zwischen den Kauravas und den Pandavas aufgeteilt worden war, stellte sich zwischen den Vettern kein Frieden ein. Der Konflikt gipfelte dann in einem blutigen Krieg, in dessen Verlauf die Pandavas die Oberhand und damit die Vorherrschaft in dieser Region gewannen.

Eine wichtige Rolle in diesem Krieg spielte der Gott Krishna. Er regierte das Volk der Yadavas, Viehhirten, die in der Umgebung der alten Stadt Mathura, unweit von Delhi, lebten. Mit Krishnas Hilfe konnten die Pandavas ihre Vettern besiegen und ihre Herrschaft über den Norden Indiens festigen.

Dank spätereren Ergänzungen bietet das *Mahabharata* einen ziemlich detaillierten Einblick in das Leben der Arier, in ihre religiösen und metaphysischen Vorstellungen, ihre Politik und Gesellschaftsordnung. Den Höhepunkt dieses Epos bildet ein philosophischer Exkurs, die berühmte *Bhagavadgita*, angelegt als Dialog zwischen Gott Krishna und dem Pandava-Krieger und Helden Arjuna am Vorabend des Bruderkriegs:

„Alle Handlungen, alle Werke, alles Karma, gehören zur Natur, nicht zum Göttlichen. Der Mensch ist es, der sein irdisches Los bestimmt. Die Menschen besiegeln ihr Schicksal selbst... Die Seele ist ungeboren, uralt, immer dauernd. Sie wird nicht erschlagen, wenn der Körper erschlagen wird.

Alles in allem bietet das *Mahabharata* – das längste bekannte Epos mit einem Gesamtumfang von rund 100 000 Doppelversen – eine Enzyklopädie der vedischen Zeit und erlaubt einen Einblick in die Lebenswelt der Menschen Nordindiens vor fast 3000 Jahren.

Rechts: Nach der morgendlichen Andacht am Ganges-Ufer in Varanasi.

Photo: Julia Ziegelmaier

Ramayana

Das *Ramayana* wurde zu einem späteren Zeitpunkt – als sich die Arier auf dem Subkontinent bereits weitgehend etabliert hatten – von dem legendären Dichter Valmiki geschrieben.

Das allgemeine Thema des *Ramayana* ist die Machtpolitik der arischen Stämme im Zentrum der Ganges-Ebene, in der Umgebung des heutigen Ayodhya. Im Brennpunkt des Geschehens stehen das Königshaus Raghu und seine Herrscher. Der König von Ayodhya, Dasharata, sollte für ein Verbrechen büßen, das er in seiner Jugend begangen hatte. Er wurde deshalb gezwungen, seinen Sohn, den Prinzen Rama, ins Exil zu schicken. Durch die ihm aufgezwungene Wanderschaft stieß Prinz Rama über das Vindhya-Gebirge, die natürliche Südgrenze der Ganges-Ebene, in Gebiete vor, die bis dahin noch unbekannt waren. Ramas Wanderung symbolisiert das erste Eindringen der Arier in eine Landschaft, die vorher von Jägern und Sammlern besiedelt war. Hier, jenseits des Gebiets der Arier, geriet der Prinz zwischen die Fronten der in Streit lebenden Stämme. Von einem Stammeshäuptling wurde seine Gattin Sita, die ihn auf der Reise begleitete, entführt. Mit Hilfe eines befreundeten Volkes gelang jedoch ihre Befreiung. In der folgenden Zeit lehrte er die Urbewohner des Subkontinents arisches Gedankengut. Die spätere Vergöttlichung Ramas erhöhte das *Ramayana* zu einem heiligen Buch. Außerdem wurde der geografische Raum, in dessen Grenzen Rama reiste und seine Abenteuer bestand, im nachhinein ausgedehnt.

Mahabharata und *Ramayana* gelten bis heute den Hindus – der Elite wie dem einfachen Volk – als unverzichtbare Bestandteile und Inspirationsquelle der indischen Kultur.

Beginn eines neuen Zeitalters

Mit dem Ende der alt-vedischen Zeit begann die Besiedlung der Ganges-Ebenen, die bis zum 5. Jh. v. Chr. andauerte. Die Stabilisierung der sozialen Hierarchie und der politischen Ordnung, die in diese Zeit fällt, spiegelt sich vor allem in der Literatur und den archäologischen Funden wider. In der Gangesebene wird nun zunehmend Reis angebaut.

Der folgenreichste Impuls zur Weiterentwicklung der Gesellschaft war die Entdeckung reicher Eisenerzvorkommen, besonders in dem Gebiet um das heutige Patna, das damals Magadha hieß. Mit Hilfe der neuen Eisenwerkzeuge konnten die Wälder leichter gerodet werden; folglich stand mehr Boden für die Landwirtschaft zur Verfügung. Ein weiterer Gewinn war der eisenbeschlagene Pflug, der es den Bauern ermöglichte, den Acker tiefer umzupflügen. Die landwirtschaftlichen Erträge stiegen, und die Kriegerkaste konnte sich nun mit Eisenwaffen ausrüsten, die Waffen aus Kupfer oder Bronze weit überlegen waren.

In dieser Epoche fanden viele kriegerische Auseinandersetzungen zwischen den neu entstehenden Reichen statt. Die stärkste Position hatte Magadha, das über fruchtbares Ackerland und große Eisenerzvorkommen verfügte. Als strategisch günstig gelegen erwies sich die Hauptstadt des Reichs, Pataliputra, das heutige Patna, von der man Schiffsverkehr und -handel auf dem unteren Ganges überwachen konnte.

Im 6. Jh. v. Chr. gab es ein Dutzend bedeutsamer Staaten, die sich bogenförmig ausbreiteten – im Nordwesten bis in das Einzugsgebiet des Indus, im Südosten bis ins Gangesdelta.

Die jeweiligen Regierungssysteme waren uneinheitlich. In einigen Reichen herrschte die Kaste der Kshatriya-Krieger, die einen der ihren zum Führer oder *rajanya* wählten. In anderen hatte sich eine Art republikanisches Prinzip durchgesetzt, das die Macht in die Hände einer Kshatriya-Gruppe legte, die gemeinsam das Reich regierte.

Monarchien waren in der Überzahl; in den fruchtbarsten Gebieten, wo landwirtschaftlicher Überschuss erzielt werden konnte, setzte ein Prozess der Macht- und Besitzkonzentration ein. Bald wurden Ämter, die mit politischer Macht verbunden waren, erblich; der Vater übertrug sie auf die Söhne. Die eher demokratisch organisierten Staaten lagen in den trockeneren Gebieten im Vorland des Himalaya, wo weniger Getreideüberschuss erzielt wurde.

Einige der wichtigsten Reiche des 6. Jh. v. Chr. waren Gandhara, Kuru, Panchala, Matsya, Kosala, Kashi, Anga und das bereits erwähnte Magadha. Magadha stellte alle anderen in den Schatten und sollte sich später als erster Staat in der Geschichte Indiens über einen Großteil des Subkontinents ausbreiten.

Die rasch zunehmende Bedeutung der Agrarwirtschaft und die Entwicklung der Regionalreiche ging einher mit einer Änderung der Weltanschauung in der Bevölkerung. Wieder ist es der Veda, der die sozialen, politischen und ökonomischen Veränderungen dokumentiert. Er schildert eine verzweigte und beziehungsreiche Sozialordnung, die die Menschen nach einer göttlichen kosmologischen Ordnung suchen ließ.

Zeugnisse dieser späten, philosophischen Zeit des Veda sind insbesondere zwei spätvedische Schriften: die *Brahmanas* und die *Upanishaden*.

Grundlagen des Hinduismus

Die wichtigsten Schlüsselbegriffe der hinduistischen Philosophie finden sich erstmals in den *Brahmanas*, die aber erst in den *Upanishaden* eine dominierende Bedeutung gewinnen. Gemeint sind Begriffe wie *brahman, atman, moksha, dharma, samsara* und *karma*, die nachfolgend kurz erläutert werden sollen.

Brahman bedeutet das schöpferische Weltprinzip, die große Weltseele hinter den vergänglichen Erscheinungen der Dingwelt. *Atman* ist das innerste Prinzip unseres eigenen Selbst, unser ureigens-

Rechts: Vorbereitungen zur „Puja", dem hinduistischen Ritual der Götterverehrung.

Photo: Julia Ziegelmaier

tes Wesen, und – das mag für europäische Ohren seltsam klingen – *atman* ist eins mit *brahman*.

Ein weiterer zentraler Begriff der indischen Philosophie – also nicht nur der hinduistischen, sondern aller in Indien entstandenen Religionen - ist die Vorstellung von der Seelenwanderung, dem ständigen Wechselspiel von Sterben und Wiedergeburt; diesen Kreislauf nennt man *samsara*. Die eigenen Taten und Handlungen, die Lebensgestaltung im großen wie im kleinen, *karma* genannt, bedingen die niedrige oder hohe Stufe im wiedergeborenen Leben. Voraussetzung, um in diesem ewigen Kreislauf nicht auf niedrigem Niveau wiedergeboren zu werden, ist ein Leben in Rechtschaffenheit, *dharma* genannt.

Da Leben Leiden bedeutet und der Tod keine Erlösung verspricht, sucht der Hindu – wie auch der Buddhist und der Jaina – ständig diesem Kreislauf zu entrinnen. Im Mittelpunkt des religiösen Strebens steht also die Erlösung, steht *moksha*. Die Erlösung erreicht der, der zuallererst rechtschaffen lebt, sich seiner eigenen Identität bewusst wird, durch Askese und Versenkung *atman*, sein ureigenstes Wesen, erkennt und dabei nicht durch Wissen, sondern durch Intuition begreift, dass *atman* zugleich *brahman* ist, das Weltprinzip. Das erst ist der Augenblick der endgültigen Erlösung aus dem ewigen Kreislauf von Tod und Wiedergeburt.

Die Religion der Arier (Arya)

Es mag an dieser Stelle nützlich sein, in wenigen Sätzen auf den prinzipiellen Unterschied zwischen der hinduistischen Religion und den semitischen Religionen wie Judentum, Christentum und Islam einzugehen. Ganz im Gegensatz zu diesen respektierte der Hinduismus zu jeder Zeit eine Unzahl religiöser Glaubensrichtungen oder philosophischer Erklärungsansätze und ihre Anhänger, die sich in kaum überschaubaren Gruppierungen, Sekten und Konfessionen zusammengefunden hatten. Keine dieser Gruppierungen bestand auf der Alleingültigkeit ihrer Lehrsätze, und so wurden die Dogmen anderer Gruppen so gut wie nie als Irrlehre bekämpft. Will man die damalige Welt, die religiöse wie die weltliche, mit einer Epoche in Europa vergleichen, so bietet sich die Götterwelt der griechischen Antike oder die der skandinavischen Völker an, bevor sie missioniert wurden und die christliche Ethik die Welt des Glaubens monotheistisch veränderte.

Neben den offiziellen Lehrmeinungen und Schulen, die, weil innerhalb der oberen Klassen entstanden, elitären Charakter hatten, existierten noch höchst lebendige Glaubensströmungen mit eigenen Anschauungen und Ritualen, die sich mit den „offiziellen" Glaubensrichtungen in keiner Hinsicht vereinbaren ließen; ganz zu schweigen vom Glauben der Jäger- und Sammlergemeinschaften, die an den Rand der arischen Gesellschaft gedrängt worden waren.

Die niedrigen arischen Kasten und die Urbevölkerung des Subkontinents schufen zusammen einen mehr oder minder selbständigen Glauben, der eng verbunden war mit den Göttern, Göttinnen und dem Ahnenkult der angestammten Bevölkerung. So bedingte die strenge Trennung in Kasten eine Vielfalt von unterschiedlichen Glaubensrichtungen und Weltanschauungen, die, ähnlich dem Kastensystem, nicht miteinander, sondern nebeneinander existierten. Dennoch wurden einige der ursprünglichen Gottheiten in den arischen Götterkult mit aufgenommen und schufen so neue Verbindungen zwischen den sozialen Schichten.

Krishna, jener Gott und Held, der uns bereits im *Mahabharata* als bedeutsamste Figur begegnet war, wurde zum Mittelpunkt eines neuen Kultes, in dem sich verschiedene Stämme, die eine Muttergottheit anbeteten, zu einer großen Gemeinschaft zusammenschlossen. Diese alle Schichten übergreifende Verbrüderung auf religiöser Ebene spiegelte sich in den Liebesspielen Krishnas mit den *gopis,* den Milchmädchen, wider.

Allerdings gibt es bedeutendere Beispiele für eine volkstümliche Literatur, die das Volk, seine Ansichten und seinen Glauben nicht nur beschreiben. Diese sind unter dem Gattungsbegriff *lokayata* zusammengefasst. Diese *lokayata*, was „Weg des Volkes" bedeutet, hatten nur wenig Ähnlichkeit mit all den Versen, Beschwörungsformeln und philosophischen Abhandlungen der Veden, ob Brahmanas oder Upanishaden. Die Verfasser der *lokayata* beachteten die metaphysische Begriffswelt, die einstmals das Herz der hinduistischen Philosophie bildete, kaum. Sie blieben statt dessen der Realität verpflichtet und beschrieben die Welt so, wie sie sie erlebten.

Leicht ließe sich die Weltanschauung der *lokayata* als materialistisch im Gegensatz zu der rein idealistischen Welt der Upanishaden charakterisieren. Doch träfe eine solche Definition nicht den Kern dieser Literatur, die eher als formlos, locker und nicht durchstrukturiert bezeichnet werden kann. Es versteht sich von selbst, dass diese sehr bodenständige Weltanschauung der unteren Kasten, die mit den Ariern lebten, überhaupt nicht mit den philosophischen Gedanken der Brahmanas und Upanishaden in Einklang zu bringen war: dem Kreislauf der ewigen Wiedergeburt, der (möglichen) Erlösung, *moksha*, und dem Einssein der eigenen Seele, *atman*, mit dem Weltprinzip, *brahman*. Die unteren Kasten hatten ganz andere Sorgen.

Das Zeitalter des Buddha

Zu einem Zeitpunkt, als sich sowohl die Sozialordnungen der frühen Reiche als auch die geistige Entwicklung stabilisiert hatten, trat in der Mitte des 1. Jahrtausends v. Chr. in der nordindischen Gesellschaft eine redegewand-

Rechts: Ruinen der Nalanda-Universität, wo einst Buddha und auch Mahavira lehrten.

Photo: Aditya Arya

te Persönlichkeit auf, die die indische Zivilisation nachhaltig prägen sollte: Prinz Siddhartha aus dem Geschlecht der Shakya, bekannt unter dem Namen Buddha, der Erleuchtete – geboren ungefähr in der Mitte des 6. Jh. v. Chr.

Die Welt der Arier mit ihrer sozialen Hierarchie und Akzentuierung von Ritualen und Opferungen stützte sich einerseits auf die weltliche Macht der Könige und der Kshatriya, der Kriegerkaste, zum anderen auf die Macht der Priester und Schamanen als alleinigen Mittlern zu den Göttern. Wie wir aus den *lokayata* wissen, wurde diese Ordnung weder dem Einzelnen noch der Gesamtheit gerecht. Die Unzufriedenheit und das Unbehagen mit den elitären Schichten der Krieger und Priester, die auf Kosten der Bevölkerung lebten, wuchs mehr und mehr.

Zum besseren Verständnis sei gesagt, dass Siddhartha in einen gemäßigt monarchistisch geführten Staat hineingeboren wurde. Buddhistische Schriften berichten von einer langen Wanderschaft Siddharthas durch die Ganges-Ebenen, immer auf der Suche nach Erfahrungen und Erkenntnissen, um die Welt, so wie sie sich ihm darstellte, zu verstehen. Übrigens war er nicht der einzige auf der Suche nach Wahrheit. Auf einen anderen, Mahavira, werden wir später zurückkommen. Als Buddha sich nach langer fruchtloser Askese einmal unter einem Baum in der Nähe von Bodh Gaya, im heutigen Bihar, in tiefe Meditation versenkte, fand er seine Erleuchtung. Fortan predigte er den Menschen der Ganges-Ebene einen neuen Weg, den „Mittleren Pfad" zwischen extremer Askese und ungezügelter Sinnesfreude.

Buddha setzte das Rad des *dharma*, das Gebot eines rechtschaffenen Lebens, durch seine Predigten in Bewegung. Einigen Schülern verkündete er die wenigen Grundvoraussetzungen, die zur Erleuchtung führen. So sah er in der Habgier und im Begehren den Ursprung allen menschlichen Leidens und Elends. Folgerichtig glaubte er, die Gier nach Besitz müsste wie jegliche Leidenschaft durch Selbstdisziplin in ihrer

Photo: Wilhelm Klein

zerstörerischen Beschaffenheit erkannt werden, erst dann sei die Grundlage für ein ausgeglichenes Leben geschaffen. Ein untadeliger Lebenswandel sei allemal einer unreflektierten Achtung und Respektierung sozialer Gebote und rituellen Forderungen vorzuziehen, um endlich die Erlösung aus dem ewigen Kreislauf der Wiedergeburt zu finden.

Darüber hinaus lehnte Buddha jegliche Spekulation über die Existenz Gottes ab. Diese Frage spielte in seinen Überlegungen keinerlei Rolle. Ganz im hinduistischen Sinn ist auch bei ihm Leben nur Leiden und Wiedergeburt nur neues Leiden; diesem Gesetz gilt es zu entrinnen.

Buddha war nicht nur der Begründer einer neuen Ethik, sondern er richtete auch mit der *sangha* einen Mönchsorden ein, der seine Ideen tatkräftig unterstützte. Damit schuf er erstmals in der Geschichte einer Weltreligion eine Basis für seine Schüler und Anhänger, die ihnen ein Leben in Müßiggang und Erbauung ebenso erlaubte wie das Verbreiten der Ansichten ihres Lehrers.

Oben: Jain-Nonnen verzichten auf irdische Freuden und leben in strenger Enthaltsamkeit.

Buddha, der ständig von einer größeren Zahl ausgewählter Schüler begleitet wurde, verbrachte lange Zeit seines Lebens mit den Menschen der Ganges-Ebene, um ihnen seine Erkenntnisse zu vermitteln. Im Jahr 483 v. Chr. gelangte er der Überlieferung zufolge ins *nirwana*: Es war ihm gelungen, den Kreislauf von Tod und Wiedergeburt zu durchbrechen. Durch Buddha erfuhr das soziale und moralische Klima in jener Zeit eine entscheidende Veränderung.

Mahavira und der Jainismus

Ein Zeitgenosse Buddhas, Mahavira, vermochte die Sorgen und die allgemeine Unruhe der Zeit mit ähnlich treffenden Worten zu beschreiben. Er begründete den Jainismus, eine streng asketische Bewegung. Mahavira, im Jahr 540 v. Chr. geboren, hatte einen Lebenslauf, der Buddhas Werdegang vergleichbar ist. Auch er wanderte auf der Suche nach Erkenntnis bis zu seiner Erleuchtung durch das Ganges-Tal. Das Verdienst Mahaviras liegt weniger in der Entwicklung neuer Ideen als vielmehr darin, bereits bekannte Gedanken und Vorstellungen der Menschen aufgegriffen und in eine zusammenhängende Form gebracht zu haben. Zentralgedanke war das ewige Prinzip, ein universales Gesetz, nach dem der Kosmos zerstört und wieder erneuert wird.

Jedes menschliche Wesen hat eine Seele, die erst gereinigt werden muss, will der Mensch immer währende Glückseligkeit erreichen – vorausgesetzt, das ist das Ziel des einzelnen. Die Reinigung der Seele, so Mahavira, schafft man nur durch konsequente Gewaltlosigkeit und selbstlosen Lebenswandel, was aber von kaum einem Menschen eingehalten werden kann, ist er nicht Mitglied einer religiösen Gemeinschaft. Obwohl der Jainismus nie die Popularität des Buddhismus erreichte, hat er sich über die Jahrhunderte hinweg auf dem Subkontinent ausbreiten können. Heute hat er noch etwa vier Millionen Anhänger.

Ashoka und das Magadha-Reich

Die brahmanische und buddhistische Weltanschauung standen sich feindlich gegenüber. Die indische Gesellschaft war jedoch von jeher pluralistisch angelegt und zeichnete sich durch eine Vielzahl philosophischer Spekulationen aus, die gleichzeitig nebeneinander existieren konnten. Zu Recht kann man behaupten, dass sich die Unterschiede zwischen dem brahmanischen und dem buddhistischen Denken ergänzten zu einer Gesamtheit des indischen Geisteslebens in einer Zeit, wo sich die Landwirtschaft rasch weiterentwickelte, das Sozialgefüge sich unaufhaltsam verzweigte und die Politik mehr und mehr institutionalisiert wurde. Die Fragen, die mit der komplizierter werdenden Gesellschaftsordnung zwangsläufig auftauchten, ließen sich also nicht mehr mit den Theorien einer einzigen philosophischen Schule erklären.

Buddha suchte nach einer neuen, inneren Haltung für die Menschen, die in dieser Epoche voller sozialer Unruhen lebten. Gleichzeitig forderte er die uneingeschränkte Freiheit, die man den Asketen, den *sannyasin,* innerhalb dieser vielschichtigen Gesellschaft einräumte, damit jedermann seinen eigenen Weg zur Erlösung finden konnte.

Ob Buddha damals Erfolg hatte, lässt sich heute nicht mehr genau feststellen. Dennoch gibt es Hinweise, die für einen bedeutenden Einfluss bereits zu seinen Lebzeiten sprechen. Er setzte sich sowohl mit Adeligen, Reichen und Händlern als auch mit dem einfachen Volk auseinander. Er vermittelte seine Lehre also nicht nur einer sozialen Schicht. Bedenkt man seinen im Lauf der Jahrhunderte immer größer werdenden Einfluss weit über die Grenzen Indiens hinaus, sieht man in ihm zweifellos den größten Sohn Indiens.

Die bereits angesprochenen sozialen und politischen Unruhen bildeten einen fruchtbaren Boden für die moralischen Werte, die Buddha durch seine neue Lehre setzte. Wen wundert es da, dass im 3. Jh. v. Chr. die Herrschergestalt Ashoka in der Lage war, ein großindisches Reich zu gründen, dessen ethische Grundsätze auf der Lehre Buddhas basierten, auf dem *dharma,* dem Gebot eines sozialen Lebenswandels.

Ashoka war schon vor seiner Herrschaft von den Lehren Buddhas beeinflusst worden. Später, als Herrscher, schuf er einen Verhaltenskodex für die Bewohner seines riesigen Reiches, die unterschiedlichen regionalen Kulturen, Glaubensrichtungen, Stämmen und Kasten angehörten. In seinem Kodex forderte er von jedem einzelnen Toleranz gegenüber anderen Klassen und Glaubensrichtungen. Im ganzen Land mahnten auf Säulen und Steinen, die in vielen Städten auf Marktplätzen, an Straßenkreuzungen und Hauptverkehrswegen aufgestellt wurden, die Gebote des von ihm aufgestellten Kodex. Ashoka hatte vorausschauend erkannt, dass in einem Land mit so unterschiedlichen Wertvorstellungen, Kulturen und sozialen Schichten ein Nebeneinander nur dann möglich ist, wenn Toleranz herrscht.

Vielleicht sollte an dieser Stelle eine weitere Errungenschaft Ashokas hervorgehoben werden: Zu diesem Zeitpunkt nämlich setzte eine neuerliche Verstädterung der Gesellschaft ein, wie sie Indien vorher schon einmal, in der Harappa-Kultur, erlebt hatte. Geblieben sind – vermutlich aufgrund wenig dauerhafter Baumaterialien – nur die Steinsäulen, die Ashoka in Auftrag gab und die noch heute im ganzen Land den liberalen Geist des Magadha-Reiches verkünden.

Einige dieser Steinsäulen, in die Ashoka seinen Kodex hatte einmeißeln lassen, tragen auf ihrer Spitze Skulpturen, Löwen oder Stiere, als Wahrzeichen des Reiches. Der persische Einfluss auf die Säulenskulpturen ist hier unübersehbar, doch spielten bei der Gestaltung auch heimische Elemente eine große Rolle. Darüber hinaus veranlasste Ashoka den Bau einer Reihe von *stupas,* Gedenkstätten für Buddha, die aus Ziegelsteinen in Form einer Halbkugel errichtet wurden. In einer späteren Bauphase, um das 1. Jh. v. Chr., wurden sie mit einer steinernen Einzäunung umgeben, die reich dekoriert wurde, entweder mit eingemeißelten Szenen aus dem Leben des Erleuchteten oder aus dem Alltag der Menschen.

Das buddhistische *Dharma-Chakra,* das Heilige Rad des Gesetzes, wurde auch in die Nationalflagge der neu gegründeten Republik aufgenommen und die Löwenskulptur auf den Kapitellen der Steinsäulen zum Wahrzeichen des modernen Indien.

Rechts: Mathura war ein Zentrum des Reichs der Kushana. Hier wurde und wird Krishna verehrt. Die Miniaturmalerei (18. Jh.) zeigt Gott Krishna, der den Milchmädchen (gopis) die Kleider geraubt hat.

Klassisches Erbe im Wandel der Zeit

In der 2. Hälfte des 1. Jahrtausends v. Chr. vollzogen sich einschneidende Veränderungen, die die Basis für das zukünftige politische und soziale Gesellschaftsgefüge, das Geistesleben und die künstlerischen Anstrengungen bildeten.

Doch bevor wir die Spur verfolgen, die später zu tiefgreifenden Veränderungen führte, richten wir unser Augenmerk noch einmal auf die vergangenen Jahrhunderte. Dabei fällt auf, dass sich die schöpferische Kraft der Menschen in den Stromlandebenen meist in religiösen Reflexionen und in der Schaffung einer reich gefächerten Sozialordnung ausdrückte, nicht aber in politischen Fähigkeiten oder technischen Erfindungen – wohl ein Grund, warum sich Staaten von der Größe des Magadha-Reiches, das nahezu den gesamten Subkontinent umfasste, auf Dauer nicht behaupten konnten. Großreiche bildeten immer nur über kurze Perioden eine Art Ausnahmezustand; der Großteil der indischen Geschichte spielte sich innerhalb der Regionalstaaten ab. Der Grund ist auch der, dass zwischen den kleinen Zentren der Zivilisation riesige Wald- oder Steppengebiete lagen, die nicht oder von gefährlicher Stammesbevölkerung bewohnt waren, die diese Zentren voneinander isolierten und die Kommunikation schwierig machten. Politische Herrschaft konnte sich innerhalb der Zentren, die durch wirtschaftliche und kulturelle Verflechtungen bedingt eine gemeinsame Struktur besaßen, viel eher entwickeln. Die Herrscherdynastien dieser Regionalstaaten wechselten, sie entstanden jedoch immer wieder an der gleichen Stelle, in wirtschaftlich begünstigten Gegenden, die eine Überschussproduktion und damit weitergehende Differenzierung ermöglichten.

Ein weiterer Aspekt, der maßgeblich zu gesellschaftlichen Veränderungen

Photo: Wilhelm Klein

beitrug, lag darin, dass die Arier nicht die einzigen Einwanderer in das Fünfstromland und in die Ganges-Ebenen waren: Auf jede wirtschaftliche oder sozialpolitische Umwälzung in Zentralasien folgte eine Abwanderung in die Schwemmlandebenen des Subkontinents, wo sich dank der Fruchtbarkeit des Landes und der daraus resultierenden großen Ernährungskapazitäten ganze Völkerscharen niederlassen konnten.

Ein rascher Blick auf die Geschichte Indiens zeigt, dass die Kultur und die sittlichen Normen der Bevölkerung unter dem Einfluss der Einwanderer unaufhörlich Veränderungen unterlagen und die Immigranten somit einen nicht unerheblichen Beitrag zur Entwicklung der indischen Gesellschaft und Kultur lieferten.

Diese beiden Punkte, zum einen die Tendenz zu vielen regionalen Staats- und damit auch kulturellen Zentren, und zum anderen die Veränderungen in sämtlichen Lebensbereichen durch die Einwanderer, sollten gerade in den Jahrhunderten bedeutsam werden, die auf die Herrschaft Ashokas folgten. Seine Nachfolger waren Regionalherrscher, die selten ein größeres Reich als allenfalls das nordindische regierten. Dies hat der kulturellen Entwicklung auf allen Gebieten jedoch keinerlei Abbruch getan.

Das Reich der Kushana

Eine neuerliche politische Konsolidierung erlebte Nordindien unter der Herrschaft der Kushana, die als ein kriegerisches Volk von Zentralasien aus eingewandert waren. Wie Ashoka betrachteten auch diese Herrscher den Buddhismus als eine starke Basis für ihr neues Staatswesen und folgten den Fußspuren ihres großen Vorgängers. Das Reich der Kushana erstreckte sich vom südlichen Zentralasien über Kaschmir und Afghanistan bis nach Mittelasien. Das Reich wurde von zwei Zentren aus regiert; das eine war Peshawar im heutigen Pakistan, das andere war Mathura, das auf der oberen Ganges-Ebene lag und geistig eng mit dem Held des *Mahabharata*, dem Gott Krishna, verbunden war. Eine neue Blütezeit erlebte vor allem die Bildhauerei, die als Gandhara-Schule in die Kunstgeschichte eingegangen ist. Sie verdankt ihre Entstehung einem engen Zusammenwirken der indischen Kunsttradition mit den griechischen Kunstvorstellungen über ein ästhetisches Idealmaß.

Übrigens hatte die griechische Kunst schon vorher in Westasien Fuß gefasst. Die Buddha-Skulpturen der Gandhara-Schule verblüffen durch ihre Ähnlichkeit mit dem griechischen Apollo. Durch die faszinierende Verbindung von zwei so unterschiedlichen Stilen der Bildhauerei konnten diese Skulpturen jedem Vergleich mit den Leistungen anderer Hochkulturen standhalten.

Das Reich der Kushana zerfiel im 3. Jh. n. Chr. Im Westen wurde es von den mächtigen Sassaniden aus Persien angegriffen, in den restlichen Gebieten geschah etwas typisch Indisches: Das Reich zerfiel in regionale Nachfolgestaaten, und die Könige zentralasiatischer Herkunft „indisierten" sich immer mehr, z.B. auch durch die Annahme indischer Namen.

Typisch für die Entstehung neuer Staaten ist auch, dass sie sich meist nicht im alten Zentrum, sondern am Rande des alten Herrschaftsgebietes entwickeln. Nun nahm wieder eine Dynastie ihren Aufstieg, die in der östlichen Gangesebene beheimatet war.

Das Gupta-Reich

Im 4. Jh. n. Chr. erschien auf der machtpolitischen Bühne eine bis dahin noch nicht aufgefallene Herrscherdynastie, der es gelang, am oberen Ganges ein Reich zu gründen, das sie vom 4. bis zum 6. Jh. regierte – die Guptas. In vielerlei Hinsicht brach damit eine neue Zeit an, die durch politische Stabilität und kulturelle Blüte gekennzeichnet war. Dank der militärischen und politischen Fähigkeiten ihrer Herrscher, wie Samudragupta und Chandragupta Vikramaditya, um nur zwei zu nennen, vermochten sie ihr Reich effizient zu regieren.

Mit der Gupta-Dynastie veränderte sich der Stellenwert der Religion, da die Gupta-Herrscher die brahmanische Weltanschauung wieder der buddhistischen vorzogen. Damit erstarkte auch wieder die Sprache der Arier, in der der Veda verfasst worden war, das *Sanskrit*. Die literarischen Schriften dieser Epoche stellen Meisterwerke der klassischen Hindukultur dar.

Erst in dieser Phase bildete sich der Hinduismus heraus, wie er heute noch weitgehend vorzufinden ist. Der tiefgreifende Wandel ist nicht zu unterschätzen. An dem langsamen Übergang von der Förderung buddhistischer zu der hinduistischer Stätten, ohne dass es jedoch zu einer Verfolgung von Buddhisten kam, kann man dies erkennen. Dies manifestierte sich beispielsweise in der Bildhauerei, explizit in einer neuen Bildhauerschule bei Mathura, die Buddhafiguren, aber auch hinduistische Statuen schuf, welche zu den größten Leistungen der Bildhauerei in der Kunstgeschichte gehören.

Interessant ist, dass die Könige zu dieser Zeit vor allem hinduistische Monumente förderten, die Spenden der Königinnen hingegen erhielten meist die buddhistischen Klöster – die Zentren des Buddhismus.

Durch wiederholte Angriffe der zentralasiatischen Hunnen und Thronfolgestreitigkeiten fand die Gupta-Dynastie um 500 ihr Ende. In den Randgebieten dieses großen nordindischen Reiches formierten sich in den folgenden Jahrhunderten neue Staaten, die wieder einen anderen regionalen Charakter besaßen und die sich bis zum 12. Jh. ganz Nordindien bis nach Bengalen einverleibten: die so genannten Rajputenstaaten. Ihr Ursprung war das heutige Raj-

Rechts: Dieses Fresko in den Ajanta-Höhlen ist über tausend Jahre alt.

Photo: Aditya Arya

asthan, mit dem Zuwachs ihrer Macht nahmen sie jedoch auch die fruchtbareren Gebiete wie die Ganges-Ebene ein. Diese Staaten waren nur kurz unter einer Ägide vereint, den Gurjara-Pratiharas im 10. Jh. Den größten Teil der Zeit jedoch bildeten sie unabhängige politische Einheiten, waren aber durch Heiratspolitik und zahlreiche andere Verbindungen so miteinander verflochten, dass man deutlich die Entwicklung einer gemeinsamen Rajputenkultur erkennen kann.

Unter den Rajputen erlebte die hinduistische Tempelbaukunst eine Blütezeit, aufgrund der Kriege mit den Muslimen ab dem 11. Jh. ist von den damaligen riesigen Tempelzentren jedoch fast nichts erhalten.

Sakrale Architektur

In einer unwegsamen Gebirgsregion, in Ajanta, etwa 100 Kilometer von Aurangabad entfernt, stößt man heute auf eine Reihe in den Fels geschlagener Höhlen, die den Geist des Buddhismus ahnen lassen. Diese *Chaitya*-Hallen und Höhlenklöster wurden in der Zeit vom 2. bis zum 7. Jahrhundert, also in über fünf Jahrhunderten, ausgeschachtet.

Die Innenarchitektur dieser Höhlen fasziniert wegen des tiefen Verständnisses der buddhistischen Geisteshaltung. Bestechend sind die Wandmalereien, die von hochspezialisierten Malschulen gefertigt wurden. Ein Teil der Fresken ermöglicht uns eine unmittelbare Vorstellung vom Leben der Inder der damaligen Zeit, andere wiederum stellen die buddhistische Metaphysik und religiöse Weltanschauung dar. In beispielloser Weise werden Formen und Farben eingesetzt, die die Wirkung der Fresken noch verstärken; beredter Höhepunkt sind die Darstellungen der beiden *Bodhisattvas*, die den letzten Schritt bis zur eigenen Erleuchtung hinauszögern, um andere Gläubige zu unterweisen – Padmapani und Avalokitesvara.

Sakrale Baukunst beschränkte sich keineswegs auf die Bauwerke zur Verehrung Buddhas, seit dem Gupta-Reich wurden vermehrt (und später nur noch) hinduistische Sakralbauten errichtet. Auslöser war die zunehmend menschenähnliche Darstellung hinduistischer Götter und Göttinnen, und so war es nur noch ein kleiner und folgerichtiger Schritt, diesen Figuren auch ein Dach über dem Kopf zu geben.

In der zweiten Hälfte des 1. Jahrtausends trat im Tempelbau eine dramatische Entwicklung ein. Zwei grundsätzliche Variationen bestimmen den nordindischen und einen südindischen Stil. Besonders die Rajputenstaaten überboten sich gegenseitig im Bau von Tempelzentren in ihren Hauptstädten. Die meisten sind später zerstört worden, denn sie lagen in Arealen, die die Muslime begehrten und wo sie schließlich selbst ihre Hauptstädte bauten, z. B. in Delhi, Ahmedabad (Gujarat), Ujjain (Madhya Pradesh) etc. Auch von den Tempeln in Varanasi ist aus dieser Zeit nichts übriggeblieben. Nur eines der Zentren ist durch einen glücklichen Zufall erhalten geblieben: die Tempelanlage von Khajuraho, die uns das Können dieser Zeit vor Augen führt. Bau und Skulptierung dieser Monumente ist exquisit.

Aus der Rajputenzeit haben wir auch die ersten Informationen zur inneren Organisation dieser Staaten, die wir der vermehrten Existenz von Stifterinschriften verdanken. Daraus wird klar, dass diese Staaten kaum ein stehendes Heer oder einen effizienten Beamtenstab hatten. Nur ein kleines so genanntes Kerngebiet wurde vom Palast aus direkt verwaltet. Die ganzen restlichen Gebiete wurden wie Lehen vergeben; besonders an jüngere Brüder des Königs, die ein Recht darauf hatten, an andere Bluts- und angeheiratete Verwandte sowie Brahmanen und Tempel. Die Steuereinnahmen aus diesen Gebieten kamen dem König nicht zugute, er bekam allenfalls einen Tribut. Dies verhinderte zum einen die Expansion zu Großreichen, hatte andererseits jedoch auch positive Seiten. Immer noch war der größte Teil Indiens unbesiedelt und wild. Die Lehensherren waren angehalten, diese wilden Gebiete zu zivilisieren, sie landwirtschaftlich nutzbar zu machen und die hinduistische Kultur zu verbreiten. Dies kam im Endeffekt auch dem König zugute. Besonders durch die verwandtschaftlichen Bindungen bekamen die Staaten eine feste Struktur, die sie vom europäischen Feudalismus unterscheidet. Die größte Schwäche dieser Struktur war jedoch, dass es kein stehendes Heer gab. Die Lehensherren waren verpflichtet, im Kriegsfall eine bestimmte Anzahl von Reitern und Fußvolk zu stellen, doch war ein derart zusammengestelltes Heer einem gut trainierten und straff organisierten Söldnerheer, wie es die afghanischen Muslime hatten, unterlegen. Die Plünderungszüge der Afghanen begannen bereits im 11. Jh. und hatten verheerende Folgen.

Rechts: Feiertagsausflug einer Muslimfamilie zum Taj Mahal, dem Grabmal der Mogulgattin Mumtaz.

Indien unter dem Einfluss des Islam

Im frühen 13. Jh. begannen die Afghanen dann auch, Rajputenterritorien zu erobern. Das Zusammentreffen mit den Muslimen war zwar für die Rajputen desaströs, kulturell jedoch sollte es sich im Nachhinein als äußerst fruchtbar erweisen. In allen Bereichen der indischen Gesellschaft, der Politik, der Wirtschaft und im sozialen Leben fanden infolge des islamischen Einflusses fundamentale Wandlungen statt; die gesamte indische Kultur, wie sie sich bis dahin manifestiert hatte, erfuhr dieselbe Beeinflussung wie das religiöse und profane Geistesleben. Wie so oft in der Geschichte erwiesen sich auch hier neue Elemente als ungemein belebend.

Der Islam ist eine streng monotheistische Religion, was allein schon seine sprachliche Ableitung, „Ergebung in Gottes Willen“ oder die seiner Anhänger, den Muslimen, „die sich Gott unterworfen haben“, andeutet. Er betrachtet sich als Überhöhung des Christen- und

Photo: Julia Ziegelmaier

Judentums und gründet sich auf die Lehren des Koran, das Vorbild des Propheten und die heilige Überlieferung.

Die indischen Religionen hingegen duldeten stets mehrere Götter nebeneinander, sofern Götter dabei überhaupt eine Rolle spielten. Den Buddhismus beispielsweise kann man, falls man einen Gott zur Voraussetzung für die Definition des Begriffs „Religion“ macht, fast eine nicht-religiöse Religion nennen. Im Koran dagegen sind die Worte Gottes oder Allahs, wie die Muslime ihn nennen, so niedergeschrieben, wie sie dem Propheten Mohammed nach muslimischem Glauben zwischen 610 und 632 verkündet wurden.

Neben dem Koran existieren noch zwei weitere Glaubensquellen: die *Sunna*, eine Überlieferung des Lebens und Wirkens des Propheten, und die *Hadith*, eine Sammlung der Worte Mohammeds. Alle drei Quellen zusammen bilden die *Sharia*, die bis heute die islamische Wertordnung, das islamische Gesetz verkörpern, das für jeden gläubigen Muslim verbindlich ist und zudem eine Art Ratgeber für das diesseitige wie jenseitige Leben darstellt.

Als die kriegerischen Völkerscharen unter dem Banner des islamischen Halbmondes in die Ganges-Ebenen einbrachen, kam es zu heftigen Kämpfen zwischen ihnen und den Rajputen sowie deren Verbündeten. Bald schon zeichnete sich ab, dass die fremden Heere den nordindischen technisch weit überlegen und überdies straffer organisiert waren, was ihnen die Kriegsführung erheblich erleichterte. So folgte auf dem Schlachtfeld ein Sieg der islamischen Heere über die nordindischen Rajputen nach dem anderen.

Die Führer der islamischen Heere huldigten einer politischen Vorstellung vom Staat, dessen Macht in der Hand eines einzelnen oder einer kleinen Gruppe lag, wodurch sie rasch auf politische und militärische Ereignisse reagieren konnten. Herz des neuen und zentralistisch angelegten Staates wurde Delhi, von wo aus die islamischen Herrscher die fruchtbaren Schwemmlandebenen des Ganges und Indus unter Kontrolle hielten. Im 13. und 14. Jh. konzentrierten sie sich darauf, ihr politisches System fest zu etablieren, um dann in den nachfolgenden Jahrhunderten auch Südindien zu unterwerfen. Am erfolgreichsten war die Expansion unter dem Herrscherhaus der Khiljis; einem von ihnen, Alladin Khilji, gelang es sogar, dieses riesige Reich zu organisieren und durch ein gesellschaftspolitisches Fundament zu stabilisieren.

Die Mogul-Dynastie

Aber die kreativste Phase in der Auseinandersetzung zwischen Hinduismus und Buddhismus auf der einen und dem Islam auf der anderen Seite sollte erst im 16. Jh. einsetzen, als nämlich aus Zentralasien, genauer gesagt aus dem heutigen Usbekistan, ein kriegerisches Volk unter der Führung des noch jungen Zahiruddin Mohammed Babur in Nordindien einfiel und den Herrscher von Delhi, Ibrahim Lodi, vertrieb. Babur begründete das Mogul-Reich (herzuleiten von dem persischen Wort für Mongole), das im Hochmittelalter des Subkontinents nahezu die gleiche Bedeutung erlangte wie im 3. Jh. v. Chr. das Magadha-Reich mit seiner überragenden Führergestalt Ashoka.

Nach der Eroberung Indiens durch Babur gelang seinem Enkel Akbar, der von 1556 bis 1605 das Land regierte, die endgültige Stabilisierung des Mogul-Reiches auf dem Subkontinent. Der neue Souverän ging dabei vorsichtig vor. Zunächst einmal, im ersten Jahrzehnt seiner Regierung, bemühte er sich, seine Herrschaft in Nordindien zu konsolidieren. Dabei kam ihm sein militärisches, taktisches und strategisches Talent zugute. Bis zur Mitte des 16. Jh. war die Epoche politischer Festigung im wesentlichen abgeschlossen, und Akbar konnte sich nun einer anderen Aufgabe zuwenden: Er schuf eine neue politische, wirtschaftliche und sittliche Infrastruktur für sein riesiges Reich, das dauerhaft zu erhalten erst den islamischen Herrschern gelungen war.

Der weitsichtige Akbar richtete die Kaste der Adligen, der *mansabdari* ein, die ihrerseits von Machthabern aus Zentralasien oder Persien und den landbesitzenden, islamischen und hinduistischen Aristokraten regiert wurden. Scharfsinnigerweise hatte Akbar dafür gesorgt, dass sich auch die hinduistischen Rajputen in diese Klasse der *mansabdari* eingliedern konnten. So festigte er seine Macht und die des Mogulreiches auf lange Zeit.

Auch das Finanzwesen erfuhr unter Akbar eine grundlegende Umstrukturierung. Er veranlasste zunächst eine Bestandsaufnahme aller Ländereien, um eine Neuordnung einleiten zu können. Ein Großteil des Wirtschaftslebens basierte auf der Besteuerung der Landgüter. Nutznießer dieses Steuersystems waren die Mogule selbst und die *mansabdari*. Akbars Steuersystem wurde eine nahezu unerschöpfliche Geldquelle, die das Mogul-Reich zum reichsten Staat der damaligen Welt machte. Obwohl sich Akbar auf diese Weise eine fast unantastbare Machtposition geschaffen hatte, zeigte sich seine Größe in der Toleranz anderen Kulturen und Religionen gegenüber. Selbst ein Muslim, setzte er sich völlig unorthodox mit Islam, Hinduismus und anderen in Indien vorkommenden Religionen auseinander und suchte nach einer Art Synthese.

Religiöse Neuerung im Hinduismus

Um das Jahr 800 n. Chr. hatte der Philosoph Shankara aus Kerala den Hinduismus auf der Grundlage spätvedischer Schriften so reformiert, dass er mit dem Buddhismus konkurrieren konnte. Allerdings war die Weltsicht des Mönchs Shankara viel zu erhaben, um die breite

Rechts: Divali, das Lichterfest im Oktober/ November, bedeutet ursprünglich die Heimleuchtung Ramas und Sitas bei deren Rückkehr aus dem Exil im Dschungel.

Photo: Prakash Israni

Masse des Volkes beeinflussen zu können.

Um 1050 gelang dies jedoch einem anderen Denker aus dem Süden des Landes, Ramanuja, dessen philosophische Bewegung erstmals breite Bevölkerungsschichten erfasste und die herrschenden Wertvorstellungen einem Wandel unterzog.

Wo lag der Unterschied? Shankara hatte als Grundlage seiner Philosophie die klassischen Texte herangezogen, namentlich Texte des Veda, sowie die *Upanishaden* und der *Vedanta*, und das *Mahabharata,* mit einem wesentlichen Akzent auf der zentralen Passage der *Bhagavadgita*. In dieser wird noch *brahman* als Weltprinzip, *atman* als spiritueller Kern jedes Individuums und ihrer beider Einheit dargestellt. Das ist die zentrale Stelle. Aufbauend auf älteren Strömungen, löste Ramanuja die Einheit von *brahman* und *atman* auf. Er erkannte in *brahman* ein übergeordnetes Prinzip, das es ermöglichte, in *brahman* einen Gott oder zumindest ein göttliches Prinzip zu sehen. Das könnte man als erste Annäherung an die monotheistische Weltanschauung von Islam, Christentum und Judentum interpretieren. Der zweite Schritt war, dass Ramanuja zur Überzeugung kam, *brahman* – oder Gott – ließe sich nur durch Hingabe und Liebe begreifen, durch *bhakti*. Dieses übergeordnete Wesen, ein mitfühlender, allgegenwärtiger Gott, war allzeit bereit, seine göttliche Gnade all jenen, ungeachtet ihrer Herkunft und Position, zu schenken, die *bhakti*, dem Weg der Liebe, folgten.

Die Möglichkeit, durch fromme Ergebenheit Erlösung zu finden, wie es Ramanuja verkündete, stand in Kontrast zu Shankara und seinem *gyana marga*, dem Weg des Wissens. Ramanujas allgegenwärtiger Gott lebte gleichsam unter den Menschen und führte sie durch das Leben und *samsara* auf eine Art, wie es bei der Gottesvorstellung Shankaras nicht denkbar war. Kein Wunder, dass Ramanuja eine große Anzahl von Schülern und Anhängern seiner Lehre fand – gerade aus den unteren Schichten, die in seinen Predigten das Licht

Photo: Julia Ziegelmaier

der Erlösung sahen. Weil Ramanuja die breite Masse der indischen Bevölkerung ansprach und darüber hinaus auch eine Brücke über die soziale Kluft zwischen den Kasten schlug, gebührt ihm ein zentraler Platz im Pantheon des Hinduismus. Dank seiner vielen Schüler, die seine Lehre dem einfachen Volk verkündeten, wurde aus der Idee eine breite religiöse Bewegung des indischen Mittelalters.

Sein berühmtester Schüler wurde Ramananda, der im 15. Jh. lange in Varanasi, dem geistigen Zentrum des Hinduismus, lebte und später eine Schlüsselfigur der *bhakti*-Bewegung wurde.

Die Bhakti-Bewegung

Zwei nicht minder bedeutsame Anhänger dieser Bewegung, die vor allem den Nordteil des indischen Subkontinents erfasste, waren Tulsidas und Kabir. Die religiöse Literatur der beiden, die selbst im heutigen Indien wie Heilige verehrt werden, hatte einen immensen Einfluss auf die unteren Bevölkerungsschichten. Sowohl Tulsidas als auch Kabir waren begeisterte Anhänger der Lehre Ramanandas; wie er, so glaubten auch sie, dass die Erlösung, *moksha*, aus dem ewigen Kreislauf von Tod und Wiedergeburt nur durch den Weg der Liebe und Hingabe, *bhakti*, zu erreichen sei. Dieser Glaube war auch das einzige, was die beiden miteinander verband, denn jeder von ihnen hatte seine eigene Gottesvorstellung.

Nach der Vorstellung Tulsidas verkörperte der halbgöttliche Rama dieses übergeordnete Wesen, wie er es in seinem Epos *Rama-charita-manasa*, zu deutsch Heiliger See der Taten Ramas, schildert. Da er es in dem Dialekt schrieb, der in der Mitte der Ganges-Ebene gesprochen wurde, in Avadhi, fand das Werk, durchdrungen von poetischem und spirituellem Geist, Anklang sowohl in den unteren als auch den oberen Bevölkerungsschichten. Überall begegnet man noch heute diesem Ein-

Oben: Künstlerischer Ideenreichtum an einer Tempel-Fassade in Khajuraho.

fluss – 500 Jahre nachdem die Schriften erschienen sind.

Tulsidas, im Gegensatz zu Kabir, begehrte nicht gegen das ungerechte Kastensystem auf. Kabir dagegen, ein Weber aus Varanasi, war ein Rebell, dessen charakteristischer Theismus eng mit der Vorstellung von einer tiefgreifenden Umstrukturierung der Gesellschaft und der Abschaffung der Ausbeutung verbunden war. Sein soziales Engagement und seine starke Beeinflussung durch die *sufis*, islamische Mystiker, führten zu einem Gottesbild, das sich von dem poetisch verklärten des Tulsidas unterschied. Kabirs Gotteswesen war bar jeder Körperlichkeit und konnte nur abstrakt beschrieben werden.

Die Sikhs

Guru Nanak, der Gründer der Sikh-Religion, wurde zwar als Hindu geboren, doch prägte weit mehr der Islam seinen Glauben. Er lehnte das Vokabular und die Kultrituale der anderen Religionen ab und vertrat einen strikten Monotheismus. Seine Lehre wurde später in einem heiligen Buch, *Adi Granth*, niedergeschrieben. Seine religiöse Bewegung, der Sikhismus, in der Mann wie Frau wie auch die Menschen aller Schichten als gleichwertig galten, wurde und wird durch die loyale Treue einem einzigen, allwissenden Gott gegenüber zusammengehalten.

Ihm folgten hauptsächlich die Benachteiligten der indischen Gesellschaft – Bauern, verarmte Geschäftsleute und Handwerker.

Unter Govind Singh, einem Anhänger der Sikh-Religion im späten 17. Jh., wurden die Sikhs aufgrund von Verfolgungen – viele Sikhs wurden Märtyrer – deutlich aggressiver und separatistischer; sie wollten einen eigenen, theokratischen Staat im Punjab gründen. Der legendäre Kampfgeist der heutigen Sikhs stammt noch aus dieser Tradition, ebenso wie die traditionelle Kleidung der Männer (ehemals Erkennungszeichen des Kampfbundes): Turban, ungeschnittenes Haar *(kesh)*, Kamm *(kanga)*, ungeschnittener Bart, Dolch *(kirpan)*, Armreif *(kara)* und Hose *(kachera)*.

Muslimische Sufis

Der weit verbreitete Hinduismus der *bhakti*-Heiligen Tulsidas und Kabir fand einen ähnlich starken Widerpart im Islam. Die Umwandlung eines transzendenten Gottes, der sich über seinen Propheten Mohammed mitteilte, in einen mitfühlenden, allgegenwärtigen und allwissenden Gott, der seine unendliche Barmherzigkeit all jenen schenkt, die den Islam für den einzigen Weg des Glaubens halten, diese Umwandlung gelang erst den so genannten *sufis*, den islamischen Mystikern. Das Erstarken des Sufismus hatte großen Einfluss auf das weitere Schicksal des Islams in Indien. Im Gegensatz zu den orthodoxen Korangelehrten, den *ulema* (einer Gruppe von Rechts- und Theologie-Experten), erreichten die Wanderprediger des Sufismus mit ihrer toleranten Gottesliebe die Herzen der gläubigen Inder. Die Sufis erkannten in Gott ein Wesen, das seine Liebe jedem einzelnen ungeachtet dessen gesellschaftlicher Stellung oder Kaste schenkt.

Religiöse Toleranz zu Akbars Zeit

In der Zeit des Mogulherrschers Akbar (1556-1605) gelang es also dem Hinduismus und dem Islam, sich einander anzunähern und somit die Gläubigen beider Religionen zusammenzuführen. Die nun ähnlichen Wertvorstellungen zweier einst so gegensätzlicher Religionen ermöglichten es, ein Staatswesen zu schaffen, in dem die beiden bedeutendsten Religionen des Subkontinents mehr und mehr Verständnis füreinander fanden.

Die Toleranz Akbars offenbarte sich sowohl in der Politik wie in der Behandlung der Glaubensgemeinschaften. Den Fels- und Steininschriften des

Photo: Julia Ziegelmaier

Herrschers Ashoka im 3. Jh. v. Chr. nicht unähnlich, veröffentlichte Akbar einen Erlass, der alle Religionsgemeinschaften ermahnte, in Frieden und Harmonie miteinander zu leben. Möglicherweise entstanden die beiden Kodizes nicht rein zufällig unter den beiden herausragenden Mogul-Herrschergestalten Ashoka und Akbar, die pragmatisch genug dachten, um zu erkennen, dass sich der multiethnische und multireligiöse Subkontinent nur regieren ließ, wenn in allen Bereichen des Lebens Toleranz herrschte. Im volksfernen Leben am Hof ging Akbar sogar noch einen Schritt weiter. In der *Din-i-Illahi*, dem Glauben an Gott, begründete er eine neue Lehre, zu der alle Angehörigen des Hofes übertreten mussten, vielleicht auch, um die endlosen Streitereien zwischen den islamischen Untergruppen zu beenden. Diese Lehre, die Elemente aus Islam, Hinduismus, Christentum, Jainismus und Parsismus vereinigte, ist jedoch mit Akbar untergegangen, den schließlich ein fanatischer Muslim im Jahr 1605 – eben wegen seiner Abkehr vom reinen Islam – ermordete.

Oben: Jama Masjid – Mogulbaukunst in Alt-Delhi.

Die Kunst der Mogulzeit

Keine Beschreibung der hochentwickelten nordindischen Gesellschaft dieser Zeit ist vollständig, wirft man nicht auch einen Blick auf die Architektur und Kunst. Zu Beginn des 11. Jahrhunderts n. Chr. erlebte die hinduistische Tempelarchitektur eine Blütezeit, die später kaum mehr erreicht wurde, da die großen königlichen Bauhütten mit dem Ende der unabhängigen Rajputenkönige aufhörten zu existieren. Die Handwerker verdingten sich bei den Muslimen. Nun fand z.B. das Bauelement der Kuppel, die einerseits Raum schafft und andererseits Raum überbrückt, in die indische Architektur Eingang. Glanzleistungen dieser kunstgeschichtlichen Periode findet man in nahezu allen Städten Indiens, sei es in Delhi und Agra oder in den Provinzhauptstädten Allahabad und Patna.

Neben großartigen Palästen und Ehrfurcht gebietenden Festungsanlagen, die um die Städte herum oder an strategisch wichtigen Punkten entstanden, liegen zahlreiche nicht weniger eindrucksvolle Bauwerke wie Moscheen und Mausoleen. Letztgenannte lassen sich in zwei Stilrichtungen einteilen; die eine Phase liegt vor der Herrschaft der Mogule, die andere danach. Beispiele für beide Stilrichtungen findet man in Delhi. Der Qutab Minar und die Lodi-Mausoleen repräsentieren den Prä-Mogul-Stil, wohingegen das Humayun-Mausoleum, das Rote Fort oder die Jama-Moschee bereits den Einfluss der Mogulherrscher spüren lassen.

Um einen Blick auf die vollkommenste architektonische Leistung unter den Mogul-Kaisern werfen zu können, muss der Interessierte nach Agra fahren, knapp 200 Kilometer von Delhi entfernt. Hier findet er das weltbekannte Taj Mahal, das im 17. Jh. der Kaiser Shah

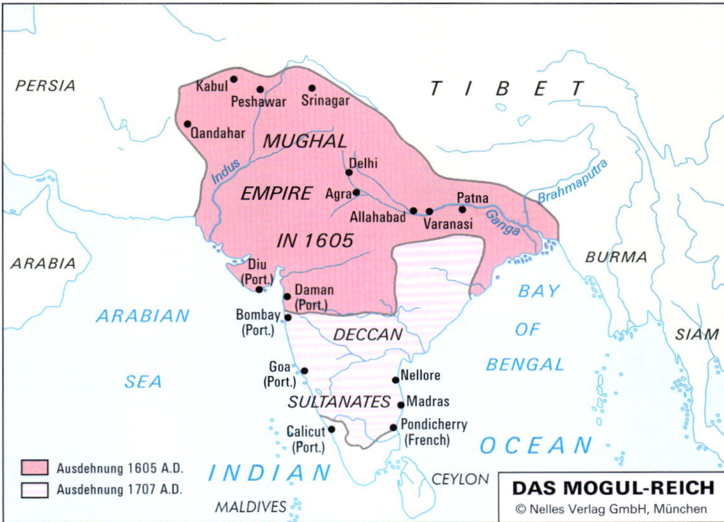

DAS MOGUL-REICH

Jahan als Mausoleum für seine über alles geliebte Frau, Mumtaz Mahal, erbauen ließ. In seiner makellosen Perfektion ist der Taj Mahal zweifellos das bedeutendste Bauwerk des Islams in Südasien.

Die meisten Mogule waren Freunde und Gönner der Kunst, was sich als sehr fruchtbar erwies. Jedoch fand die große Zeit der buddhistischen, Jaina- und Hindu-Bildhauerei ein Ende, denn als die Muslime nach Indien kamen, zerstörten diese viele figürliche Darstellungen: Den Muslimen gilt die Darstellung von Lebewesen als Blasphemie. Nichtsdestoweniger erlebte die indische Kunst besonders unter Jehangir und Shah Jahan eine Blütezeit, die auf einer Synthese zwischen einheimischer und persischer Kunst beruhte. Durch die neue Verbindung islamischer und lokaler Kunstelemente gelang es, besonders die Architektur und Miniaturmalerei populär zu machen. Die Adligen aus der Kaste der Rajputen, die in den Regierungsapparat integriert worden waren, eiferten ihren Herrschern nach. Und so blühte die Miniaturmalerei nicht nur in den Hauptstädten der Mogule, sondern auch an den Höfen in Provinzen wie Rajasthan und sogar in den Bergen des Punjab. Abgesehen von künstlerischen Nuancen liegt die Verschiedenheit dieser Miniaturmalschulen in der Motivwahl begründet. Während man sich am Hof auf Porträts und die Darstellung des höfischen Lebens konzentrierte, ließen die Rajputen, neben der Darstellung des eigenen Lebens, hinduistische Epen illustrieren oder versuchten ein Gefühl von Harmonie bildnerisch überzeugend umzusetzen.

Die Stütze des Mogulstaates war nach wie vor die Landwirtschaft. Sie wurde weiterentwickelt, neue Anbaugebiete erschlossen und die Steuerveranlagung effizienter gestaltet. Damit wurde Geld frei für die Bezahlung eines stehenden Heeres, spezialisierter Beamten und nicht zuletzt für das Säckel des Kaisers und der herrschenden Schicht, die Handel und Kunst förderten. Das Mogulreich entwickelte sich im 17. Jh. zur wohlhabendsten Monarchie der damaligen Welt. Da es zeitweise außerdem möglich war – dank der *bhakti*- und *sufi*-Bewegung – zwei ursprünglich grundverschiedene Religionen nebeneinander existieren zu lassen und der Kunst wesentlich neue Impulse zu geben, kann die Epoche der Mogule zu recht mit der des Magadha-Reiches während der klassischen Jahrhunderte vor der Zeitwende verglichen werden.

Das koloniale Indien

Durch langanhaltende Thronfolgekriege nach dem Tod des letzten großen Mogul Aurangzeb und bedingt durch Schwachstellen in der politischen wie administrativen Struktur zerfiel das Mogulreich im 18. Jh. besonders an seinen weit vom Zentrum gelegenen Rändern in Nachfolgestaaten, in denen sich ehemalige Gouverneure und andere Provinzherren selbständig machten.

Nur wenige Jahre nach Aurangzebs Tod im Jahr 1707 dominierten wieder Kleinstaaten in der politischen Landschaft Indiens, deren Herrscher für eine übergeordnete Reichsmacht bestenfalls Lippenbekenntnisse übrig hatten.

Noch ein Ereignis führte zum endgültigen Zusammenbruch des Mogul-Reiches. Anfang des 18. Jh. entdeckten europäische Handelsgesellschaften Indien als Geschäftspartner. Sie kauften Agrarprodukte und die Arbeiten von Kunsthandwerkern billig ein, die sie auf den westlichen Märkten teuer verkaufen konnten. Die europäischen Handelsgesellschaften – unter ihnen war die britische Ostindienkompanie die bedeutendste – errichteten ihre Niederlassungen vor allem entlang der Küstenlinie. Städte wie Bombay, Madras und Calcutta verdankten ihnen ihre wachsende Bedeutung. Von diesen Brückenköpfen aus – gedeckt durch die europäische Vorherrschaft auf den Meeren – bauten diese Gesellschaften für den Handelsverkehr Straßen ins Landesinnere. Nach und nach gewannen sie, indem sie ihr Handelsnetz über weite Teile des Subkontinents ausbreiteten, auch politische und wirtschaftliche Macht.

Obwohl anfangs vor allem die Franzosen und Niederländer die wirtschaftliche Ausbeutung des Landes und die Einflussnahme auf die Politik vorantrieben, setzten sich letztlich die Briten, vertreten durch die Ostindienkompanie, als stärkste ausländische Handelsmacht durch. Um 1800 gehörte Indien, abgesehen vom Nordwesten, zu einem nicht unerheblichen Teil diesem Handelsimperium. Die einheimischen Staaten wurden nach und nach als abhängige Tributärstaaten in das koloniale Machtgefüge integriert; so ließ sich die politisch zwar mächtige, aber nunmehr von den Handelsgesellschaften abhängige Schicht bestens unter Kontrolle halten.

Für die Inder war die britische Herrschaft eine völlig neue Erfahrung. Niemals zuvor waren die einzelnen Kleinstaaten und Regionen verwaltungstechnisch und politisch so eng zusammengerückt wie während der britischen Kolonialherrschaft. Nach und nach wurde die britische Verwaltung ausgebaut, die einheimische Industrie jedoch vernachlässigt. Regierungssitz der Kolonialherren war bis 1911 Calcutta, danach Delhi; Stellvertreter der englischen Regierung war der Generalgouverneur, nach 1857 der Vizekönig, der mittels einer weitverzweigten Administration ganz Indien unter Kontrolle hatte.

Eng verbunden mit diesem aufwendigen Verwaltungsapparat entstanden so elitäre Gesellschaftsschichten wie die Herrscher der Fürstenstaaten, der Landadel und eine neue Bürgerschicht, die bis ins letzte Viertel des 19. Jh. hinein als leitende Angestellte der Handelsgesellschaften fungierten und so auch mit neuem, europäischem Gedankengut und damals in Indien ungewohnten Ideen vertraut wurden.

Obwohl es den Briten gelang, ein zumindest administrativ vereintes Indien zu schaffen, wie es früher nicht existiert hatte, ist der britische Einfluss auf Politik

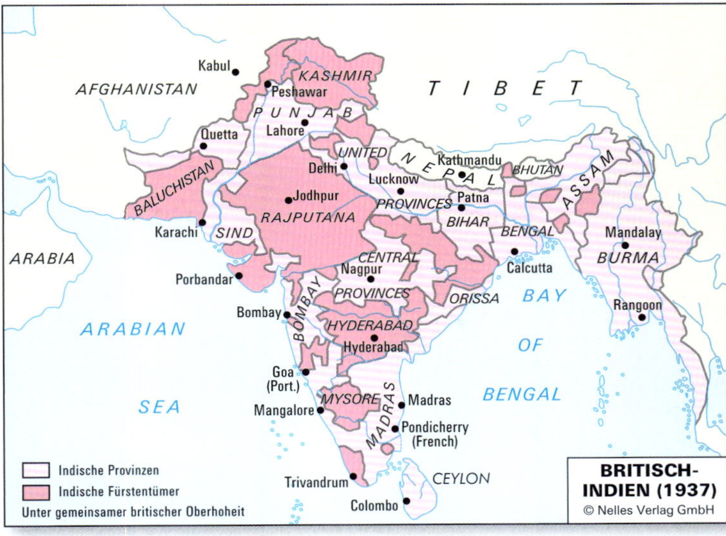

und Sozialgefüge eher negativ zu bewerten. Die wirtschaftliche Eroberung Indiens erfolgte durch die Suche der europäischen Handelsgesellschaften nach neuen Partnern. In Europa bahnte sich zu dieser Zeit bereits die industrielle Revolution an, deren Schrittmacher Großbritannien war. Das konnte nicht ohne Auswirkung auf Indien bleiben.

Das koloniale Indien blieb vorerst wichtiger Lieferant vieler Lebensmittel wie z. B. Getreide. Im Zug der Industrialisierung fertigte Großbritannien nun aus der – auch aus Indien – importierten Baumwolle billige Textilien, die zu Schleuderpreisen wiederum auf dem Subkontinent verkauft wurden. In der Folge sanken auch die Preise aller anderen indischen Produkte. Zum ersten Mal in seiner Geschichte stellte Indien nichts anderes als einen großen Abnehmer für Billigartikel dar, während die eigene Wirtschaft kurz vor dem Bankrott stand. Im 19. und 20. Jh. floss zwar viel Geld von Indien nach England, das aber seinerseits Indien, abgesehen von der zum Abtransport der Rohstoffe nötigen Infrastruktur wie Straßen, Eisenbahnen und effizienter Verwaltung wenig Materielles zurückgab.

Erwachendes Nationalbewusstsein

Zu den langlebigsten Vermächtnissen der Engländer zählt ihr europäisches Gedankengut, das sie den Indern näher brachten und das schließlich zu einer Neustrukturierung der indischen Politik führte. Die Engländer hatten die allgemeine Schulpflicht eingeführt und verbreiteten wissenschaftliche Erkenntnisse und humanistisches Gedankengut. Die Folge war die Entstehung einer neuen, britisch geprägten Bildungsschicht.

Diese neue indische Bildungsschicht, die sich zuerst in Hafenstädten wie Bombay, Madras und Calcutta, später allerdings auch in den Städten des Landesinneren entwickelte, war bald nicht mehr gewillt, die britische Fremdherrschaft länger zu dulden.

Noch bevor das 19. Jh. zu Ende ging, forderten führende Persönlichkeiten

Photo: Julia Ziegelmaier

aus dieser Schicht Indiens Unabhängigkeit. Um sich des britischen Jochs zu entledigen, bildeten sie lokale und regionale Organisationen, die sich 1885 trafen, um sich zu einer pan-indischen Organisation zusammenzuschließen, dem *Indischen Nationalkongress.*

Die britische Wirtschaftpolitik, Indien mit Billigprodukten zu überschwemmen, brachte den ohnehin bereits verarmten Bevölkerungsschichten große Probleme. Die Folge war eine Woge antiimperialistischer Unruhen und Aufstände der Bauern, Arbeiter, Handwerker und anderer sozialer Schichten. Höhepunkt dieser Unruhen war der *Sepoy-Aufstand* von 1857, dessen Anführer aus der ehemals herrschenden einheimischen Schicht stammten. Die Kolonialherren konnten den Aufstand brutal niederschlagen, doch der Hass auf die imperialistische Macht wurde dadurch nur noch größer.

Oben: Verehrung eines britisch-indischen Enfield-Motorrads in Om Banna (Rajasthan). Rechts: Mahatma Gandhi (Denkmal in Kanniya Kumari).

Mahatma Gandhi

Die Aufgabe, den Nationalismus der Mittelschicht mit dem aufgestauten Hass der Armen zu koordinieren und zielgerichtet einzusetzen, löste einer der größten Söhne Indiens: Mahatma Gandhi. Zu Recht wird er als „Vater der indischen Nation" verehrt.

Bereits in Südafrika, wo er 15 Jahre lebte, hatte er gegen die Erniedrigung der indischen Minderheit durch die Weißen gekämpft und dabei eine neue Form des Widerstandes entwickelt, dessen Prinzip die Gewaltlosigkeit war (*satyagraha*, Macht der Wahrheit). Auch ständige gewaltlose Massendemonstrationen zeigen Macht und stellen eine Bedrohung dar. Auf diese Weise übertrug Gandhi den moralischen Rigorismus des indischen Denkens auf das Feld der Politik und vereinte so Arme und Reiche, die sich gemeinsam, aber gewaltlos gegen die Briten auflehnten.

Mit seiner Politik des *satyagraha* gelang es Gandhi in der Zeit zwischen den zwei Weltkriegen, ungeheure Men-

Photo: Wilhelm Klein

schenmassen zu mobilisieren, was in diesen Ausmaßen im 20. Jh. einmalig bleiben sollte. Gandhis Bewegung führte schließlich im Jahr 1947 zur indischen Unabhängigkeit. Dank dieses Erfolges nimmt Mahatma Gandhi bis heute im Herzen aller Inder nach wie vor einen zentralen Platz ein.

Das heutige Indien lässt sich nicht verstehen, wenn man sich nicht den Freiheitskampf unter Gandhi vor Augen hält, der die bedeutendste Kolonialmacht der Welt aus dem Land vertrieb. Dieser Kampf sollte die indische Gesellschaft von Grund auf verändern. Die Führer des Widerstandes schafften es, alle indischen Klassen und Religionsgemeinschaften für das gemeinsame Ziel der Unabhängigkeit zusammenzuschließen; miteinander protestierten Hindus, Muslime und Sikhs, die Reichen und die Armen, Industrielle, Händler, Handwerker und Bauern.

Doch war der Freiheitskampf nicht nur politisch motiviert, denn aus der alten kolonialen und feudalen Gesellschaftform sollte ein moderner Nationalstaat entstehen; das neue Fundament sollte nicht mehr die Landwirtschaft sein, sondern die Industrie.

Hindus und Muslime – die Teilung

Jede Münze hat zwei Seiten. Zwar war die Entlassung in die Unabhängigkeit am 15. August 1947 ein Triumph für das indische Volk, andererseits aber wurde zugleich der islamische Staat Pakistan abgetrennt, obwohl für ein vereintes Indien gekämpft worden war; die Folgen dieses Fehlschlages sind noch heute in der indischen Innen- und Außenpolitik spürbar (z. B. in Bezug auf Kaschmir und die atomare Aufrüstung). Unruhen in den neuen Grenzgebieten im Punjab und Bengalen, verbunden mit der Gründung Pakistans, zu dem anfangs das spätere (vorwiegend muslimische) Bangladesch gehörte, führten zu einer von tragischen Umständen begleiteten Massenflucht von 10 Mio. Menschen in beide neue Staaten. 250000 Hindus, Sikhs und Muslime wurden dabei massakriert.

Photo: Teradat Santivivut (iStockphoto)

Nicht minder problematisch war die politische Integration der Fürstentümer, zu denen immerhin 40 % des Landes gehörten und deren Bewohner 20 % der Gesamtbevölkerung stellten. In Kaschmir etwa, im neuen Grenzgebiet zwischen Indien und Pakistan, herrschte ein Hindu-Raja über eine Muslim-Mehrheit: Drei Kriege resultierten daraus und die bis heute andauernde unglückliche Teilung dieses landschaftlich besonders reizvollen Bundesstaats mit seinem enormen Tourismuspotenzial, zu dem auch das tibetisch-buddhistische Ladakh mit Zanskar gehört.

Gandhi hatte bis zuletzt versucht, zwischen dem Congress-Führer Nehru und dem Muslimführer Jinnah zu vermitteln, um Massaker und Indiens Teilung zu verhindern – vergeblich. Und letztendlich wurde der Gewaltlosigkeit predigende Mahatma Ghandi im Jahr 1948 von einem fanatischen Hindu umgebracht.

Oben: Seit 1948 gehört das tibetisch-buddhistisch geprägte Ladakh zu Indien (Kloster Thiksey)

Die indische Verfassung

Die in nur vier Jahren ausgearbeitete Verfassung sieht vor, die einzelnen, sich durch ihre Sprache unterscheidenden Regionen und die religiösen Glaubensgemeinschaften zu einem Nationalstaat zusammenzufassen, doch gleichzeitig den Einzelstaaten eine gewisse Autonomie zu verleihen. Die Rechte der Minderheiten und der unteren Bevölkerungsschichten wurden in die Verfassung aufgenommen. Mut bewies man auch durch die Einführung des allgemeinen Wahlrechts in einer Gesellschaft, die in dieser Hinsicht keinerlei Erfahrung hatte.

So entstand eine parlamentarische Demokratie, in der der Nationalkongress (Congress) zur führenden Partei wurde. Er stellte den ersten Ministerpräsidenten Indiens, Jawaharlal Nehru, der von 1947 bis zu seinem Tod 1964 regierte. Außenpolitisch suchte Indien, obwohl theoretisch „blockfrei", angesichts der feindlichen Nachbarn China und Pakistan (das von den USA unterstützt wurde) immer mehr die Nähe zur UdSSR.

Nach etwa anderthalb Jahrzehnten Unabhängigkeit hatte der Landadel einen großen Teil seines Besitzes abgeben müssen, besaß aber noch immer erheblichen politischen Einfluss. Ende der 50er Jahre bemühte man sich, durch Planwirtschaft und die Verstaatlichung der Schwerindustrie den Fortschritt voranzutreiben, während man gleichzeitig neue Anreize für die Privatwirtschaft schuf, die Handwerker und das Kunsthandwerk förderte und somit durch nur geringfügige Investitionen Millionen von Arbeitsplätzen schuf.

Die Zeit nach Nehru

Zu einschneidenden sozialen Neuerungen kam es nach 1947 nicht. Als Nehru 1964 von der politischen Bühne abtrat, hinterließ er viele ungelöste Probleme. Während einerseits der extreme Feudalismus, der in der Vergangenheit die herrschende Gesellschaftsordnung gewesen war, zwar beschnitten werden konnte, saß andererseits die landbesitzende Klasse nach wie vor in den politischen Machtpositionen, da sich die unteren Schichten nicht zu organisieren wussten. Trotz der teilweisen Abschaffung des feudalen Großgrundbesitzes der Rajas wuchs die landwirtschaftliche Produktion nicht in dem erwarteten Maß; Großbauern und Landlose gab und gibt es weiterhin. Die Industrie konnte sich nicht ohne staatliche Hilfe über Wasser halten, das Wirtschaftswachstum stagnierte. Auch die indische Außenpolitik war schuld daran, die das Land zwang, einen großen Teil der Staatseinnahmen in die Rüstung zu stecken. Die Aufgabe, diese ungelösten Probleme in Angriff zu nehmen, fiel Indira Gandhi, der Tochter Nehrus, zu.

Indira Gandhi

Die Krise der Landwirtschaft ließ Kassandrarufe laut werden, das Land sei bald nicht mehr in der Lage, seine ständig wachsende Bevölkerung zu ernähren. Die Industrialisierungseuphorie war verpufft, die nun herrschenden Cliquen waren nur noch auf den eigenen Vorteil bedacht, und durch die wirtschaftliche Stagnation wurden wieder längst überwunden geglaubte Spannungen zwischen den Kasten und Glaubensgemeinschaften wach.

Die Regierung Indira Gandhis stützte sich auf die Ideen Nehrus, nur interpretierte sie diese radikaler. Indira Gandhi verfolgte einen eher sozialistischen Kurs mit Schwerpunkten bei der Verbesserung der Ernährungsgrundlagen und beim Aufbau der Industrie, verbunden mit wirtschaftlicher Abschottung nach außen und der Nutzung eigener, indischer Ressourcen. So prägte das Straßenbild fortan v. a. ein PKW-Typ: der Hindustan-Ambassador (produziert 1958-2014), quasi Indiens Trabbi, im Verbund mit Tata-Bussen und Tata-Lkws – konstruiert mit Hilfe (vorgestriger) ausländischer Lizenzen von Morris bzw. Mercedes, gebaut jedoch mit einheimischen Kräften und Materialien.

Die Banken wurden verstaatlicht, die letzten Spuren adliger Privilegien abgeschafft und die Landwirtschaft kräftig subventioniert; das Schlagwort von der „Grünen Revolution" war in aller Munde. Dank verbessertem Saatgut für Reis und Getreide, dem Einsatz von Kunstdünger, Pestiziden und moderner Bewässerungstechniken gelang es innerhalb eines Jahrzehnts, die gesamte Bevölkerung Indiens zu ernähren und darüber hinaus landwirtschaftliche Überschüsse zu erwirtschaften.

Ende der 1970er Jahre war das Experiment der großen sozialen Umstrukturierung einigermaßen zum Abschluss gebracht. Die Säulen der neuen indischen Gesellschaft waren nun die großen Industriebetriebe. Indien hatte den Sprung ins Industriezeitalter vollzogen, sogar eine eigene Atombombe getestet (1974) und die Geburtswehen der Demokratie überstanden.

Photo: Mike Watson Images Limited/IPGGutenbergUKLtd (iStockphoto)

Die Gandhis: Triumph und Tod

Die Reife der indischen Demokratie zeigte sich, als Indira Gandhi 1975 die Verfassung außer Kraft setzte und mit Notstandsgesetzen das Land regieren wollte. Bei den folgenden Wahlen gewann erstmals nicht die Kongress-Partei, sondern die geeinte Opposition mit dem Motto „Demokratie oder Diktatur“. Trotzdem wählten die von der Opposition enttäuschten Wähler Indira Gandhi bei der nächsten Wahl 1980 mit großer Mehrheit wieder zur Regierungschefin.

Politisch erlebte Indien in den darauffolgenden Jahrzehnten einige Krisen. Indira Gandhi bezahlte den von ihr 1984 befohlenen Sturm auf den heiligen Goldenen Tempel der Sikhs in Amritsar, wo sich militante Sikh-Separatisten verschanzt hatten, mit ihrem Leben – ermordet von ihrer eigenen Sikh-Leibwache. In den anschließenden Ausschreitungen gegen Angehörige der Sikh-Religion wurde allein in Delhi rund 3000 Sikhs massakriert.

Nachfolger wurde ihr Sohn Rajiv Gandhi. 1989 wegen Korruptionsvorwürfen abgewählt, befand er sich 1991 mitten im Wahlkampf, als auch er Opfer eines politisch motivierten Anschlages wurde, durch eine tamilische Selbstmordattentäterin. Seine Witwe Sonia Gandhi entschloss sich erst 1997 der Kongresspartei beizutreten, ein Jahr später war sie bereits Parteivorsitzende. Die Wahl 1998 entschied jedoch die hindunationale BJP für sich; ein Mann der Mitte, Atal Bihari Vajpayee, wurde Premierminister. 2004 gewann die Kongresspartei unter Gandhis Führung die Wahl.

2009 wurde die Kongresspartei mit dem Premierminister Manmohan Singh im Amt bestätigt. Rahul Gandhi, der Sohn Sonia und Rajiv Gandhis, sollte das neue junge Gesicht der Kongresspartei sein, konnte die Wähler jedoch nicht überzeugen. 2014 gewann die hindunationale BJP unter der Führung Narendra Modis nach 10 Jahren Kongresspartei-Regierung die Wahl.

Oben: Ab dem Jahr 1991 wurde die Liberalisierung der indischen Wirtschaft voran getrieben .

Die Liberalisierung der Wirtschaft führt zum Boom

Der bleibende Verdienst Rajiv Gandhis war es, erste Schritte zur Liberalisierung der indischen Wirtschaft eingeleitet zu haben. Sein Nachfolger Narasimha Rao setzte diese Politik von 1991 an verstärkt fort, zusammen mit dem damaligen Finanzminister Manmohan Singh. Die Auflösung der Sowjetunion und die Ölpreiserhöhung wegen des Golfkriegs hatten zu einer Finanz- und Wirtschaftskrise Indiens geführt. Seitdem gab es kein Zurück, und Indien wurde, trotz massiver Infrastrukturprobleme und Benachteiligung des ländlichen Raums, immer mehr zu einer modernen Industriegesellschaft; das Wirtschaftswachstum Indiens zählt seither zu den stärksten weltweit.

Zugpferde dieser Entwicklung sind der sehr gut ausgebildete Mittelstand und der Boom der Software-Industrie. Jedes Jahr machen eine Million Studenten an den technischen Hochschulen Indiens ihren Abschluss: Das sind zehnmal mehr als in den USA und Europa zusammen. Problematisch ist hingegen, dass für die gut ausgebildeten jungen Leute nicht ausreichend Arbeitsplätze im Land vorhanden sind.

Die ausländischen Investitionen vervielfachten sich besonders vom Beginn des 21. Jahrhunderts an, was einen Boom an der Börse in Mumbai bewirkte: Von September 2001 stieg der Index der Börse von knapp 2600 Punkten bis auf 21000 Punkte im Januar 2008. Unter den acht reichsten Menschen der Welt waren laut Forbes-Magazin vier Inder. Die Zahl der Mobiltelefonbenutzer wuchs von 2000 bis 2005 von 1 Mio. auf 100 Mio. Diese wirtschaftlichen Veränderungen haben zu einem moderneren Erscheinungsbild Indiens geführt, was sich, besonders in den Städten, an neuen Autos, zeitgemäßer Architektur, riesigen Shopping Malls, westlich moderner Kleidung oder neuen Highways erkennen lässt. Schicke Geschäfte, Boutiquen und Restaurants zeugen vom wachsenden Wohlstand des Mittelstandes.

Die fast überhitzte Phase des Wirtschaftswachstums wurde von hoher Inflation und deren negativen Auswirkungen für die am Boom wenig beteiligte Landbevölkerung überschattet. Die weltwirtschaftskrisenähnliche Situation 2008 ließ die Börse merklich abkühlen.

Großen Nachholbedarf hat Indien weiterhin bei der Verbesserung der Lebensverhältnisse der über 300 Mio. Armen, die einen Großteil der Landbevölkerung ausmachen – die Lebensbedingungen für Kleinbauern, Pächter und landlose Tagelöhner sind nach wie vor miserabel. Auch beim Umweltschutz liegt viel im Argen. Jenseits der Metropolregionen steht die Modernisierung der maroden Infrastruktur an. Die indische Mittelschicht ist mittlerweile eine kaufkräftige Zielgruppe für Autohersteller, und preiswerte Kleinwagen wie der Nano (ab 2100 Euro) des indischen Tata-Konzerns sollen die wachsende Nachfrage bedienen – der Straßenneubau hinkt jedoch dieser Entwicklung hinterher.

Seinem übermächtigen Nachbarn und Rivalen China gegenüber hat Indien vor allem den Vorteil seines auf Englisch basierenden Bildungssystems, der größeren Rechtssicherheit und demokratischer Strukturen. Chinas wirtschaftlicher Vorsprung als „Werkstatt der Welt" erscheint auf absehbare Zeit zwar uneinholbar. Aber Indien kann und möchte China nicht einfach kopieren, sondern mit seinem gut ausgebildeten Nachwuchs nun zum „Schreibtisch der Welt" werden – der „Indische Elefant" jagt den „Chinesischen Drachen".

Eine neue politische Landschaft

Zu Beginn der 1990er Jahre verlor die Kongresspartei ihre dominante Stellung in der indischen Politik: Korruption und Machtmissbrauch begünstigten den Wunsch nach Wechsel und trieben die Wähler in die Arme der Opposition.

Nachdem Anfang der Neunziger Jahre eine linke Regierungskoalition den Kongress verdrängt hatte, erstarkte bald die im rechten Spektrum angesiedelte indische Volkspartei BJP, die auch mit religiös besetzten populistischen Argumenten Wähler mobilisierte.

Seitdem ist die politische Stimmung Indiens auch durch zunehmenden Hindu-Nationalismus gekennzeichnet, der sich v. a. gegen die angeblich bisher bevorzugte muslimische Minderheit wendet. Neben der BJP gelang es auch der in Maharashtra beheimateten Shiv Sena, mit populistischen Slogans gegen Minderheiten, u. a. gegen Christen, erfolgreich zu sein. Die Bundeswahl 1998 gewann die BJP aber wegen ihres als integer und gemäßigt geltenden Spitzenkandidaten Atal Bihari Vajpayee, der als Premierminister Indien ins 21. Jh. führen konnte. Er setzte die wirtschaftlichen Reformen fort und beschleunigte den Ausbau der Infrastruktur.

Diese bei der Mittelschicht willkommene Politik seiner Regierung veranlasste Vajpayee 2004, vorgezogene Wahlen anzuberaumen. Die Kongresspartei mit ihrer aus Italien stammenden Spitzenkandidatin Sonia Gandhi, der Witwe Rajiv Gandhis, schien keine Chance zu haben – und gewann doch diese Wahl. Anfeindungen wegen ihrer italienischen Abstammung ließen sie jedoch auf das Amt des Premierministers verzichten, das sie Manmohan Singh überließ, einem Sikh und Wirtschaftsfachmann, der bereits 1992 als Finanzminister die Liberalisierung der indischen Wirtschaft eingeleitet hatte.

Doch die politische Landschaft Indiens ist zunehmend am Zersplittern. Immer mehr Bundesstaaten werden von Regionalparteien regiert, so gewann die für die Rechte der Kastenlosen kämpfende BSP mit ihrer Parteivorsitzenden Kumari Mayawati 2007 die Wahlen im bevölkerungsreichsten Bundesstaat Uttar Pradesh. Auch die in Westbengalen regierende Kommunistische Partei hat eher den Charakter einer Regionalpartei. Eine noch stärkere Zunahme können die Regionalparteien in Südindien verzeichnen. Wegen dem Erstarken der Regionalparteien können in Delhi seit langem nur noch Koalitionen regieren.

Das von Manmohan Singh und der Kongresspartei vorangetriebene Abkommen zur nuklearen Zusammenarbeit mit den USA führte zur Aufnahme Indiens in den Club der Atommächte.

Nach dem Abflauen des Wirtschaftsbooms ab 2010 geriet Manmohan Singh jedoch unter Druck. Das Wirtschaftswachstum rutschte unter 5 %, die Rupie verlor drastisch an Wert, Korruptionsvorwürfe gegen die Komgresspartei wurden laut. Bei der Wahl 2014 siegte die hindunationale Oppostitionspartei BJP mit dem Hardliner Narendra Modi, dem Ministerpräsidenten des Bundesstaats Gujarat an der Spitze, mit absoluter Mehrheit. Dieser konnte nun sein „Erneuerungsprogramm für Indien" ohne Rücksicht auf Koalitionspartner angehen. Im Wahlkampf hatte er sich als starker Führer präsentiert, der Indiens Wirtschaft nach seinem „Erfolgsmodell Gujarat" aus der Krise führen würde. Obwohl Modis BJP-Hindu-Rechtsaußen-Position nicht optimal für das Premierministeramt einer multikulturellen, säkularen Republik schien, zu der auch 177 Mio. Muslime gehören, setzte er sich gegen Rahul Gandhi, das junge Gesicht der Kongresspartei, durch.

Indien und Pakistan: Zwei Atommächte im Dauerkonflikt

Ein gewichtiger Grund für die zunehmende Spaltung der indischen Gesellschaft und die Stimmengewinne der hindunationalen Parteien sind die Bedrohung durch muslimische Terroristen und die daraus resultierenden Spannungen mit Pakistan.

Rechts: Trotz der Spannungen im muslimischen Kaschmir, dem Zankapfel zwischen Indien und Pakistan, genießen die Tiefschneefahrer in Gulmarg (2700-4000 m) den „Powder" im Himalaya.

Photo: Andreas Neuhauser

Seit der mit der Unabhängigkeit einhergehenden Teilung des indischen Subkontinents in Pakistan und Indien schwelt der Konflikt um Kaschmir. Nachdem Pakistan Freischärlerverbände einmarschieren ließ, erklärte der auf Unabhängigkeit spekulierende Maharaja von Kaschmir seinen Beitritt zur Indischen Union und bat um militärische Hilfe. Indische Truppen vertrieben daraufhin die Invasoren aus dem Kaschmirtal, während Pakistan den Westen des Landes behielt. Diese von Pakistan nicht akzeptierte Teilung Kaschmirs war 1965 erneut Kriegsgrund zwischen den beiden Staaten.

Internationale Mujahedin erklärten in den 1980er Jahren die „Befreiung" Kaschmirs zum heiligen Krieg. Dieser wird seitdem auch von Terrororganisationen wie Al Kaida unterstützt. Als Hintermänner und Geldgeber des islamistischen Terrors beschuldigt Indien das Nachbarland Pakistan. Von dessen Gebiet agieren radikale Befreiungsbewegungen ungehindert, teilweise mit staatlicher Unterstützung.

Gegen Ende des 20. Jh. veränderte sich die Qualität des Konfliktes mit Pakistan im Wortsinn mit einem Knall: Indien, das bereits 1974 einen erfolgreichen Atombombentest durchgeführt, auf die Herstellung von Atomwaffen jedoch verzichtet hatte, fühlte sich durch den Atomwaffensperrvertrag von 1996 diskriminiert. Dadurch war festgeschrieben, dass nur China eine legitime Atommacht in Asien sein sollte. Die BJP Regierung unter Atal Bihari Vajpayee führte daraufhin im Mai 1998 einen erneuten Atomwaffentest durch, woraufhin nun Pakistan die Existenz seiner „islamischen Bombe" offenbarte.

Anschließend versuchten beide Länder zwar ihre Spannungen abzubauen, doch Hardliner in Pakistans Armee vereitelten diese Friedensbemühungen durch die Besatzung indischen Territoriums entlang der „LoC" (Line of Control) genannten Grenze. Die Folge war der Kargil-Krieg 1999, der angesichts der nuklearen Optionen beider Länder mit dem Abzug der pakistanischen Truppen ein glimpfliches Ende fand.

Photo: Julia Ziegelmaier

Terroristische Bedrohung

Zugleich verschärften sich die Angriffe von Islamisten auf zivile Ziele. Ein erster Höhepunkt war die versuchte Erstürmung des indischen Parlaments durch ein Selbstmordkommando. Wenige Monate später kam es in Gujarat zu blutigen Ausschreitungen zwischen Hindus und Muslimen, bei denen über 1000 Menschen, darunter 790 Muslime, ihr Leben verloren. Ein muslimischer Mob hatte zuvor einen mit Hindupilgern besetzten Zugwaggon verriegelt und in Brand gesteckt, wobei 58 Hindus – über die Hälfte Frauen und Kinder – ums Leben kamen. Ein halbes Jahr später starben 34 Menschen im selben Bundestaat, als islamistische Terroristen in einem hinduistischen Tempelkomplex wahllos das Feuer auf Pilger eröffneten. Tragischer Höhepunkt dieser Terrorserie waren die Anschläge in Bombay am 26.11.2008, bei denen zehn aus Pakistan stammende Terroristen in den bekanntesten Luxushotels der Stadt, einem Straßencafé, dem Hauptbahnhof, einem Frauen- und Kinderkrankenhaus, einem Kino und einem jüdischen Zentrum ein Massaker veranstalteten, dem 173 Menschen zum Opfer fielen.

Oben: Für Hindus und Muslime gelten verschiedene Speisetabus. Rechts: „Bollywood" – die Studios von Mumbai – produziert mehr Filme als Hollywood. Der Liebesfilm „Veer und Zaara" mit den Stars Rani Mukerji und Shah Rukh Khan war ein Blockbuster.

Obwohl die Spuren der Attentäter auf Unterstützung aus Pakistan hindeuteten, widerstand Indien der Versuchung, Pakistan für das Massaker zur Rechenschaft zu ziehen. Die von der Opposition als zu weich und moslemfreundlich geschmähte Regierungspartei gewann trotzdem die Wahlen in drei Bundesstaaten, was ein Zeichen für die Besonnenheit der indischen Wähler war; auch gab es weder in Bombay noch sonstwo in Indien Ausschreitungen gegen Muslime. Das muslimische Kaschmir ist jedoch nach wie vor ein Unruheherd.

Doch der islamistische Terror ist nicht die einzige Bedrohung von Indiens Sicherheit: Maoistische Rebellen töteten allein im Jahr 2008 über 650 Menschen – eine ernstzunehmende Gefahr. Die sich Naxaliten nennenden Guerillakämpfer sind militärisch organisiert und haben ihre Hochburgen in ländlich abgelegenen Gegenden der Bundesstaaten Westbengalen, Jharkhand, Bihar, Orissa und Chhattisgarh.

Weitere Terrorgruppen sind in Assam und im Nordosten aktiv. Die ULFA genannte Befreiungsbewegung für Assam kämpft für einen unabhängigen Staat und gegen die Übervölkerung ihrer Heimat durch illegale Zuwanderer, vor allem aus Bangladesh.

Die größte Demokratie der Welt

Trotz dieser immensen Probleme sind in Indien die demokratischen Strukturen nie ernsthaft in Frage gestellt worden. Anders als im großen Rest Asiens hat das Militär in Indien nie eine politische Rolle gespielt, sondern sich

Photo: Martin Thomas

immer als Instrument einer demokratisch legitimierten Regierung begriffen. Dadurch konnte sich Indien zu einer stabilen Demokratie mit 3800 unzensierten Tageszeitungen entwickeln. Das Erfolgsgeheimnis der indischen Demokratie ist, dass sie nicht einfach vom Westen übernommen, sondern indischen Gegebenheiten angepasst wurde und nun zum indischen Selbstverständnis gehört; in einer Zeit, zu der nicht nur in Asien die Demokratie angesichts des wirtschaftlich höchst erfolgreichen autoritären chinesischen Modells unter Druck gerät, ist dies für viele Teile der Welt ein Hoffnungsschimmer.

Bei der Wahl 2009 wurde, direkt nach den Terrorattacken von Bombay, der besonnene Premierminister Manmohan Singh von der Kongresspartei im Amt bestätigt; Indien konnte sich zu Recht als größte Demokratie der Welt feiern lassen. Nach dem Abflauen des Wirtschaftsbooms kehrte jedoch Ernüchterung ein. Die weiter bestehende Armut der Massen und Korruption nährte den Wunsch nach Veränderung. Während viele Wähler das Fehlen einer echten politischen Alternative beklagen (auch die zunächst aussichtsreiche Aam-Aam-Partei des „kleinen Mannes" konnte nicht überzeugen), war die Wahlbeteiligung 2014 auf Rekordhoch. Es wurde per Fingerabdruck mit direkter elektronischer Datenverarbeitung gewählt. Die Oppositionspartei BJP ging als klarer Sieger mit absoluter Mehrheit hervor; die hindunationale Partei konnte derart viele Wähler für sich gewinnen, dass der Schluss nahe lag, dass den indischen Wählern die wirtschaftliche Lage des Landes wichtiger war als die Frage der Religions- oder Kastenzugehörigkeit.

Die Festigkeit der indischen Demokratie spiegelt sich auch in der Wahl der letzten drei Präsidenten des Landes wider: K.R. Narayan, ein Jurist und Diplomat aus Kerala, war ein Angehöriger der Unberührbaren-Kaste; die hindunationale BJP-Regierung machte Abdul Kalam, einen muslimischen Physiker, zum Präsidenten. Und 2007 wurde mit Pratibha Patil erstmals eine Frau Präsidentin Indiens.

Kastensystem und Unberührbare im modernen Indien

Obwohl das moderne Indien viele Probleme auf dem Weg ins 21. Jh. bewältigt hat, ist es noch alten Traditionen wie den Kasten verhaftet. Das Kastensystem diente ursprünglich als eine Art Sozialversicherungssystem, das den Großfamilienzusammenhalt – ähnlich dem europäischen Zunftwesen im Mittelalter – auf die Berufsgruppe und die ethnische Gemeinschaft ausdehnte. Die Staffelung der Stände erfolgte nicht nach materiellem Wohlstand oder politischer Macht, sondern nach ritueller Reinheit. So befinden sich oben die Brahmanen als Priester und außerhalb dieser Ordnung die unreinen, mit Tod und Schmutz in Beziehung stehenden Berufsgruppen. Dazwischen die Könige und Ritter (Kshatriyas), Händler und Bauern (Vaishyas), Arbeiter und Dienstboten (Shudras).

Diesem System der *varnas* („Farben"), das noch aus der Zeit der Einwanderung der Arya auf dem Subkontinent stammt, gaben die Portugiesen den Namen *casta*. Viel bedeutsamer für das gesellschaftliche Leben bis in die heutige Zeit sind allerdings Aufspaltungen dieser *varnas* in *jatis* („Geburtskasten"), deren Namen wie z. B. Sharma oder Patel oft als Familienname verwendet werden. Diese Jatis spielen heute noch eine Rolle bei der arrangierten Verheiratung. Überschreitungen der Kastengrenzen können in ultraorthodoxen Familien gerade der unteren Mittelklasse noch immer zu Ausschreitungen und Tragödien führen.

Bereits Mahatma Gandhi kämpfte aufgrund von Erfahrungen von Diskriminierung, die er als junger Mann im Apartheid-geprägten Südafrika erlebte, gegen die innerindische Diskriminierung aufgrund von Kastenzugehörigkeiten. Daher nannte er Kastenlose nicht mehr ‚Unberührbare', sondern *harijans* – „Kinder Gottes". Während Mahatma Gandhis Kampf aber der eines religiösen Humanisten war, wurde Dr. Ambedkar politisch gegen diese Diskriminierung aktiv. Er selbst wuchs als *dalit* („Unterdrückter", die Bezeichnung, die Kastenlose heute selbst wählen) auf, konnte jedoch dank eines brahmanischen Gönners Jura studieren und gilt als einer der Väter der indischen Verfassung. In dieser ist verankert, dass niemand aufgrund seiner Kasten-, Stammes- oder Geschlechtszugehörigkeit diskriminiert werden darf und dass Verstöße dagegen strafbar sind. 1956 konvertierte Dr. Ambedkar zum (kastenlosen) Buddhismus und löste so eine Massenkonversion von Dalits aus.

Die indische Regierung versucht, durch Quotenregelungen für staatliche Stellen oder Bildungseinrichtungen für mehr soziale Gerechtigkeit zu sorgen: 50 % der Plätze in staatlichen höheren Bildungseinrichtungen und der Beamtenstellen sind daher nun Kastenlosen und anderen niedrigen Kasten (OBC/ „other backward classes") vorbehalten. Dies hatte Proteste höherer, aber auch einiger niedriger Kasten zur Folge, die nun ihre Kaste als OBC anerkennen lassen wollten, um auch von der Quotenregelung für Unterprivilegierte profitieren zu können. Ebenso protestierten mittellose Brahmanen, die zwar den rituell höchsten Rang in der alten Kastenordnung besaßen, in der modernen Gesellschaft außerhalb des Tempeldienstes aber verarmt waren. Nicht zuletzt protestierte der Mittelstand, der bei der hohen Quote eine Gefährdung des Leistungsprinzips sah, weil die eigenen Kinder bei gleicher Leistung ohne Stelle bleiben könnten. Mayawati, die Vorsitzende der Bahujan Samaj Party (BSP), einer Partei für die Belange Kastenloser und Niedrigkastiger und Tochter einer Dalit-Familie, die politisch sehr erfolgreich ist, setzt sich nun auch für mittellose Brahmanen ein.

Rechts: Indien im dritten Jahrtausend – die IT-Branche boomt, aber die Kastenzugehörigkeit spielt noch immer eine Rolle.

Photo: Rainer Hackenberg

Zur Situation der Frau

Frauen erhalten bei gleicher Tätigkeit weniger Lohn als Männer und müssen oft Schwerarbeit für ein Zusatzeinkommen der Familie verrichten, etwa im Steinbruch. Bildung und gutes eigenes Einkommen können einer Frau niedriger Herkunft jedoch zu einem höheren sozialen Status verhelfen.

In der patriarchalischen Dorfgemeinschaft wird die Geburt eines Sohns – v.a. in den traditionell geprägten armen Bundesstaaten des nördlichen Indien wie Haryana – freudiger begrüßt als die eines Mädchens, da der Sohn im Haus der Eltern bleibt und eine Frau anheiratet, während die Tochter ihre Familie verlassen und zur Familie des Ehemannes ziehen wird. Zudem ist trotz des Verbots von Mitgift diese als Bedingung für die Verheiratung eines Mädchens noch weit verbreitet und oft ruinös für die Brauteltern.

2012 gab es in Indien erstmals Massenproteste für Frauenrechte, nach der Gruppenvergewaltigung einer Studentin mit Todesfolge. So wurden viele vertuschte Fälle veröffentlicht und Frauenrechtsgruppen wie Gulabi Gang bekamen Medienaufmerksamkeit.

Die Sozialdaten im patriarchalischen Nordindien sind nicht rosig. Es gibt kein ausgeglichenes Mann-Frau-Verhältnis und weibliche Föten werden oft abgetrieben; ein Phänomen besonders der Mittelschicht-Kleinfamilie, die lieber konsumieren bzw. in die Ausbildung ihres Nachwuchses investieren will und wo der Ehemann nur ein Kind möchte – einen Sohn, was ökonomisch sinnvoller erscheint. So kommen in Delhi heutzutage auf 1000 neugeborene Jungen nur noch 860 Mädchen. Dennoch finden immer wieder Frauen den Weg bis in Spitzenpositionen. Schon in den 1970ern wurde der Subkontinent von einer Premierministerin geführt, und später hatte Sonia Gandhi an der Spitze der Kongresspartei eine der mächtigsten Positionen Indiens inne. Und auch die BSP, die Partei der Kastenlosen (Dalits), hat mit Mayawati eine einflussreiche Politikerin an ihrer Spitze.

SILK FACTORY
BABA
MEER SHATVNE
Martin Thomas

Die Ghats von Varanasi ziehen seit über 2000 Jahren Pilger aus ganz Indien an

Photo: Matteo Carassale (SIME/Schapowalow)

DIE FRUCHTBAREN EBENEN DES NORDENS

DELHI
HARYANA
PUNJAB
UTTAR PRADESH
AUF BUDDHAS SPUREN

★DELHI

★Delhi ❶ ist mit 22 Mio. Einwohnern in der gesamten Metropolregion eine der größten Agglomerationen der Welt. Von den vielen erst in der Kolonialhandelszeit begründeten Megastädten Asiens wie Hongkong, Mumbai oder Bangkok unterscheidet sich Delhi jedoch – ähnlich wie Beijing – durch seine jahrtausendealte Stadtgeschichte. Neu-Delhi verdankt seine Entstehung zwar ebenso wie Madras, Bombay oder Calcutta erst den britischen Kolonialherren, aber Neu-Delhi ist nur die letzte von mindestens acht heute noch im Stadtgebiet nachzuweisenden historischen Stadtgründungen in Delhi.

Des weiteren ist Delhi von seiner Rolle als Hauptstadt geprägt: Während Bombay mit Börse, Bollywood und einer ständig wachsenden Skyline am Meer protzt oder das lange Zeit kommunistisch regierte Calcutta sich gern als die Stadt der Intellektuellen, der Schriftsteller und unabhängigen Filmemacher darstellt, ist Delhis Flair vor allem durch Botschaften, Beamte und Politiker geprägt.

Neu-Delhi überrascht Besucher mit großartigen islamischen Bauwerken wie dem Grabmahl Humayuns oder dem Qutab Minar, britisch-kolonialem Charme und einer im sonstigen Asien kaum anzutreffenden großzügigen, modernen Stadtplanung: breite Straßen mit ebenso breiten Gehsteigen, grüne Alleen und gepflegte Parks.

Links: Eine Moschee von 1495 in den Lodi-Gärten (Delhi).

Alt-Delhi hingegen ist die Stadtgründung des Mogulkaisers Shahjahan und besteht neben dem Roten Fort und der berühmten Freitagsmoschee vor allem aus einem scheinbar im Verfall befindlichen Labyrinth überfüllter Basare und mittelalterlich anmutender Gassen voller orientalischer Geschäftigkeit.

Das „Tor nach Indien“

Delhi ist seit mindestens 3000 Jahren mehr oder weniger ununterbrochen besiedelt. Allein seit der islamischen Eroberung Nordindiens Ende des 12. Jh. gab es acht Stadtgründungen auf dem Gebiet des heutigen Delhi. Dessen historische Bedeutung beruht auf seiner geostrategischen Lage als „Pforte nach Indien“: Seit alters her waren einwandernde Eroberer von Zentralasien über den Hindukusch auf den indischen Subkontinent gezogen: Den Arya-Stämmen vor 3500 Jahren folgten Skythen, Hunnen und schließlich islamische Eroberer. Nachdem diese den Punjab durchquert hatten, bildeten das Aravalli-Gebirge im Südwesten sowie die Ausläufer des Vor-

» Karte S. 94-95, Stadtplan S. 72-73, Info S. 88-89

himalayas im Norden eine letzte natürliche Hürde vor der breiten, fruchtbaren Gangesebene, die sich weit nach Osten erstreckt. Die Yamuna durchbrach einst diese topografische Barriere und öffnete so die „Pforte nach Indien", über die seit alter Zeit Delhi wacht.

Die acht historischen Stadtgründungen

Von den vorislamischen Stadtgründungen in Delhis Stadtgebiet ist kaum etwas erhalten. Einzige Zeugen dieser Zeit sind eine Felsinschrift des Maurya- Kaisers Ashoka (3. Jh. v. Chr.), seine beiden Steinsäulen, die rund 1600 Jahre alte, nichtrostende Eisensäule im Hof der Moschee im Qutab-Komplex und die dort als Baumaterial verwendeten Tempelsäulen aus der Rajputenstadt Quila Rai Pithora.

Indische Historiker vermuten in der Nähe des heutigen Purana Quila den Standort der legendären Pandava-Hauptstadt Indraprastha, einer der Orte des Geschehens aus dem großen Hindu-Epos *Mahabharata*. Dort gefundene grau bemalte Töpferware bestätigt immerhin die Besiedelung dieser Gegend vor rund 3000 Jahren.

Ein klareres Bild ergibt sich erst vom Ende des 10. Jh. n. Chr. an, als sich die Tomar-Rajputen in den Aravalli-Hügeln südlich von Delhi niederließen. Die hoch aufragenden Felsen dienten als Zufluchtsstätte, von den Rajputen „Dhilli" oder „Dhillika" genannt. Mit den Befestigungsanlagen von **Lal Kot** schuf der König Anangapal das Herzstück der ersten der acht Städte Delhis. Die Chauhan-Rajputen eroberten später Delhi und entrissen es den Tomars. Prithviraj III., auch bekannt als Rai Pithora und berühmt wegen der erbitterten Schlachten, die er sich mit den islamischen Eroberern lieferte, erweiterte Lal Kot um massive Festungsmauern; **Qila Rai Pithora** wurde so zur ersten Stadt Delhis.

Prithviraj herrschte, als die Truppen des Mohammed von Ghor in Indien einfielen, er starb während der zweiten großen Schlacht 1192. Mohammed kehrte nach Afghanistan zurück und hinterließ als Vizekönig seinen Sklaven Qutabuddin Aibak, der sich 1206 zum ersten Sultan von Delhi krönte. So wurde Delhi zur Hauptstadt der ersten „Sklaven-" oder „Mamluken"-Dynastie, der ersten islamischen Dynastie, die über ganz Nordindien herrschte. Die Quwwat-ul-Islam-Moschee im **Qutab-Minar-Komplex** erbaute er *in situ* aus den Trümmern der eroberten Rajputenstadt Quila Rai Pithora und ihren zerstörten Tempeln.

Die über sechs Jahrhunderte währende islamische Herrschaft über Delhi ist heute in einer Fülle islamischer Baudenkmäler offensichtlich. Das gemeinsame Gebet im islamischen Glauben erforderte ein völlig anderes Architekturkonzept für die Gottesverehrung als der Hindu-Tempel. Die Moschee hat dafür einen weiträumigen Hof mit einer großen Gebetshalle, die gen Mekka ausgerichtet ist, was in Indien westwärts bedeutet. Der *mihrab* ist eine Gebetsnische in der Wand der Moschee, die diese Richtung anzeigt *(kiblah)*. Der Innenhof *(sahn)* mit Wasserbecken für die rituellen Waschungen ist meist von Bogengängen umgeben. In der Architektur der Moschee darf das Minarett (*minar*) nicht fehlen, von dem aus die Gläubigen zum Gebet gerufen werden.

Da die Muslime ihre Toten begraben und nicht verbrennen, führten sie die Grabstätte ein, die im wesentlichen aus einer Kammer mit einem Kuppeldom und einem Kenotaph in der Mitte, einem *mihrab* in der westlichen Wand und dem Grab in der unterirdischen Kammer *(maqbara)* besteht.

Alauddin Khilji, der Begründer der gleichnamigen Dynastie, legte im Jahr 1304 den Grundstein zur zweiten Stadt von Delhi, **Siri**. Von Siri ist jedoch wenig übriggeblieben. Zeitgenössische

Rechts: Blick über Alt-Delhi von der 1658 vollendeten Mogulmoschee Jama Masjid.

» Stadtplan S. 72-73, Info S. 88-89

Photo: Ajay Bhaskar (iStockphoto)

Geschichtsschreiber berichten, dass in dieser Zeit Delhi „von Bagdad beneidet wurde, mit Kairo wetteiferte und Konstantinopel ebenbürtig war".

1321 kamen die Thughlaqs auf den Thron. Ghiyasuddin, der erste Sultan, gründete **Tughluqabad**, 8 km östlich des Qutab-Minar-Areals, als dritte Stadt Delhis, von der heute noch ein weitläufiges Ruinengelände mit imposanten Festungsmauerresten zeugt.

Ghiyasuddins Nachfolger, Muhammad bin Tughlaq, erbaute bereits im Jahr 1325 die vierte Stadt Delhis, **Jahanpanah**, die im wesentlichen aus einer befestigten Anlage in der Nähe des Qutab Minar, zwischen Siri und Qila Rai Pithora, bestand. Sie ist größtenteils unter Neubauvierteln verschwunden.

Muhamad bin Tughlaq beschloss nach nur zwei Jahren, die Hauptstadt seines Großreiches von Delhi 1000 Kilometer weit in den Süden auf den Dekkan zu verlagern, nach Daulatabad. Mongoleneinfälle und Aufstände brachten Muhamad bin Tughlaq jedoch schon bald wieder zurück nach Delhi. Sein Cousin und Nachfolger Firuz Shah Tughlaq schuf im Jahr 1351 die fünfte Stadt Delhis, Firuzabad, heute unter dem Namen **Feroz Shah Kotla** bekannt. Sie liegt 2,5 km nordöstlich des Connaught Place; unter den wenigen erhaltenen Gebäuden dieser Zitadelle ist eine Moschee, in der Timur im Jahr 1398 gebetet haben soll, während seine Soldaten die Bevölkerung Delhis massakrierten. Der Tod von Shah Firuz hatte ein Machtvakuum hinterlassen, das den für seine Grausamkeit bekannten Mongolen Timur nach Delhi lockte. In nur 15 Tagen eroberte er Delhi – und hinterließ eine vollkommen geplünderte, zerstörte und für Monate nahezu menschenleere Stadt.

In der folgenden Zeit der Sayyid- und Lodi-Herrschaft stagnierte daher erstmals das vorher enorme Wachstum Delhis. Es wurde kaum noch Neues gebaut, und als bedeutende Werke der Architektur entstanden lediglich Grabmäler. Die eindrucksvollsten stehen in den Lodi-Gärten, der großen grünen Lunge Delhis.

» Stadtplan S. 72-73, Info S. 88-89

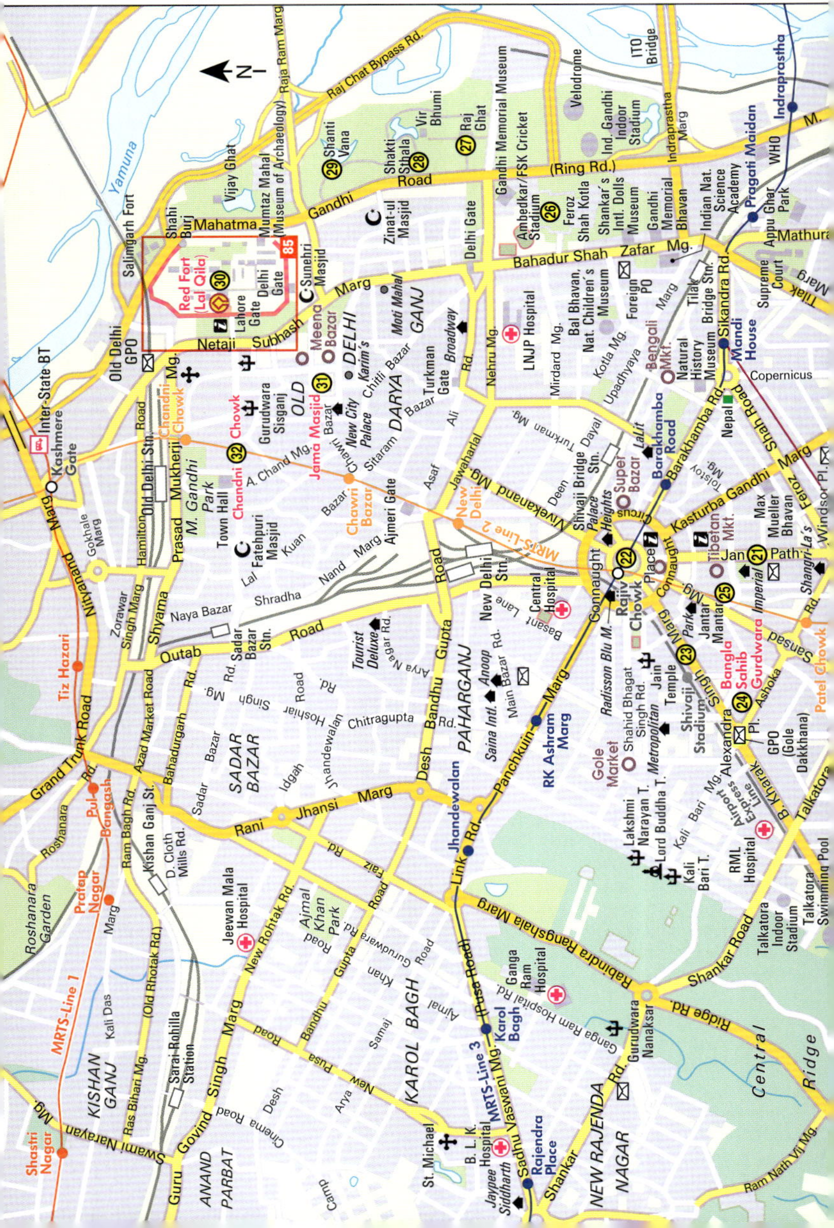
N
Yamuna
Salimgarh Fort
Vijay Ghat
Shahi Burj
Mahatma
Gandhi
Road
(Ring Rd.)
Mumtaz Mahal (Museum of Archaeology)
Raja Ram Marg
Raj Ghat Bypass Rd.
Shanti Vana
29
Vir Bhumi
Shakti Sthala
28
Raj Ghat
27
Gandhi Memorial Museum
Ambedkar/FSK Cricket Stadium
26
Velodrome
Ind. Gandhi Indoor Stadium
ITO Bridge
Indraprastha Marg
Indraprastha
Red Fort (Lal Qila)
30
85
Lahore Gate
Delhi Gate
Sunehri Masjid
Zinat-ul Masjid
Delhi Gate
Feroz Shah Kotla
Shankar's Intl. Dolls Museum
Gandhi Memorial Bhavan
Indian Nat. Science Academy
WHO
M.
Old Delhi GPO
Netaji
Subhash
Marg
Meena Bazar
DELHI
OLD
Moti Mahal
Karim's
Chitli Bazar
DARYA
GANJ
Broadway
Bahadur Shah
Zafar
Mg.
Foreign PO
LNJP Hospital
Bal Bhavan, Nat. Children's Museum
Kotla Mg.
Tilak Bridge Stn.
Pragati Maidan
Appu Ghar Park
Mathura
Supreme Court
Tilak Marg
Inter-State BT
Kashmere Gate
Chandni Chowk
Mg.
Gurudwara Sisganj
Jama Masjid
31
Chawri Bazar
New City Palace
Turkman Gate
Bazar
Ali
Rd.
Nehru Mg.
Mirdard Mg.
Upadhyaya
Bengali Mkt.
Marg
Natural History Museum
Sikandra Rd.
Mandi House
Copernicus
Chowk
32
Chandni
A. Chand Mg.
Sitaram
Asaf
Jawaharlal
Turkman Mg.
Deen Dayal
Lalit
Barakhamba Road
Barakhamba Rd.
Nepal
Shah Road
Old Delhi Stn.
Hamilton Road
Mukherji
M. Gandhi Park
Town Hall
Fatehpuri Masjid
Lal Kuan
Bazar
Chawri Bazar
Ajmeri Gate
New Delhi
MRTS-Line 2
Vivekanand Mg.
Shivaji Bridge Stn.
Super Bazar
Circus
Tolstoy Mg.
Kasturba Gandhi Marg
Ferozshah
Windsor Pl.
Marg
Nityanand
Gokhale Marg
Prasad
Shradha
Nand
Marg
Road
New Delhi Stn.
Palace Heights
22
Connaught Place
Rajiv Chowk
Tibetan Mkt.
Jan Path
21
Max Mueller Bhavan
Shangri-La's
Zorawar Singh Marg
Shyama
Naya Bazar
Sadar Bazar Stn.
Road
Tourist Deluxe
Nagar Rd.
Arya
Central Hospital
Basant Lane
Connaught
Radisson Blu M.
Imperial
25
Jantar Mantar
Park
Sansad
Patel Chowk
Rd.
Tiz Hazari
Outab
Rd.
Mg.
Singh
Hoshiar Road
Rd.
Gupta
Bandhu
PAHARGANJ
Anoop
Main Bazar Rd.
Saina Intl.
Shahid Bhagat Singh Rd.
Jain Temple
23
Marg
Shivaji Stadium
Singh
Bangla Sahib Gurdwara
24
Ashoka
Grand Trunk Road
Azad Market Road
Bahadurgarh
Bazar
SADAR BAZAR
Chitragupta
Rd.
Jhandewalan
Idgah
Desh
Panchkuin
Marg
RK Ashram Marg
Gole Market
Metropolitan
Alexandra Pl.
GPO (Gole Dakkhana)
Pul Bangash
Roshanara
Rd.
Ram Bagh Rd.
Kishan Ganj St.
Sadar
Rani
Jhansi
Marg
Jhandewalan
Rd.
Link
Lakshmi Narayan T.
Lord Buddha T.
Kali Bari Mg.
Kali Bari T.
Airport Express Line
B. Khattak
Talkatora
RML Hospital
Roshanara Garden
Pratap Nagar
Marg
D. Cloth Mills Rd.
Jeewan Mala Hospital
New Rohtak Rd.
Ajmal Khan Park
Faiz Road
Rd.
Rangshala Marg
Rabindra
Talkatora Swimming Pool
Talkatora Indoor Stadium
(Old Rhotak Rd.)
Gurudwara Rd.
Road
Khan
Ajmal
Ganga Ram Hospital
Hospital Rd.
Ganga Ram
Shankar Road
Ridge Rd.
MRTS-Line 1
Kali Das
Marg
Sarai Rohilla Station
Bandhu
Gupta
Road
Samaj
KAROL BAGH
(Pusa Road)
Karol Bagh
MRTS-Line 3
Gurudwara Nanaksar
Central
Ridge
KISHAN GANJ
Ras Bihari Mg.
Singh
Govind
Road
Pusa
New
Arya
Desh
Road
Cinema
St. Michael
B. L. K. Hospital
Vaswani Mg.
Sadhu
Rajendra Place
Rd.
NEW RAJENDA NAGAR
Shastri Nagar
Mg.
Swami Narayan
Guru
ANAND PARBAT
Camp
Jaypee Siddharth
Shankar
Ram Nath Vij Mg.

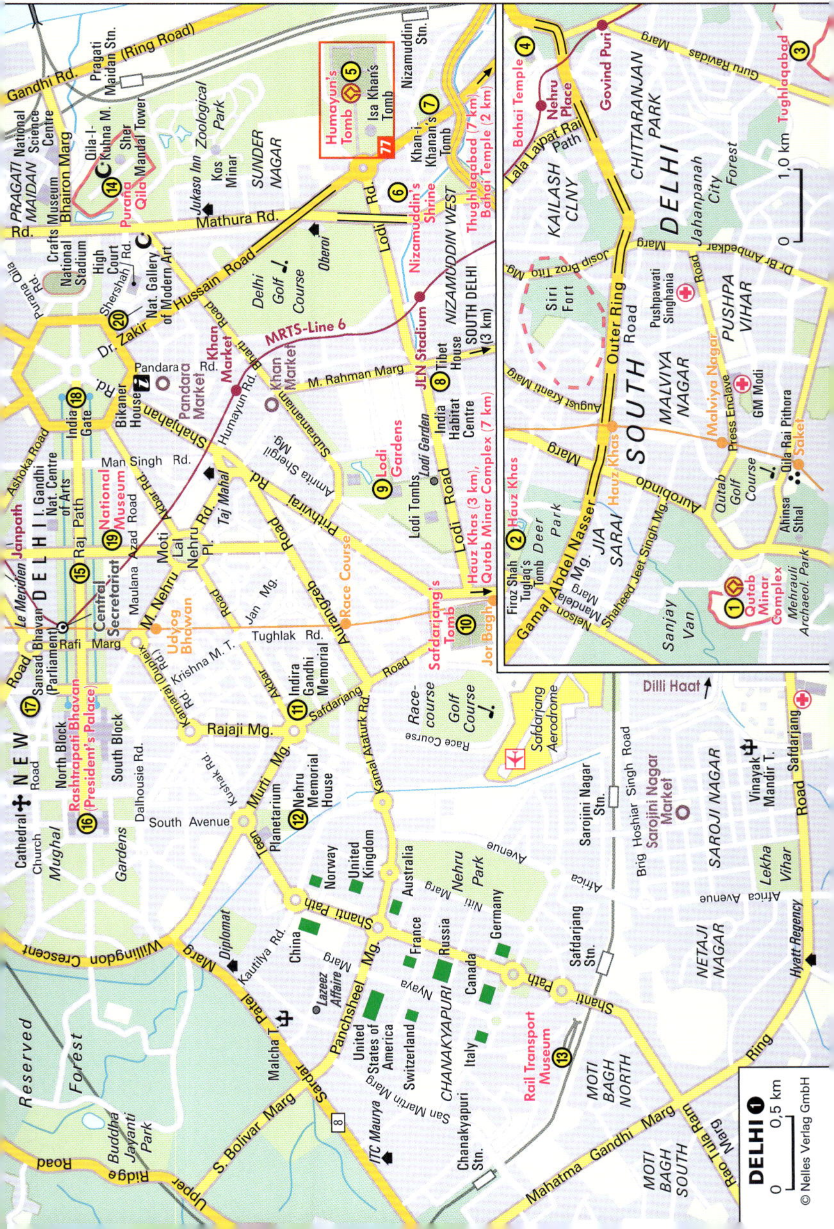
DELHI 1
0 0,5 km
© Nelles Verlag GmbH
NEW DELHI
SOUTH DELHI
Humayun's Tomb
Isa Khan's Tomb
Khan-i-Khanan's Tomb
Nizamuddin's Shrine
NIZAMUDDIN WEST
Nizamuddin Stn.
Purana Qila
Qila-i-Kuhna M.
Sher Mandal Tower
Zoological Park
SUNDER NAGAR
PRAGATI MAIDAN
Pragati Maidan Stn.
National Science Centre
Crafts Museum
National Stadium
Nat. Gallery of Modern Art
India Gate
Rashtrapati Bhavan (President's Palace)
North Block
South Block
Central Secretariat
Sansad Bhavan (Parliament)
National Museum
Indira Gandhi Nat. Centre of Arts
Khan Market
Pandara Market
Lodi Gardens
Lodi Tombs
India Habitat Centre
Tibet House
JLN Stadium
Delhi Golf Course
Safdarjang's Tomb
Indira Gandhi Memorial
Nehru Memorial House
Planetarium
Race Course
Safdarjang Aerodrome
Sarojini Nagar Market
SAROJI NAGAR
NETAJI NAGAR
Nehru Park
CHANAKYAPURI
Rail Transport Museum
MOTI BAGH NORTH
MOTI BAGH SOUTH
Buddha Jayanti Park
Reserved Forest
Mughal Gardens
Cathedral Church
Udyog Bhawan
Gandhi Rd.
(Ring Road)
Mathura Rd.
Dr. Zakir Hussain Road
Lodi Road
Prithviraj Rd
Aurangzeb Road
Shanti Path
Panchsheel Mg.
Sardar Patel Marg
Willingdon Crescent
Upper Ridge Road
Mahatma Gandhi Marg
Rao Tula Ram Marg
Africa Avenue
MRTS-Line 6
Hauz Khas (3 km), Qutab Minar Complex (7 km)
Thughlaqabad (7 km) Bahai Temple (2 km)
SOUTH DELHI (3 km)
Dilli Haat
Bahai Temple
Nehru Place
Govind Puri
Tughlaqabad
KAILASH CLNY
CHITTARANJAN PARK
Jahanpanah City Forest
Siri Fort
Outer Ring Road
MALVIYA NAGAR
PUSHPA VIHAR
Malviya Nagar
Saket
Qila Rai Pithora
Qutab Golf Course
Ahinsa Sthal
Qutab Minar Complex
Mehrauli Archaeol. Park
Sanjay Van
JIA SARAI
Hauz Khas
Deer Park
Firaz Shah Tuglaq's Tomb
Jor Bagh
Gamal Abdel Nasser Mg.
Nelson Mandela Marg
0 1,0 km

Das nächste Jahrhundert war Zeuge einer Blütezeit der indo-islamischen Kultur, die mit der Geburt und dem Aufstieg der Moguldynastie einherging. 1526 wurde der letzte Lodi-Herrscher von Babur besiegt, dem Gründer des Mogul-Reiches. In alter Mongolentradition bevorzugte Babur das Nomadenzelt und hinterließ in Delhi keine architektonischen Spuren. Als 1530 sein Sohn Humayun den Thron bestieg gründete er **Dinpanah**, die sechste Stadt Delhis mit dem **Purana Qila** als Zitadelle. Die dort heute noch erhaltenen Ruinen sind jedoch vor allem dem Afghanen Sher Shah Sur zu verdanken, der Humayun zeitweise entthronte. An dem Ort von Humayuns Stadt erbaute er in der Zeit von 1538 an seine Hauptstadt **Shergarh**.

Der Urenkel Humayuns erbaute im Jahr 1639 die siebte Stadt Delhis, das nach ihm benannte **Shahjahanabad**, das heutige Old Delhi. Als Zitadelle begründete er dort das Rote Fort und unweit davon die große Freitagsmoschee.

Die achte und letzte Stadtgründung fand im 20. Jahrhundert statt, als die Briten im Jahr 1911 **New Delhi** zur neuen Hauptstadt von British India ausriefen – bis dahin war dies Kalkutta gewesen. Das prachtvolle Regierungsviertel, der Gartenstadtcharakter Neu-Delhis mit seinen Beamtenbungalows und dem runden Connaught Place mit seinen vielen Geschäften prägen bis heute das Stadtbild. Doch schon wenige Jahrzehnte später war die britisch-imperiale Pracht Geschichte und Neu-Delhi die Hauptstadt des unabhängigen Indien.

Süd-Delhi

★★Qutab Minar

Die beeindruckendsten Überreste der frühen islamischen Baukunst können im **★★Qutab-Minar-Areal** ①, 12 km südlich des Connaught Place, dem Zentrum New Delhis, besichtigt werden. Nachdem Qutabuddin **Qila Rai Pithora** erobert hatte, ließ er hier, noch bevor er Sultan wurde, Die **★★ Quwwat-ul-Islam-Moschee** (Macht des Islam, siehe unten) errichten. Sie ist die älteste erhaltene Moschee Indiens. Qutabuddin verwendete für den Bau Säulen und Steine von 27 hier durch die Muslime zerstörten Hindutempeln der Rajputen-Hauptstadt. Die die Quwwat-ul-Islam-Moschee wurde zweimal erweitert, die erste Verlängerung der fein verzierten Gebetsmauer unter Iltutmish ist bereits südöstlich von seinem Grab sichtbar. Die ursprüngliche Moschee hat einen rechteckigen Grundriss von 65,2 x 45,4 Metern und ist von einem Kreuzgang umgeben. Dessen Säulen sind wie die Kuppeln der Überdachung Spolien aus alten Hindu- und Jaintempeln. Die Gebetsmauer im Westen besticht durch ihre üppige Verzierung mit Rankenbändern und Arabesken, geschaffen vermutlich von hinduistischen Steinmetzen.

Im Südwesten der Moschee befindet sich eine alte **Koranschule** (Medersa).

Als Alauddin Khilji, der Begründer der Khilji-Dynastie, 1311 eine weitere östliche Vergrößerung der Moschee anordnete, ließ er zugleich die **Alai Darwaza** errichten, das südliche Eingangstor zu diesem Komplex. Es ist das erste Gebäude, das vollständig nach islamischen Bau- und Dekorationsprinzipien gestaltet wurde.

1199 legte Qutabuddin den Grundstein zum **★★Qutab Minar** (UNESCO-Weltkulturerbe), dem höchsten und prachtvollsten Steinturm der islamischen Welt. Von einer 14,32 m^2 großen quadratischen Basis erhebt er sich 72,5 m hoch, wobei er sich nach oben bis auf 2,75 m^2 verjüngt. Qutabuddins Schwiegersohn und Nachfolger Iltutmish vollendete das Minar. Nur die unteren drei Stockwerke stammen aus der Gründerzeit, die oberen beiden ließ Firuz Shah

Rechts: Der Säulenumgang der Quwwat-ul-Islam, der ältesten Moschee Indiens, und das berühmte Qutab-Minar (1199).

» Stadtplan S. 72-73, Info S. 88-89

Photo: Günter Gräfenhain (Schapowalow)

Tughluq im 14. Jh. aufsetzen, nachdem ein Blitzschlag den Turm beschädigt hatte. Wahrscheinlich erhöhte er dabei das Minar und setzte anstelle ursprünglich eines obersten Stockwerks zwei auf, die sich sowohl vom Baumaterial als auch in ihren Proportionen vom unteren Teil unterscheiden. Es ist eines der größten islamischen Bauwerke aller Zeiten und eines der Wahrzeichen Delhis.

Die Bauwerke rund um den Qutab Minar stammen aus verschiedenen Zeiten und Dynastien. Nach dem Eingang im Nordosten der Anlage sticht als erstes der unvollendete **Alai Minar** ins Auge: Er stammt aus der Zeit Alaud-din Khiljis und sollte den Qutab Minar noch an Größe übertreffen, ist aber nie über das unterste Stockwerk hinaus gekommen.

Dahinter, nordwestlich der Moschee, liegt das im Inneren mit geometrischen Mustern und Arabesken fein verzierte **Grab des Iltutmish**, das sich dieser Herrscher 1235 erbauen ließ. Es ist nach drei Seiten offen, im Westen befinden sich drei, mit Koraninschriften wunderschön verzierte Gebetsnischen, als Material für den Kenotaph verwendete er erstmals weißen Marmor.

★Hauz Khas

Alauddin ließ ein Wasserreservoir für die Bewohner seiner (untergegangenen) Hauptstadt **Siri** in **★Hauz Khas** ② (3 km nördl. d. Qutab Minar) anlegen. Es existiert noch, abseits der Sri Aurobindo Marg. Hauz Khas wurde von **Firuz Shah Tughlaq**, einem späteren Sultan, renoviert, der Koranschule und eine Moschee dazubaute. Sein **Grab** ist hier zu besichtigen. In Hauz Khas sind Boutiquen, Galerien, Restaurants und Bars zu finden – eine beliebte Ausgehadresse für die junge „upper middle class“ und Expats.

Auch im nahen **Dilli Haat** kann man entspannt shoppen. Hier werden Handwerksprodukte aus ganz Indien sowie kulinarische Spezialitäten auf einem gepflegten Open-Air-Areal angeboten (gegenüber INA-Markt, Aurobindo Marg).

» Stadtplan S. 72-73, Info S. 88-89

Photo: Hans-Joachim Horn

Oben: Der Bahai-Tempel – New Delhis spektakuläres modernes Wahrzeichen

★Tughluqabad

Acht Kilometer östlich des Qutab Minar liegt **★Tughluqabad** ③, die dritte Stadtgründung Delhis im Jahr 1321. Die beeindruckenden Ruinen der wuchtigen, 6,5 km langen Stadtmauer mit ihren 13 Toren zeugen von der einstigen Größe der Stadt, die jedoch nur wenige Jahre als Hauptstadt diente. **★Ghiyasuddins Grabstätte**, südlich der verlassenen Festung, ist mit ihrer gedrungenen Kuppel eines der schönsten und besterhaltenen Beispiele der Thughlaq-Architektur. Das als **Darul Aman** – Ort des Friedens – bekannte Grabmal lag ursprünglich mitten in einem großen Wasserreservoir und war mit der Festung durch einen Damm verbunden.

★Lotostempel der Bahai

3 km nördlich steht eines der modernen Wahrzeichen Delhis: Der **★Lotostempel der Bahai** ④, einer toleranten Weltreligion, die 1844 Baha'u'llah im Iran begründete. Besonders beeindruckend wirkt das in Form einer Lotosblüte konstruierte Gebäude, wenn es nachts angestrahlt wird.

Unweit davon findet sich in der Sant Nagar Main Rd. der moderne **Krishna-Tempel** der Hare-Krishna-Bewegung Iscon, der wegen moderner Roboterstatuen von Krishna, Arjuna und dem Begründer der Sekte Sri Prabhupada eine skurrile Berühmtheit erlangt hat.

★★Humayuns Grabmal

2 km südlich der Purana Qila steht in einem gepflegten Park **★★Humayuns Grabmal** ⑤ (UNESCO-Welterbe), ein Mogul-Mausoleum aus dem 16. Jh.

Der heutige Haupteingang führt von Westen an einer Reihe kleinerer Sehenswürdigkeiten vorbei. Die rechteckige Grünanlage mit den stattlichen Königspalmen gleich hinter dem Eingang heißt im Volksmund **Garten der Bu Halima** 1, deren Grab die Nordmauer

» Stadtplan S. 72-73, Info S. 88-89

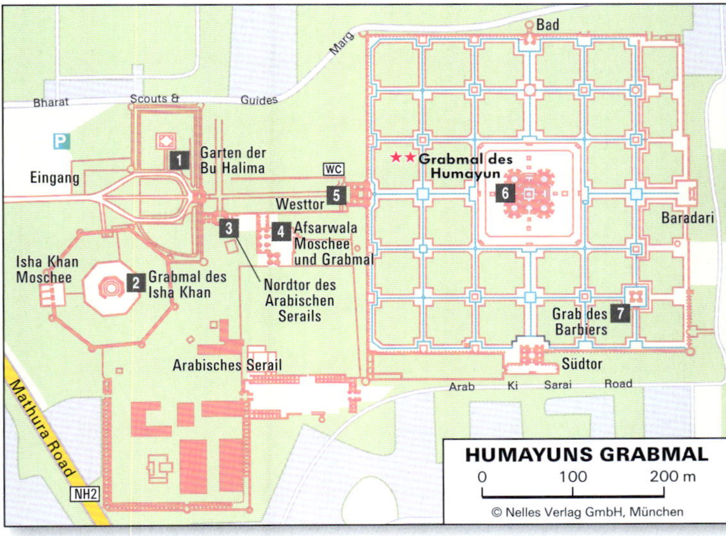

bergen soll. Die achteckige Ummauerung südlich umschließt das **Grabmal des Isha Khan** 2 von 1547. Isha Khan war Schatzmeister unter Sher Shah, sein Grabmal aus grauem Quarzit und rotem Sandstein war einst mit Stuck und Fliesen verziert. Daneben steht die Isha-Khan-Moschee.

Folgt man dem Hauptweg ostwärts, passiert man das 12 m hohe **Nordtor des Arabischen Serails** 3, wo die Handwerker und Baumeister von Humayuns Grabmal wohnten. Dahinter liegen das Grabmal und die Moschee eines unbekannten Offiziers der frühen Mogulzeit: das **Grab des Afsarwala** 4 und die **Afsarwala-Moschee**.

Der Hauptweg führt weiter zum über 10 m hohen **Westtor** 5, dessen Öffnung bereits einen schönen Blick auf die Kuppel in der Gartenanlage zulässt.

★★Humayuns Grabmal 6 ist das erste und eins der schönsten Beispiele des Mogul-Gartengrabs, das mit dem Taj Mahal zu höchster Perfektion gelangte. Die Idee des *Charbagh*, des durch Fußwege und Kanäle in „vier Höfe" unterteilten Mogulgartens, stammt von Humayuns Vorgänger Babur. Das Paradies war für die Muslime Arabiens ein Garten, weshalb das in der Wüste so seltene Grün auch als Farbe dieser Religion erwählt wurde. Die vier Kanäle symbolisieren die vier paradiesischen Ströme aus Wasser, Milch, Wein und klarem Honig.

Inmitten dieser restaurierten Gartenanlage befindet sich, auf einer Steinbasis, ein 6,5 m hohes, mit je 17 Bögen verziertes quadratisches Podium (Länge: 47,56 m) mit Gräbern. Darauf erhebt sich das aus rotem Sandstein erbaute Mausoleum mit hohen Bögen und der imposanten 38 m hohen Kuppel aus weißem Marmor, umgeben von pfeilergetragenen Pavillons (*chattris*). Die prächtige Architektur spiegelt timuridische, persische und indische Einflüsse wieder. Das Grabmal wurde erst 1569, 14 Jahre nach seinem Tod, von Humayuns Witwe Haji Begum nach Plänen des persischen Architekten Mirak Mirza Ghiyas erbaut. Die Witwen Humayuns, Shah Jahans Sohn Dara Shikoh und eini-

Photo: Günter Gräfenhain (Schapowalow)

ge spätere Mogul-Kaiser sind ebenfalls hier beigesetzt.

Im Südosten des Gartens steht ein kleineres Grabmal, das **Grab des Barbiers** 7 genannt wird: Der Barbier war damals der engste Vertraute eines Herrschers, denn er vertraute er ihm bei der Rasur sein Leben an. Dahinter ist, außerhalb der Gartenanlage, die blaue Kuppel der **Nila Gumbaz** sichtbar, eines Grabmals für einen unbekannten Höfling der frühen Mogulzeit. Ein weiteres Mausoleum mit einer renovierten blauen Kuppel aus der frühen Mogulzeit steht auf einer Verkehrsinsel nahe dem Westeingang zu Humayuns Grabmahl, sein Name **Sabz Burj** (grüne Kuppel) deutet auf die ursprüngliche Farbe hin.

★Dargah Nizamuddin

In Nizzamuddin West, auf der gegenüberliegenden Straßenseite der Mathura Rd., stößt man auf einen der ältesten Stadtteile Delhis, **Hazrat Nizamuddin**. Dieses Stadtviertel ist mit dem Namen des Sufis **Nizamuddin Auliya** (gest. 1325) aufs engste verbunden, der hochverehrte Sufi-Heilige ist hier begraben. Der Weg zum **★Dargah Nizamuddin** ⑥, dem Grab des Heiligen, führt an den Läden muslimischer Schlachter vorbei durch Gassen, in denen Händler Devotionalien und Berge von Rosenblättern feilbieten. Donnerstagabends treffen sich Sufimusiker, um die Gedichte von **Amir Khusro** (gest. 1325), einem Nizamuddin-Schüler, zu singen, der hier ebenfalls begraben ist.

Gegenüber, an der Ostseite der Mathura Rd., liegt das einstmals prachtvolle **Grabmal des Abdur Rahim Khan-i-Khanan** ⑦ (gest. 1627). Er war der Sohn des loyalen Bairam Khan, der einst dem jungen Akbar auf den Thron verhalf. Das aus rotem Sandstein erbaute Mausoleum hatte einst wie Humayuns Grabmal eine marmorne Kuppel, in späterer Zeit sind alle Ziersteine abgenommen und beim Bau des Grabmals Safderjungs verwendet worden.

Oben: Ein Vorläufer des Taj Mahal – das Grab des Mogul-Kaisers Humayun in Delhi.

» Plan S. 77, Stadtplan S. 72-73, Info S. 88-89

★Lodi-Gärten und Khan Market

Folgt man der Lodi Road weiter nach Westen, so ist rechter Hand zunächst der exklusive **Delhi Golfclub** zu sehen, ein Stück weiter westlich steht auf der gegenüberliegenden Straßenseite das **Tibet-Haus** ⑧, ein kleines **Museum** in dem Zeremonialgegenstände ausgestellt sind, die von Anhängern des Dalai Lama aus Tibet mitgebracht wurden. In einem kleinen **Laden** wird tibetisches Kunsthandwerk verkauft.

Darauf folgen die ★**Lodi-Gärten** ⑨, die erst 1936 durch die Bemühungen von Lady Willingdon, der Frau des damaligen Vizekönigs entstanden sind: Sie ließ hier einen **Stadtpark** mit gepflegtem englischem Rasen anlegen, der heute von den Einwohnern Delhis oft als Gegenstück zum Central Park New Yorks bezeichnet wird; hier treffen sich Frühsportler und Yogaschüler, Liebespaare und stolze Hundebesitzer. An Wochenenden ist der Park voll mit Familien, die auf dem Rasen ihr Picknick auspacken, während die Jugend Cricket spielt. Im Park befindet sich das **Grabmal des Muhammad Shah** (1434-1444). 300 m nordöstlich liegt das 1495 fertiggestellte **Bara Gumbad** und die gleichnamige **Moschee** – ein Beispiel für den Übergang vom Lodi-Stil der afghanischen Lodi-Dynastie (1451-1526) zur frühen Mogulkunst. 50 m nördlich steht **Shish Gumbad**, eines der quadratischen **Lodigräber** mit doppelstöckiger Fassade. Das von einem Garten umgebene **Grab des Sikander Lodi** (gest. 1517) liegt noch 250 m weiter nördlich. Es ist der älteste Entwurf eines Gartengrabes, der beim Mausoleum des Humayun und den späteren Mogulgräbern weiterentwickelt wurde. Am Parkeingang lockt das schöne **Lodi Garden Restaurant** mit europäischen Snacks, gutem Cappuccino, Kuchen – und Baumschatten.

Eine tolle Shoppingmöglichkeit bietet der **Khan Market**, 600 m nordöstlich: Schicke Boutiquen, Buchläden, Cafés und Restaurants mit mediterranen Speisen erfreuen Expats und wohlhabende Inder gleichermaßen (Metro: Khan Market).

★Grabmal von Safdarjang

An der Kreuzung von Lodi Road und Sri Aurobindo Marg sieht man das ★**Grabmal von Safdarjang** ⑩, der unter dem Mogulkaiser Muhammad Shah (1719-1748) Premierminister war. Die Proportionen dieses Gartengrabs zeugen sowohl von der Konstanz als auch dem beginnenden Niedergang der großartigen Mogularchitektur. Dies war das letzte Mogulgrab Delhis.

Nicht weit davon, an der Safdarjang Road, wo die Premierministerin bis zu ihrer Ermordung lebte, befindet sich das **Indira Gandhi Memorial Museum** ⑪. In dem nahen **Nehru Memorial House** ⑫, dem einstigen Wohnsitz Jawaharlal Nehrus, Indiras Vater, ist ein Museum eingerichtet, das anhand von Zeitungsartikeln und Fotografien einen faszinierenden Einblick in die Geschichte der Unabhängigkeitsbewegung vermittelt. Auf dem Gelände befindet sich auch ein **Planetarium**.

★Rail Transport Museum

Im Westen schließt sich **Chanakyapuri** an, das **Botschaftsviertel** von Neu-Delhi. Dort lohnt sich – nicht nur für Eisenbahnfans – ein Besuch des ★**Rail Transport Museum** ⑬, in dem die über 150 Jahre alte Geschichte der Eisenbahn in Indien lebendig wird. Indien hat nicht nur das zweitgrößte Streckennetz der Welt, sondern auch eine besondere Liebe zur Eisenbahn entwickelt. Unter den ausgestellten Lokomotiven ist die **Fairy Queen** von 1855 hervorzuheben: Sie gilt als eine der ältesten funktionsfähigen Lokomotiven der Welt. Der Speisewagen des britischen Vizekönigs oder die luxuriös ausgestatteten **Salonwagen** der Maharajas aus dem 19. Jh. sind weitere

Photo: Volkmar E. Janicke

Highlights unter den zahlreichen Ausstellungsstücken.

★Purana Qila

Rund zwei Kilometer nördlich von Humayuns Grabmal liegt dessen Stadtgründung **Dinpanah** und die „alte Festung" **★Purana Qila** ⑭. Die beiden bedeutendsten Bauwerke verdanken ihr Entstehen jedoch Sher Shah Sur, der hier eigentlich seine Stadt **Shergarh** errichtet hatte; die aus rotem Sandstein erbaute und mit weißem und schwarzem Marmor verzierte **Qila-i-Kuhna-Moschee** (1541) gilt als der schönste Bau dieses Herrschers. **Sher Mandal** diente einst als Lustschloss, ehe es Humayun als Bibliothek nutzte. Hier stürzte sich der Mogulkaiser – angeblich durch den Ruf des Muezzin erschreckt – zu Tode. Westlich des Sher Mandal befindet sich ein altes **Hammam** (Bad), im Süden des Fußwegs zur Moschee ein 22 m tiefer **Stufenbrunnen** (*baoli*).

Gegenüber, im **Pragati Maidan**, lohnt ein Abstecher in das **Crafts Museum**, in dem nicht nur Kunsthandwerk und Textilien aus ganz Indien ausgestellt sind, sondern sich auch Einkaufsmöglichkeiten bieten. Im **Museums-Café** gibt es exzellente *Masala Dosa*, sehr leckere südindische Crêpes aus Reismehl mit vegetarischer Füllung.

Eine neue Sehenswürdigkeit Delhis liegt auf der anderen Seite der Yamuna, am Ostufer: der **Akshardham-Tempel**. Dieser gigantische Tempelkomplex einer Hindusekte, eröffnet im Jahr 2005, beeindruckt vor allem durch seine Größe. Er ist aus traditionellen Materialien wie Sandstein gebaut und bietet – kostenlos – farbig beleuchtete Brunnenfontänen mit Musikuntermalung zu bestimmten Zeiten sowie eine IMAX-Vorführung. Taschen und Kameras (Fotoverbot!) müssen am Eingang abgegeben werden. (Metrostation Akshardham, bei Noida Mor / Nizamuddin Bridge).

Oben: Der Park am 1921 errichteten India Gate wird zur Naherholung genutzt. Rechts: Britische Architektur der 1930er Jahre am Connaught Place.

» Stadtplan S. 72-73, Info S. 88-89

Photo: Volkmar E. Janicke

Neu-Delhi, Mitte

Regierungsviertel und ★★Nationalmuseum

Im Nordwesten von Purana Quila, hinter dem Nationalstadion, beginnt das 1521-1931 errichtete prachtvolle, vormals britische Regierungsviertel Neu-Delhis. Der von Gartenanlagen und Zierteichen umgebene **Rajpath** ⑮, die Prachtstraße Neu-Delhis, führt vom Rashtrapati Bhavan zwischen den beiden imperialen Regierungsgebäuden im Norden und Süden hindurch knapp 3 km weiter bis zum India Gate (s. u.) im Osten. Der Rajpath ist am Nationalfeiertag (26. Januar) Schauplatz der *Republic Day Parade*, Indiens größter Militärparade, bei der man stolz die atomwaffenfähige Mittelstreckenrakete *Agni* präsentiert.

In den 340 Räumen des **★Rashtrapati Bhavan** ⑯ auf dem Raisina-Hügel residierte einst der britische Vizekönig, heute wohnt hier der indische Staatspräsident. Das Gebäude ist eine Mischung aus westlicher und Mogul-Architektur, 1921-29 geplant von den Architekten Neu-Delhis, Henry Baker und Edwin Lutyens. In der Nähe befindet sich der von Kolonnaden umgebene runde **Sansad Bhavan** ⑰, das Parlament für die 543 Abgeordneten der Volkskammer. Am Ostende des Rajpath steht das 42 m hohe **India Gate** ⑱ von 1921 – ein Triumphbogen zum Gedenken an die 90 000 indischen Gefallenen des 1. Weltkriegs.

Nahe dem India Gate gibt es zwei bedeutende Museen: Das umfangreiche **★★National Museum** ⑲ am Janpath besitzt eine der sehenswertesten Sammlungen Indiens, mit Objekten aller Epochen, von der Harappa-Zivilisation (2400 v. Chr.) über die frühe buddhistische Kunst bis zu hinduistischen Bronzen und Skulpturen oder wertvollen Mogulmanuskripten und Miniaturen aus dem 16. Jh.

Ein weiteres wichtiges Museum ist die **Nationalgalerie der Modernen Kunst** ⑳. Sie zeigt moderne indische Malerei von Raja Ravi Varma über Tago-

Photo: Volkmar E. Janicke

re und Amrita Sher-Gill bis zu aktueller Gegenwartskunst.

Janpath und Connaught Place

Vom Nationalmuseum führt der **Janpath** ㉑, an dem sich einige kleine Läden für günstige Textilien, bestickte Täschchen etc. befinden, direkt zum Connaught Place, dem von den Engländern geplanten **Geschäftszentrum** Neu-Delhis. Moderne Hochhäuser am Janpath wie das Le Meridien Hotel oder das Shangri La Hotel zeigen, dass Neu-Delhi – ansonsten weitgehend wie in den 1930er Jahren erhalten – nicht immun gegen Neubauten ist. Der sich in nördlicher Richtung anschließende **Western Court** und der gegenüberliegende **Eastern Court** verbreiten hingegen noch kolonialen Charme, wie auch das exklusive **Imperial Hotel** ein Stückchen weiter Richtung Connaught Place. Es ist das exklusivste Hotel aus der Kolonialzeit und ist in einem von Art-Déco beeinflussten Stil erbaut. Ihm gegenüber liegt das **Central Cottage Industries Emporium**, ein modernes staatliches Einkaufszentrum für allerlei indisches Kunsthandwerk und Textilien, mit festen Preisen. Am **Tibetischen Markt** hingegen reihen sich Verkaufsstände für allerlei Kunsthandwerk, Textilien, Pseudo-Antiquitäten oder Bücher entlang des westlichen Janpaths aneinander: Hier kann und muss gefeilscht werden!

Oben: An seinem Einäscherungsplatz Raj Ghat bezeugen Verehrer Mahatma Gandhi ihren Respekt. Rechts: Old Delhi war einst der Nabel des muslimisch beherrschten Indien (im Hintergrund: die Jama Masjid).

Der **Connaught Place** ㉒, direkt am U-Bahn-Knotenpunkt Rajiv Chawk (Yellow/Blue-Line, www.delhimetrorail.com), besteht aus einem von zwei Kreisverkehren (Inner und Outer Circle) umschlossenen Areal, an denen sich unter kolonialen 1930er-Jahre-Arkaden Boutiquen, Restaurants, Kinos, Bars und Banken aneinanderreihen. Für schnelle Snacks ist **Nizam's Kathi Kebab** (H-5 Plaza) ein guter Tipp; für Snacks, Pizza

» Stadtplan S. 72-73, Info S. 88-89

Photo: Stefano Amantini (Schapowalow)

und 21 Sorten Eiskrem ist **Nirula's** (135 L-Block) angesagt. Echte Klassiker wie das **United Coffee House** (Inner Circle, E-15) mit seinem legendären Cona Coffee oder das seit 1939 geöffnete **Kwality Restaurant** (Parliament St.) empfehlen sich zum Entspannen. Echt cool präsentieren sich (aufgrund der starken Klimaanlage im wörtlichen Sinn) hippe Bars wie das **Q'ba** (E-42) oder **Agni** (Parliament St./Park Hotel), beide haben auch eine Open-Air-Lounge.

Auf der **Baba Kharak Singh Marg** ㉓ Richtung Südwesten liegen weitere staatliche Einkaufszentren mit Textilien und Kunsthandwerk.

Im ★**Bangla Sahib Gurdwara** ㉔ bietet sich die Gelegenheit, mehr über die Religion der Sikhs zu erfahren, die die meisten Turbanträger Delhis stellen. In einem eigenen Empfangsraum kann man seine Schuhe abstellen, bekommt ein Kopftuch aufgesetzt und dazu noch eine Broschüre über die Sikh-Religion ausgehändigt. Im Zentrum der Verehrung steht der Grant Sahib, das heilige Buch dieser Religion, die Elemente aus Islam und Hinduismus in sich vereint. Der Tempel ist auf einer Seite von einem riesigen Wasserbecken umgeben, auf der anderen befindet sich eine Armenküche, in der jeder, egal welcher Religion, Kaste oder Geschlechts, ein schmackhaftes Mahl bekommt – zubereitet wird das Essen von Gläubigen.

Ein kurzer Spaziergang auf der **Sansad Marg** führt zum **Jantar Mantar** ㉕, einem der fünf Observatorien des Maharaja Sawai Jai Singh II von Jaipur. Es besteht aus futuristisch anmutenden Bauten aus dem frühen 18. Jh. sowie einer riesigen Sonnenuhr, die als Messgeräte zur Bestimmung des Sternenhimmels dienten.

Feroz Shah Kotla

2500 m nordöstlich des Connaught Place liegt **Feroz Shah Kotla** ㉖, die fünfte Stadtgründung von Delhi. Die selten besuchten **Ruinen** liegen in einem kleinen Park und lohnen wegen der **Ashokasäule** aus dem 3. Jh. v. Chr. – dort nach 1351 von Feroz Shah auf-

Photo: Martin Thomas

Oben: Am Delhi-Tor des Roten Forts.

gestellt – einen Besuch. Die Ashoka-Inschriften auf der Säule waren die ersten Brahmi-Schriftzeichen, die man 1837 entziffern konnte und bedeuten damit den Anfang der indischen Geschichtsschreibung. Gegenüber steht eine **Moschee**, in der bereits Timur betete.

Etwas weiter nordöstlich, außerhalb der Ringstraße, befinden sich in Grünanlagen **Raj Ghat** ㉗, **Shakti Sthala** ㉘ und **Shanti Vana** ㉙, die hinduistischen Verbrennungsstätten von Mahatma Gandhi, Indira Gandhi und Jawaharlal Nehru.

★★Old Delhi (Shahjahanabad)

Die Mogulkaiser mussten überall in ihrem Herrschaftsgebiet Präsenz zeigen, deshalb unterhielten sie oft mehrere Hauptstädte zur gleichen Zeit. Shah Jahan entschloss sich, Delhi am prächtigsten auszubauen – als „sein" Taj Mahal in Agra gerade erst vollendet war. 1639 wurden die Fundamente für Delhis siebte Stadt gelegt, an der man neun Jahre lang baute. Sie fasste die gesamte, mit dem Mogul-Reich assoziierte Herrlichkeit auf kleinstem Raum zusammen; aber zweieinhalb Jahrhunderte später war Jahans Hauptresidenzstadt **Shahjahanabad** alles, was vom Reich übrig war. Doch trotz Verwüstung, Aufruhr und fremder Einflüsse wurde Shahjahanabad nie verlassen. Heute ist es eines der am dichtesten besiedelten Gebiete der Welt: 90 % der Muslime Delhis leben hier in **★★Old Delhi**, meist in den kühlen, abgeschirmten *havelis,* die abseits der geschäftigen Straßen liegen. Die Lebendigkeit, die den Charme dieses Stadtteils mit seinen vielen Gassen ausmacht, lässt sogar Verkehrschaos und Lärm zuweilen vergessen (Metrostation: Chandni Chowk).

★★Rotes Fort

Shah Jahans Zitadelle aus rotem Sandstein, das **★★Rote Fort** ㉚ *(Lal Quila)*, wurde 1639-1648 am Ostrand der befestigten Stadt gebaut. Man betritt es durch das imposante **Lahore-Tor** 1, das zur überdachten Basar-Passage **Chatta Chowk** 2 führt, die heute Antiquitätengeschäfte säumen. Dahinter folgt das **Naubat Khana** 3 (Trommel-Haus), der Eingang zum herrschaftlichen Bezirk. Hier wurde die Ankunft der königlichen Familie angekündigt, heute befindet sich darin das **Indian War Memorial Museum**.

Über einen weiten Platz gelangt man zum **Diwan-i-Am** 4, der Halle der öffentlichen Audienzen. Da das Rote Fort oft geplündert wurde, bedarf es stellenweise viel Fantasie, will man sich den Palast zu Zeiten der Mogul-Herrscher vorstellen. Die Pfeiler und Decken der Hallen waren mit vergoldetem Stuck verziert, schwere Brokatvorhänge und exquisite Teppiche schmückten die kaum möblierten Räume. Der Thron stand auf einer mit Halbedelsteinen und Schnitzereien reich verzierten Marmorplattform. In einer Nische hinter

» Stadtplan S. 72-73, Plan S. 85, Info S. 88-89

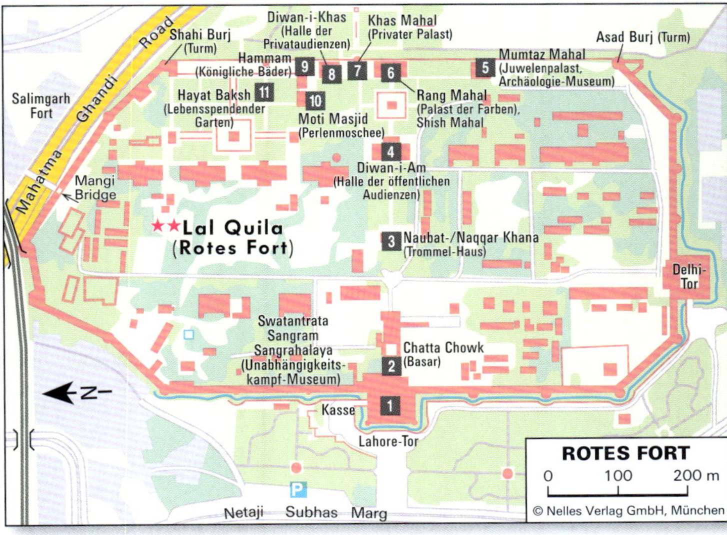

dem Thron sind **Pietra-Dura-Arbeiten** eingelassen, die neben Blumen, Vögeln und Löwen auch eine Orpheus-Darstellung zeigen, ein ungewöhnliches Motiv in einem muslimischen Palast.

Die sechs Hauptpaläste, von denen einer verschwunden ist, waren hinter dem Diwan-i-Am erbaut und vom Nahr-i-Bihisht, dem Paradiesstrom, durchflossen. Am südlichen Ende kommt man zum **Mumtaz Mahal** 5 („Juwelenpalast"), einem Teilstück des königlichen Harems. Heute befindet sich darin ein kleines **Archäologie-Museum**, das hauptsächlich Exponate aus der Mogul-Zeit zeigt.

Der **Rang Mahal** 6 (Palast der Farben) war auch Teil des Harems, wurde aber von den Briten geplündert, als diese das Fort als Garnison benützten. Er besteht aus sechs Wohnungen, einschließlich des über und über mit Glas dekorierten **Shish Mahal**.

Der **Khas Mahal** 7 (privater Palast) besteht aus drei Teilen: der **Tasbih Khana**, Kammer der Perlen, die der Herrscher für seine private Andacht nutzte; der **Khwabgah**, Kammer der Träume, und dem **Baithak**, Raum zum Sitzen, einer langen Halle mit feinsten Verzierungen. Das Khas Mahal hat ein schön verziertes Gitterwerk aus Marmor, das die Waagschalen der Gerechtigkeit darstellt. Hinter diesem Sichtschutz standen der Herrscher und seine Gemahlinnen, um Elefantenkämpfe zu beobachten oder Zauberern und Akrobaten zuzusehen. Auf dem halb-oktogonalen Turm, genannt **Shahi Burj**, zeigte sich der Herrscher jeden Tag für kurze Zeit seinen Untertanen.

Im **Diwan-i-Khas** 8, der Halle der Privataudienzen, traf der Kaiser ausgewählte Höflinge und Besucher. Einst stand der legendäre juwelenstrotzende Pfauenthron auf dem Marmorpodium; ein Jahrhundert später wurde er von dem persischen Eroberer Nadir Shah als Kriegsbeute abtransportiert. Der Diwan-i-Khas hat einige seiner exquisiten **Intarsien** bewahren können.

Das etwas nördlich gelegene **Hammam** 9 (die königlichen Bäder) ist in einem besseren Zustand; hier sind die

» Plan S. 85, Info S. 88-89

Photo: Martin Thomas

Halbedelstein-Intarsien fast vollständig erhalten.

Nordwestlich des Diwan-i-Khas trifft man auf die **Moti Masjid** 10, die Perlenmoschee, die von Aurangzeb für seine private Andacht aus Marmor gebaut wurde. Nördlich dieser Moschee erstreckt sich der **Hayat Baksh** 11, der „lebensspendende Garten". Von Dienstag bis Sonntag, nach Sonnenuntergang, erstrahlen die Paläste im Scheinwerferlicht der **Light & Sound Show**.

★Jama Masjid

Auch das andere berühmte Bauwerk Old Delhis, die **★Jama Masjid** ㉛, wurde unter Shah Jahan in den Jahren 1644 bis 1658 erbaut. Sie war lange Zeit die größte Moschee Indiens, perfekt proportioniert. Der riesige Innenhof mit seinen vier Ecktürmen ist über drei große Tore zugänglich und wird von zwei hohen **Minaretten** überragt, die eine schöne Aussicht bieten.

Die Moschee ist von der Hauptstraße durch eine **Esplanade** getrennt, die am Abend zum Schauplatz vielfältiger Aktivitäten wird. Es gibt Verkaufsstände, in den Basaren Ohrenreiniger mit roten Turbanen, Computerastrologen, Masseure, Schachspieler, *bhishtis*, die Wasser in Ziegenschläuchen transportieren, Zahnzieher, Akrobaten und Potenzmittelverkäufer, einen Brieftaubenmarkt und eine Ringkampfarena.

Am Matiya Mahal, nahe der Freitagsmoschee, lockt das beliebte **Karim** als ältestes Mogulrestaurant Delhis mit allen Arten von Kebabs und Biryanis.

★Chandni Chowk

Der **★Chandni Chowk** ㉜ stößt genau ins Herz von Old Delhi (Metrostation). Hier mischt sich der Verkehrslärm mit Gebetsrufen, dem Feilschen der Händler, den Flüchen der Rikschafahrer und den Versprechungen der Schlepper. Dieses größte Handelszentrum

Oben: In der Jama Masjid. Rechts: Nach dem Freitagsgebet ist der Andrang bei den Fladenbäckern an der Jama Masjid groß.

» Stadtplan S. 72-73, Info S. 88-89

Indiens war einst eine ruhige Straße, von Banyan-Bäumen beschattet. Shah Jahans Tochter Jahanara ließ hier einen Platz mit einem Wasserbecken anlegen, in dem sich der der Mond spiegelte – daher der Name Chandni Chowk, mondbeschienener Platz. Die Adligen bauten Herrenhäuser, Geschäfte entstanden, und Chandni Chowk wurde zum elegantesten Viertel Indiens.

1837 schrieb Emma Roberts in ihr Tagebuch, dass die Straßen vom Gebrüll zum Verkauf angebotener Geparden und Jagdleoparden widerhallten. Die Geschäfte wurden mitten im Getümmel und dem Wirrwarr der Straßen getätigt. Das gilt auch heute noch. **Ghantewala**, den 1740 eröffneten Konfektladen, und die Parfümerie **Gulab Chand** von 1860 gibt es immer noch, ebenso den **Gewürzgroßmarkt** hinter der **Fatehpuri-Moschee** am Westende des Chandni Chowk – bei einem Rundgang durch die Hallen kommen so manchem aufgrund der Berge von Chilis die Tränen.

Der **Gurudwara Sis Ganj** erinnert an die Stelle, wo Aurangzeb den neunten Sikh Guru Theg Bahadur enthaupten ließ. Die Briten führten ihren Angriff entlang dieser Straße, und später zog Lord Curzon in feierlicher Prozession hier vorbei. Die neuen britischen Herrscher bauten eine Baptistenkirche, schütteten den Kanal und das Wasserbecken der Jahanara zu und errichteten einen Uhrturm, der in den 1940er Jahren einstürzte. Während der Unabhängigkeitskämpfe wurden an dieser Straße Freudenfeuer mit ausländischen Handelswaren entzündet.

Die Gassen, die vom Chandni Chowk abzweigen, sind gleichermaßen faszinierend: **Khari Baoli**, der **Gewürzmarkt**; **Dariba**, die **Silberstraße**; **Parathewali Gali**, wo man immer noch die besten *parathas* in der Stadt essen kann, und **Kinari Bazaar**, weithin bekannt für seinen glitzernden Schmuck.

Eine bequeme und doch aufregende Art, das Gewühl in den Gassen zu erleben, ist die Fahrt mit einer **Fahrradrikscha** vom Roten Fort zur Jama Masjid und weiter durch interessante Altstadtgassen wie den Kinari Bazaar.

DELHI (☎ 011)

Government of India Tourist Office, 88 Janpath, Tel. 3320005; in den Flughäfen, www.tourismofindia.com.

Delhi Tourism Development Corporation, 18-A D.D.A.SCO Complex, Defence Colony, New Delhi 24, Tel. 24647005, 24698431, www.delhitourism.nic.in.

Das Magazin *Time Out Delhi* gibt aktuelle **Veranstaltungstipps**.

Viele Restaurants aller Stilrichtungen am **CONNAUGHT PLACE**:

United Coffee House, koloniales Plüsch-Ambiente, gute indische u. internationale Küche, Spezialitäten: *Conacoffee* (Filterkaffee), Inner Circle, E-Block.

Kwality Restaurant, berühmt für seine Punjabi-Küche u. Eiskrem, 7 Regal Building.

Indisches Fast Food (wie z. B. Mahaburger) und 21 verschiedene köstliche Eiskremsorten bei **Nirula's**, L-Block, und **Nirula's Potpourri**, 64 Outer Circle (Snacks und Salate).

Bonsai, thai., japan., indon., Außenterrasse, Connaught Place B49 Middle Circle.

Hervorragende Kebabs bei **Nizam's Kathi Kebab**, H-5 Plaza.

Preiswerte südindische Küche findet man im **Bananaleaf**, Connaught Circus, N-Block oder **Kovil**, E-Block, Inner Circle.

Nordindisch, billig und gut bei **Kake's**, H-Block, Plaza Building.

Bester Tex- Mex Delhis im **Rodeo**, A-12.

Chinesisch im populären **Berco's**, L-Block.

Hochprozentige Drinks und Punjabiküche im **Agni** des Park Hotel, 15 Parliament Street, Tel. 23743000.

Q'BA Restobar, mediterrane Küche und Cocktails, Live- Musik, E 42, 45 Middle Circle, Connaught Place, Tel. 41512888.

JANPATH: Exklusives Ambiente und feine asiatische Küche (thai, vietn., südindisch) im berühmten **The Spice Route** des kolonialen Imperial Hotel.

Am Janpath 46, schräg gegenüber des Imperial preiswerte, sehr gute südindische Küche im modernen **Saravana Bhavan** auf 2 Ebenen, ebenso am Connaught Circus P19/90 (Nähe Madras Hotel).

The China Kitchen, sehr gute chinesische Küche, Hyatt Regency.

Le Meridien Belvedere Rooftop, chin. Küche mit Aussischt, Lounge Bar, oben Restaurant, Connaught Place, 13 Regal Building.

Dilli Haat bietet auf einem marktähnlichen Areal Spezialitäten aus allen Gegenden Indiens, daneben Bazaar mit Shoppingmöglichkeit, im Süden Delhis, Richtung Hauz Khaz.

Thugs, nette kleine Bar, Chandri Chowk Gegend, Broadway Hotel, 4/15 A Sat Ali Rd.

NEU-DELHI: **Varq**, ind. Gourmetküche im Hotel Taj Mahal. Top-Tandoorlokale sind das **Lazeez Affaire**, 6/48 Malcha Marg in Chankyapuri,Tel. 26878155-6 und das berühmte **Bukhara** im Sheraton Hotel, Tel. 26112233.

The Lodi Garden Restaurant, guter Cappuccino und Kuchen, schön zum draußen sitzen, Lodhi Rd., am Eingang z. Lodhi Garden.

ALT-DELHI: **Chor Bizarre**, beliebtes Lokal für Tandoor-Spezialitäten, Broadway Hotel.

Moti Mahal Restaurant, Open-air Restaurant, gutes Tandoori, tgl. Gesangsvorführungen, Netaji Subhash Marg, Daryaganj.

Karim's, einfaches Lokal, berühmt für traditionelle Mogulküche (Kebabs, Biryani), Gali Kababiyan, südlich der Jama Masjid.

National Museum, sehr schöne Exponate früher u. klassischer indischer Kunst, Audio Guide erhältlich, Di-So 10-17 Uhr, Janpath, Tel. 23019272, Karte/Stockwerkplan: www.nationalmuseumindia.gov.in.

National Gallery of Modern Art, klass. Moderne, 19. Jh., Di-So 10-17 Uhr, Jaipur House, India Gate, Tel. 23382220.

Archaeological Museum, Di-Do u. Sa-So 10-17 Uhr, Red Fort, Tel. 23273703.

National Rail Museum, Di-So 9.30-17.30 Uhr, Chanakyapuri, Tel. 26881816.

Tibet House Museum, Mo-Fr 9.30-17.30 Uhr, 1 Lodhi Road, Institutional Area, Tel. 24611515.

Nehru Memorial Museum & Planetarium, Di-So 9-17.30, Teen Murti Road, Tel. 23016734.

Gandhi Museum, Di-So 10-17 Uhr, gegenüber Raj Ghat, Tel. 23311495.

Devi Art Foundation, Kunsthalle f. indische Gegenwartskunst, Di-So 11-19 Uhr, Sirpur House, Plot 39, Sector 44, Gurgaon, nahe Unitech B. Park, Metro: HUDA City Centre, www.deviartfoundati-

on.org.
Empfehlenswerte Galerien für indische Gegenwartskunst:
Nature Morte, A-1 Neeti Bagh, New Delhi, Tel. 26867596.
Anant Art Gallery, F-213-B, Ladu Sarai, New Delhi, Tel. 41554775.

Die Botschaften haben Listen von guten Ärzten (auch deutschsprachigen) und Krankenhäusern. Die Luxushotels beschäftigen sogar eigene „Doctors on Call".
All India Institute of Medical Sciences, Krankenhaus mit 24 h-Apotheke, Ansari Nagar, Sri Aurobindo Marg, Tel. 26588500.

Head Post Office, 10-20 Uhr, So 10-17 Uhr, Sansad Marg, Tel. 275605. **Eastern Court Post & Telegraph Office**, 10-20, So 10-17 Uhr, Janpath, Tel. 23321878. **G.P.O.**, Mo-Sa 8-19 Uhr, Ashok Rd., Tel. 2336411, www.indiapost.gov.in.

Lohnende Boutiquen, Galerien und Antiquätenläden liegen im dörflichen **Hauz Khas Village** verstreut; weitere schöne Einkaufsgegenden im Süden Neu Delhis sind die **Dilli Haat,** in der Kunsthandwerksprodukte aus ganz Indien feilgeboten werden, und der **Khan Markt**. Geschäfte am **Janpath** bieten ein vielseitiges Warenangebot: Textilwaren, Modeschmuck, Bücher, etc. – aber das Feilschen nicht vergessen! Im staatlichen **Central Cottage Industrie Emporium** am Janpath gibt es zu Festpreisen Kunsthandwerk und Textilien, ebenso in den **Government Emporien** der Bundesstaaten in der Baba Kharak Singh Marg (nahe Connaught Place). Eine weitere Einkaufsgegend, etwa für Bücher und Textilien, Jeans, Sportswear etc. ist der **Connaught Place**. Sehenswerte Boutiquen sind **Anokhi** (Khan Market), **Fab India** (Khan Market oder Connaught Place B 28), **Khazana** (im Taj Mahal Hotel) und **The Collection** am Taj Palace.
Vielseitig sind die Stadtteilmärkte, z. B. **Karol Bagh**, **Flyover Market**, **Lajpat Nagar Market**, **Greater Kailash Market** u. v. a.
BUCHHANDLUNGEN: **The Bookworm**, 29B Connaught Pl. **Bahri & Sons**, Khan Market. **The Book Shop**, Khan Market. **E. D. Galgotia & Sons**, Conn. Pl. **Picadilly Bookstore**, 64 Shankar Market.
BÜCHEREIEN: **Max Mueller Bhavan**, deutsche Zeitungen, Filme, Veranstaltungen, 3 Kasturba Gandhi Marg, Tel. 3329506. **Sahitya Akademi**, Rabindra Bhawan, Ferozeshah Road, Tel. 388667. **American Info Center**, 24 Kasturba Gandhi Marg, Tel. 3316841.

AUSFLÜGE: Das GITC (Fremdenverkehrsamt), Janpath 88, bietet Stadtrundfahrten, Busausflüge u. Busreisen an, z. B. zum Taj Mahal oder nach Jaipur. Weitere Anbieter: DTC, Tel 23868836, www.dtc.nic.in, und DTDC, www.indiatransit.com.

FLUG: Der **Indira Gandhi International Airport** liegt am Stadtrand (17 km vom Connaught Place), Tel. +91 124 3376000, www.newdelhiairport.in. Am **Terminal I** starten Inlandsflüge (Airbusse haben eig. Terminal), am **Terminal II** Auslandsflüge. **Terminal III** ist der neue Gebäudekomplex für internationale und einige Inlandsflüge. Im Flughafen kann man **Pre-Paid-Taxis** oder **Bus**-Tickets buchen; die Fahrt in die City dauert ca. 40 Min.; 20 Min. mit der **Metro**. Bustransfers zwischen Inlands- und Auslandsflughafen.
BAHN: Es gibt drei **Hauptbahnhöfe**: Delhi Main (Old Delhi), New Delhi und Hazrat Nizamuddin, Reservierungen sind auch online möglich unter www.indianrailgov.in
U-BAHN: Die **Metro** ist das schnellste und beste Verkehrsmittel, besonders nach Alt-Delhi. (www.delhimetrorail.com).
BUS: Gute Straßen verbinden Delhi mit den Nachbarbundesstaaten. „Luxusbusse" haben Klimaanlage und Video, „Sleeperbusse" für Nachtfahrten Stockbetten. Abfahrt der staatl. Busse nach Norden ist am **Inter-State Bus Terminus** nahe Kashmere Gate (Old Delhi), dort auch Ticketreservierung (empfohlen). **Nahverkehrsbusse** sind blau-gelb; Nr. 505 fährt vom Connaught Place zum Qutab Minar.
TAXI: Die schwarz-gelben **Taxis** fahren mit Taxameter, die weißen Touristentaxis zum vorher auszuhandelnden Festpreis.
Funktaxi: Dial-a-Cab, Tel. 1920. **Auto-Rikschas** sind praktisch für Kurzstrecken, sie haben Taxameter, die jedoch selten eingeschaltet werden, deshalb vor Fahrtbeginn den Preis aushandeln. Nachtzuschlag 95 %.

Photo: Rainer Kiedrowski

HARYANA

Der Name Haryana leitet sich von einem Beinamen Gott Vishnus „Hari“ und „ayana“ (laufen) ab und bedeutet „Ort Gottes“. Haryana spaltete sich 1966 wegen seiner hindisprachigen Hindu-Majorität vom Bundesstaat Punjab ab. Heute ist Haryana ein Staat der Extreme. Der Metropole Delhi nahe Gebiete sind stark urbanisiert und erweiteren den Ballungsraum der Megacity; hier liegen die beiden größten Städte Haryanas, Gurgaon und Faridabad. Der andere Teil Haryanas ist ländlich geprägt und besteht aus weiten Ebenen, die dank Bewässerung große Teile des Jahres genutzt werden können. Im Herbst, zur Senfblüte, sind die Felder Haryanas ein einziger gelber Teppich. Einige Bauern wurden durch Baulandverkauf Millionäre, andere leben noch ausgesprochen traditionell. In Haryana leben Jats, Ahirs und Gujars (nur letztere sind überwiegend Moslems). Der Großteil der Bevölkerung gehört zu den Jats, einer streng religiösen, wirtschaftlich erfolgreichen Kaste, deren Konservatismus dazu beiträgt, dass Haryana heute ein besonders schlechtes Geschlechterverhältnis bei Neugeborenen aufweist (nur 861 Mädchen auf 1000 Jungen).

Oben: Ochsenkarren in Haryana. Rechts: Ein Sikh nimmt ein rituelles Bad am Goldenen Tempel von Amritsar.

In Haryanas Sonderwirtschaftszonen bei Delhi produzieren u.a. der Autohersteller Maruti-Suzuki und der Mopedhersteller Hero; elegante Bürogebäude der IT-Branche und Call Centers zeugen vom wirtschaftlichen Aufstieg Indiens. So ist Haryana trotz einfach lebender Landbevölkerung heute einer der wohlhabendsten Bundesstaaten.

Gurgaon ❷, im Südwesten Delhis, gilt als das „neue Neu-Delhi“; neben Bürohäusern und Fabrikhallen wachsen dort Einkaufszentren, Hotels und Apartmenthäuser in den Himmel. Hier lohnt der Besuch der **Devi Art Foundation**, des privaten Museums für Gegenwartskunst des Kunstsammlers Anupam Pod-

» Karte S. 94-95, Info S. 93

Photo: Helmut Köllner

dar (gut zu erreichen über die Huda City Center Metro Station).

Zu den beliebtesten Ausflugszielen im südlichen Haryana gehört **Surajkund ❸**, etwa 15 km südlich von Delhi. Die Überreste eines Sonnentempels aus dem 8. Jh. sind hier zu sehen, und in den ersten beiden Februarwochen findet eine *mela* (Jahrmarkt) statt, auf der Handwerker aus dem ganzen Land ihre Fertigkeiten zeigen und Waren verkaufen. **Sohna ❹** (56 km von Delhi) ist bekannt für seine heißen Schwefelquellen. Das **Vogelschutzgebiet** bei **Sultanpur ❺** (46 km von Delhi) am Delhi-Jaipur-Highway ist besonders zwischen September und März interessant, wenn Zugvögel hier den Winter verbringen.

Die alte Reichsstraße von Delhi nach Agra verlief einst durch Haryana, und noch heute kann man die *Kos Minar* (Meilensteine) der Mogul-Kaiser sehen.

Durch das nördliche Haryana zogen immer wieder muslimische Eroberer aus dem Nordwesten zur Ganges-Ebene. Hier sind einige von Indiens mörderischsten Schlachten geschlagen worden, z. B. an Plätzen wie **Panipat ❻** und **Karnal ❼**. Mausoleen und Kenotaphe, über die ganze Region verteilt, zeugen davon. Weiter nördlich liegt **Kurukshetra ❽**, Schauplatz einer großen Schlacht, über die das *Mahabharata* berichtet.

Chandigarh

Chandigarh ❾, Hauptstadt sowohl von Haryana als auch des Punjab (selbst aber Unionsterritorium), ist berühmt für seine Stadtarchitektur, die von dem gebürtigen Schweizer Le Corbusier entworfen wurde. Für den, der die Sichtbeton-Architektur der 1950er Jahre mag, eine der interessantesten Hauptstädte aller indischen Staaten.

Die baumbestandenen Avenuen und Parks verleihen der Stadt eine grüne Anmutung. Bemerkenswert ist der 10 Hektar große ★**Rock Garden**, den der Künstler Nek Chand als einzigartiges Gesamtkunstwerk aus Müll und Geröll gestaltet hat. In der Nähe befindet sich der **Sukna-See**, mit Cafeterias und Ruderbootverleih.

» Karte S. 94-95, Info S. 93

Photo: Helmut Köllner

20 km nördlich von Chandigarh, an der Straße nach Simla, liegen die faszinierenden **Pinjore-Gärten** ❿ aus der Zeit der Mogule mit historischen Paläste und Wasserspielen.

PUNJAB

Der von grünen Reisfeldern geprägte Staat Punjab (60 % Sikhs) hat außer dem berühmten Goldenen Tempel der Sikhs nur wenige Sehenswürdigkeiten zu bieten.

Beim Sikh-Heiligtum von **Anandpur Sahib** ⓫, am Fuß des Himalaya, findet einen Tag nach *Holi* (März/April) das große Fest *Holla Mohalla* statt, bei dem alte Schlachten von historisch Kostümierten nachgestellt werden.

Sirhind ⓬ (etwa 60 km von Chandigarh) ist ein bedeutendes sunnitisches Pilgerzentrum mit schönen Moscheen und Gräbern.

Oben: Vielbesuchter nationalistischer Event – Grenzschließungszeremonie in Wagah.

Die größte Stadt Punjabs ist **Amritsar** ⓭, mit dem ★**Goldenen Tempel** als höchstem Heiligtum der Sikhs. Der Tempel (*Gurdwara*), erbaut im 16.-19. Jh., steht in einem Becken mit heiligem Wasser, dem „Nektarteich". Mit seiner glänzenden Kuppel, die Maharaja Ranjit Singh im Jahr 1803 mit 400 kg Blattgold belegen ließ, gehört er zu den schönsten Indiens. Früh morgens und spät abends wird das heilige Buch der Sikhs in einer Prozession zwischen Akal Takht im Westen und **Har Mandir**, dem „Goldenen Tempel" getragen. Die Gesänge der Gläubigen verleihen dem märchenhaften Goldenen Tempel eine besonders friedvolle Stimmung. Im Kontrast dazu zeigt das **Sikh-Museum** nahe dem Haupteingang die aufgrund von häufigen Verfolgungen martialische Tradition dieser Religion.

In **Wagah** ⓮, dem einzigen Grenzübergang nach Pakistan, ist die allabendliche **Grenzschließungszeremonie** (Beating Retreat) ein vielbesuchtes nationalistisches Spektakel, für das extra eine Tribüne gebaut wurde.

» Karte S. 94-95, Info S. 93

AMRITSAR (☎ 0183)

Punjab Tourist Information Centre, gegenüber der Railway Station, Hotel Pigaoure,Tel. 2402452, Mo-Fr 9-17 Uhr.

Crystal Restaurant, Crystal Chowk, tgl. 11-24 Uhr, chinesische, indische und kontinentale Küche. **Kwality**, The Mall Ecke Lawrence Str., u. a. gutes Fish & Chips.

Goldener Tempel, Information Office am Haupteingang, tgl. 7-20 Uhr.

CHANDIGARH (☎ 0172)

Chandigarh Tourism, veranstaltet auch Stadtrundfahrten; Sector 17, Interstate Bus Terminus, 1. Stock, Tel. 2700054, www.chandigarhtourism.gov.in. Tourist Offices: Haryana, Tel. 2702955, Himachal, Tel. 2708569. **Punjab Tourism**, Punjab Archive Bhawan, Plot No 3, Sector 38A. Chandigarh, Tel. 4663140, www.punjabtourism.gov.in.

***CHINESISCH*: Dragon**, Sector 15. **Ginza**, Sector 14.
***FAST FOOD*: Hot Shoppe & Hot Millions**, Sector 17. **City Heart 2**.
***INTERNATIONAL*: Four in One**, Sector 17, Tel. 26516. **Kwality**, SCO 20, Sector 17, Tel.
***INDISCH*: Mehfil**, Sector 17, Tel. 29439. **Bawarchi**, Sector 9, Tel. 21361. **Indian Coffee House**, Sector 22, Tel. 25504.

Government Museum & Art Gallery, Sector 10 C, Tel. 25568, 10-16 Uhr, Mo, Fr und an gesetzlichen Feiertagen geschl.
Museum of Fine Arts, Arts Block, Punjab University, Tel. 22779, 14-17 Uhr (im Sommer); 10-13 Uhr (im Winter). Mo geschlossen.
National Portrait Gallery, Sector 17, Erdgeschoss der Staatl. Bücherei, Mo-Fr 9-17 Uhr.
Rock Garden, Sector 1, 9-13 und 15-18 Uhr (im So bis 19 Uhr). **Sukhna Lake**, beim Rock Garden, Ruderbootverleih, tgl. 8-18 Uhr. **Aakar Art Gallery**, No. 4 Sector 17.

Post Graduate Institute of Medical Sciences and Research & Nehru Hospital, Sector 12, Tel. 22513, 26513. **Health Center & Poly Clinic**, Sector 22, Tel. 26164. **General Hospital**, Sector 16, Tel. 541005.

Lohri (Mitte Januar) wird bei Kerzenlicht und Süßigkeiten aus Sesamsamen gefeiert. Ein jährliches Fest von internationalem Ruf ist das Rosenfest (Februar/März) im Rosengarten. *Baisakhi* (13. April) fällt zusammen mit dem Beginn der Erntezeit. Im letzten Quartal finden eine Regatta auf dem Sukhna- See und das *Dussehra-* und *Diwali-Fest* (Oktober/ November) statt.

General Post Office, Sector 17, Tel. 21070, Geöffnet 10-17 Uhr.

Central Telegraph Office (24 Stunden). Sector 17, Tel. 23033.

Chandigarh bietet eine breite Palette an Handarbeiten. *Bagh* und *phulkari*, mit Stickereien verzierte Decken, Taschen, Leinen, Kleider. Die Haupteinkaufszonen liegen im Sector 17 und 22.

Flüge nach Delhi, Leh, Jammu, Kullu; innerhalb Punjabs nach Ludhiana und Amritsar, auch Bhatinda und Patiala haben Flugverbindung mit Delhi. Der Hauptbahnhof, 8 km außerhalb, hat Zugverbindung mit Delhi, Calcutta und Bhiwani (in Haryana). Busse nach Delhi, Jammu-Srinagar, Shimla und Punjab: ab Hauptbusbahnhof im Sector 17.

***AUSFLÜGE*:** Rundfahrt zu Rose Garden, Museen, Rock Garden und Sukhna Lake im Touristenbus ab Shivalikview Hotel stündl. zwischen 10.30 und 16.30 Uhr. Außerdem Tour zu den Pinjore Gardens.

SULTANPUR BIRD SANCTUARY

46 km südwestlich von Delhi, zu erreichen mit dem Auto über den Delhi-Jaipur-Highway oder mit dem Zug Richtung Rewari/Jaipur, Haltestelle Garhi Harsaru Junction, weitere 5 km zu Fuß oder mit der Autorikscha. Geöffnet 1. Apr. bis 30. Sept 6.30-18 Uhr, 1. Okt bis 31. März 6.30-16.30 Uhr. Beste Zeit für einen Besuch ist zwischen September und März am frühen Morgen.

AMRITSAR
Wagah
LAHORE
Taran Taran
Kapurthala
HOSHIARPUR
JALANDHAR
Nangal Township
HIMACHAL
6126
Sundarnagar
Powari
Rampur
PRADESH
Bilaspur
Sutlej
Kumharsain
Hatkoti
Bandarpunch 6315
Sultanpur
Phagwara
Anandpur Sahib
KASUR
Nakodar
Phillaur
SHIMLA
Sutlej
LUDHIANA
Rupnagar
Solan
3647
Lanka
PAKISTAN
INDIA
Firozpur
MOGA
Barkot
Faridkot
Jagraon
Khanna
Pinjore
Chakrata
PUNJAB
CHANDIGARH
Uttar Kashi
UTTAR
Sirhind
Dharasu
GARHWAL
Muktsar
Kot Kapura
Maler Kotla
Nahan
Kalsi
Mussoorie
2770
Rajpura
AMBALA
Tehri Dam
Barnala
Sadaura
Malaut
Sangrur
DEHRA DUN
Srinagar
PATIALA
YAMUNAGAR
ABOHAR
BATHINDA
Shahabad
Rishikesh
Mandi Dabwali
Sunam
SAHARANPUR
HARIDWAR
Mansa
Kaithal
Kurukshetra
(Thanesar)
Roorkee
Ratia
Tohana
Kotdwara
HANUMANGARH
KARNAL
Deoband
Najibabad
SIRSA
Fatehabad
Narwana
MUZAFFARNAGAR
Ellenabad
PANIPAT
Nagina
Barwala
Shamli
Bijnor
Ludesar
JIND
Yamuna
Kashipur
Rawatsar
Nohar
HARYANA
Baraut
Chandpur
HISAR
SONIPAT
Bhadra
Hansi
MEERUT
MORADABAD
Pallu
INDIA
ROHTAK
HAPUR
Taranagar
BHIWANI
DELHI
SAMBHAL
Sardarshahar
Togawas
Rajgarh
Charkhi Dadri
NEW DELHI
GHAZIABAD
Surajkund
Chandausi
Pilani
GURGAON
CHURU
Mahendragarh
BULANDSHAHR
Bisau
Sultanpur
FARIDABAD
Chirawa
Khurja
Ratangarh
Rewari
Sohna
Debai
Sahaswan
Jhunjhunu
Jewar
Ganga (Ganges)
Narnaul
Palwal
Fatehpur
Lachhmangarh
Behror
Tijara
ALIGARH
Kasganj
Udaipurwati
Sujangarh
Neem-ka-Thana
Khairthal
Kosi Kalan
Kotputli
Vrindavan
Etah
Ladnun
Kanwat
ALWAR
HATHRAS
SIKAR
775
Didwana
Sariska
MATHURA
Reengus
Shahpura
BHARATPUR
AGRA
FIROZ-ABAD
Kuchaman
Kishangarh
Chomu
Rajgarh
Shikoh-abad
Makrana
JAIPUR
Bandikui
Fatehpur Sikri
Amber
Mahwa
Keoladeo Nat. Park
Parbatsar
Sambhar
Dausa
Gambhir
Bayana
Rajakhera
Bah
Sanganer
562
Hindaun
Dhaulpur
ETAWAH
Dadu
RAJASTHAN
Ambah
KISHANGARH
Sir Muttra
Bari
BHIND
AJMER
Karauli
MORENA
Nasirabad
Niwai
GANGAPUR
Malpura
Chambal
Joura
Banas
GWALIOR
BEAWAR
TONK
Silipur
Sabalgarh
Sind
MADHYA
Kekri
Sawai Madhopur
Vijainagar
Mohana
Uniara
North-South Corridor
Dabra
Burda
Nainwa
Sheopur
Datia
Lakheri
Parbati
Pohri
Khankar
PRADESH
Chirgaon
Goras
Karera
SHIVPURI
JHANSI
Mangrol
HARYANA / PUNJAB / UTTAR PRADESH
0
50
100 km
© Nelles Verlag GmbH, München

TIBET
(BOD YUL)
CHINA
NEPAL
UTTAR
PRADESH
HIMALAYA
GANGDISE SHAN (KAILAS RANGE)
KUMAON
MAHABHARAT RANGE
CHURIA
AKHAND
HIMAL
Zanda (Tholing)
6453
Songsha
6352
Yagra
6352
Ngangla Ringco
6578
6206
Daba
Xiangquan He
Moincêr (Misar)
219
Darchen
Lünggar
6550
Kamet 7756
Nanda Devi and Valley of Flowers National Park
Badrinath
5614
Barga
La'nga Co (Langngag Tso)
Mapam Yumco
Lankadonkhang
58
Joshimat
Kongque He
Guerla Mandatashan (Gurla Mandhata) 7728
Tsesum
Samsang
6450
Burang
6776
Maquan He
Paryang
Chamoli
Nanda Devi 7817
Karnaprayag
Simikot
Matsang Tsangpo
5831
87
Bageshwar
Thal
Kali
Saipal 7050
7062
Ranikhet Cant.
2412
Askot
3920
4401
Mugu Karnali
Langu
Pithoragarh
Almora
Karnali
Kanjiroba 6883
125
Dhandeldhura
Silgadhi
2938
4590
Jumla
Shey Gompa
6291
Mustang
HALDWANI CUM KATHGODAM
5916
2972
Rakam
5459
Juphal
6471
Pantnagar
74
Banbasa
Tanakpur
Mahendranagar
Kichha
125
Dailekh
Bheri
Tarakot
Jomosom
Khatima
Atariya
5606
Dhaulagiri 8167
Baheri
Dhangadhi
Annapurna I 8091
PILIBITH
Chisapani
Birendranagar (Surkhet)
Musikot
Puranpur
Pallia Kalan
BAREILLY
Sarda (Chauka)
1009
Sallyan
Libang
Beni
POKHARA
Singahi Bhiraura
2446
Bisalpur
500
Gulariya
Kohalpur
Baglung
Khutar
Tulsipur
Tamghas
Syangja
BUDAUN
Gola Gokarannath
Ghaghara
Nepalgunj
Pyuthan
Tilhar
Ramganga
Lakhimpur
Rapti
Lamati
1396
Tansen
Nanpara
Butwal
Jalalabad
SHAHJAHANPUR
28C
Jarwa
Bardaghat
(Gogra)
BAHRAICH
Chanauta
Shahhabad
SITAPUR
Tulsipur
Lumbini
Bhairahawa
Kaimganj
Biswan
Tetri Bazar
HARDOI
Balrampur
Utraula
29
Maharajganj
Mahmudabad
Bansi
FARRUKHABAD CUM FATEHGARH
Sidhauli
Pharenda
Bilgram
Colonelganj
GONDA
92
Sandila
24
Rudauli
Kaptanganj
Kannauj
LUCKNOW
Bara Banki
Nawabganj
Ayodhya
BASTI
(u.constr.)
19
20
91
Bangermau
253
Rudauli
FAIZABAD
East-West Corridor
GORAKHPUR
Bharthana
25
Haidargarh
29
Ganga Ghat
UNNAO
Tanda
Deoria
Auraiya
Musafirkhana
Akbarpur
Barhalganj
Yamuna
KANPUR
RAE BARELI
Jais
Sultanpur
Gaura Barhaj
66
225
Jalaun
Bhognipur
Ghatampur
Lalganj
Shahganj
Mubarakpur
Bindki Road
Dalmau
Salon
Azamgarh
Hamirpur
Bela Pratapgarh
25
ORAI
Betwa
86
Mustafabad
JAUNPUR
MAUNATH BHANJAN
FATEHPUR
Lalauli
2
193
Lalgopalganj-Nindaura
Maudaha
Saidpur
Ghazipur
Rath
BANDA
Baberu
Palhana
Golden Quadrilateral
VARANASI (BENARES)
Panwari
Kabrai
76
21
ALLAHABAD
22
97
Khajuraho
Rajapur
Handia
122
MUGHALSARAI
Atarra

Photo: Martin Thomas

UTTAR PRADESH

Die wasserreichen Ebenen von Uttar Pradesh (U. P.) liegen zu Füßen des Himalaya-Vorgebirges und werden vom Ganges und seinen Nebenflüssen genährt. Die Fruchtbarkeit dieser Gegend hat den Aufstieg der indischen Zivilisation enorm begünstigt: Der Hinduismus wurde hier weiterentwickelt, Buddhismus und Jainismus hier geboren, und Fürstentümer wuchsen zu mächtigen Königreichen heran.

Die Zentren der altindischen Kultur sind Mathura, Sarnath und Varanasi; in Lucknow, Agra oder Fatehpur Sikri hingegen entstanden Zentren der indisch-islamischen Kultur. Uttar Pradesh ist eine Hochburg dieser Tradition, die sich in der Architektur, aber auch in der Musik, in Tanzformen wie dem *kathak* sowie in der Urdu-Poesie ausdrückt. 1946 jedoch flohen bzw. emigrierten viele Muslime. Heute gehört der Staat zu den dichtestbesiedelten Gebieten Indiens und ist eine Brutstätte für Spannungen zwischen Hindu-Mehrheit und Muslim-Minderheit. Große Bereiche sind noch etwas rückständig, aber auf Reisende warten großartige Sehenswürdigkeiten, besonders in Agra und Varanasi.

★Agra

★Agra ⓯ an den Ufern des Yamuna wurde 1504 zur Hauptstadt Sikander Lodis und entwickelte seinem Machtzentrum. Deshalb ließ auch Babur, der Begründer des Mogul-Reiches, hier nach 1526 seine Zelte aufschlagen.

Agras Monumente drücken sowohl den individuellen Geschmack der aufeinander folgenden Herrscher als auch die Entwicklung einer einzigartigen Architektur aus, die in der vollendeten Harmonie des Taj Mahal gipfelte.

Links: Abendzeremonie an den Ghats von Varanasi.

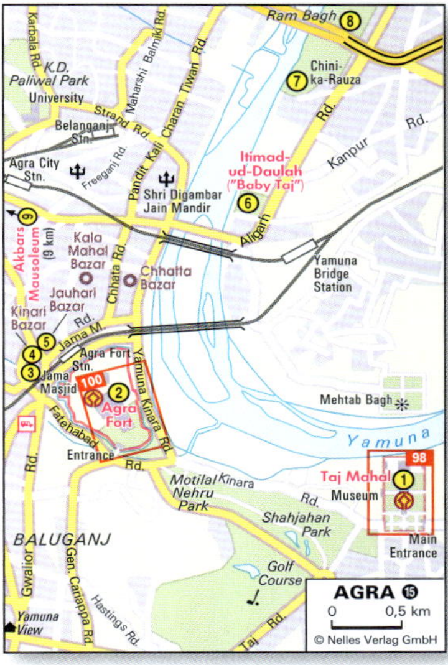

★★Taj Mahal

Das **★★Taj Mahal** ① – Haupttouristenmagnet Nordindiens – inspirierte unzählige Dichter zu Metaphern, von denen „Die Träne auf dem Antlitz der Ewigkeit“ von Tagore wohl die gelungenste ist. Der Tod seiner geliebten Gattin Mumtaz Mahal („Perle des Palastes“) 1631 bewog den Mogul-Herrscher Shah Jahan, ihrem Andenken ein Mausoleum von beispielloser Schönheit zu weihen. Die besten Künstler und 20 000 Arbeiter bauten 22 Jahre an diesem Grabmal, 37 Architekten sollen daran beteiligt gewesen sein. Fleckenloser weißer Marmor wurde in den Steinbrüchen von Makrana (Ajmer) gebrochen, Sandstein von Fatehpur Sikri gebracht, Edelsteine und Halbedelsteine aus dem ganzen Orient zusammengetragen – u. a. Lapislazuli, Karneol, Türkise, Jade und Jaspis.

Als Gartengrab in der Tradition des Humayun-Grabs in Delhi konzipiert, lässt das Taj Mahal („Krone des Palastes“) seine Vorbilder weit hinter sich: Das Mausoleum erhebt sich nicht in

» Karte S. 94-95, Stadtplan S. 97, Info S. 116-117

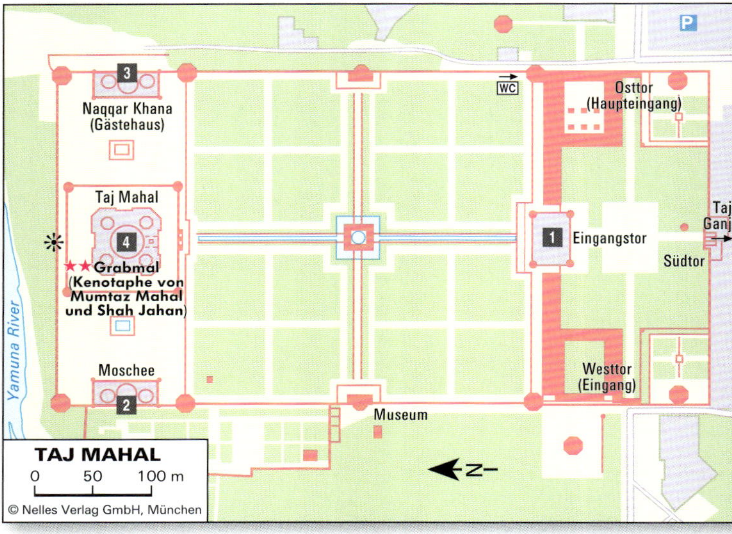

der Mitte, sondern am hintersten Ende des Gartens und betont so die vollkommene Symmetrie der Anlage. Sie wird vervollständigt durch das gegenüberliegende riesige **Eingangstors** 1 des Gartens und die benachbarten Gebäude – die **Moschee** 2 auf der Westseite des Grabmals und das spiegelbildliche **Naqqar Khana** 3 (Gästehaus) auf seiner Ostseite. All diese Gebäude sind proportional aufeinander abgestimmt;

Unter der perlenartigen Kuppel (Außen- und Innenkuppel) des ★★**Grabmals** sind die **Kenotaphe** 4 (Scheingräber) von **Mumtaz Mahal** und **Shah Jahan**, den sein Sohn Aurangzeb hier beisetzen ließ (die echten Gräber liegen in einer nicht zugänglich unterirdischen Kammer). Die Kenotaphe und der umgebende Zaun zeichnen sich durch feinste ★★**Einlegearbeiten** in *pietra-dura*-Technik aus: Bis zu 48 winzige Halbedelstein-Stücke wurden so dicht aneinander gesetzt, dass die Blüten keine Bruchnaht mehr erkennen lassen.

Rechts: Denkmal einer unsterblichen Liebe – das Taj Mahal.

Obwohl es fast 60 m emporragt, wirkt es nicht wuchtig, sondern behält in seiner edlen Klarheit den Charakter eines kostbaren Juwels. Das Spiel des Lichts auf dem Marmor macht aus ihm einen Spiegel unterschiedlicher Stimmungen, je nach Tageszeit; ein besonderes Erlebnis ist der Sonnenaufgang am Taj Mahal, wie auch der Anblick bei Sonnenuntergang vom anderen Ufer, vom rekonstruierten Mogul-Garten **Mehtab Bagh**.

Am Taj Mahal herrschen strenge Sicherheitsvorkehrungen. Es dürfen nur kleine Taschen, keine Speisen, Getränke, Kaugummi, Feuerzeug, keine Taschenmesser, Zigaretten mitgenommen werden. Dezente Kleidung ohne Comic- oder Cartoon-Aufdruck ist erforderlich. Mobiltelefone sind gestattet, Videokameras dürfen nur auf der ersten Plattform unmittelbar hinter dem Eingang zum Hauptareal benutzt werden und müssen anschließend in einem Schließfach verwahrt werden (Aufbewahrungsschalter am Eingang). Mineralwasser wird mit der Eintrittskarte und

Photo: Ladislav Janicek

den Schuhüberziehern ausgegeben.

Für einen Blick aus der Vogelperspektive steigt hinter dem Trident Hotel von Sonnenaufgang bis 20.30 Uhr alle 30 Min. ein **Fesselballon** mit Korb in die Höhe (www.airsafari.in). Außerdem gibt es eine Nachtöffnung zum **Vollmond** (Vorreservierung nötig).

★★Agra Fort

Das imposante **★★Agra Fort** ② (**Rotes Fort**) am Ufer des Yamuna ist einzigartig. Hier entwickelte sich ab 1565 unter Akbar das Baukonzept der Mogule. Doch sind die meisten der von ihm konstruierten Paläste und Gebäude innerhalb des Forts zerstört und durch strahlend weiße Marmorbauten seines Enkels Shah Jahan ersetzt worden. Neben den Festungsmauern aus Sandstein, die sich über 2,5 km hinziehen, und den hochaufragenden Torbauten ist der Palast **Jehangir Mahal** 1 mit seinem verzierten Gitterwerk und seinen Schnitzereien das einzige noch existierende Gebäude aus der Zeit Akbars.

Der **Diwan-i-Khas** 2, das Gebäude für private Audienzen, wurde von Shah Jahan erbaut. Die Atmosphäre der Räume wird durch elegante Pfeiler und mit Blätterwerk verzierten Bögen bestimmt, die zu einem Kennzeichen seines Stils geworden sind. Der berühmte Pfauenthron stand hier, bevor er nach Delhi kam. An den Diwan-i-Khas angrenzend liegen die „paradiesartigen Wohnungen", die Shah Jahan für Mumtaz Mahal erbauen ließ; sie umfassen den **Musamman Burj** 3 (Oktogonaler Turm), **Shish Mahal** 4 (Spiegelpalast), **Khas Mahal** 5 und das Hammam, das königliche Bad. Ironischerweise musste Shah Jahan hier seine letzten Lebensjahre verbringen, eingesperrt von seinem Sohn Aurangzeb. Es gibt auch zwei schöne Moscheen im Fort – **Nagina Masjid** 6 (Juwelenmoschee) und **Moti Masjid** 7 (Perlenmoschee). Diese Bauwerke gehören zu den besten Beispielen eines Architekturstils, der aus der Fusion von islamischer und hinduistischer Tradition entstand und später in Shah Jahans „Herrschaft des Marmors" gipfelte.

» **Stadtplan S. 97, Plan S. 100, Info S. 116-117**

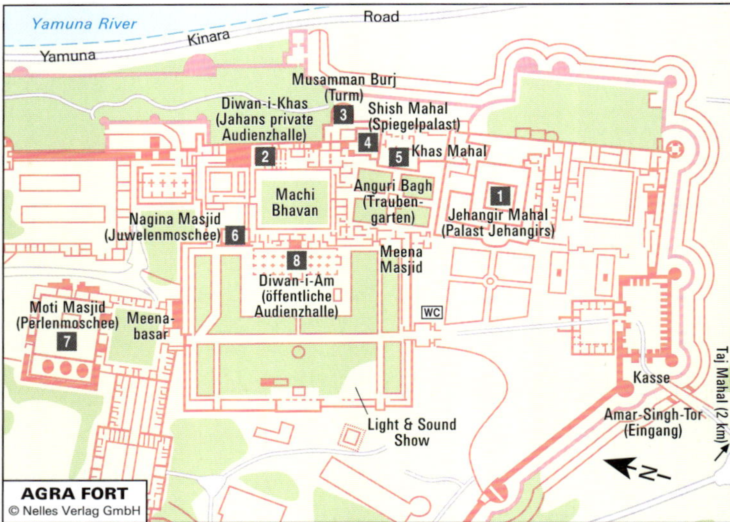

Weiter findet man im Fort den wohlproportionierten **Diwan-i-Am** 8, die Halle der öffentlichen Audienzen mit ihrem reich verzierten Marmorthron. Ein großer Teil des Goldes, Silbers und der Edelsteine, die in diesen Gebäuden verarbeitet wurden, sind von den Jats im 18. Jh. geraubt worden.

Weitere Sehenswürdigkeiten in Agra

Nordwestlich der Bahnlinie trifft man mitten in der Altstadt auf die **Jama Masjid** ③, eine ebenfalls unter Shah Jahan 1648 erbaute Moschee. Über die geschäftigen Gassen, die alle auf die Moschee zu laufen, erreicht man den **Kinari Bazaar** ④ und den **Jauhari Bazaar** ⑤. Agra ist das größte Schuhproduktionszentrum Indiens. Es ist auch berühmt für seine Vielfalt an Produkten der Marmoreinlegetechnik, für seine *zardozi* (Goldstickereien), Teppiche, seine *petha* (kristallisierter Kürbiszucker) und *dalmoth* (würzige Linsen als Snack).

Auf der anderen Flussseite, 3 km stromabwärts, liegt das **★★Itimad-ud-Daulah** ⑥, das Mausoleum von Mirza Ghiyas Beg, dem Schwiegervater Jehangirs. Nachdem er seinen Wert am Hof des Moguls unter Beweis gestellt hatte, wurde ihm vom Herrscher der Titel „Itmad-ud-Daula", Pfeiler des Staates, verliehen; sein Mausoleum, das unter diesem Namen bekannt geworden ist, wurde unter dem Patronat seiner Tochter Nur Jahan 1628 vollendet. Dieses „juwelenbestückte Schmuckkästchen" ist ein Prachtstück der Mogul-Architektur. In seiner vollständigen Marmorverkleidung mit kunstvollen **★Flusskiesel- und Halbedelstein-Einlegearbeiten** ist es ein kleiner Vorläufer des Taj Mahal und heißt deshalb im Volksmund „**Baby-Taj**".

Unweit vom Itmad-ud-Daulah liegt das **Chini-ka-Rauza** ⑦, erbaut 1639 vom Perser Afzal Khan, der hoher Beamter am Hof von Shah Jahan war. Eine Kuppel überragt den Bau, die Überreste von **Fliesenmosaiken** lassen noch den

Rechts: Das Agra Fort, imposante Festungsanlage aus der Zeit des Mogulherrschers Akbar (1565).

» Plan S. 100, Stadtplan S. 97, Info S. 116-117

Photo: Martin Thomas

persisch-afghanischen Stil erkennen.

Etwas weiter nördlich ist von Babur der erste Mogul-Garten namens **Ram Bagh** ⑧ angelegt worden, als Ort der Erholung von den „heißen, staubigen Ebenen Hindustans". Heute ist der Garten in vernachlässigtem Zustand.

★**Akbars Mausoleum** ⑨ liegt bei **Sikandra**, 9 km nordwestlich von Agra, in einem Park, in dem sich (hungrige) **Languren**, **Axishirsche** und **Hirschziegenantilopen** (*black buck*) tummeln. Durch ein riesiges, üppig verziertes **Torgebäude** gelangt man zu dem monumentalen roten Sandsteingrabmal, aus dem vier Marmorminarette ragen. Das kaiserliche Mausoleum, von Akbar geplant und begonnen, wurde von seinem Sohn Jehangir im Jahr 1605 vollendet.

★★Fatehpur Sikri

★★**Fatehpur Sikri** ⑯, 37 km westlich von Agra, ist, obwohl aufgegeben und größtenteils nur noch in Ruinen existent, eine faszinierende Stadt; noch immer sind die roten Sandsteingebäude der einstigen Herrscherfamilie so gut erhalten, dass es scheint, als habe Akbar den Palast erst gestern verlassen. Eine Geschichte rankt sich um ihre Gründung: Auf dem kahlen Höhenzug oberhalb des Dorfs Sikri lebte ein Sufi-Heiliger namens Sheik Salim Chishti. Angeblich suchte ihn Akbar auf, um seinen Segen für einen männlichen Nachkommen zu erbitten, und der Weise prophezeite ihm drei Söhne. Gleich nach der Geburt des ersten Sohnes (Jehangir) 1569 errichtete Akbar die großartige Jama Masjid in der Nähe des Aufenthaltsorts des Mystikers. Als 1571 ein zweiter Sohn folgte, beschloss der dankbare Herrscher, hier eine mächtige Stadt zu bauen.

Die besten Baumeister waren damals bereits dabei, das Fort von Agra zu errichten. Von Akbars Enthusiasmus mitgerissen, gaben sie nun bei Sikri einer königlichen Stadt Gestalt, die „größer und besser als London" war. 1573 benannte Akbar die Stadt um in Fatehpur, Stadt des Sieges, zum Gedenken an seinen Triumph über Gujarat.

Photo: Martin Thomas

Der Brite Ralph Fitch besuchte Fatehpur Sikri 1585 und berichtete, dass die Strecke von Agra hierher ein einziger Basar war, auf dem man alle Schätze des Orients kaufen konnte. Die von einer 10 km langen Mauer umgebene Stadt war auf einem Höhenzug erbaut; der Palast lag im Südosten, wo der Hang steil vom höchsten Punkt bei der Jama Masjid abfällt. Unterhalb des Palasts lagen die Häuser der Adligen, Basare, Karawansereien, Handwerksbuden, Schulen, Bäder – und Ställe für 5000 Elefanten, 1000 Geparde und 30 000 Pferde.

Das **Agra Gate** ist noch immer der Hauptzugang zur „Geisterstadt des Großmoguls". Die Straße führt zunächst durch Ruinen. Hinter diesen Ruinen stößt man auf den gut erhaltenen **Diwan-i-Am** 1. Sein imposanter Innenhof, die Arkadengänge und der geschnitzte Sandstein scheinen von der Zeit unberührt geblieben zu sein. Hier präsentierte Akbar sich dem Volk und hielt Gericht. An der Rückseite des Diwan-i-Am liegt der große **Pachisi-Hof** 2. In seinem Pflaster ist ein kreuzförmiger **Spielplan** eingelassen, auf dem der König mit seinen Adligen oft das Würfelspiel *pachisi* spielte – junge Tänzerinnen dienten angeblich als Spielfiguren.

Oben: Fatehpur Sikri, die Residenz des Großmoguls Akbar.

Alle Gebäude, die an diesem Platz liegen, gehören zum Männerbereich des Palastes. Bemerkenswert sind der von innen wunderschöne ★**Diwan-i-Khas** 3, Akbars private Audienzhalle mit dem spektakulär ausgearbeiteten **Thronpfeiler**; der **Astrologenpavillon** 4 mit dem wunderschönen **Makara-Torana**, einem Zierbogen, der sonst ein Stilelement der Hindu- und Jain-Tempelarchitektur ist (neben der **Schatzkammer**); und der fünfstöckige Pavillon **Panch Mahal** 5. Im Panch Mahal hielt Akbar sich oft an Sommerabenden auf, um mit den Damen seines Harems die kühle Brise zu genießen.

Der ganze Bereich linker Hand war durch eine Mauer abgetrennt und bildete den Harem. Auch hinter dem Panch Mahal lebten Frauen, eine jede

» Plan S. 103, Info S. 116-117

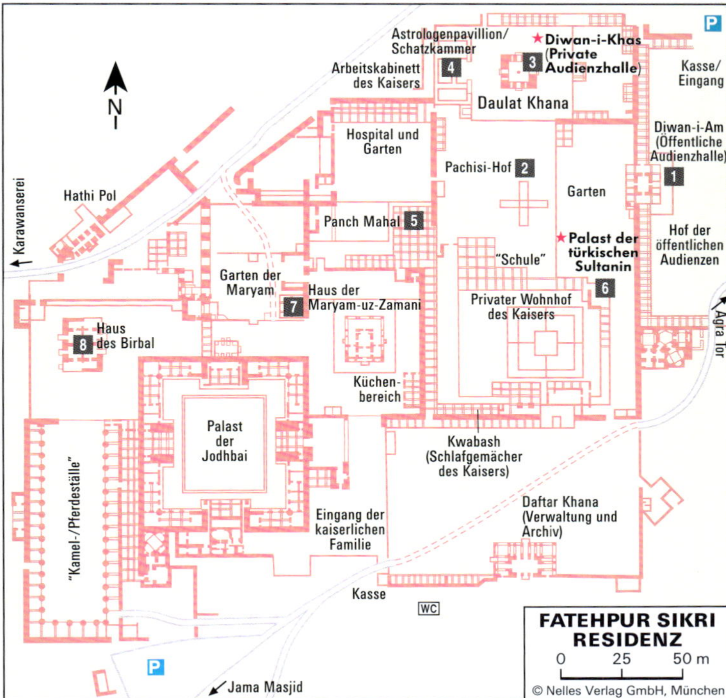
Astrologenpavillion/ Schatzkammer
4
★ Diwan-i-Khas (Private Audienzhalle)
3
Kasse/ Eingang
Arbeitskabinett des Kaisers
Daulat Khana
Diwan-i-Am (Öffentliche Audienzhalle)
Hospital und Garten
Pachisi-Hof
2
1
Karawanserei
Hathi Pol
Garten
Panch Mahal
5
★ Palast der türkischen Sultanin
Hof der öffentlichen Audienzen
"Schule"
Garten der Maryam
Haus der Maryam-uz-Zamani
7
6
Privater Wohnhof des Kaisers
Agra Tor
Haus des Birbal
8
Küchenbereich
Palast der Jodhbai
Kwabash (Schlafgemächer des Kaisers)
"Kamel-/Pferdeställe"
Daftar Khana (Verwaltung und Archiv)
Eingang der kaiserlichen Familie
Kasse
WC
Jama Masjid
N
P
FATEHPUR SIKRI RESIDENZ
0 25 50 m
© Nelles Verlag GmbH, München

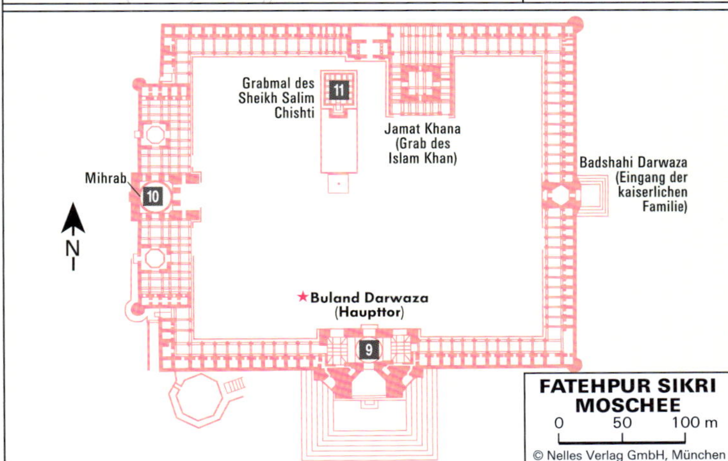
Grabmal des Sheikh Salim Chishti
11
Jamat Khana (Grab des Islam Khan)
Badshahi Darwaza (Eingang der kaiserlichen Familie)
Mihrab
10
N
★ Buland Darwaza (Haupttor)
9
FATEHPUR SIKRI MOSCHEE
0 50 100 m
© Nelles Verlag GmbH, München

in ihrem eigenen Haus. Die schönsten dieser Häuser sind der ★**Palast der türkischen Sultanin** 6, das **Haus der Maryam-uz-Zamani** 7 mit Resten von Malereien (sogar Götterbilder finden sich hier, die zeigen, dass Akbars hinduistische Frauen weiterhin ihrem Glauben treu bleiben durften) und das so genannte **Haus Raja Birbals** 8 (in Wirklichkeit vermutlich ein Haremsgebäude) mit exquisiten Steinarbeiten.

Man muss sich inmitten dieser verlassenen Paläste Akbars das Leben vor 400 Jahren vorstellen: Hier war das Machtzentrum eines riesigen Reiches, von einem Herrscher regiert, der ein Zeitgenosse von Elisabeth I. von England war; ein Mann, der sich als von Gott auserwählt betrachtete, „einen großartigen Plan zu realisieren"; ein außerordentlicher Staatsmann und Feldherr, der vielseitig interessiert war und sogar eine neue Religion gründete: *Din-i-Illahi*, eine Synthese aus Islam, Hinduismus, Buddhismus und Jainismus. Zur bunten Hofrunde Akbars gehörten hervorragende Generäle und Finanzleute, Dichter und Biografen, Theologen der verschiedenen religiösen Richtungen (selbst Jesuiten!) und berühmte Musiker wie Tansen. Eine Bibliothek mit 24 000 Manuskripten wurde in Fatehpur Sikri von den besten Künstlern und Schreibern der Zeit zusammengestellt. Hier wurde die Miniaturmalerei der Mogulzeit geboren sowie die Sanskrit-Klassiker und Turki-Chroniken ins Persische übersetzt.

Außerhalb des eigentlichen Palastbereiches befindet sich eins der bemerkenswertesten Gebäude aus Akbars Zeit, die große Freitagsmoschee ★**Jama Masjid**. 1573 gab er das eindrucksvolle ★**Buland Darwaza** 9, das 40 m hohe Haupttor in Auftrag. Die **Gebetsnische** 10 (*mihrab*) liegt seitlich dieses Haupttores im Westen, da sie ja nach Mekka ausgerichtet sein musste. Im Innenhof findet sich das von Shah Jahan erbaute ★**Grabmal** des Weisen **Sheikh Salim Chishti** 11 mit wunderschönen Marmorornamenten. Viele Pilger und Pilgerinnen kommen hierher, um am Grab des Sufi-Scheichs ein Gelübde zur Erlangung von Söhnen abzulegen.

Rechts: Mathura, legendärer Geburtsort des Gottes Krishna.

Trotz all dieser Prachtentfaltung hat Akbar in Fatehpur Sikri nur 14 Jahre gelebt. Manche glauben, dass er wegen akuten Wassermangels wegging, andere, dass Probleme im Nordwesten des Landes seine Anwesenheit in Lahore erforderten. 1610 war die Stadt bereits verlassen, und nur die königlichen Gemächer wurden für spätere Herrscher erhalten. Endgültige Zerstörung haben die Jats im 18. Jh. angerichtet, nur dem Sandstein konnten sie nichts anhaben.

Mathura

Mathura ⑰, an den Ufern der Yamuna gelegen, wird als Geburtsort Krishnas verehrt. Die bereits in den Berichten des Ptolemäus erwähnte Stadt ist zwar noch immer Wallfahrtsort und eine der sieben heiligsten und ältesten Städte Indiens, doch die muslimische Herrschaft der letzten Jahrhunderte hat keine alten Tempel stehen lassen.

Das ★**Mathura-Museum** ist wegen seiner bedeutenden frühbuddhistischen Skulpturen aus der weltberühmten Mathura-Schule sehenswert: Die Sammlung 2000 Jahre alter Kushana-Kunst ist die beste in ganz Indien.

Lohnend ist ferner eine **Bootsfahrt** auf der **Yamuna** entlang der Ghats. Das Vishram Ghat aus dem Jahr 1814 ist das Zentrum der religiösen Aktivitäten.

In der Nachbarstadt **Vrindavan** ⑱, hat Krishna seine Jugend verbracht, dort reihen sich Ashrams und Tempel aneinander. Einen guten Einblick in das religiöse Leben Vrindavans gibt der **Sri Krishna Balaram ISCON Tempel**, in dem Hare Krishna Anhänger seit Jahrzehnten 24 Stunden täglich Hare Krishna singen und während der mehrfach täglich abgehaltenen Arati-Zeremonien

» Plan S. 103, Karte S. 94-95, Info S. 116-117

Photo: Martin Thomas

ekstatisch tanzen. Der **Govind Dev Tempel** (1590) ist das historisch bedeutendste Heiligtum.

★Lucknow

★Lucknow ⓳, die Hauptstadt von Uttar Pradesh, liegt am Ufer der Gomati. Trotz Industrialisierung ist Lucknow noch geprägt vom Erbe der etwas dekadenten Nabob-(*Nawab-*)Wesire von Awadh. Einst Gouverneure des Mogulreiches, wurden sie im 18. Jh. zu Gegnern der Briten und mussten sich schließlich unterwerfen; 1856 annektierten die Briten dieses begehrte Areal, was unter anderem den Sepoy-Aufstand von 1857 auslöste. Als Gründer der heutigen Stadt gilt Asaf-ud-Daula (1775-97). Bis 1856 hatte die Stadt einen Ruf als Zentrum der indischen Schiiten, Urdu-Dichtung und verfeinerter Lebensart erworben. Sie erreichte ihre Blütezeit unter der Herrschaft des letzten Nabob, Wajid Ali Shah, einem Förderer von Musik und Poesie.

Teile Lucknows sind noch heute Zeugnis jener Epoche. Nahe des **Chowk** mit seinen engen, überfüllten Basaren, auf denen altes Silber, mit *zari-* und *chikan-*Stickerei verzierte Objekte (beide Kunstfertigkeiten datieren aus den Zeiten der Nabobs) und muslimische Speisen verkauft werden, liegt das schiitische Heiligengrab **★Bara Imambara**, von Asaf-ud-Daula 1784 erbaut. Das auffälligste Merkmal dieser riesigen, 50 m langen Halle, die für schiitische Trauerrituale während des Moharrem-Festes dient, ist das Fehlen von Stützpfeilern. Innen gibt es zahlreiche *tazia* (Repliken der Gräber bei Kerbela), manche mit bunten Glasfenstern, und in einem Obergeschoss das *bhul bhulaiya*, ein Labyrinth mit einer Reihe endloser Korridore.

Neben der Imambara steht das **Rumi Darwaza**, ein ornamentiertes Tor aus Ziegelstein und koloriertem Stuck, das wegen seiner Ähnlichkeit mit einem Tor in Konstantinopel auch als Türkisches Tor bezeichnet wird.

Von weniger imposanten Ausmaßen ist die **Husainabad Imambara**, die Ali

Photo: Kamal Sahai

Shah 1837 als sein Mausoleum errichten ließ und den **Silberthron** der Nabobs beherbergt. Ein heiliges Wasserbecken erstreckt sich vor dem reich verzierten Bauwerk mit seinen vergoldeten Kuppeln. Gegenüber liegen das **Baradari** (Sommerhaus) und der **Uhrturm**.

Die weiter westlich zu erkennende **Jama Masjid**, eine unter Ali Shah erbaute Moschee, gehört zu den wenigen, die für Nicht-Muslime tabu sind.

Die ★**Britische Residenz** veranschaulicht ein Drama der britischen Kolonialherrschaft: An ihren Ruinen sind noch Einschusslöcher zu sehen. Um 1800 für den britischen Statthalter erbaut, war sie 1857 Schauplatz einer Belagerung während des Sepoy-Aufstands indischer Soldaten; über 2000 Briten – Männer, Frauen und Kinder – starben hier; sie ruhen auf dem **Friedhof** der nahen Kirche.

Ein herausragendes Bauwerk ist die **Martiniere-Schule**, die von Claude Martin, einem Abenteurer, erbaut wurde, der in Indien enorme Reichtümer ansammelte. Sein palastartiges Haus, eine seltsame Mischung aus indischen und westlichen Stilrichtungen, wurde später als Schule genutzt, die auch der Schriftsteller Rudyard Kipling besuchte.

Der **Kaisar Bagh**, ein Garten mit Gebäuden, **Lakshman Tila**, der ursprüngliche Platz der Stadt *Lakhanpur* (jetzt Standort einer Moschee) und der **Zoo** sind weitere Sehenswürdigkeiten.

Oben: Im Inneren der Bara Imambara (Lucknow) versammeln sich schiitische Muslime zum Moharrem.

Ayodhya

Nahe **Faizabad**, der einstigen Hauptstadt von Awadh, liegt die kleine Stadt **Ayodhya** ⑳ am Ghagara-Fluss, mit zahlreichen Tempeln und *ghats*. Sie zählt zu den sieben heiligen Städten des Hinduismus. Traurige Berühmtheit erlangte sie 1992, als fanatische Hindus die in der Mogulzeit über der legendären Geburtsstätte von Rama erbaute Babri-Moschee zerstörten, um dort wieder einen Hindutempel zu errichten.

» Karte S. 94-95, Info S. 116-117

Allahabad

Nachdem Rama aus Ayodhya verbannt worden war, hat er angeblich beim heutigen **Allahabad** ㉑, am Zusammenfluss der beiden heiligsten indischen Ströme Yamuna und Ganges, Zuflucht gesucht. Hindus meinen, dass jeder Besuch der Stadt am *sangam* (Zusammenfluss), dem rituellen Mittelpunkt Allahabads, anfangen und enden sollte. Wenn man an dem bunten Tempel **Hanuman Mandir** vorbei einen Spaziergang zum Flussufer hinunter macht, erblickt man die Festung und in der Ferne über dem Fluss die Stelle, wo die „weißen und dunklen Gewässer sich vereinen". Seit Jahrhunderten ist dies ein Ort höchster Verehrung, der von Pilgern während der jährlichen *Magh Mela* besucht wird. Während der *Kumbh Mela*, die nur alle zwölf Jahre stattfindet und als bester Zeitpunkt für das rituelle Bad gilt, entsteht am Flussufer für kurze Zeit eine riesige provisorische „Zeltstadt" für die dann zu Millionen herbeiströmenden Hindus.

Die von Akbar 1583 erbaute **Festung** ist militärisches Gelände. Im Inneren der Festung dürfen Besucher nur die **Ashoka-Säule** und die **Saraswati Kup** besichtigen, die Quelle des mythischen Flusses Saraswati. Der tolerante Akbar rührte den **Patalpuri-Tempel** nicht an. **Akshay Vat**, ein angeblich unsterblicher Banyan-Baum, wird hier verehrt.

3 km nördlich des Forts liegt der **Anand Bhavan**, der Familiensitz der Nehrus, den Indira Gandhi in ihren letzten Lebensjahren dem Staat als Museum schenkte. Er war eng mit dem Unabhängigkeitskampf verbunden.

★★Varanasi (Benares)

★★Varanasi ㉒ (Benares), einer der ältesten ununterbrochen bewohnten Orte der Welt, am Ufer des Ganges gelegen, ist die heiligste Stadt Indiens. Seit jeher kommen Hindupilger hierher, um Erlösung und Trost zu suchen. Diese uralte Stadt zieht immer wieder die Menschen in ihren Bann, denn hinter ihrer teils etwas armseligen Fassade ist sie voller Vitalität. Sie konfrontiert den Besucher mit allen Aspekten des Lebens in seiner ganzen schillernden Widersprüchlichkeit. Nirgendwo ist Varanasi faszinierender als bei den *ghats*, den stufenförmigen Uferbefestigungen, zu denen von Tagesanbruch bis zur Dämmerung ein unablässiger Strom von Menschen drängt. Ohne sich um Beobachter zu kümmern vollziehen die Pilger ihre Rituale, im festen Glauben, sich damit von den Sünden ihres Lebens reinzuwaschen. Unter Bambusschirmen sitzen die *ghatias*, immer bereit, bei den Ritualen zu helfen. Manche sind beim Anblick der Ghats vom Trubel um die **Leichenverbrennungen** schockiert. Die Religion und ihre Botschaft scheinen weit weg zu sein bei so viel Vitalität und Elend, so viel Leben und Tod zugleich.

Den einzigartigen Blick auf die spektakuläre, sich über 4 km hinziehende Biegung des **Ganges** mit den Ghats erlebt man besonders eindrucksvoll eine Stunde vor Sonnenaufgang, im weichen ersten Licht, wenn über dem Fluss und den Ghats noch eine zeitlos-ätherische Stimmung liegt. Am besten mietet man ein **Boot** (ca. 100 Rp/Person und Stunde, Feilschen nötig) und lässt sich durch den Frühnebel rudern, so kann man all die Eindrücke langsam in sich aufnehmen – man wird dabei aber nicht allein auf dem Fluss unterwegs sein.

Die **★★Ghats** beginnen an dem Punkt, wo die **Varuna** in den Ganges mündet und enden beim Assi Ghat, wo die **Assi** in den Ganges fließt. Mehr als einhundert Ghats säumen den Fluss, aber nur wenige können auf einer Straße erreicht werden. Das **Dasaswamedh Ghat** ① ist das bekannteste; hier werden allabendlich spektakuläre **Pujas** gezeigt („Aarti", Beginn ca. 18.30 Uhr), die bei Touristen höchst beliebt sind. Zu seiner Rechten liegt ein kleiner **Shitala-Tempel**, der Göttin geweiht, die die

» Karte S. 94-95, Stadtplan S. 108-109, Info S. 116-117

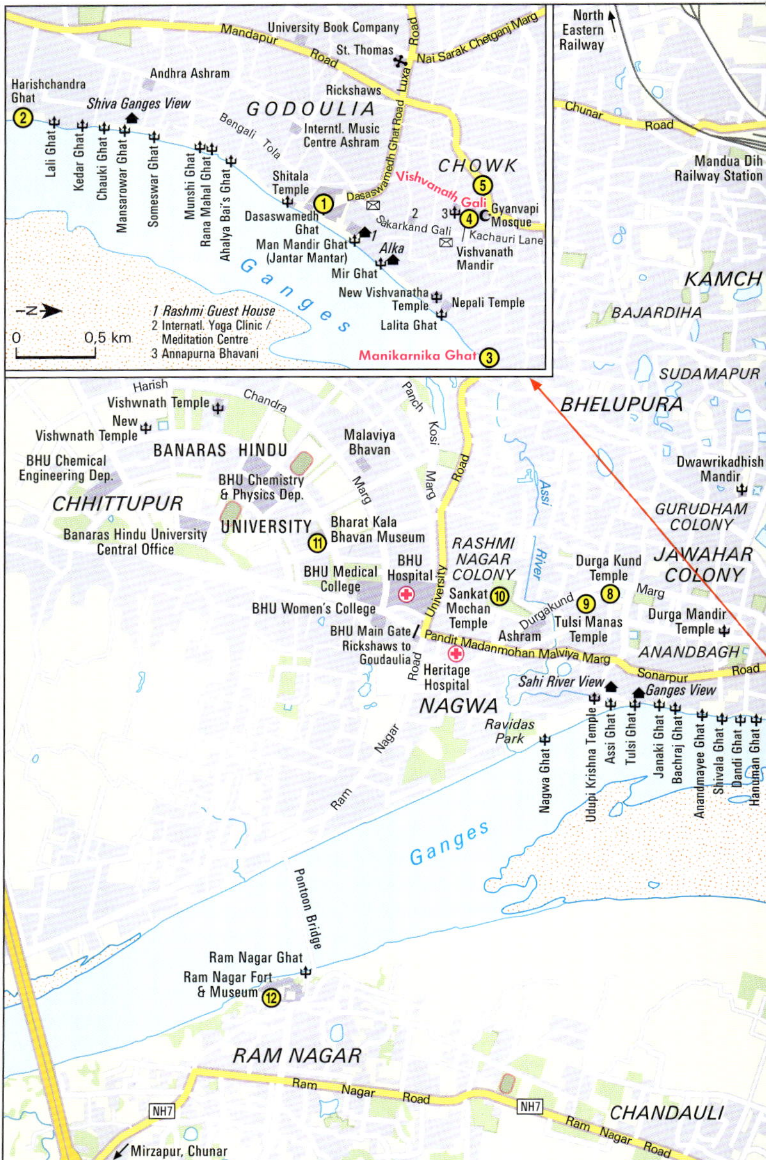
Mandapur Road
University Book Company
St. Thomas
Luxa Road
Nai Sarak Chetganj Marg
North Eastern Railway
Andhra Ashram
Rickshaws
Harishchandra Ghat
2
Shiva Ganges View
GODOULIA
Bengali Tola
Interntl. Music Centre Ashram
Dasaswamedh Ghat Road
Chunar Road
Mandua Dih Railway Station
Lali Ghat
Kedar Ghat
Chauki Ghat
Mansarowar Ghat
Someswar Ghat
Munshi Ghat
Rana Mahal Ghat
Ahalya Bai's Ghat
Shitala Temple
1
Dasaswamedh Ghat
Vishvanath Gali
CHOWK
5
2
3
4
Gyanvapi Mosque
Sakarkand Gali
Kachauri Lane
Man Mandir Ghat (Jantar Mantar)
1
Alka
Vishvanath Mandir
Mir Ghat
Ganges
New Vishvanatha Temple
Nepali Temple
Lalita Ghat
KAMCH
BAJARDIHA
1 Rashmi Guest House
2 Internatl. Yoga Clinic / Meditation Centre
3 Annapurna Bhavani
0
0,5 km
Manikarnika Ghat
3
SUDAMAPUR
Harish Chandra
Vishwnath Temple
Panch Kosi Marg
New Vishwnath Temple
BHELUPURA
Malaviya Bhavan
BANARAS HINDU
Road
BHU Chemical Engineering Dep.
BHU Chemistry & Physics Dep.
Marg
Assi
Dwawrikadhish Mandir
CHHITTUPUR
GURUDHAM COLONY
UNIVERSITY
Bharat Kala Bhavan Museum
11
Banaras Hindu University Central Office
RASHMI NAGAR COLONY
River
JAWAHAR COLONY
BHU Hospital
Durga Kund Temple
8
BHU Medical College
University
Sankat Mochan Temple
10
Durgakund
9
Marg
BHU Women's College
Durga Mandir Temple
Ashram
Tulsi Manas Temple
BHU Main Gate
Rickshaws to Goudaulia
Pandit Madanmohan Malviya Marg
ANANDBAGH
Road
Heritage Hospital
Sonarpur Road
Sahi River View
Ganges View
NAGWA
Ravidas Park
Nagar
Nagwa Ghat
Udupi Krishna Temple
Assi Ghat
Tulsi Ghat
Janaki Ghat
Bachraj Ghat
Anandmayee Ghat
Shivala Ghat
Dandi Ghat
Hanuman Ghat
Ram
Ganges
Pontoon Bridge
Ram Nagar Ghat
Ram Nagar Fort & Museum
12
RAM NAGAR
Ram Nagar Road
NH7
NH7
CHANDAULI
Ram Nagar Road
Mirzapur, Chunar

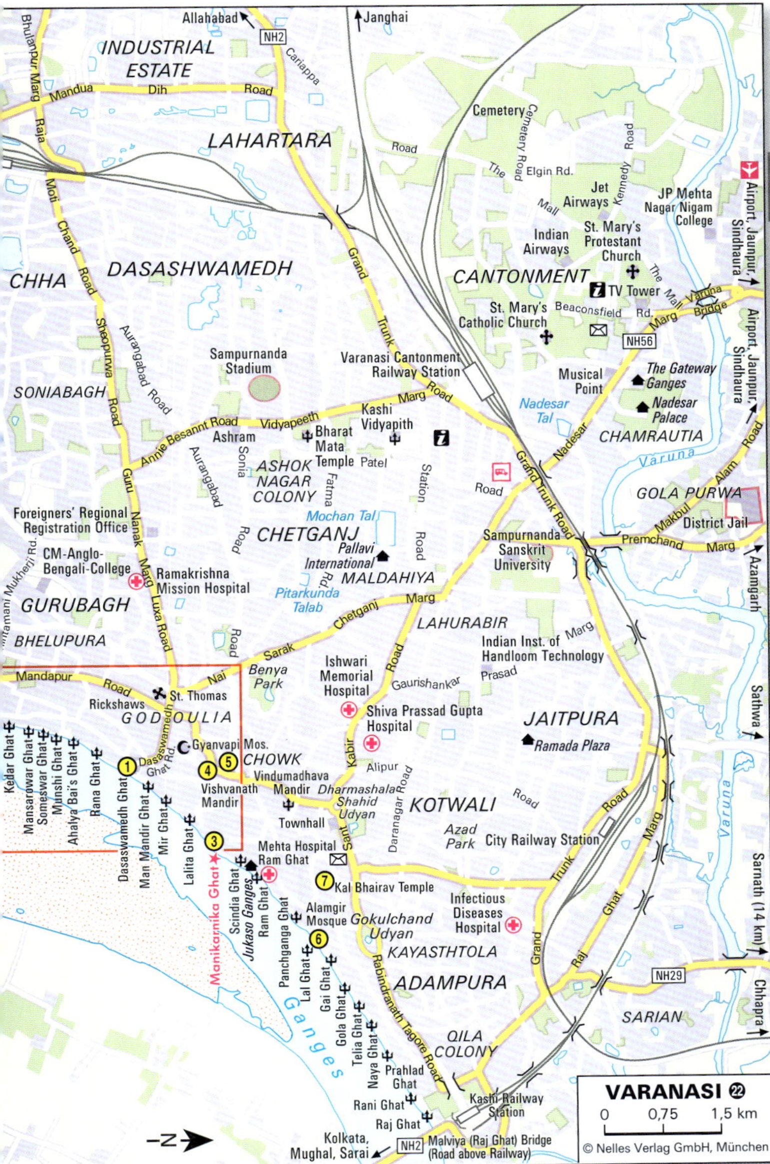
VARANASI 22
0 0,75 1,5 km
Allahabad
NH2
Janghai
INDUSTRIAL ESTATE
Mandua Dih Road
Cariappa
Bhulanpur Marg
Raja
LAHARTARA
Cemetery
Cemetery Road
Kennedy Road
The Mall Road
Elgin Rd.
Jet Airways
JP Mehta Nagar Nigam College
Airport, Jaunpur, Sindhaura
Indian Airways
St. Mary's Protestant Church
Moti Chand Road
CHHA
DASASHWAMEDH
Grand Trunk Road
CANTONMENT
TV Tower
The Mall
Varuna Bridge
St. Mary's Catholic Church
Beaconsfield Rd.
Marg
NH56
Sheopurwa Road
Aurangabad Road
Sampurnanda Stadium
Varanasi Cantonment Railway Station
Musical Point
The Gateway Ganges
Airport, Jaunpur, Sindhaura
SONIABAGH
Kashi Vidyapeeth Marg Road
Kashi Vidyapith
Nadesar Tal
Nadesar Palace
Annie Besannt Road
Ashram
Bharat Mata Temple
Nadesar
CHAMRAUTIA
Road
Sonia
Aurangabad
ASHOK NAGAR COLONY
Fatma
Patel
Station Road
Varuna
Alam
GOLA PURWA
Road
Guru Nanak Marg
Foreigners' Regional Registration Office
Mochan Tal
CHETGANJ
Road
Sampurnanda Sanskrit University
Makbul
District Jail
Premchand Marg
Azamgarh
Mukherji Rd.
CM-Anglo-Bengali-College
Ramakrishna Mission Hospital
Pallavi International
Rd.
MALDAHIYA
Pitarkunda Talab
Chetganj Marg
LAHURABIR
GURUBAGH
Luxa Road
Indian Inst. of Handloom Technology
Marg
BHELUPURA
Road
Sarak
Prasad
Mandapur Road
Nai
Benya Park
Ishwari Memorial Hospital
Road
Gaurishankar
Rickshaws
St. Thomas
GODOULIA
Shiva Prassad Gupta Hospital
JAITPURA
Sathwa
Kedar Ghat
Mansarowar Ghat
Someswar Ghat
Munshi Ghat
Ahalya Bai's Ghat
Rana Ghat
Dasaswamedh Ghat
Dasaswamedh Ghat Rd.
Gyanvapi Mos.
CHOWK
Ramada Plaza
Kabir
Alipur
Vindumadhava
Vishvanath Mandir
Mandir
Dharmashala
Shahid Udyan
Daranagar Road
KOTWALI
Road
Townhall
Man Mandir Ghat
Mir Ghat
Lalita Ghat
Varuna
Azad Park
City Railway Station
Road
Mehta Hospital
Ram Ghat
Sant
Marg
Trunk
Manikarnika Ghat
Scindia Ghat
Jukaso Ganges
Ram Ghat
Kal Bhairav Temple
Sarnath (14 km)
Infectious Diseases Hospital
Panchganga Ghat
Alamgir Mosque
Gokulchand Udyan
Ghat
KAYASTHTOLA
Grand
Raj
Lal Ghat
Gai Ghat
Ganges
Gola Ghat
Telia Ghat
Naya Ghat
ADAMPURA
Rabindranath Tagore Road
NH29
SARIAN
Chhapra
Prahlad Ghat
QILA COLONY
Rani Ghat
Raj Ghat
Kashi Railway Station
N
Kolkata, Mughal, Sarai
NH2
Malviya (Raj Ghat) Bridge (Road above Railway)
© Nelles Verlag GmbH, München

Menschen vor Pocken schützt. Außerdem hat dieser Tempel ein *lingam*, das daran erinnert, dass bei diesem *ghat* zehn Pferdeopfer des Königs Divodasa stattfanden und deshalb laut Hindu-Mythologie allen Gnade gewährt wird, die an diesem *ghat* baden. Ein halb versunkener Shiva-Tempel wirkt an dieser Stelle etwas verloren, ebenso wie der Palast des „Dom Raja", der angeblich durch seinen Beruf ein Vermögen angehäuft hat; die *doms*, alle aus der Kaste der Unberührbaren, sind die Betreiber der Verbrennungsghats und die Bewahrer der heiligen Flamme.

Am **Manmandir Ghat** ist, oben auf dem Manmandir-Palast, das **Jantar Mantar**, ein Observatorium Jai Singhs zu besichtigen – kleiner als das in Jaipur.

Während es für einen normalen Inder bereits eine große Gnade ist, in Varanasi verbrannt zu werden – Leichname werden dafür in die Stadt gebracht –, hofft der Gläubige, der hier stirbt, die Erlösung aus dem Zyklus der Wiedergeburt zu erlangen. Daher kommen viele Menschen, die sich ihrem Lebensende nähern, besonders Witwen, hierher, um auf den Tod zu warten.

Die beiden Verbrennungsghats sind **Harishchandra Ghat** ② und ★**Manikarnika Ghat** ③. Für Touristen bilden sie eine Attraktion, und die Bootsleute sind eifrig bemüht, diese beiden Stätten zu zeigen. Für Hindus ist der Tod ein Teil des Lebens, und man versucht nicht ihn zu verbergen. Kremationen sind Bestandteil der Hindutradition, da sie glauben, dass der Körper, der die Seele nur zeitweilig beherbergt, ganz zerstört werden muss, um ihre Befreiung zu ermöglichen. Das Fotografierverbot an den Verbrennungsghats ist einzuhalten.

Mit wunderschönen Holzschnitzereien verziert ist der **Nepali-Tempel** am **Lalita Ghat**, nahe dem Manikarna Ghat.

Nahe dem Dashaswamedha Ghat trifft man auf die ★**Vishvanath Gali**, eine enge Gasse, in der sich Läden für Seidensaris und Devotionalien aneinander reihen. Die Gasse endet am **Vishvanath Mandir** ④ („Goldener Tempel", Zutritt nur barfuß, ohne Taschen und Kameras, höchste Sicherheitsstufe, Polizeibewachung; Zutritt zum Tempelinneren nur für Hindus), dem Hauptheiligtum der Stadt, das ihrer höchsten Gottheit Shiva geweiht ist. Varanasi soll der Ort sein, an dem der erste *jyotirlinga*, der feurige Lichtstrahl, mit dem Shiva den anderen Göttern seine Überlegenheit demonstrierte, zum ersten Mal durch die Erdkruste brach und zu den Himmeln strebte. Von daher leitet sich auch der zweite Name Varanasis, *Kashi*, ab – „Stadt des Lichts". Bis heute ist der (relativ kleine) **Shiva-Lingam** das Hauptobjekt der Verehrung in Varanasi und sakrale Mitte der heiligen Stadt. Im Allerheiligsten steht das schwarze, phallische *lingam* auf einem goldenen Podest in einer goldenen *yoni* (Symbol des weiblichen Geschlechts). Der ursprüngliche Tempel wurde zwar von Kaiser Aurangzeb zerstört und aus seinen Steinen die benachbarte **Gyanvapi-Moschee** errichtet, doch die Holkar-Königin Ahalya Bai ließ den Tempel 1776 samt vergoldetem Turm wieder aufbauen.

Interessant ist das Gebiet um den **Chowk** ⑤, wo Lokale traditionelle Speisen und Geschäfte Kunsthandwerk anbieten – insbesondere **Benares-Brokat**; die Tradition des Brokatwebens stammt aus der Zeit der Moguln.

Die unter dem Mogulkaiser Aurangzeb erbaute **Alamgir-Moschee** ⑥ erinnert an die islamische Herrschaft.

Ein ausführliches Handbuch schreibt den genauen Weg der Hindu-Pilger vor. Die Stationen umfassen verschiedene Tempel, von denen einige für Nicht-Hindus geschlossen sind. Dennoch ist für Reisende auch der Weg das Ziel, da die umliegenden Gebiete eine besondere Atmosphäre ausstrahlen.

Zu den heiligen Tempeln zählen der **Kal Bhairav** ⑦ („der schreckliche Schwarze"), der als eine furchterregen-

Rechts: Wie vor 2000 Jahren baden gläubige Hindus an den Ghats von Varanasi.

» Stadtplan S. 108-109, Info S. 116-117

Photo: Julia Ziegelmaier

de Inkarnation von Shiva besonders von den Anhängern der Tantra-Tradition verehrt wird; der **Durga Kund** ⑧, der benachbarte **Tulsi Manas** ⑨ und der **Sankat Mochan** ⑩.

Seit altersher ist Varanasi eine Stadt der Bildung, in der berühmte Sanskrit-Gelehrte wirkten. Die **Benares-Hindu-Universität** wurde 1916 für das Studium der indischen Kunst und Kultur und des Sanskrit gegründet; hier sollte man das **Bharat-Kala-Bhavan-Museum** ⑪ mit seiner ausgezeichneten Sammlung von ★**Miniaturmalereien**, alten buddhistischen und hinduistischen Skulpturen und Textilien besuchen.

Jenseits des Ganges, in **Ramnagar**, ist im **Palast** des Maharaja von Benares, den man durch ein prachtvolles **Palasttor** betritt, ein **Museum** ⑫ eingerichtet, das einige interessante Objekte zeigt, u. a. eine kunstvoll geschnitzte Elefantensänfte und Kutschen. Einen Monat vor dem *Dussehra-Festival* wird Ramnagar lebendig: Jeden Abend werden dann Szenen aus dem *Ramayana*, das „Ramleela" aufgeführt.

AUF BUDDHAS SPUREN

Für Buddhisten ist Indien vor allem das Land Buddhas und ein Besuch eine Pilgerreise zu den heiligen Orten des Erleuchteten. Die Geschichte seines Lebens, seine Lehre von den Ursachen des Leidens und dessen Überwindung hatten großen Einfluss auf weite Teile Asiens und sind bis heute, nach über 2400 Jahren, lebendig. Seine erste Reise unternahm Buddha mit 29 Jahren von seinem Heimatort Kapilavastu (Nepal) nach Vaisali, Rajgir und schließlich Bodh Gaya, wo er sechs Jahre verbrachte und die Erleuchtung erlangte. Daraufhin ging er nach Sarnath, wo er seine erste Predigt hielt und so „das Rad des Gesetzes ins Rollen brachte". Von Sarnath kehrte er nach Rajgir zurück und besuchte dann Sravasti und Kapilavastu, das er zwölf Jahre nicht mehr gesehen hatte. Seine letzte Reise unternahm er mit 80 Jahren, von Rajgir nach Nalanda, Patna, Vaisali, Pava und Kushinagar.

In den 40 Jahren nach seiner Erleuchtung kam er viel herum, kehrte aber nie

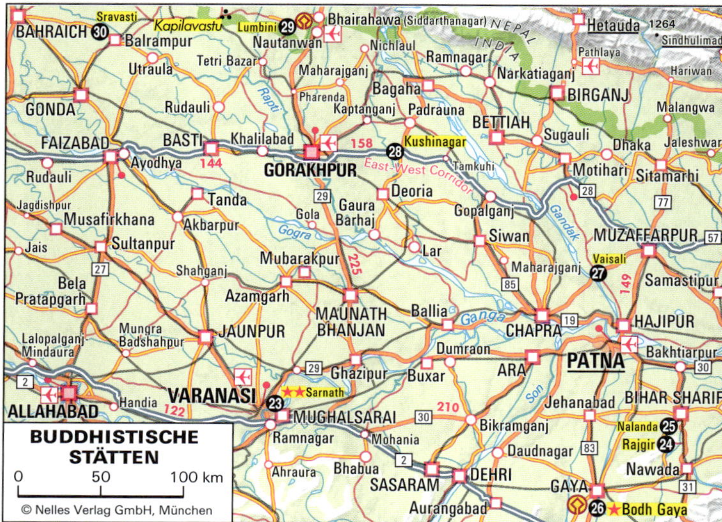

nach Bodh Gaya zurück, obgleich er diesen Ort am Vorabend seines Todes als vierte Stätte denen hinzufügte, die er als würdig erachtete, seinen Anhängern als heilig zu gelten. Die anderen drei Orte waren Lumbini, Sarnath und Kushinagar, wo Buddha schließlich ins Nirvana einging. Über das Leben des Buddha berichten buddhistische Texte, die nach seinem Tod in mehreren Konzilen zusammengestellt wurden. Historische Spuren, die mit den genannten Orten zusammenhängen, gibt es erst aus der Zeit des ersten buddhistischen Kaisers Ashoka (253-226 v. Chr.). Er ließ an allen wichtigen Stellen *stupas* und andere Heiligtümer errichten und versah sie mit datierten Stifterinschriften. Sarnath, wo vom 3. Jh. v. Chr. bis ins 11. Jh. n. Chr. buddhistische Bauwerke errichtet wurden, hat – gefolgt von Nalanda und Sravasti – die am besten erhaltenen Ruinen zu bieten.

Rechts: Die Dhamek Stupa in Sarnath markiert die Stelle, wo Buddha das erste Mal gepredigt haben soll.

Die buddhistische Ikonografie entstand im 1. Jh. v. Chr. mit Symbolen wie dem Bo-Baum, Fußabdrücken, dem Rad (Rad der Lehre, *dharmacakra*), dem Ehrenschirm (*chattra*) und dem Stupa, die allesamt Buddha repräsentieren. Zunächst war es nicht üblich, den Buddha in menschlicher Gestalt abzubilden. Die ersten Figuren entstanden erst im 2. Jh. n. Chr. in den Kunstschulen von Gandhara und Mathura. Insgesamt sind mehr buddhistische Statuen als Bauwerke erhalten.

Zu Lebzeiten Buddhas galten Haine, Teiche und auch Berge als heilig; beste Beispiele sind das *sal*-Wäldchen am Teich bei Lumbini, der *bo*-Baum, der Lotos-Teich in Bodh Gaya, der Gazellenhain in Sarnath, der Obstgarten am See bei Nalanda, der Jeeta-Wald bei Sravasti, der Ambapali-Garten und -See in Vaisali und die *sal*-Bäume bei Kushinagar.

★★Sarnath

Von Varanasi empfiehlt sich ein Abstecher nach **★★Sarnath** ㉓ (14 km),

» Karte S. 112, Info S. 116-117

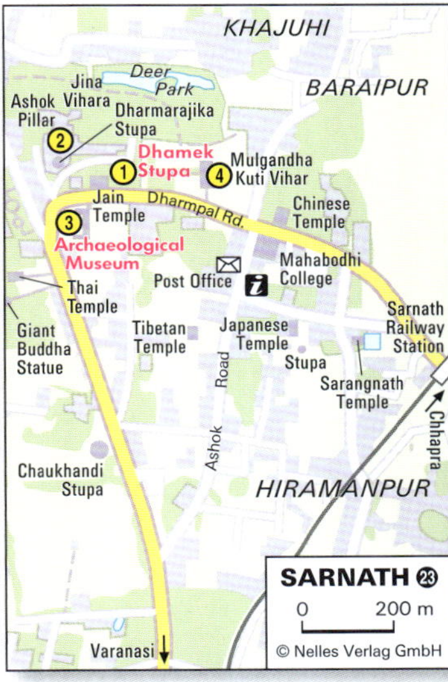

wo Buddha vor 2500 Jahren seine erste Predigt hielt. Die Stadt besitzt eindrucksvolle Zeugnisse des Buddhismus, wie den 34 m hohen ★**Dhamek Stupa** ① (Dharmacakra Stupa), der angeblich an der Stelle steht, wo Buddha seine berühmte erste Predigt hielt. Ursprünglich gab es einen zweiten, den Dharmarajika Stupa, der jedoch zerstört wurde. Etwas westlich stehen die Überreste der **Ashoka-Säule** ② (3. Jh. v. Chr.), ihr wunderschönes ★★**Löwenkapitell** ist heute Hauptattraktion des ★★**Archäologischen Museums** ③ und Indiens Nationalsymbol (keine Taschen und Kameras erlaubt).

In dem modernen **Mulgandha Kuti Vihar** ④ sind Fresken des japanischen Künstlers Kosetsu Nosi zu sehen.

Rajgir

Rajgir ㉔ (in Bihar, siehe auch S. 201) besitzt mehr buddhistische Wahrzeichen als die übrigen heiligen Stätten: **Venuvana**, das Bambuswäldchen, wo Buddha und seine Schüler lebten; **Karnada Tank**, der Teich, in dem Buddha badete; **Jivakamarvana**, der Obstgarten, den der Arzt Jivaka Buddha schenkte; **Gridhakuta Hill** (Berg der Geier), von dem aus der Erleuchtete seine Predigten hielt, und die **Sattapani-Höhle**, in der das Erste Buddhistische Konzil zusammentrat. Das erste buddhistische Bauwerk Rajgirs entstand, als der König von Magadha, Ajatsatru, ein Kloster und einen Stupa für seinen Anteil an der Asche Buddhas errichtete.

Der Reiseweg Buddhas wird zunehmend zu einem Pilgerweg für den Weltfrieden. Die Japaner erbauten in Rajgir einen **Weltfrieden-Stupa** mit vergoldeten Darstellungen Buddhas, auf dem Hügel, auf dem Buddha predigte; er ist mit einer **Seilbahn** zu erreichen. Die Verbindung des Buddhismus zum Frieden reicht bis 250 v. Chr. zurück, als Kaiser Ashoka sich anlässlich des Blutbades bei seiner Eroberung Kalingas zum Buddhismus konvertierte.

In Rajgir stehen der japanische Tempel **Nipponzan Myohoji** und der **Centaur Hokke Club**, der für japanische

Photo: Wilhelm Klein

Pilger Veranstaltungen bietet. In Rajgir sprudeln auch **heiße Quellen**, umgeben von Hindu- und Jain-Tempeln.

Nalanda

Nalanda ㉕ (in Bihar) war eine der größten Kloster-Universitäten der antiken Welt Indiens. Sie wurde im 5. Jh. v. Chr. errichtet und blieb bis ins 12. Jh. n. Chr., als sie von dem Eroberer Bakhtiar Khilji zerstört wurde, eine lebendige Lehrstätte mit Tausenden von Mönchen und Studenten. Der chinesische Reisende Hsüan Tsang studierte hier im 7. Jh.; ihm zu Ehren wurde ein Monument errichtet. Er gehörte zu den vielen Studenten aus Ost- und Südostasien, die hierher kamen, um Logik, Metaphysik, Medizin, Prosa und Rhetorik zu studieren. Die Universität bot kostenlose Studien- und Wohnmöglichkeiten für 10 000 Studenten und 2000 Dozenten.

Oben: Der Buddha von Kushinagar, dem Ort, wo Buddha das Nirwana erreichte. Rechts: Meditation am Mahabodhi-Tempel in Bodh Gaya.

Ihre Bibliothek soll neun Millionen Bände umfasst haben. Die Zerstörung dieser Universität bedeutete das Ende des Buddhismus in Indien.

Über 15 Hektar sind die Ruinen von sechs Tempeln, elf Klöstern, des **Sariputra Stupa**, der von Ashoka zu Ehren von Buddhas bedeutendstem Schüler, dem Mönch Sariputra, errichtet wurde, und Gebetshallen verteilt. Zwischen diesen Ruinen sind uralte Skulpturen, Basreliefs und Fresken zu finden. Darüber hinaus kann man noch ein **Museum** und einen Thai-Tempel besichtigen.

★Bodh Gaya

Für Buddhisten ist **★Bodh Gaya** ㉖ (in Bihar) die heiligste aller Städte, denn hier erlangte Buddha unter einem *Bo*-Baum seine Erleuchtung: Der heutige Baum ist ein Ableger davon; darunter steht der **Diamantthron Vajrasana**, der die Stelle bezeichnet, wo Buddha meditierte. Unweit befindet sich der **Mahabodhi-Tempel** mit einem vergoldeten Abbild des Buddha. Er wurde im

» Karte S. 112, Info S. 116-117

Photo: Martin Thomas

2. Jh. erbaut, später mehrmals beschädigt und restauriert. Hsüan Tsang, der den Tempel im Jahr 635 v. Chr. besuchte, berichtete von 700 vergoldeten Darstellungen des Erleuchteten.

Weiterhin gibt es ein massives **Dharma Chakra**, den **Animalesh Lochan Chaitya** und den **Lotos-Teich**, in dessen Mitte eine von einer Kobra beschirmte **Buddhastatue** steht. Sehenswert sind ferner **Klöster** und **Tempel** in landestypischer Architektur aus verschiedenen buddhistischen Ländern Asiens.

Das **Archäologische Museum** bewahrt wertvolle Buddhastatuen aus Gold, Bronze und Stein.

Vaisali

In **Vaisali** ㉗ (in Bihar), Geburtsort des Jainismus-Gründers Mahavira, stehen die Reste zweier **Stupas**, erbaut zum Gedenken an das 2. Buddhistische Konzil. Ashoka ließ zum Andenken an Buddhas letzte Predigt eine **Säule** mit ★**Löwenkapitell** aufstellen. Zudem gibt es **Jain-Tempel** und ein **Museum**.

Kushinagar

In **Kushinagar** ㉘ starb Buddha und erlangte das *mahaparinirvana*. Zu den hiesigen Ruinen gehören der **Mukutbandhan Stupa** und eine wunderschöne Plastik des ruhenden **Buddha**.

In **Gorakpur**, westlich von Kushinagar, befindet sich das **Rahul Sankritayan Museum** mit einer Sammlung buddhistischer *thangka*-Rollbilder.

Lumbini und Kapilavastu

Lumbini ㉙ im heutigen Nepal, der Geburtsort Buddhas, wurde 1890 lokalisiert, nachdem er um 1100 in Vergessenheit geraten war. In der Ausgrabungsstätte des **Maya-Tempels** finden sich Ruinen eines Klosters und eines Bassins. In den Ruinen eines Stupas bei Piparwah wurde ein Reliquienbehälter mit einer Inschrift gefunden, durch die man **Kapilavastu**, Buddhas Heimatort, identifizieren konnte (westlich von Lumbini). Auch in **Sravasti** ㉚ kann man Überreste alter **Stupas** sehen.

» Karte S. 112, Info S. 116-117

AGRA (☎ 0562)

Government of India Tourist Office, 191 The Mall, Tel. 2363377, 2363959. Infoschalter am Kheria Airport (10 km).

UP Government Tourist Bureau, 64 Taj Rd. Tel. 2360517. Auch am Schalter des Agra Cantonment (Bahnhof), Tel. 2568589.

INDISCH: **ONLY**, mit schönem kleinem Garten, abends mit Live-Musik, Taj Road 45, Tel. 2226834.

Dasa Prakash, sehr gute südind. Küche, nahe Meher-Kino, Sadar Bazaar Area, Tel. 3463535.

Pinch of Spice, nordindisch, Wazipura Rd. gegenüber Sangay Kino, Tel. 4009004.

Taj Mahal, nordindisch, Areesa Hotel, Fatehabad Rd., Tel. 2404805.

INTERNATIONAL: **Capri**, Hari Parbat. **Taj Restaurant**, Western Gate, Taj Mahal.

VEGETARISCH: **Zorba The Buddha**, Sadar Bazar.

Sehenswürdigkeiten sind in der Regel geöffnet von Sonnenauf- bis Sonnenuntergang. **Taj Mahal** 6-19 Uhr, Fr geschl.; **Vollmondöffnung** 20.30-0.30 Uhr, an 5 Tagen, nur 400 Personen pro Nacht zugelassen (8x50, Zeitfenster wird zugeteilt, ingesamt nur 30 Min. Besuchszeit!): Das Nacht-Ticket muss 24 Std. vorher beim Archäologischen Dienst gebucht werden: Archaeological Survey of India, 22 Mall Road, Agra, Tel. 0562-2227263, 10-18 Uhr.

Archaeological Museum, Gemälde, Skizzen, 10-17 Uhr, Fr und an gesetzlichen Feiertagen geschl., Taj Mahal.

In Mathura (53 km Richtung Delhi) liegt das **Mathura-Museum** (Nähe Dampier Park) mit der besten Sammlung von Kushana-Kunst, tägl. außer Mo 10.30-16.30 (1. Juli-15. April), 7.30-12.30 Uhr (16. April-30. Juni).

Taj Mahal aus der Vogelperspektive: **Ballonfahrt** am Seil, täglich Sonnenaufgang bis 20.30 Uhr alle 30 Min., bis zu 16 Personen im Korb, 1500 Rs tagsüber / 2500 Rs Sonnenauf- bzw. -untergang und Vollmond, 41/142 N1 VIP Road to Taj Mahal, Fatehabad Rd., hinter Trident Hotel, Agra, Tel. 0091819108888, www.airsafari.in. Die Oswal-Gruppe betreibt auch das **Kalakriti-Show-Tanztheater**.

Lady Lyall Hospital, Noori Gate Rd., Tel. 267987. **S. N. Hospital**, Hospital Rd., Tel. 361314. **Dr. V. N. Kaushal**, Tel. 363550.

Head Post Office, The Mall, Tel. 74000. **Ctr. Telegraph Office** (24 Std.), The Mall, Tel.76914.

Die Stadt ist spezialisiert auf Intarsien und Kunstgegenstände aus **Marmor** und **Speckstein**, Brokat, bestickte Kleidung, Lederschuhe, Teppiche und Schmuck. Die Haupteinkaufszentren von Agra sind Hari Parbat, Sadar Bazaar, Kinari Bazaar, Munro Road, der Taj Mahal-Komplex. Für **Pietra Dura-Produkte**: Akbar International, 289 Fatehabad Rd., Taj Ganj, geg. Taj View Hotel, oder: Oswal Emporium, 30 Munro Rd.

Flugverbindungen hat Agra mit Khajuraho, Bombay, Jaipur und Kanpur. Busverbindungen u. a. mit Delhi, Lucknow, Jaipur, Gwalior. Zwei Züge, der Taj Express und der Shatabdi Express,verbinden Agra mit Delhi.

VARANASI (☎ 0542)

Government of India Tourist Office, 15b The Mall, Tel. 2343744.

Uttar Pradesh Government Tourist Office (UPGTO), Parade Kothi (500 m südöstlich des Bahnhofs) im Stadtteil Cantonment, Tel. 2343413; im Bahnhof Varanasi Cantonment (Tel. 2346370) und am Babatpur Airport.

Die besten Restaurants sind Hotels angeschlossen.

Rashmi Guesthouse, schöne Dachterrasse, Restaurant mit Blick auf den Ganges, Tel. 2402778, www.rashmiguesthouse.com.

Archaeological Museum, 10-16.45 Uhr, Fr geschl., Sarnath. Tel. 63708. **Fort Museum**, Kollektion aus königl. Privatbesitz. 8.30-12 (Sommer), 9-12.30, 14-18 Uhr (Winter), Ramnagar, Tel. 64002. **Bharat Kala Bhawan**, **Banaras Hindu University**, Skulpturen, Terrakotten, Miniaturmalereien, 11-16.30 Uhr, So u. Universitätsferien geschl.

Banaras Hindu University Hospital, B.H.U. Campus, Tel. 2312542.

Heritage Hospital, Tel. 2313977.

APOTHEKEN: **Arun Medical Store**, K65/67 Kabir Rd., Tel. 263618. **Kaladhar Prasad & Sons**, Bichibagh, Tel. 252652.

Head Post & Telegraph Office, Biseshwarganj, Tel. 267150.

Varanasi hat eine lange Handwerkstradition. Der bedeutendste Zweig ist die **Seiden-**

weberei. Vorführungen dieses alten Handwerks gibt es bei **Mehta Silk**; S 20/51 3B, Varuna Bridge (nahe Hotel Radisson). Kupferwaren, Schmuck und Seidenprodukte erhält man in den Haupteinkaufszentren in Chowk, Godoulia, Vishvanath Lane, Gyanvapi und Thatheri Bazaar.

Einige der folgenden **Feste** finden nur in der heiligen Stadt Varanasi statt: *Mahashivaratri* (März), Varanasi's Patron Shiva geweiht. *Panch Kroshi* (Apr.), im Fastenmonat, wenn ein großer Pilgerstrom Varanasi besucht. *Buddha Purnima* (im Mai bei Vollmond), ein Volksfest in Sarnath, bei dem die Reliquien Buddhas hervorgeholt werden. *Rathyatra* (Aug.); *Ramlila* (Okt.), in Ramnagar, hier werden Episoden aus dem *Ramayana* vorgetragen. *Bharat Milap* (Okt.-Nov.), Rückkehr aus dem Exil von Rama, dem Helden des *Ramayana; Nagnathaiya* (Nov.), Episoden aus Krishnas Leben; *Chetganj Nakkatiya* (Nov.), amüsante Anekdoten aus dem *Ramayana;* und *Ganga Dussehra*, Erinnerungen an den ereignisreichen Tag, als das Wasser des heiligen Ganges Haridwar erreichte.

Flugverbindungen mit Delhi, Bombay, Agra, Khajuraho, Lucknow, Allahabad, Hyderabad, Patna, Kanpur, Calcutta und Kathmandu (Nepal). Der Flughafen Babatpur ist 22 km von Varanasi / Cantonment entfernt. Varanasi hat Zugverbindungen mit allen wichtigen Zentren Indiens, auch mit den nördlichen und nordöstlichen Liniennetzen der Eisenbahn.
Örtliche Taxis, Auto- und Fahrrad-Rikschas, Tempos und Busse sind immer verfügbar.
Boote für Fahrten auf dem Ganges können gemietet werden. In der Innenstadt geht man am besten zu Fuß.

LUCKNOW (☎ 0522)

U.P. Govt. Tourist Reception Centre, Railway Station, Charbagh, Tel. 252533.
Tourist Office, nahe Station Rd., Tel. 2226205.

INDISCH: Sehr gute Mogulküche im **Falaknuma** im Hotel Clarks, Tel. 2220131.
Ritz Continental, in der Nähe des Hotels Ramakrishna.
Kabab Corner, Hotel Gomti, Sapru Marg. **Kwality Restaurant**, gute Küche und hygienisch einwandfreies Eis, Hazratganj, Tel. 2223331.
Royal Café, M.G. Marg, Hazratganj.
Choudhary Chat House, Hazratganj.
CHINESISCH: **Mu Man's Royal Cafe**, 51 Hazratganj, Tel. 2227070.

State Museum, 10.30-16.30 Uhr, freitags und an wichtigen Feiertagen geschl., Banarsi Bagh, Tel. 2235542.
Children's Museum, Sa-Do10.30-17.30 Uhr, Motilal Nehru Marg, Tel. 252313.

Balrampur Hospital, Gola Ganj, Tel. 2244040.

General Post Office, GPO Square, Vidhan Sabha Marg, Tel. 2242887. **Head Post Office**, Mahanagar, Tel. 2247771.

Spezialitäten sind *chikan*-Stickereien auf Kleidung, *kurtas*, Saris, Tücher und Tischdecken; *zari* (Goldfadenstickereien) und Ziermünzen. Die Stadt ist berühmt für *ittar* (Parfum), Räucherstäbchen und indische Süßigkeiten. Haupteinkaufszentren sind Ameenabad und Chowk in der Altstadt mit idyllischen Gassen und die moderneren Einkaufszentren Hazratganj, Lalbagh und Janpath.

Lucknow Festival im November.

Direkt- und Anschlussflüge nach Delhi, Calcutta, Agra, Varanasi, Patna, Kanpur und Bombay. Der Amousi Airport liegt 14 km vom Zentrum entfernt. Lucknow hat Straßen- und Bahnverbindungen mit allen großen Städten Nordindiens. Für den Nahverkehr stehen die üblichen Verkehrsmittel wie Taxis, Auto-Rikschas etc. zur Verfügung.

ALLAHABAD (☎ 0532)

Regional Tourist Office, 35 Mahatma Gandhi Road, Civil Lines, Tel. 2601440.

Das **Baradari Restaurant** des Viersternehotels Kanha Shyam serviert gute traditionelle Mughlai-Küche, Strachey Rd, Civil Lines, Tel. 2560123.

Apollo Clinic, Privatklinik mit 24-Std.-Apotheke, Mahatma Gandhi Marg, Tel. 2421131.

Wolf (PhotoPress)

Blick vom Gadi-Sar-See auf die Wüstenfestung Jaisalmer

Photo: Wilhelm Klein

IM REICH DER FANTASIE

RAJASTHAN
GUJARAT
MADHYA PRADESH

★★RAJASTHAN

In Rajasthan werden Träume vom „malerischen Orient" wahr – märchenhafte Burgen und Paläste zeugen vom luxuriösen Lebensstil der Rajas und deren jahrhundertelanger Herrschaft. In einer oft wüstenhaften Landschaft, durch die Kamele ziehen, trifft man auf ein lebensfrohes Hindu-Volk, dessen Kultur sich in leuchtenden Farben, ausschweifenden Festen, fesselnder Musik und einer großen Freude an jeglicher Form von Schönheit ausdrückt – obwohl dieses Volk sich angesichts immer wiederkehrender Dürren in einem ständigen Existenzkampf befindet.

Die Wüste Thar erstreckt sich über den Westen Rajasthans und macht über die Hälfte der 342 214 km² großen Gesamtfläche des Staats aus. Sie wird überwiegend von verstreut lebenden, Viehzucht treibenden Halbnomaden bewohnt.

Der bewaldete, über 500 km lange, 300 bis 1700 m hohe und relativ regenreiche Aravalli-Gebirgszug beschert dem fruchtbareren Osten Rajasthans das lebensnotwendige Bewässerungswasser.

Links: Reges Treiben auf dem Kamelmarkt von Pushkar.

Geschichtlicher Überblick

Archäologen haben die frühe Besiedlung Rajasthans bewiesen: die Siedlung *Kalibangan* stammt aus der selben Zeit (3000 bis 1500 v. Chr.) wie Mohenjodaro und Harappa im Indus-Tal und war auf relativ hohem Entwicklungsstand. Bis ins 6. Jh. n. Chr. jedoch fand dann die meiste Entwicklung in der Ganges-Ebene statt; erst zu dieser Zeit begannen sich in dem dünn besiedelten Gebiet wieder Staaten zu bilden. Die Herkunft der Könige war unterschiedlich: Es gab städtische Brahmanen; Stammesangehörige; aus Zentralasien Eingewanderte usw. Allmählich wuchsen sie durch einen gemeinsamen Ehrenkodex und Heirat zu einer Kaste zusammen: den Rajputen (*rajaputra*: Königssohn).

Vom 10. bis zum 12. Jh. beherrschten Rajputen fast ganz Nordindien (u. a. Gujarat, Madhya Pradesh, Gangesebene). Ein gemeinsames Reich bildeten sie nie, ständig trugen sie Grenzstreitigkeiten untereinander aus. Sie schufen jedoch eine gemeinsame Kultur, die sich z. B. im Tempelbau oder in den Sitten äußert. Die Kriegerethik verlangte von Männern wie Frauen, sich nicht in Gefangenschaft zu begeben, so kam es mehrfach zum *jauhar*, einer Massenselbstverbrennung von Frauen angesichts eines verlorenen Krieges, während die Männer bis zum Tod weiterkämpften.

Photo: Bernhard Walter Kaempf

Das im 12. Jh. entstandene muslimische Delhi-Sultanat konnte sich große Gebiete der Rajputenfürsten einverleiben. Es blieb ihnen nur noch eine Region, die die Muslime weniger begehrten: das heutige Rajasthan, wo sich der Hindu-Widerstand hartnäckig halten konnte. Großmogul Akbar erkannte im 16. Jh., dass zur Schaffung eines gefestigten Reiches die Unterstützung der Rajputen nötig war und unterwarf sie – aber nicht in einer Schlacht, sondern durch Eheschließungen. Prinzessinnen der Rajputen traten dem Harem des Moguls bei, mussten jedoch nicht zum Islam konvertieren. Es wurden in den Palästen sogar Tempel errichtet. Als Gegenleistung dafür, dass ihn die Rajputen als Herrscher anerkannten, überließ Akbar ihnen Führungspositionen bei Hof und im Heer. Durch die Entlohnung für diese Dienste kam Wohlstand in die abgelegene Gegend, was sich im Bau von Palästen, aber auch Staudämmen etc. niederschlug.

Oben: Leuchtend und farbenfroh – Seide aus Rajasthan. Rechts: Versinken in bunten Stoffen kann man im Bazaar von Jaipur.

Mit dem Verfall des Mogulreiches im 18. Jh. begannen wieder interne Fehden, die erst mit dem britischen Protektorat aufhörten. Die „Säulen des Reiches“ unterstützten die Briten während des Aufstands von 1857, wofür sie mit Titeln und der Bildung der „Fürstenkammer“ belohnt wurden. Die unabhängige indische Regierung bot nach 1947 diesen Fürsten an, sich Indien oder Pakistan anzuschließen – unabhängige Rajputenstaaten waren nicht erwünscht.

Rajasthan nach der Unabhängigkeit

Am 31. März 1949 wurde der Unionsstaat Rajasthan aus 22 Fürstentümern gebildet. Später kam Ajmer hinzu, und seit 1956 existiert der Staat Rajasthan in seinen heutigen Grenzen. In diesen Fürstentümern hatte jedoch wegen des Feudalismus kaum Entwicklung stattgefunden. Die Bauern waren arm und die Fürsten reich, pflegten luxuriöse Geselligkeiten an ihren Höfen, förderten Kunst und Handwerk. Im 16. und 17. Jh. waren die Städte Udaipur, Bundi, Kota, Kishangarh, Jodhpur und Bikaner blühende Zentren der Miniaturmalerei. Heute noch existiert in Rajasthan eine reiche Handwerkstradition.

Für die weitverstreuten Siedlungen im ländlichen Rajasthan werden viele Jahrmärkte abgehalten – nach dem Mondkalender, an meist geheiligten, mythischen Orten. Hier verbinden sich religiöse Feierlichkeiten mit Geschäftlichem. In Rückzugsgebieten hat sich Stammesbevölkerung gehalten, deren Lebensweise sich von der der hinduistischen Bauern unterscheidet. Bis ins 20. Jh. hinein lebten ihre Angehörigen noch als Jäger und Sammler.

Seit der Unabhängigkeit wurden in Industrie, Wasserversorgung, Bildung und Bewässerung große Fortschritte erzielt. Der Indira-Gandhi-Kanal leitet Wasser in die Wüste, große Areale sind so unter den Pflug gekommen. Doch

» Karte S. 128-129, Info S. 142-143

Photo: Martin Thomas

sind noch immer große Gebiete unterentwickelt und von Dürre geplagt.

★Jaipur

★Jaipur ❶ ist die Hauptstadt und eine der faszinierendsten Städte Rajasthans. Sie wurde 1727 von Raja Jai Singh II. gegründet, und bereits ihre ersten Jahre standen unter einem guten Stern. Jai Singh war ein ungewöhnlicher Mann. Er stammte aus dem wohlhabenden Haus Amber, das der Dynastie von vier Großmoguln treu diente. Trotzdem war der Bau der neuen Hauptstadt nach dem Tod Aurangzebs auch eine Demonstration der Unabhängigkeit. Alte hinduistische Bautraditionen wurden hier eingesetzt, die Stadt auf einem 9-Quadrate-Raster angelegt, das mystische Bedeutung besitzt.

Vom hochgelegenen **Nahargarh Fort** ① – der „Tigerfestung" – bietet sich ein herrlicher Blick über Jaipur; man erkennt sogar die Sanddünen im Westen. Vier breite Prachtstraßen durchziehen die Stadtanlage, die für große Prozessionen gedacht waren. Bei den rasterartig angelegten Wohnblöcken, Ladenstraßen und Märkten wurde auf Einheitlichkeit geachtet. Die großzügige Pracht des Stadtpalastes im Zentrum kontrastiert seltsam mit dem Rest der Stadt innerhalb der zinnenbewehrten Mauer mit sieben Toren, die einst die Stadtgrenze bildete. 1853 wurde die Stadt mit einem rosafarbenen Anstrich versehen, der Albert, Prince of Wales, Ehemann von Königin Victoria, willkommen heißen sollte. Entlang der Hauptstraße lagen Läden und Basare. Die Zünfte bekamen Viertel zugewiesen, die heute noch bestehen – solche für Färber, Juweliere, Steinmetze, Miniaturmaler oder Stoffdrucker.

Paläste und Kunsthandwerk

Alle Adligen des Landes waren dazu verpflichtet, in der neuen Stadt Paläste zu bauen, denn sie mussten regelmäßig am Hof erscheinen. Viele dieser **Paläste**, wie das **Bissau-Haus** ② und **Khetri Niwas** ③ beim Chand Pol, sind heute

» Karte S. 128-129, Info S. 142-143

Hotels. Auch viele Tempel wurden von den verschiedenen Religionsgemeinschaften errichtet. Als Nordindien 1739 durch die Invasion Nadir Shahs erschüttert wurde, blieb Jaipur unberührt. Kaufleute, Juweliere und Bankiers flüchteten vor den blutigen Kämpfen aus Delhi und Agra und fanden in Jaipur eine neue Heimat. Dadurch wurde die Stadt zum Handelszentrum.

Heute gehört Jaipur zu den am schnellsten wachsenden Metropolen Indiens. Die neue Metro soll bis 2017 vollständig in Betrieb gehen. Bedeutendste Attraktionen sind die herrlichen Forts und Paläste, die einen Eindruck von der einstigen Pracht vermitteln. Heute ist die Stadt das weltgrößte Zentrum der Smaragdschleiferei. Berühmt ist Jaipur auch durch andere Edelsteinarbeiten, Emailleschmuck, Textilien, handbedruckte Stoffe, blaue Keramik, Teppiche, Miniaturhandwerk und Marionetten. Antiquitätenläden sind zahlreich (viele nahe dem Stadtpalast).

In der Altstadt wird noch traditionelles Kunsthandwerk gepflegt: In **Khajane Walon ka Rasta** arbeiten Marmorschnitzer, **Rangwalon ki Gali** ist auf Stoffdruck und Batik spezialisiert, in **Maniharon ka Rasta** gibt es Lackspangen und -armreife, im **Johari Bazaar** und in **Gopalji ka Rasta** findet man Juweliere.

Der ★**Stadtpalast** ④ dient zum Teil noch als Residenz des ehemaligen Maharajas und zum Teil als **Museum**. Ein ausgedehnter Besuch lohnt, da Kostbarkeiten der wohlhabendsten Herrscher Rajasthans wie Waffen, Miniaturen und Textilien ausgestellt sind. Der Palast selbst zeugt von einer Ära des Überflusses. Da gibt es den berühmten **Pfauenhof**, über dem sich der **Chandra Mahal**, der Wohnsitz des Maharajas, erhebt; in der **Audienzhalle** stehen die zwei größten **Silbergefäße** der Welt, eigens für den Maharaja Madho Singh hergestellt, in denen er auf seiner Reise nach England, zur Krönung Edwards VII., Gangeswasser für die rituelle Reinigung mitnahm.

Das ★**Jantar Mantar** ⑤ vor dem Stadtpalast war einst eines der größten Observatorien der Welt, von Jai Singh II. 1728-34 erbaut (UNESCO-Welterbe). Er war ein begeisterter Astronom und ließ sich Bücher und Sternenkarten aus aller Welt schicken. Die enorme Größe der Instrumente sollte eine größere Messgenauigkeit garantieren.

Den nahen ★**Hawa Mahal** ⑥, den **Palast der Winde**, errichtete 1799 Maharaja Pratap Singh II. Charakteristisch für die Fassade dieses kunstvollen fünfstöckigen Bauwerks sind 953 Nischen und Fenster. Vermutlich diente es Hofdamen dazu, unerkannt die Prozessionen auf der Straße zu beobachten.

Gegenüber dem **Ajmeri-Tor** und **Sanganeri-Tor** liegen die berühmten **Ram Niwas-Gärten** ⑦, 1868 von Ram Singh II. angelegt. Das dazugehörige **Central Museum** ⑧ ist in der **Albert Hall** untergebracht.

Den **Rambagh-Palast** erbaute ebenfalls Ram Singh; die ehemalige Residenz des legendären Maharajas Man Singh II. ist bereits 1972 in ein **Palasthotel** umgebaut worden, das 2009 vom Conde-Nast-Führer zum schönsten Hotel der Welt gekürt wurde.

★Amber

Ein Besuch von Jaipur bleibt ohne eine Fahrt nach ★**Amber** ❷ (11 km), dem ursprünglichen Herrschersitz der Maharajas, unvollständig. Der ★**Palast von Amber** gehört zu den schönsten Rajasthans. Er wurde auf einem Bergrücken von Raja Man Singh I. (1586-1614) erbaut, einem der ersten Rajputen, die sich dem Großmogul Akbar unterwarfen. Die schönsten Palastbauten in diesem Komplex sind jedoch zu Shah Jahans Zeiten (1628-1658) entstanden. Deutlich wird dies im reich mit Mosaiken verzierten **Sheesh Mahal**, der privaten Empfangshalle, im **Sukh Mahal**, dem bemalten Prunkportal ★**Ganesh Pol** und dem wunderschönen **Suhag Mandir**. Den Weg zum Palast hinauf

 » **Stadtplan S. 125, Info S. 142-143**

JAIPUR 1
0 200 400 m
© Nelles Verlag GmbH, München
Nahargarh Fort
NAHARIKA NAKA
Royal Gaitor
BHRAMAPURI
Mansagar Lake/ Jal Mahal (2,5 km), Fort Amber (7,5 km)
Tal Katora Talav
NANWARNAGAR
Old Amer Rd.
Khetri House
Bissau Palace
Station Rd.
Chogan Stadium
Govind Devji Temple
PURANIBASTI
Jhotwara Rd.
St. Andrew's Church (Prot.)
Chandpol Gate
Hospital
Railway Stat. Rd.
Sansar Chandra Rd.
Chandpol Bazar Rd.
Old City Palace
City Palace and Maharaja's Museum
Jaleb Chowk
RAMCHANDRA
Hawa Mahal Rd.
Vidhan Sabha
COLONY
Ishwar Lat
Tripolia Gate
Tripolia Bazar
Jantar Mantar
Hawa Mahal
PINK
TOPKHANDA
DESH
Sri Biseswarji Ka Mantar
BISESWARJI
Ramganj Bazar
Alisar Haveli
Arya Niwas
Jama Mosque
MODIKHANA
Tarkeshwar Mahadev
CITY
Gangori Bazar
Kishanpol Bazar
Chaura Rasta
Johari Bazar
Indira Bazar
Gopinath Marg
Ajmeri Gate
Nehru Bazar
New Gate
Ayurvedic Chikitsalay (Hospital)
GHAT DARWAZA
Panch Batti Circle
Lassiwalla
Niros
(Mirza Ismail)
MI Road
Rajasthan State Handicrafts
Bapu Bazar
Sanjay Bazar
Sanganeri Gate
City Post Office
Ghat Gate
Bank of Rajasthan
Raj Mandir Cinema
Ashoka Marg
Bhagwan Das Rd.
Jai Club
Vivekanand Marg
MGD School
Zoological Gardens
Ram Niwas Gardens
Raj Lalit Kala Akademy Art Gallery
Central Jail
State Tourist Bureau
Maharaja College
Central Museum (Albert Hall)
Sarojini Marg
ASHOK
NAGAR
Gurudwara
Jai Singh Statue
Mahavir Marg
Sawai Ramsingh Road
Nehru Road
Motidoongri Road
FATEHTIBBA
Sawai Mansingh Hospital
Medical College
Jan Path
Birla Auditorium
Prithviraji Road
Central Park
Central Park Entrance
Adash Nagal Road
RAMBAGH
Tourist Information
Jawaharlal Nehru Marg
ADASH NAGAR
Vijay Rd.
Govind Marg
Rambagh Palace
GURUNANAK-PURA

4 Rajasthan

Photo: Volkmar E. Janicke

kann man auf dem Rücken eines **Elefanten** zurücklegen. Man sollte sich jedoch frühzeitig, vor Palastöffnung, an der Aufstiegsebene einfinden, da zur Saison großer Andrang herrscht.

Unten im Tal liegt das **Ruinenfeld** des alten Amber – es verlor nach Gründung von Jaipur 1728 seine Bedeutung.

Die Festungsmauern des Palastes sind mit dem höher gelegenen Jaigarh **Fort Amber** verbunden, das Jai Singh II. 1726 erbaute.

Sky Waltz Ballon Safari bietet **Heißluftballonfahrten** frühmorgens und nachmittags an (www.skywalk.com).

★Alwar und Sariska-Nationalpark

Die Geschichte von ★**Alwar** ❸ reicht bis 1500 v. Chr. zurück; als unabhängiger Staat unter Pratap Singh ist es erst seit dem 18. Jh. bekannt. Weniger besucht als Jaipur, hat es seinen eigenen Reiz als typische Hauptstadt eines kleineren Rajputen-Staates.

Das **Fort Bala** erhebt sich 300 m oberhalb der Stadt (Besuchserlaubnis erforderlich). Der beachtliche Stadtpalast **Vinay Vilas** wird zum Teil als Regierungsgebäude genutzt; im **Alwar-Museum** findet man eine schöne Sammlung von Skulpturen, Waffen, Schriftrollen und Gemälden.

Bei **Silisehr** ❹ (8 km) steht ein **Palast** (heute Lake Palace Hotel) idyllisch an einem See (Bootsverleih).

Der nahe **Sariska-Nationalpark** ❺ in den **Aravalli-Bergen** bietet schöne Natur, aber fast keine Tiger mehr.

★**Chand Baori** ❻ in **Abhaneri** ist ein monumentaler Stufenbrunnen mit prismenförmigen Treppen, erbaut im 9. Jh. n. Chr. Für den Film *The Dark Knight Rises* wurde er zweckentfremdet – er diente als Batmans Gefängnis.

★Keoladeo-Ghana-Nationalpark

Bharatpur ❼ besitzt das mächtige **Fort Lohagarh** samt **Museum**, ist je-

Oben: Palast der Winde in Jaipur. Rechts: Stufenbrunnen Chand Baori (9. Jh.). Taxielefant am Fort Amber.

» Stadtplan S. 125, Karte S. 128-129, Info S. 142-143

Photo: Stunnedmullett (Dreamstime)

Photo: Julia Ziegelmaier

doch bekannter für sein Vogelschutzgebiet, den ★**Keoladeo-Ghana-Nationalpark**. Beste Zeit für einen Besuch ist zwischen Oktober und Februar, wenn viele Zugvögel – unter ihnen der vom Aussterben bedrohte Sibirische Kranich – im Park überwintern.

★Shekhavati

Nördlich von Jaipur erstreckt sich das große Gebiet ★**Shekhavati**, in dem sich reiche Geschäftsleute im 19. Jh. prachtvolle Häuser bauten, die über und über bemalt sind. Leider werden unbewohnte Häuser kaum in Stand gehalten und verfallen. Erbauer waren die so genannten *Marwaris*, eine Händlerkaste, die über Jahrhunderte ein weitverzweigtes Binnenhandelsnetz aufgebaut hatte, welches in der Kolonialzeit gern von den Briten genutzt wurde. Marwaris waren mit die ersten, die an dem wirtschaftlichen Aufschwung dieser Zeit teilhatten. Viele der modernen Großindustriellen stammen aus dieser Bevölkerungsgruppe. Ursprünglich war diese Gemeinschaft entlang der Handelswege entstanden, die durch Nordrajasthan führten. Als sich im 19. Jh. die wirtschaftliche Struktur Indiens tiefgreifend wandelte, zogen sie um nach Calcutta. Ein Teil des neuerworbenen Reichtums wurde in die traditionellen Marwari-Landhäuser in Shekhavati investiert: mehrstöckige **Havelis** mit komplizierten Grundrissen und mehreren Innenhöfen. Die leider zunehmend verfallenden **Wandmalereien** zeigen unterschiedliche Szenen – von Reiterfiguren und *shikars* bis zu Adeligen, Göttern und Göttinnen.

Auf dem Weg nach Sikar (110 km von Jaipur) zweigt eine Straße nach **Samode** ❽ mit seinem schönen ★**Palast** ab (heute ein stilvolles Heritage Hotel). **Sikar** ❾ selbst besitzt eine **Festung** und die sehenswerten **Biyani-Havelis**. Im Umkreis von 150 km gibt es eine ganze Reihe der bekannten Shekhavati-Häuser und einige nostalgische Übernachtungsmöglichkeiten.

Die schönsten ★**Havelis** findet man in ★**Nawalgarh** ❿, das auch ein **Muse-**

um mit Gemälden und Ausstellungen zur Kultur Rajasthans und ein **Palasthotel** besitzt; außerdem in **Jhunjhunu ⓫** und ★**Mandawa ⓬**. Dieser schöne Ort mit dem **Heritagehotel Castle Mandawa** eignet sich gut als Ausgangsort, um die Gegend zu erkunden. Interessante Havelis gibt es auch in **Fatehpur ⓭** und ★**Mahansar ⓮**. Besonders schön ist hier das **Soney Chandi Ki Haveli**. Im **Narayan Niwas Castle** von 1768 ist heute ein Hotel untergebracht.

Bikaner

Bikaner ⓯, ein Außenposten in der Wüste, war bereits Handelszentrum auf der alten Karawanenstraße aus Zentralasien, bevor der Rathor-Fürst Rao Bika, Sohn des Gründers von Jodhpur, 1486 die Stadt eroberte. Der Bau der riesigen Festung ★**Junagarh** wurde 1587 von Raja Rai Singh, einem Zeitgenossen von Akbar, begonnen. Sie umfasst 37 **Paläste** mit Pavillons, Mosaikhöfen, verzierten Balkonen, Erkern und Tempeln. Die Festung wird von der ehemaligen Herrscherfamilie noch zu Feierlichkeiten genutzt, ein Teil ist für Besucher geöffnet. Der **Shish Mahal**, der **Karan Mahal** (Audienzhalle), der **Phool Mahal** (wunderschön ausgemalt; Extraeintritt), der **Badal Mahal** (mit früher Klimaanlage und Gewitterbemalung) und die **Grand Durbar Hall** (mit Originalflugzeug aus dem 1. Weltkrieg) bringen den Glanz vergangener Zeiten zurück. Im **Har Mandir** halten Priester Gebetsstunden ab. Das **Museum** zeigt persische und Sanskrit-Schriftrollen sowie Miniaturmalereien.

Außerhalb der Stadt befindet sich der **Lallgarh-Palast**, Ende des 19. Jh. von Sir Swinton Jacob für den damaligen Sir Maharaja Ganga Singh entworfen. Heute sind darin 2 unterschiedlich geführte **Hotels** (Lalgarh Palace, Laxmi Niwas Palace) untergebracht. Mit seinen Jagdtrophäen, Billardsälen, Rauchsalons und der Bibliothek ist es ein gutes Beispiel für den Lebensstil der britisch beein-

flussten Rajputen zur Kolonialzeit.

Da in der Altstadt viele Jain-Kaufleute ansässig waren, sind hier schöne Jaintempel zu finden. Besonders sehenswert ist der innen bemalte, Sri Thirtanhara Sumatinath geweihte **Bhandasas-Tempel** (12. Jh.). In den engen Gassen zeugen prachtvoll verzierte ★**Havelis** aus rotem Sandstein vom Reichtum der Marwaris. Die Altstadt mit ihren **Basaren**, vor allem um das **Kote Gate**, bildet einen lebendigen Kontrast zu den Rajapalästen.

Das Kamel ist hier noch von großer Bedeutung, wie ein Ausflug in die 10 km von Bikaner entfernte **Kamelfarm** zeigt. Rund 8 km von Bikaner stehen in **Devikund** an den Verbrennungsstätten der

Herrscher von Bikaner einige prachtvolle *Chattris* (Gedenktempel).

Bei **Deshnoke** ⑯ (30 km südlich) befindet sich der **Rattentempel** der Wunder wirkenden **Karni Mata**, der Familiengöttin der Rathor-Rajputen von Bikaner. Im Tempel werden Hunderte von freilaufenden Ratten als Inkarnationen von Barden verehrt, aus deren Kaste die heilige Karni Mata stammte. Die imposanten **Silbertore** spendete der Maharaja von Bikaner.

Kishangarh, Ajmer und Pushkar

Kishangarh ⑰, 100 km von Jaipur, wurde 1611 von Kishan Singh, dem Bruder des Rajas von Jodhpur, gegründet. Es ist für seine wunderschönen **Miniaturmalereien** aus dem 18. Jh bekannt. Die damals schon stilbildenden Ateliers wurden durch Zuzug berühmter Künstler wie Surat Ram und Nihal Chand, die dem Puritanismus am Hof von Aurangzeb entflohen waren, noch einflussreicher. Häufigstes Thema waren Krishna und Radha als Liebespaar in höfischer Umgebung – dieser Stil ist als *Schule von Kishangarh* bekannt. Sehenswert sind der **Palast Pool Mahal** von 1872 (heute Hotel) und das **Fort** aus dem 18 Jh. Die **Altstadt** hat ihren mittelalterlichen Charakter bewahrt.

Ajmer ⑱ liegt in einem malerischen Tal der Aravalli-Berge. Einst war es eine Rajputenfestung, 1193 wurde es jedoch

» Karte S. 128-129, Info S. 142-143

vom Muslim Mohammed von Ghor erobert und zur Sultanatsprovinz gemacht. Das alte **Fort Taragarh** erinnert noch an die Frühzeit. Attraktion der Stadt ist die **Dargah Sharif**, wo der Sufi-Heilige Khwaja Muin-ud-din Chishti begraben liegt. Er starb 1236 als Schutzpatron der Armen. Heute finden sich seine Anhänger auch außerhalb des islamischen Glaubens. Das ganze Jahr über besuchen viele Pilger die Dargah im Herzen der Altstadt.

Taragarh, im Hintergrund des Heiligtums, ist auf der Straße über den Nallah Bazaar erreichbar. Neben dem Grabmal befindet sich die ehemalige Sanskrit-Schule ★**Adhai din ka Jhonpra**, die, 1198 zur **Moschee** umgebaut, heute wegen ihrer filigranen Steinmetzarbeiten zu den schönsten mittelalterlichen Bauwerken Indiens zählt. Ajmer besitzt ein **Government Museum**, einen **Jain-Tempel** aus dem 19. Jh. und den 1150

Oben: Im Karni Mata-Tempel von Deshnoke (nahe Bikaner). Rechts: Der Ranthambhore-Nationalpark, einst königliches Jagdrevier, ist heute Tigerreservat.

angelegten **Anasagar-See**. Die Schönheit dieses zwischen Hügeln gelegenen Sees wird durch die von Mogulkaiser Shah Jahan erbauten marmornen Pavillons und Gärten noch gesteigert.

Pushkar ⓳ liegt 11 km nordwestlich von Ajmer. Der Ort ist den Hindus heilig, denn hier soll Brahma einen Dämon mit einer Lotosblüte besiegt haben; die Blütenblätter fielen an drei Stellen herab, an denen sich daraufhin drei Seen bildeten. Der heilige ★**Pushkar-See** ist von 52 *ghats* (Ufertreppen) umgeben, die von Königen und Fürsten errichtet wurden. Pushkar ist einer der wenigen Orte mit einem **Brahma** geweihten **Tempel**.

Die meiste Zeit ist Pushkar ein verschlafener, nur religiös aktiver Ort mit über 400 Tempeln. Vor dem Novembervollmond jedoch findet 12 Tage lang der ★★**Pushkar-Markt** statt, einer der größten Kamelmärkte der Welt. In den Sanddünen westlich der Stadt erwacht dann eine nahezu biblische Szenerie zum Leben. Dorfbewohner aus ganz Rajasthan strömen hier zusammen, handeln mit Kamelen und übernachten unter freiem Himmel. 3 Tage vor Vollmond kommen die Frauen in exotischen Gewändern hinzu. Sie baden im See, beten und nehmen am Markttrubel Teil. Der Pushkar-Markt zieht Tausende von Menschen an und gehört mit seinen überwältigenden Ausmaßen und malerischem Anblick zu den Hauptsehenswürdigkeiten Rajasthans.

★Ranthambhore-Nationalpark

10 km nördlich der Stadt Sawai Madhopur befindet sich der Haupteingang zu dem fantastischen, 1334 km² großen ★**Ranthambhore-Nationalpark** ⓴. Allein schon wegen seiner wilden, felsigen Landschaft mit Wasserfällen, Seen, verfallenen Tempeln und einem Fort aus dem 10. Jh. lohnt sich ein Besuch. Einst Schauplatz für königliche Jagdveranstaltungen ist der Park heute **Tigerreservat**. Die beste Zeit für eine Safari

» Karte S. 128-129, Info S. 142-143

Photo: Helmut Köllner

ist zwischen Dezember und April, wenn es nicht so heiß ist. An den Wasserlöchern und Seen hat man vielleicht die Chance, Tiger, Leoparden, Bären, Krokodile, Sambars, die bedrohte Indische Echtgazelle oder einige der über 300 Vogelarten zu beobachten.

★Bundi und Kota

★Bundi ㉑ liegt abseits der üblichen Reiseroute (ungefähr 200 km südlich von Jaipur) und ist einer der hübschesten Orte Rajasthans mit gut erhaltener, ummauerter Altstadt und alten Havelis. Der märchenhaft anmutende **★Bundi-Palast** erhebt sich über den grünen Ufern des **Naval Sagar-Sees**, inmitten eines malerischen Tals der Aravalli-Berge. Der Palast steht größtenteils leer, birgt aber – u. a. im Hof **Chitra Shala** – wunderschöne **Wandmalereien** aus der Bundi-Schule, die unter Rao Bhao im 17. Jh. ihre Blüte erlebte. Oberhalb des Palastes wacht das **Fort Taragarh**, mit Blick auf den See **Sukh Sagar**. Südlich der Altstadtmauer lohnt ein Abstieg in den kunstvoll mit Vishnu-Reliefs verzierten Stufenbrunnen **Raniji-ki-Baori**.

Kota ㉒, 37 km südöstlich von Bundi am Chambal-Ufer, ist weniger weltabgeschieden und mit der Bahn zu erreichen. Kota war einst für seine Miniaturmalereitradition bekannt, und der **Stadtpalast** in der **Festung** hat einige schön ausgemalte Räume. Der imposante Palast im indo-britischen Stil aus dem 20. Jahrhundert, dient heute als **Hotel**.

★★Udaipur

★★Udaipur ㉓ wurde 1559, angesichts der drohenden dritten Eroberung Chittorgarhs durch das Heer des Großmoguls Akbar, von Rana Udai Singh II. als neue Hauptstadt des Rajputen-Widerstands gegründet. Die Ranas von Udaipur gehörten der Sisodia-Dynastie des Reichs Mewar an, die bis 734 zurückreicht; sie gilt als älteste Dynastie Rajasthans und leistete den Mogulkaisern den stärksten Widerstand. Ihr berühmtester Held war Rana Pratap im

» Karte S. 128-129, Info S. 142-143

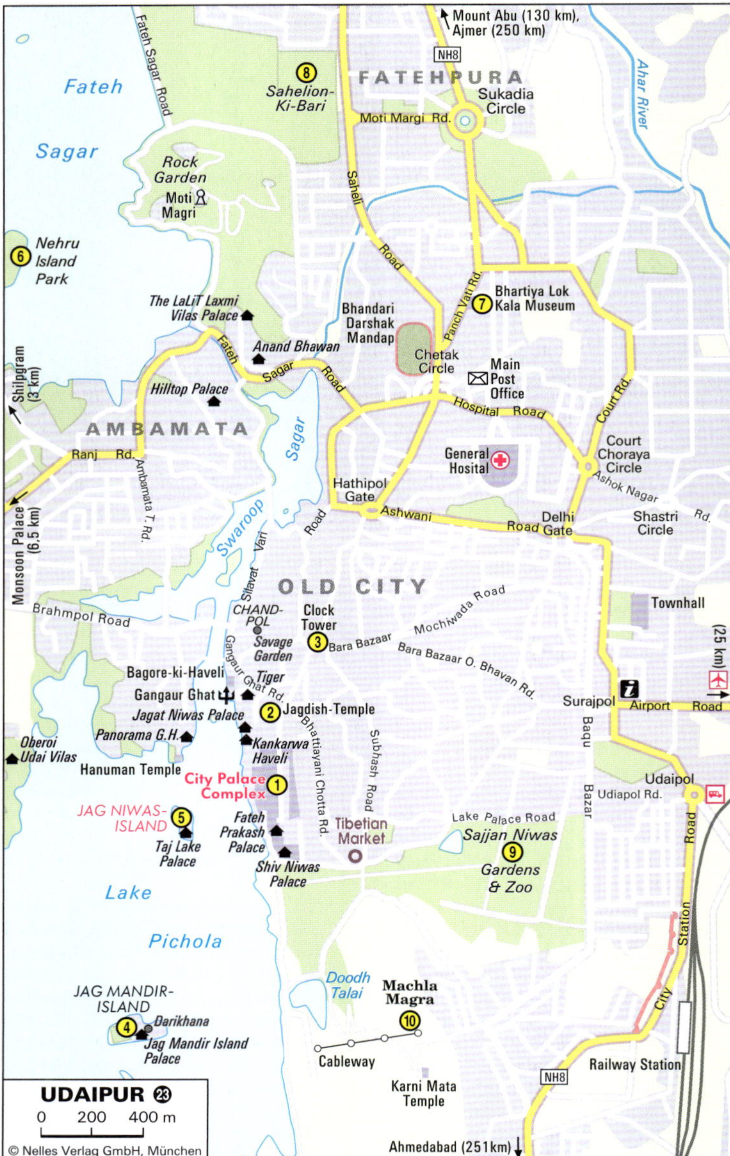

UDAIPUR 23
0 200 400 m
© Nelles Verlag GmbH, München
Mount Abu (130 km), Ajmer (250 km)
NH8
FATEHPURA
Sukadia Circle
Ahar River
Fateh Sagar
Fateh Sagar Road
8 Sahelion-Ki-Bari
Moti Margi Rd.
Rock Garden
Moti Magri
Saheli Road
6 Nehru Island Park
Panch Vati Rd.
7 Bhartiya Lok Kala Museum
The LaLiT Laxmi Vilas Palace
Bhandari Darshak Mandap
Anand Bhawan
Chetak Circle
Main Post Office
Fateh Sagar Road
Shilpgram (3 km)
Hilltop Palace
Hospital Road
Court Rd.
AMBAMATA
Sagar
Court Choraya Circle
Ranj Rd.
General Hosital
Ambamata T. Rd.
Hathipol Gate
Ashok Nagar Rd.
Swaroop
Vari Road
Ashwani Road
Delhi Gate
Shastri Circle
Monsoon Palace (6.5 km)
Silavat
OLD CITY
Mochwada Road
Townhall
Brahmpol Road
CHAND-POL
Clock Tower
Savage Garden
3 Bara Bazaar
Bara Bazaar O. Bhavan Rd.
(25 km)
Bagore-ki-Haveli
Gangaur Ghat Rd.
Tiger
Gangaur Ghat
Surajpol
Airport Road
2 Jagdish-Temple
Jagat Niwas Palace
Bhattiyani Chotta Rd.
Subhash Road
Baqu Bazar
Panorama G.H.
Oberoi Udai Vilas
Kankarwa Haveli
Hanuman Temple
City Palace Complex 1
Udaipol
Udiapol Rd.
JAG NIWAS-ISLAND 5
Fateh Prakash Palace
Tibetian Market
Lake Palace Road
Sajjan Niwas 9 Gardens & Zoo
Taj Lake Palace
Shiv Niwas Palace
Lake Pichola
Station Road
City
Doodh Talai
Machla Magra 10
JAG MANDIR-ISLAND
4 Darikhana
Jag Mandir Island Palace
Cableway
Railway Station
NH8
Karni Mata Temple
Ahmedabad (251km)

Photo: Julia Ziegelmaier

16. Jh., der sich Akbar nie beugte und an den noch vieles in Udaipur erinnert. Von den Prinzessinnen Chittorgarhs, der ehemaligen Hauptstadt, trat bezeichnenderweise keine je dem Harem der Moguln bei.

Udaipur hat sich bis heute den Charakter einer Residenzstadt bewahrt. Das Stadtbild beherrscht seit 1570 der ★★**Stadtpalast** ①, die größte Palastanlage ganz Rajasthans, in der „His Highness" der Maharana residiert. Trotz der zahlreichen Anbauten wurde die architektonische Einheit innerhalb der schlichten Mauern hoch über dem Pichola-See gewahrt. Ein Großteil der prunkvollen Anlage dient als **City Palace Museum**; besonders kunstvoll sind der **Mor Chowk**, der **Rubinpalast**, der **Krishna Vilas** und der **Osara**. Das ehemalige königliche Gästehaus, **Shiv Niwas**, ist heute ein Luxushotel der Taj-Gruppe. Im **Fateh Prakash Palace Hotel** kann man von 15-17 Uhr nach britischer Tradition den „High Tea" einnehmen und die **Crystal Gallery** bestaunen (u.a. Tische und Stühle aus Kristallglas).

Oben: Der Stadtpalast von Udaipur entstand im 16. Jahrhundert.

Außerhalb des Stadtpalastes befindet sich der **Jagdish-Tempel** ② (1651), der Vishnu geweiht ist. Oft sind dort Gläubige beim Singen von Krishna-Liedern zu sehen.

Ein Vergnügen in dieser Stadt ist ein Bummel durch die Basare. Auf dem Weg vom Palast zum **Clock Tower** und im **Bara Bazar** ③ kann man Handwerkern bei der Arbeit zusehen. Lokale Besonderheiten sind *lahariya bandhani* (Knüpfbatik) oder *pichwais* (Stoffbilder mit dem traditionellen Motiv Krishnas bei Nathdwara), sowie Miniaturen der Udaipur-Malschulen.

Der heute immer wieder austrocknende **Pichola-See** wurde beim Bau der Stadt aufgestaut. Zwei so entstandene Inseln wurden zu Vergnügungsgärten: der **Jag Mandir** ④ aus dem 16. Jh., in dem Prinz Khuram, bevor er Shah Jahan wurde, Zuflucht fand; heute beherbergt der Inselpalast auch ein **Restaurant** und ein Hotel mit einigen Zimmern. Die „fürstlichen" HRH-Boote dürfen für einen kurzen Aufenthalt anlegen. Der Palast ★**Jag Niwas** ⑤ ist heute als **Lake Palace Hotel** weltberühmt und nur Hotelgästen zugänglich.

Auf dem Nachbarsee **Fateh Sagar** hingegen kann die einstige Raja-Lustinsel mit dem heutigen **Nehrupark** ⑥ von jedermann besucht werden.

Das Volkskundemuseum **Bhartiya Lok Kala Mandal** ⑦ zeigt das traditionelle Kathputli-Marionettentheater und Rajasthan-Tänze.

Saheliyon ki Bari ⑧, der Garten der Ehrenjungfrauen, ist ein Lustgarten mit Springbrunnen und Marmorelefanten

Sajjan Niwas ⑨ (oder Gulab Bagh) ist eine große öffentliche Gartenanlage mit kleinem **Zoo** und Toy Train. Per **Seilbahn** erreichbar ist der Aussichtshügel **Machla Magra** ⑩, mit Blick über Udaipur und Pichola-See.

Der **Monsoon Palace** (Sajjan Garh) von 1884, der rund 6 km westlich hoch auf einem Hügel einen schönen Udaipur-Blick bietet, war eine der Kulissen für den James-Bond-Film *Octopussy*; der Schurke Kamal Khan residierte hier. Heute gibt es innen ein mäßiges Naturkundemuseum zu sehen.

Nordwestlich der Stadt zeigt das Kunsthandwerkerdorf **Shilpgram** regionales und indisches Kunsthandwerk.

Chittorgarh

Chittorgarh ㉔ (Chittor, 112 km östlich von Udaipur) erlebte die dunkelsten Stunden der Mewar-Rajputen. Die ★**Festung** war jahrhundertelang der Stolz dieses ältesten Rajputengeschlechts und thront scheinbar uneinnehmbar auf einem imposanten Tafelberg. Die 280 ha umfassende Anlage wurde jedoch von muslimischen Eroberern dreimal erobert, und dreimal begingen Tausende von Frauen und Kindern angesichts der ausweglosen Situation der Belagerten rituellen Selbstmord (*jauhar*), um nicht lebend in die Hände des Feindes zu fallen. Die Männer zogen gemäß dieser Sitte ihre Hochzeitsgewänder an und ritten in ihre letzte Schlacht. Innerhalb der Festung stehen mehrere **Paläste**, der reich mit Jain-Skulpturen verzierte **Ruhmesturm** (12. Jh.), der ★**Siegesturm** von 1458 sowie der **Krishna-Tempel** der Dichterin Mira Bai (15. Jh.).

★Mount Abu, ★★Dilwara und ★Ranakpur

Mount Abu und Ranakpur, westlich bzw. nördlich von Udaipur gelegen, besitzen die schönsten **Jain-Tempel** Rajasthans. Von der **Hillstation** (Sommerfrische) ★**Mount Abu** ㉕ (1220 m) hat man eine herrliche Aussicht; das der Aravalli-Kette vorgelagerte, bewaldete Bergmassiv erreicht am **Guru Shikar** (1722 m ü. M.; 15 km entfernt) seine größte Höhe – eine malerische Berglandschaft am Rand der Wüste.

Mount Abu ist ein uraltes Pilgerzentrum der Hindus und Jainas. Asketen ließen sich dort in der Wildnis nieder, um ihr Leben der Meditation zu widmen. „Heilige" findet man zwar heute noch hier, aber ungleich mehr Urlauber aus den heißen Städten Gujarats.

Die faszinierenden **Marmortempel** von ★★**Dilwara** (3,5 km nordöstl. von Mount Abu, 12-18 Uhr, Fotoverbot) aus dem 11.-13. Jh. repräsentieren den Höhepunkt des Tempelbaus der Jainas. Die Steinbearbeitung ist einzigartig. Nach Ansicht der Jainas wird die ursprünglich reine Seele durch den Kontakt mit der Materie verunreinigt. Um die Reinheit wiederzuerlangen, ist alles Materielle abzulegen. Darauf soll die schmucklose Strenge der Jain-Skulpturen hinweisen. Es handelt sich um **Tirthankaras** (einer, der eine Furt durch den Strom der Wiedergeburten bereitet). Nach dem Glauben der Jainas gab es 24 *Tirthankaras*, der letzte war Mahavira, ein Zeitgenosse Buddhas und historischer Begründer des Jainismus. *Tirthankaras* werden als erleuchtete Vorbilder verehrt, die den

 » Stadtplan S. 132, Karte S. 128-129, Plan S. 135, Info S. 142-143

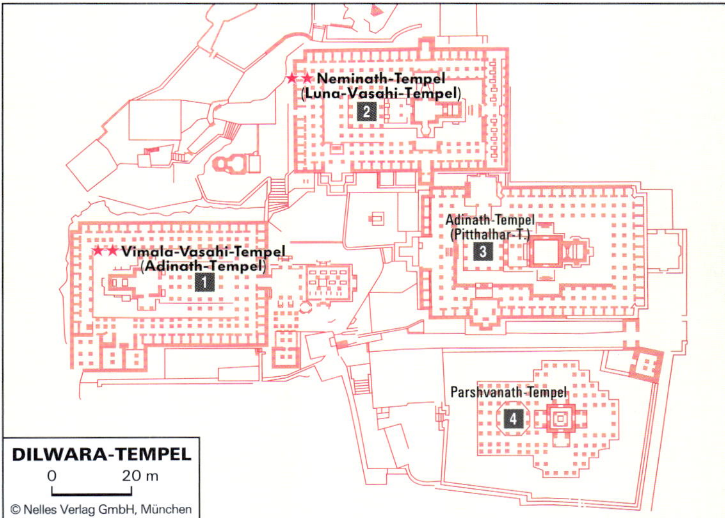
★★ Neminath-Tempel
(Luna-Vasahi-Tempel)
2
Adinath-Tempel
(Pitthalhar-T.)
3
★★ Vimala-Vasahi-Tempel
(Adinath-Tempel)
1
Parshvanath-Tempel
4
DILWARA-TEMPEL
0 20 m
© Nelles Verlag GmbH, München

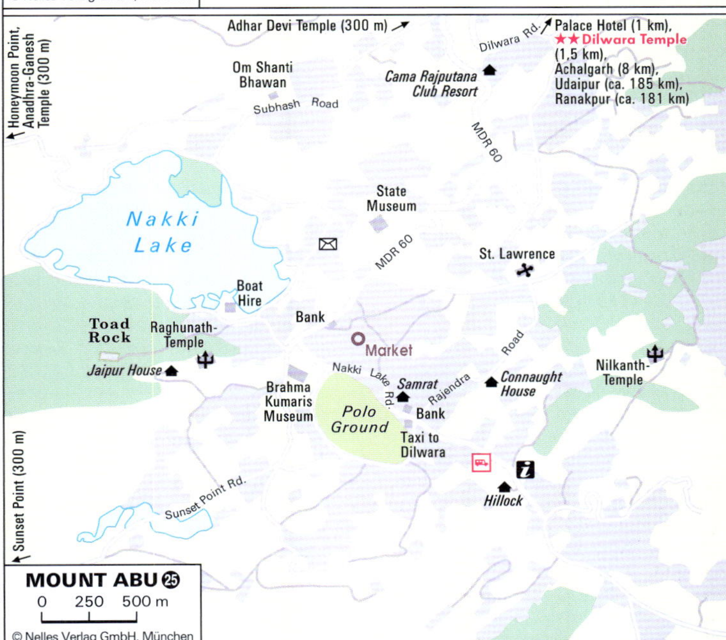
Adhar Devi Temple (300 m)
Dilwara Rd.
Palace Hotel (1 km),
★★ Dilwara Temple
(1,5 km),
Achalgarh (8 km),
Udaipur (ca. 185 km),
Ranakpur (ca. 181 km)
Honeymoon Point,
Anadhra-Ganesh
Temple (300 m)
Om Shanti
Bhawan
Cama Rajputana
Club Resort
Subhash Road
MDR 60
State
Museum
Nakki
Lake
MDR 60
St. Lawrence
Boat
Hire
Toad
Rock
Raghunath-
Temple
Bank
Market
Road
Jaipur House
Nakki Lake Rd.
Rajendra
Samrat
Connaught
House
Nilkanth-
Temple
Brahma
Kumaris
Museum
Polo
Ground
Bank
Taxi to
Dilwara
Hillock
Sunset Point (300 m)
Sunset Point Rd.
MOUNT ABU 25
0 250 500 m
© Nelles Verlag GmbH, München

Photo: Helmut Köllner

Kreislauf der Wiedergeburten überwunden haben und erlöst sind.

Die meisten Tempel in diesem Komplex wurden von reichen Kaufleuten aus Gujarat gestiftet, zu einer Zeit, als dort ein mächtiges Rajputenreich war. Der ★★**Vimala-Vasahi-Tempel** 1 (1031) ist dem ersten *Tirthankara* **Adinath** geweiht, er ist über und über mit feinsten Marmorreliefs bedeckt. Der spätere ★★**Neminath-Tempel** 2 (Luna-Vasahi-T.) von 1230 steht dem Vimala nicht nach, wenngleich man hier einen stilistischen Wandel bemerken kann. An der Rückwand findet sich eine interessante Stiftergalerie mit großen, wunderschön gearbeiteten **Marmorelefanten**.

Unvollendet blieb der **Adinath-Tempel** 3 (Pitthalhar-T.) von 1439 mit einer großen Tirthankara-Figur aus Messing.

Der **Parshvanath-Tempel** 4 aus dem 15. Jh. weist bereits den kreuzförmigen Grundriss des Chaumukh-Tempeltyps auf und besitzt einen Turm.

In der Nähe der Tempel gibt es im **Mt. Abu Wildreservat** u. a. Hirsche, aber auch Leoparden und Bären; man sollte deshalb dort nicht alleine wandern.

In Mount Abu befindet sich auch ein **Museum**; der beliebte **Nakki-See** (Bootsverleih); **Trevor's Tank**, 5 km entfernt, ein Weiher in einem Vogelschutzgebiet, und die Fortruine **Achalgarh** (8 km) aus dem 14. Jh. mit Shiva- und Jain-Tempel. Indische Besucher spazieren gerne um den kleinen Nakki-See, fahren Boot und gehen abends zum **Sunset Point**, wo dann viel Trubel herrscht. Beschaulicher ist es auf der Aussichtsterrasse des Heritage Hotel **Jaipur House** mit Blick auf den Nakki-See. Das schönste Hotel am Ort ist das Heritage-**Palace Hotel Bikaner House**.

Abu Road 26 (27 km) ist Eisenbahnendstation; Devotionalienläden drängen sich in der mittelalterlichen Stadt.

★**Ranakpur** 27 am Ufer des Magai ist ein friedvoller Ort am Fuß der Aravalli-Berge. Der ★★**Adinath-Tempel** (Chaumukha) wurde 1432 vollendet. Dieser

Oben: Der Adinath-Tempel in Ranakpur – größter Jain-Tempel Indiens. Rechts: Blick auf Jodhpur – blau ist die Farbe der Brahmanen.

» Plan S. 135, Karte S. 128-129, Info S. 142-143

Photo: Julia Ziegelmaier

dreistöckige weiße Marmortempel ist der größte Jain-Tempel Indiens und so filigran gearbeitet wie die Tempel von Dilwara. Der Skulpturenreichtum in Verbindung mit der Höhe und Luftigkeit der Anlage bietet ein unvergessliches Erlebnis. Der ★**Parshvanath-Tempel** weist für den Jainismus ungewöhnliche **erotische Darstellungen** auf.

Von Ranakpur aus lohnt sich die Weiterfahrt in die Berge zur beeindruckenden Festung **Kumbhalgarh** ㉘, die majestätisch auf einem Bergrücken thront.

Etwa 110 km südlich von Udaipur liegt das malerische Städtchen **Dungarpur**, in dessen Umgebung viele Angehörige des indigenen Stamms der **Bhil** siedeln, von denen in Rajasthan noch 2,8 Mio. leben. Es gibt einen alten **Stadtpalast** und, etwas abgelegen, ein stimmungsvolles Palasthotel.

★Jodhpur

Die ummauerte „Blaue Stadt" ★**Jodhpur** ㉙, einst Zentrum des Reichs *Marwar*, ist das Tor zur Wüste Thar. Die Maharajas von Jodhpur gehörten dem Geschlecht der Rathor an. 1453 eroberte Raja Jodha das Gebiet des heutigen Jodhpur und gab ihm dann seinen Namen. Bis 1459 ließ er die Festung ★★ **Mehrangarh** ① errichten, die majestätisch auf einem Felsen 130 m über der modernen, geschäftigen Stadt thront. Im Eintritt ist ein guter Audioguide (auch in Deutsch) enthalten. Über einen Serpentinenweg und durch imposante Tore gelangt man ins Innere. **Loha Pol**, das Eiserne Tor, trägt angeblich die Handabdrücke von Frauen, die sich nach dem Tod ihrer Ehemänner auf deren Scheiterhaufen mitverbrennen ließen (1953 ließ sich die letzte *sati* aus der königlichen Familie Jodhpurs lebend verbrennen). Das Loha Pol führt zum **Nagnechiji-Tempel**, geweiht der der Familiengöttin der Rathore-Rajputen von Jodhpur. Von der Festungsmauer mit ihren Kanonen bietet sich eine schöne ★**Aussicht** auf die Stadt.

In den königlichen **Palästen** befinden sich heute sehr schöne ★**Museen**, die herrliche Schätze beherbergen, da-

» Karte S. 128-129, Stadtplan S. 138, Info S. 142-143

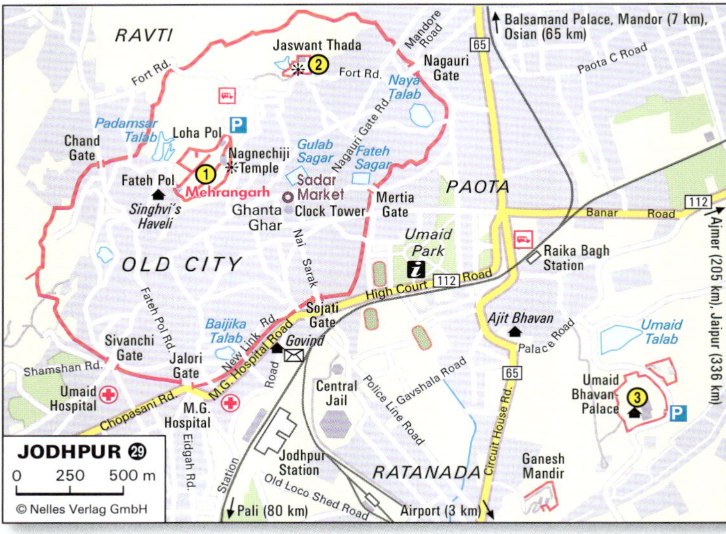

runter goldene und silberne Elefanten-*howdahs* und ein Mogulzelt, das als tragbarer Empfangssaal in der Wüste diente. Im Schlafzimmer des Maharajas, dem **Takhat Vilas** aus dem 19. Jh., hängen schöne Gemälde. Im **Chokhevala Rang Mahal** (Gartenpalast) finden gelegentlich Dinner statt, bei denen die Gäste von *langa*-Musikanten aus der Wüste unterhalten werden.

An der Zufahrt zur Festung steht das **Jaswant Thada** ②, das Marmormonument für den Raja Jaswant Singh II. (1899), wo sich ein schöner ★**Blick** auf die Rajputen-Burg bietet.

Spezialitäten Jodhpurs sind verzierte Lederschuhe, Stoffe, Lackwaren, Puppen und Antiquitäten. Unweit des Militärflughafens liegt der gigantische **Umaid Bhavan-Palast** ③ – steingewordener Feudalismus, mit 347 Zimmern. Errichtet 1930-43 als letzter großer indischer Palast, dient er heute teils als Luxushotel. Auf dem Weg dorthin befinden sich mehrere **Antiquitätenläden**.

Rechts: Die märchenhafte Zitadelle von Jaisalmer.

7 km nördlich der Stadt ist der **Balsamand Palace**, heute ein Luxushotel, ein schönes Beispiel für die Architektur der Rajputen. Aus rotem Sandstein erbaut, liegt es am Ufer eines künstlichen Sees inmitten üppiger, grüner Gärten.

Alle Hotels bieten „Wüstensafaris" ins Umland an. so auch in **Bishnoi-Dörfer**, deren Bewohner schon seit dem 15. Jh. engagierte Umweltschützer sind. Der Begründer dieser Sekte, Jambeshwar, wurde 1451 im Dorf Papasar geboren. Er formulierte die 29 (*bis-noi*) Gesetze, die heute noch befolgt werden.

Mandore ㉚ (9 km von Jodhpur) ist einen Besuch wert. Der pagodenförmige **Ek Thaba Mahal** und die **Heldenhalle** der Parihar-Rajputen aus dem 18. Jh. stehen in einem kleinen Park. Dahinter ragt das **Mandore Fort** auf.

In **Osiyan** ㉛ sind sehenswerte **Hindu- und Jain-Tempel** aus dem 8.-11. Jh. über das heutige Dorf verteilt – meist archäologische Stätten mit schönem Figurenschmuck: Der **Sachya-Mata-Tempel** ist ein lebendiges Heiligtum, das Hindus wie Jainas besuchen.

 » Stadtplan S. 138, Karte S. 128-129, Info S. 142-143

Photo: Volkmar E. Janicke

★★Jaisalmer

★★Jaisalmer ㉜ sollte auf der Reiseroute derer nicht fehlen, die den Zauber der Thar-Wüste erleben möchten. Hier wurde vor über 850 Jahren auf dem Trikuta-Hügel eine imposante **Zitadelle** errichtet (UNESCO-Welterbe), die sich über eine weite, wüstenhafte Ebene erhebt – ein märchenhafter Anblick. 1156 beschloss Jaisal, ein Rajputen-Fürst der Bhattis, seine Hauptstadt Lodurva (16 km) hierher zu verlegen; der Eremit Eesul hatte ihm von der Prophezeiung Krishnas erzählt, dass ein Nachfahre seines Mond-Clans von *Trikuta* aus herrschen würde.

Eine der Haupteinnahmequellen war der Karawanenhandel auf der Gewürzstraße. An militärischer Macht konnten sich die Bhattis nicht mit den anderen Rajputenfürsten messen, sie nutzten jedoch geschickt ihre abgelegene Position. Dem Sultan von Delhi, der sich im 13. Jh. mit Expansionsplänen trug, konnten sie aber auf Dauer nicht widerstehen. Die Festung wurde 1287 angegriffen und sieben Jahre von Alauddin Khiljis Heer belagert; die Legende berichtet von einem *jauhar* (Selbstverbrennung) von 24 000 Rajputenfrauen 1294, während die Männer ihrem Tod entgegen ritten. So wurde Jaisalmer dem Sultan von Delhi tributpflichtig.

Während der britischen Herrschaft erkannte Jaisalmer die Oberherrschaft der Engländer an. Durch Hungersnöte und später die Grenzziehung zu Pakistan wurde die Stadt Mitte des 20. Jh. fast entvölkert. Am Fuß des Trikuta-Hügels entsteht heute zwar langsam eine moderne Stadt, doch hat die aus goldfarbenem Sandstein erbaute und noch bewohnte Festung Jaisalmer ihren mittelalterlichen Charakter bewahrt – wie ein „lebendes Museum". Das Fort ist heute trotz Wüstenklimas durch Sickerwasser bedroht – etwa durch Hotels: Touristen, die dort wohnen, sollten ihren Wasserverbrauch gering halten (siehe www.jaisalmer-in-jeopardy.org).

Schön ist ein Bummel durch die Altstadt und die Festung. Eine kurvenreiche Straße führt durch den malerischen

» Karte S. 128-129, Stadtplan S. 140, Info S. 142-143

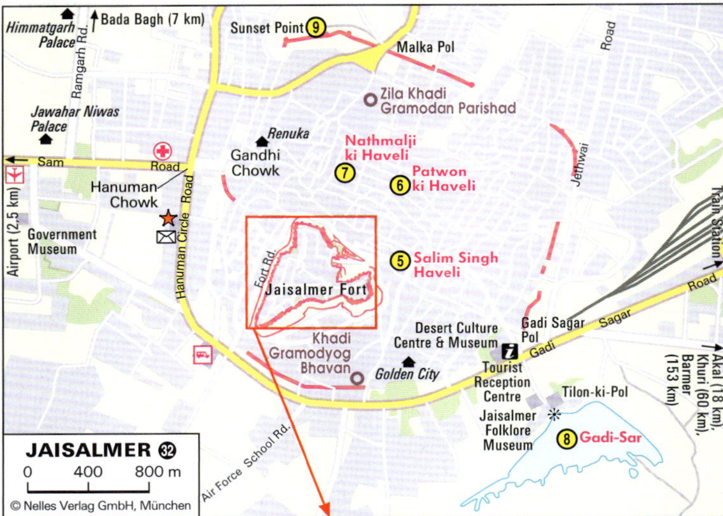
JAISALMER 32
0
400
800 m
© Nelles Verlag GmbH, München
Bada Bagh (7 km)
Himmatgarh Palace
Ramgarh Rd.
Sunset Point 9
Malka Pol
Road
Zila Khadi Gramodan Parishad
Jawahar Niwas Palace
Renuka
Gandhi Chowk
Nathmalji ki Haveli
7
Patwon ki Haveli
6
Sam
Road
Hanuman Chowk
Hanuman Circle Road
Jethwai
Airport (2,5 km)
Government Museum
Train Station
Fort Rd.
Jaisalmer Fort
5 Salim Singh Haveli
Road
Gadi Sagar Pol
Sagar
Gadi
Desert Culture Centre & Museum
Khadi Gramodyog Bhavan
Golden City
Tourist Reception Centre
Tilon-ki-Pol
Akal (18 km), Khuri (60 km), Barmer (153 km)
Jaisalmer Folklore Museum
8 Gadi-Sar
Air Force School Rd.

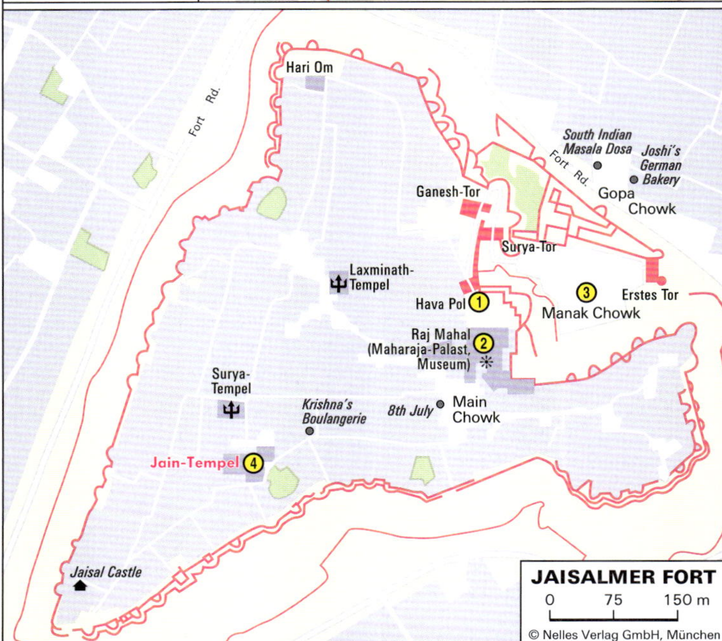
Hari Om
Fort Rd.
South Indian Masala Dosa
Joshi's German Bakery
Fort Rd.
Gopa Chowk
Ganesh-Tor
Surya-Tor
Laxminath-Tempel
3
Erstes Tor
Hava Pol 1
Manak Chowk
Raj Mahal (Maharaja-Palast, Museum) 2
Surya-Tempel
Krishna's Boulangerie
8th July
Main Chowk
Jain-Tempel 4
Jaisal Castle
JAISALMER FORT
0
75
150 m
© Nelles Verlag GmbH, München

Basar für Webdecken und -tücher, Schmuck und bedruckte Stoffe hinauf zur Zitadelle. Der Eingang zur **Festung** führt über einen steilen Weg durch vier hohe Tore. Das letzte, **Hava Pol** ①, öffnet sich auf einen freien Platz, auf dem einst Audienzen abgehalten wurden. Der Palast **Raj Mahal** ② ist heute als **Museum** zugänglich; besonders schön ist die **Aussicht** vom Dach über die Stadt und die Wüste. Am **Manak Chowk** ③ machten einst die Karawanen Halt.

Interessant ist ein Bummel durch die ★**Gassen** innerhalb der Festung. Die historische Bausubstanz ist sehr gut erhalten, die Fassaden weisen kunstvolle **Steinmetzarbeiten** auf, heute werden die Gebäude als Geschäfte und Gästehäuser genutzt. Von einigen **Dachterrassenrestaurants** bietet sich insbesondere bei Sonnenuntergang ein unvergesslicher Rundblick.

Drei ★**Jain-Tempel** ④ aus dem 12. bis 15. Jh. sind bekannt wegen ihrer Steinmetzarbeiten – der **Ashtapadi Mandir**, der **Rishabdevji-Tempel** und der **Sambhavnath-Tempel**.

Die hohe Kunst der *silavats*, der Steinmetze von Jaisalmer, kann man in der **unteren Altstadt** in der **Manak Chowk** bewundern: an den filigranen Fassaden der *havelis*, Herrenhäuser reicher Kaufleute aus dem 18.-19. Jh. ★**Salim Singh Haveli** ⑤ mit seinem auffällig verzierten Obergeschoss wurde im 18. Jh. errichtet und bietet einen herrlichen Ausblick auf das Fort. ★**Patwon ki Haveli** ⑥, das größte, gehörte einem Brokathändler, der von Afghanistan bis China berühmt war. Es besteht aus fünf kleineren Havelis und wurde erst nach 50 Jahren Bauzeit fertiggestellt. Heute warten dort Schmuck- und Textilhändler auf Kunden. Das ★**Nathmalji ki Haveli** ⑦ gehörte dem Premierminister des Rajas und stammt aus dem späten 19. Jh. Auf seiner kunstvoll verzierten Fassade ist sogar eine Eisenbahn zu erkennen.

Von dem künstlichen See ★**Gadi Sar** ⑧, südöstlich der Festung, hat man morgens einen schönen Blick auf die „goldene" Zitadelle. Für den Spätnachmittag hingegen empfiehlt sich der **Sunset Point** ⑨ im Norden der Stadt.

Photo: Elena-studio (iStockphoto)

Rechts: Am Patwon ki Haveli in Jaisalmer.

Ausflüge von Jaisalmer

Interessante Ausflüge führen nach **Bada Bagh** ㉝ mit seinen königlichen Grabmälern oder in die einstige Hauptstadt **Lodurva** ㉞ (16 km) mit dem ornamentreichen **Jaina-Tempel**, in dem noch heute Betstunden abgehalten werden. In **Akal** ㉟ (18 km) gibt es einen **Wood Fossil Park**: Die versteinerten Baumstämme belegen, dass die Wüste vor 180 Mio Jahren bewaldet war.

Lohnend ist ein Ausflug in die ★**Wüste Thar**, kombinierbar mit einem ★**Kamelritt**. Bei **Khuri** (60 km) und **Sam** (40 km westl. von Jaisalmer, sieht man **Sanddünen** und die karge Schönheit der Wüste, zum **Sonnenuntergang** ist hier jedoch viel Betrieb.

Jeden Februar wird in Jaisalmer das folkloristische **Wüstenfest** abgehalten.

AJMER (☎ 0145)

Tourist Office, im RTDC Hotel Khadim, nahe Busstation, Tel. 2627426, Mo-Sa 8-12 und 15-18 Uhr. Filiale am Bahnhof.

Sheesh Mahal, indische, kontinentale u. chines. Küche, im Mansingh Palace Hotel, Circular Rd. **Mango Masala**, chines. u. ind. Küche für Vegetarier, Kuchen und Eis.

Government Museum, Sammlung von Miniaturgemälden und Steinskulpturen, Sa-Do 10-16.30 Uhr, im Akbar Palace.

BIKANER (☎ 0151)

Tourist Information Bureau, Junagarh Fort, Tel. 227445. **RTDC**, im Dhola-Maru Tourist Bungalow, Tel. 5002.

Laxmi Hotel, frische vegetarische Gerichte, Station Rd.
Chhotu Motu Joshi Sweet Shop, „der“ Süßwarenladen in Bikaner, Station Rd.

Ganga Golden Jubilee Museum. 10-17 Uhr, Fr geschlossen. **Sri Sadul Museum**, Mo-Sa 10-17 Uhr, Lallgarh Palace.

Einkaufen: am Kote Gate, Mahatma Gandhi Road im modernen Markt. Jahrmarkt im Nov. in Kolayat (50 km SW).

Gangaur (März/April). Man versammelt sich am Junagarh Fort und in der Altstadt beim Kote Gate.

MOUNT ABU (☎ 02974)

Jaipur House, stilvoll speisen auf einer Aussichtsterrasse mit schönem Blick auf den Nakki-See, im Ex-Rajapalast, Tel. 2423748 u. 32020202. **Palace Hotel Bikaner House**, Heritage-Hotel, Delwara Road, Tel. 238673.

JAIPUR (☎ 0141)

Gov. of Rajasthan Tourist Office im Bahnhof, Tel. 269714. **Dep. of Tourism**, 100 J. L. N. Marg, Tel. 2562857. Informationsbüro am Central Busstand.

Handi, Tandoori-Spezialitäten, Maya Mansions, Mirza Ismail Rd. **Alisar Haveli**, Sansar Chandra Road, Tel. 2364685, www.alisar.com. **Pearl Palace Restaurant**, gut und günstig, Dachterrasse des Pearl Palace Guesthouse, Kishan Semani Marg, Hathroi Fort. **Niros**, veg. und nicht-veg., indische und chinesische Küche, M. I. Rd. **Lassiwalla**, bestes Lassi, M. I. Rd., gegenüber Niros.**Natraj**. sehr gute nord- und südindische vegetarische Küche, Desserts, M. I. Rd. **Copper Chimney**, international, schöne Atmosphäre, Maya Mansions, M. I. Rd. **Chic Chocolate**, Kuchen, Toasts, Motilal Atal Marg (zw. Station Rd u. M. I. Rd). **Barista's Bhagwan**, guter frisch gemahlener Kaffee, Bhagwan Das Rd, gegenüber Raj Mandir Kino. **Amigo Bar**, schöner Panoramablick, am Tower, M. I. Rd.

City Palace Museum, 9.30-16.45 Uhr, im Tripoli Gate, Tel. 48146, 49035. **SRC Museum of Indology**, 10-17 Uhr. Nilambara Prachya Vidya Path, 24 Gangwal Park, Tel. 248948. **Central Museum**, 10-17 Uhr, Fr geschl., Ram Niwas Garden.

Sky Waltz Balloon Safaris, frühmorgens oder nachmittags, 250 US$ pro Person, ca. 1 Std., Reservierung nötig, Namrata House, New Sanganer Road, Mansarovar, Jaipur, Tel. +91 1800 1022366.

M. I. Road, Nehru Bazar, Chaura Rasta, Johari, Tripolia, Bapu Bazars. **Rajasthan Arts and Crafts** nahe City Palace und **Anokhi**, 2 Tilan Marg (schöne Kleidung).

KINO: **Raj Mandir**, schönes Art-Deco-Kino, Tickets frühzeitig kaufem!

Gangaur (März/April): Große Prozession für Göttin Gauri. Das *Elefanten-Fest* (März/April) wird zu Ehren des elefantenköpfigen Gottes Ganesha gefeiert. Am *Teej* (3. Tag des Mondmonats im Juli/August) ehrt man Parvati und dankt für eine gute Ehe.
Lohnende **Feste und Märkte in Rajasthan**: Der große *Kamelmarkt* von Pushkar (Oktober/November) und der *Merta-Nagaur-Jahrmarkt* (Viehmarkt); der *Baneshwar-Markt* (Februar) und der *Ramdeoji-Markt* (August/September in Pokhran bei Jaisalmer), sowie das *Wüstenfest* in Jaisalmer (Februar/März).

JAISALMER (☎ 02992)

Tourist Reception Centre, tgl. 10-17 Uhr, Gadi Sagar Rd, Tel. 252406.

Monica Restaurant, einheim. u. internat. Küche, nahe dem Forteingangstor.
July 8, schöne Terrasse, gut für Smoothies und Snacks, Hauptplatz Fort.
Krishnas Boulnagerie, guter Kaffee, Nähe Jain-Tempel im Fort.
Joshi's German Bakery, gute Kuchen, Gopa Chowk, nahe dem Fort.
South Indian Masala Dosa, günstige südindische Snacks, Nähe Fort.

Desert Culture Museum, Ausstellung zur Kultur Rajasthans, tgl. 10-17 Uhr, Gadi Sagar Rd, beim Tourist Rec. Centre. **Jaisalmer Folklore Museum**, tgl. 8-19 Uhr, dem Desert Culture Museum angeschlossen, um die Ecke Richtung Gadi Sagar See.
Government Museum, Fossilien, Sa-Do 10-16.30 Uhr, beim RTDC Hotel Moomal.

Hauptpostamt, Mo-Sa 10-17 Uhr, Hanuman Circle Rd.

New Rawal Kot, Jodhpur Rd. **Dhola Maru**, Jhelbai Rd., Tel. 252863.

JODHPUR (☎ 0291)

Fort View, gute und günstige vegetarische Küche, auch Lassi und Süßigkeiten, oben im Govind Hotel.
Mishrilal, bekannt für göttliche Lassis, wie z.B. Makhaniya-Lassi mit Sahne und Safran, oder Malai-Lassi, beim Clocktower.
Parashnath Ice-Cream, beste Adresse für „ungefährliche" Säfte und Kulfi-Eis, High Court Road.
On the Rocks, indisch, mit Garten, beim Hotel Ajit Bhavan.
Kabab Koner, beim Umaid Bhavan. **Pankaj** und **Shundar**, vegetarisch, im Jalori Gate.

Government Museum, 10-16.30 Uhr, Fr und an gesetzl. Feiertagen geschl., Tel. 225753.
Umaid Museum, 9-17 Uhr, Umaid Bhawan. **Old Fort Museum**, 8-18 (Sommer); 9-17 Uhr (im Winter).

Antiquitäten beim Umaid Bhawan. Einkaufsgegenden: Sojati Gate, Station Road, Sardar Market, Kandha Falsa, Tripolia, Mochi und Lakhara.

Besondere Feste: Marwar-Fest; Viehmarkt in Nagaur (135 km) und Navsati-Markt in Banganga (bei Bhilara, 78 km), *Shitlamata* (am Stadtrand von Kage, im April) und *Kesariya Kanwarji* (in Umaid Nagar, 42 km).

UDAIPUR (☎ 0294)

Touristen-Informationsbüro, Kajri Tourist Bungalow, Tel. 229535. Am Bahnhof (Tel. 223471) und Dabok-Flughafen (24 km, Tel. 228011).

Jagat Niwas Palace Hotel, gemütliches Restaurant in einem Haveli mit schöner Aussicht, Lal Ghat, am Seeufer. **Cafe Edelweiss**, sehr guter Kaffee und Kuchen der deutschen Bäckerei, Gangaur Ghat Rd. **The Gallery**, stilvoller „High Tea" mit Gebäck tägl. von 15-18 Uhr, im Fateh Prakash Palace. **Savage Garden**, gute selbstgemachte Ravioli und ind. Küche, ruhiger, stylischer Innenhof, Chandpole, Gangaur Ghat.

City Palace Museum, 9.30-16.30 Uhr. **Bharatiya Lok Kala Museum**, 9-18 Uhr, Acharya Marg. **Ahar Museum**, 10-17 Uhr, Fr. geschl. **Bagore Haveli Museum**, schön restaurierter Palast am Gangaur Ghat.

Anoki Boutique, Cotton-Blockprint-Kleider zum Festpreis im City Palace Complex. **Markt** von der Palace Road zum Clock Tower; Bapu Bazaar; Bara Bazaar.

Frühlingsfest *Gangaur* mit großer Versammlung an den *ghats*; *Hariyali Amavasya* (Juli/Aug.), Markt an den Ufern des Fatesaghar-Flusses; Markt in Amarakji, am *Raksha Bandhan-Tag* (Aug.), 15 km entfernt. *Dev Jhoolni* oder *Ekadashi Markt* (Sept.); *Rishabdeoji Markt* (Jan.-Feb.) bei dem nach diesem Heiligen der Jain-Sekte benannten Altar; *Sivaratri* in Eklingji zu Ehren von Shiva (März); *Navaratri*, großes Fest für die Göttin Durga (Sept.); *Pratap Jayanti*, Ehrentag für den tapferen Maharana Pratap Singh.

GUJARAT

Gujarat (196 000 km²) wird im Norden von der Wüste Thar (Pakistan) und den Aravalli-Bergen (Rajasthan), im Osten von Wäldern, im Süden von den Satpura-Bergen umgeben und grenzt im Westen mit 1600 km Küste an das Arabische Meer.

Der Staat lässt sich grob in drei Teile gliedern: Kutch (Kachchh), die wasserarme Halbinsel Saurashtra und die fruchtbare Gujarat-Ebene mit ihren Großstädten und Flüssen, die den Anbau von Erdnüssen, Baumwolle und Bananen ermöglichen.

Der Name Gujarat geht zurück auf das im 1. Jh. n. Chr. eingewanderte indoarische Volk der Gujara. Saurashtra, das sich der britischen Herrschaft nur indirekt unterworfen hatte, bedeutet „die gute Nation" und umfasst die ehemaligen Kathiawar-Fürstentümer.

Kutch (Katsch ausgesprochen) leitet sich von dem Sanskrit-Wort *kachchapa*, „Schildkröte" ab, da die Halbinsel fast die Form dieses Tieres hat. Während des Monsuns, wenn die Salzsümpfe des Rann überflutet sind, ist Kutch vom Festland abgeschnitten.

2001 suchte ein schweres Erdbeben Gujarat heim, dessen Schäden vor allem in Bhuj teils noch sichtbar sind.

Gujarat wird vom Tourismus etwas links liegengelassen; dabei ist es eine vitale Region mit ethnischer und religiöser Vielfalt (Hindus, Muslime, Parsen, Jainas, Christen), was sich auch im Kunsthandwerk ausdrückt. Gujarat steht für Unternehmergeist, und der Seehandel hat hier eine lange Tradition.

Ahmedabad

Gandhinagar ❶, 1960 neu geplant und 26 km von Ahmedabad entfernt, wurde 1970 zur neuen Hauptstadt von Gujarat. Sehenswert ist der moderne **Akshardam Temple** von 1992.

Ahmedabad ❷ galt im 16. Jh. als eine der schönsten Städte Asiens und wurde später als „das Manchester Indiens" bekannt. Ab dem 17. Jh. expor-

» Karte S. 146, Info S. 151

tierte es Seiden- und Baumwolltextilien wie Satin, Voile und Brokat. Die erste Spinnerei wurde 1859 eingerichtet, und noch heute stammen 25 Prozent aller indischen Textilwaren aus Ahmedabad. Die große Industriestadt leidet heute an Luftverschmutzung, Verkehrsproblemen und religiösen Spannungen.

Die **Altstadt** und der moderne Teil sind durch Brücken über den Sabarmati miteinander verbunden. Das alte Ahmedabad, 1411 von Sultan Ahmed Shah gegründet, besitzt herausragende Beispiele indo-islamischer Architektur.

Ahmed Shah erbaute 1423 die große ★**Jama-Masjid** ①, eine der schönsten Moscheen Indiens, mit 15 Kuppeln und 260 skulptierten Säulen. Berühmt waren einst ihre „schwankenden" Minarette, die 1819 bei einem Erdbeben einstürzten. Die beiden **Schwankenden Minarette** der ehemaligen **Sidi-Bashir-Moschee** ② hingegen stehen noch. Im Südosten des Zentrums ist die kleine, sehr anmutige ★**Rani-Sipri-Moschee** ③ von 1514 einen Besuch wert. Die 1572 von einem schwarzen Afro-Inder (*siddi*), einem Sklaven des Sultans erbaute ★**Sidi-Saiyed-Moschee** ④ ist wegen ihres kunstvollen steinernen Maßwerks der ★**Fenstergitter** berühmt. Sie steht in der **Relief Road**, einer der belebtesten Straßen der Stadt. Sehenswert ist auch die etwas nordöstlich an der Mirzapur Road gelegene **Rani-Rupmati-Moschee** ⑤, deren Minarette jedoch bei dem großen Erdbeben 2001 zerstört wurden.

Die Jainas trugen mit ihrem Handelstalent erheblich zum Reichtum Gujarats bei. Ahmedabad besitzt mehrere Jain-Tempel. Von besonderem Interesse ist der **Hathisingh-Jain-Tempel** ⑥. Er wurde 1848 aus Marmor erbaut und ist mit kunstvollen Steinmetzarbeiten verziert. Im Inneren befindet sich eine Figur des 15. *Tirthankar*, Dharmanath.

Die labyrinthischen Gassen der Altstadt sind von ★**Havelis**, traditionellen Häusern mit kunstvoll geschnitzten **Holzfassaden**, gesäumt; die schönsten findet man am ★**Swaminarayan-Tempel** ⑦ (1822) und rund um **Doshiwada-vi Pol** ⑧.

Sehr gut erhalten ist auch der **Harkunvar Haveli**, nördlich des **Manek Chowk** ⑨, des alten **Basars**, wo man Kunsthandwerk von Gujarat im Überfluss vorfindet: gewebte, handbedruckte oder bestickte Stoffe, Silberschmuck und Antiquitätenläden. Interessant ist auch der sonntägliche Straßenbasar unterhalb der **Vivekanand (Ellis) Bridge**.

Neben traditioneller Kunst kann sich Ahmedabad auch hervorragender moderner Architektur rühmen, Beispiele dafür sind das **National Institute of Design** und das **Indian Institute of Management**.

7 km nördlich von Ahmedabads Zentrum, am Ufer des Flusses Sabarmati, liegt der schlichte ★**Gandhi (Sabarmati) Ashram**. Als Gandhi 1915 aus Südafrika nach Indien zurückkehrte, richtete er seinen Ashram bei Kocherab, außerhalb von Ahmedabad, ein. Aufgrund einer Epidemie in Kocherab verlegte er ihn an seinen heutigen Standort. *Hridayakunj* ist die Hütte, die sich Gandhi in seinem Ashram selbst baute. Er lebte hier von 1918 bis 1930 als Führer des indischen Freiheitskampfes. 1930 ging er nach Dandi zum berühmten *Salt Satyagraha* und schwor, erst dann zurückzukehren, wenn Indien die Freiheit erlangt hätte. Ein Teil seiner persönlichen Habe, darunter ein Spinnrad, befinden sich in Hridayakunj. Der Ashram besitzt eine Bibliothek und ein **Museum** (Licht- und Ton-Schau in Gujarati, Hindi und Englisch).

Im Jahr 1929 richtete Gandhi die **Gujarat-Vidyapith-Universität** ⑩ ein, hier arbeitet auch die *Navjivan Press*, ein Verlag, der auf das Werk Gandhis spezialisiert ist. Aus der einst einsamen Gegend ist heute das moderne Handelszentrum **Ashram Road** geworden.

Das **Tribal Museum** an der Ashram Road präsentiert die ethnische Vielfalt Gujarats.

Herausragende Produkte von Kunst

» Stadtplan S. 144, Info S. 151

und Handwerk Gujarats sind in mehreren Museen zu bewundern. Das **City Museum** ⑪ ist im 1954 von Le Corbusier erbauten *Sanskar Kendra* eingerichtet. Die Ausstellung thematisiert die Geschichte Ahmedabads und seine Religionen, zeigt Gemälde, Textilien, Skulpturen, Fotografie und Literatur.

Das **★Calico Museum of Textiles** (Shahibag, 2 km nördlich der Stadt) besitzt seltene Gewebe aus dem 17. Jh. sowie eine Vielzahl an herrlichen Stoffen, Kleidern, Brokaten und Stickereien. Schön ist auch das benachbarte **Pichchwai-Museum** mit Wandbehängen, die aus Tempeln stammen.

Die Sammlung im **Shreyas Folk Art Museum** (südwestlich des Stadtzentrums) beweist die Kreativität der Künstler Gujarats. Mit ihrem angeborenen Sinn für Form, Farbe und Gestaltung verwandelten sie selbst einfachste Gebrauchsgegenstände in Kunstwerke.

Rechts: Surya, dem Sonnengott, geweihter Tempel aus dem 11. Jh. in Modhera, mit kunstvollen Steinmetzarbeiten.

Manche dieser Holz- und Metallarbeiten erinnern an modernes Design. Auch die Frauen spielen durch die Herstellung ihrer filigranen und farbenfrohen Stickereien eine bedeutende Rolle in der Handwerkskunst Gujarats.

Eine faszinierende Sammlung traditioneller Metallarbeiten ist im **Vechaar-Museum** ausgestellt, 15 Fahrminuten außerhalb der Stadt. Zu sehen gibt es dort unter anderem metallene Töpfe und Wasserkrüge, Nussknacker, Schlösser und Aussteuertruhen. Im gleichen Komplex befindet sich das **Vishalla Restaurant** mit vegetarischer Gujarati-Küche in rustikaler Atmosphäre, mit traditioneller Musik und Marionettenspiel.

Den runden **Kankaria-See** (südöstlich des Zentrums), wo heute abends **Musikfontänen** und Garküchen locken, legte Sultan Qutabuddin 1451 an. Ein Damm führt zu dem kleinen Sommerpalast mit Garten in der Seemitte, den auch Kaiser Jehangir nutzte. Am See gibt es eine Promenade, einen großen **Zoo** und einen Kinderpark, und eine nostalgische **Eisenbahn** umrundet ihn.

» **Stadtplan S. 144, Info S. 151**

Photo: Satish Sharma

Ausflüge von Ahmedabad

Einzigartig sind die **Stufenbrunnen**, die *vaava*, gestiftet vom König, Adligen oder Kaufleuten – Treppenanlagen, die in ein Wasserreservoir zur Versorgung der Bevölkerung führen. Diese Stufenbrunnen, teils mehrere Etagen tief, weisen wunderschöne Steinmetzarbeiten auf. Aus dem 16. Jh. stammt der **Dada Harini Vaava** bei **Sarkhej** ❸ (18 km südl. v. Ahmedabad). In Sarkhej steht das Grabmal **Sarkhej Roja** von Mahmud Shah Begra (15. Jh.).

★**Adalaj Vaava** ❹ (19 km nördlich), 1499 von Königin Rudabai erbaut, ist ein fünf Geschosse tiefer Stufenbrunnen mit Steinsäulen und Bogengängen, in die dekorative, teils erotische Motive sowie filigrane Muster gemeißelt sind.

65 km von Ahmedabad entfernt, ist der **Nalasarovar-See** als **Nal-Sarovar-Vogelschutzgebiet** ❺ ausgewiesen. Zugvögel wie der rosa Pelikan, Flamingo und Storch kommen zwischen November und Februar in dieses Feuchtbiotop.

In **Lothal** ❻ (90 km südlich), wurden Reste einer Hafenstadt ausgegraben, die bis etwa 2000 v. Chr. zurückdatiert werden kann. Die Stadt gehörte zur Harappa-Kultur des Indus-Tals; später trieb Gujarat von hier Handel mit ganz Westasien. Das **Museum** lohnt einen Besuch.

Ausflugsziele im Norden Gujarats: Bei **Modhera** ❼ (100 km nordwestl. v. Ahmedabad) steht der ★**Sonnentempel**, den 1026 n. Chr. der Solanki-König Bhimadev I. errichten ließ; zur Tagundnachtgleiche treffen die ersten Sonnenstrahlen auf das Bildnis von Sonnengott **Surya** im Allerheiligsten. **Patan** ❽ (120 km von Ahmedabad) ist für den **Rudramala-Tempel** und seine in der Ikat-Technik handgefertigten *patola*-Stoffe berühmt. Die Witwe von König Bhimadev I. ließ nach dessen Tod 1063 den höchst kunstvollen Stufenbrunnen ★★**Rani-ki-Vav** (UNESCO-Welterbe) in Patan erbauen. Das nahe, trockengefallene **Sahasralinga-Reservoir** umgaben einst 1000 Shiva-Schreine, gestiftet von Rajputen-König Siddharaj Jaisingh im 12. Jh. Kunstvolle Tempel

» Karte S. 146, Info S. 151

Photo: traveler1116 (iStockphoto)

stehen auch nordöstl. von Ahmedabad in **Shamlaji** ❾ (130 km) und **Ambaji** (180 km).

Vadodara, Champaner und Surat

Vadodara ❿ (Baroda) gehörte einst zu dem von den Gaekwad-Rajputen regierten Fürstentum. Die Paläste **Nazarbag**, **Makarpura**, **Pratap Vilas**, **Laxmi Vilas** und **Bhadra** sind wegen ihrer Kunst- und Antiquitätensammlungen einen Besuch wert. **Kirti Mandir** erinnert an bedeutende Persönlichkeiten der Gaekwad-Familie. Ebenfalls interessant für Besucher sind das **Vadodara-Museum**, das **Planetarium** und der **Surasagar-See**. Der Name der Stadt ist außerdem mit ihrer berühmten **Akademie der Schönen Künste** verbunden.

★Champaner ⓫. (45 km östlich) zählt mit seiner **Moschee** und dem **Fort** auf dem Berg Pavagadh (820 m ü.M.) zum UNESCO-Welterbe. Es war 50 Jahre, bis zu seiner Plünderung durch Humayun 1533, die Hauptstadt von Gujarat und geriet dann in Vergessenheit.

Oben: UNESCO-Welterbe – Champaners Moschee. Rechts: Letztes Refugium des äußerst seltenen Asiatischen Löwen ist der Gir-Nationalpark.

Surat ⓬ (2,6 Mio. Einwohner) war im 17. Jh. Indiens wichtigster Handelshafen, es gab Niederlassungen portugiesischer, holländischer, französischer und britischer Händler. Es besitzt eine **Festung** von 1540 und englische und holländische Prunkgräber aus dem 17. Jh. Surat ist ein Zentrum moderner und traditioneller Textilherstellung (Gold- und Silberbrokaten) und der Diamantenschleiferei. Kulinarische Spezialität ist *undhiyum* (Gemüse, das in einem im Boden vergrabenen Tontopf gegart wird). Das in ganz Gujarat am 14. Januar begangene Drachenfest *Utaraana* wird in Surat besonders aufwändig gefeiert.

Bardoli ⓭ im Bezirk Surat war einst ein bedeutendes Zentrum während des Freiheitskampfes Indiens und besitzt das **Sardar Vallabhbhai Patel Museum**. In der Nähe ist **Dandi**, bekannt durch Gandhis *Salt Satyagraha*.

HALBINSEL SAURASHTRA

Auf der Fahrt von Ahmedabad nach Saurashtra kann man in **Wadhwan** ⓮ Nachfahren der Steinmetze, die die Tempel bei Somnath und Dwarka (s. unten) erbauten, bei der Arbeit sehen.

Westlich liegt **Tarnetar** ⓯. Im August/September ist der dortige **Shiva-Tempel** Zentrum eines bunten dreitägigen Fests. Die Menschen tanzen und singen ausgelassen zu rhythmischer Begleitung auf traditionellen Instrumenten: Das **★Tarnetar-Fest** – eine Art Heiratsmarkt für Stammesangehörige – ist ideal, um einmal die Farbenfreude des ländlichen Gujarat zu erleben.

Auf dem Weg zur Südküste der Halbinsel lohnt sich ein Abstecher zur Jain-Tempelstadt **★Palitana** ⓰. Ein langer Treppenweg führt hinauf zum 602 m hohen Berg **Shatrunjay Hill** mit seinen 863 herrlichen **★Jain-Tempeln**. Der älteste kann bis ins 11. Jh zurückdatiert

» Karte S. 146, Info S. 151

Photo: Dyan_k (iStockphoto)

werden. Der **Tempel des Adishvarnath**, des ersten Jaina *Tirthankar*, gilt als der bedeutendste in dieser ohnehin schon spektakulären Tempelstadt. Die Tempelanlagen sind aus kunstvoll gehauenem Marmor erbaut. Niemand darf über Nacht auf dem Berg bleiben.

Auch **Junagadh** ⓱ am Fuß des heiligen **Mt. Girnar** ist wegen seiner **Jain- und Hindutempel** bekannt. Die 16 Marmortempel erreicht man nach einem Aufstieg über 5000 Stufen. Der älteste Tempel (1128) ist **Neminath**, dem 22. Jaina *Tirthankar*, geweiht.

★Gir-Nationalpark

54 km von Junagadh beginnen die Wälder des **Sasan Gir**, von denen 1295 km² als **★Gir-Nationalpark** ⓲ ausgewiesen sind. Es ist der letzte Ort auf der Welt, wo man **★Asiatische Löwen** in freier Natur beobachten kann. Hier leben auch Wildschweine, Tüpfel- und Bellhirsche, Antilopen, Hyänen, Schakale und viele Vogelarten. (Parkeingang beim Dorf **Sasan**; früh buchen!)

★Diu – portugiesisches Erbe

Im Osten der kleinen Insel **★Diu** ⓳, vor Gujarats Südküste, errichteten 1535 die Portugiesen eine (gut erhaltene) Festungsstadt mit **Fort**, später die Barockkirchen **St. Pauls**, **St. Francis** und **St. Thomas** (letztere dient als **Museum**). Dius attraktive **Strände** – der beliebteste ist **Nagoa** – sind nur eine Flugstunde von Mumbai entfernt und werden fast nur von indischen Touristen und Rucksackreisenden besucht.

Somnath und Dwarka

In **Prabhas Patan** ⓴ steht am Meer einer der zwölf wichtigsten Shiva-Tempel Indiens: **Somnath** – siebenmal von Muslimen zerstört und immer wieder aufgebaut (zuletzt 1950). Nahebei liegt **Bhalka Tirth**, wo Krishna vom Pfeil eines Jägers getötet wurde.

Chorwad ㉑ ist ein ruhiger kleiner Badeort. **Porbandar** ㉒ war einst ein bedeutender Hafen. Mahatma Gandhi wurde hier 1869 im Haus **Kirti Mandir**

» Karte S. 146, Info S. 151

Photo: Satish Sharma

(heute eine Gandhi-Gedenkstätte) geboren.

Nach der Legende wurde die heilige Stadt **Dwarka** ㉓, von Gott Krishna erbaut, fünfmal zerstört. Der kunstvoll verzierte ★**Dwarkadish-Tempel** ist Krishna geweiht, sein Haupteingang stellt das Tor zum Himmel dar. Krishnas Geburtstag im August wird in der ansonsten eher beschaulichen kleinen Pilgerstadt mit großem Aufwand begangen. Dwarka war ehemals ein Hafenort, und man fand Spuren einer versunkenen Stadt vor der Küste.

Jamnagar ㉔ ist für seine Knüpfbatik-Stoffe bekannt. Der **Lakhota-Palast** beherbergt heute ein **Museum**.

★KUTCH (KACHCHH)

Der Distrikt ★**Kutch** hat kaum touristische Infrastruktur, aber viele Dorfgemeinschaften, deren halbnomadische Lebensweise als Viehhirten sich erhalten hat. Die „Kutchis" tragen reich verzierte, farbenfrohe Kleider; die Frauen lieben üppigen Schmuck. Die Wände ihrer Lehmhäuser sind mit eingeritzten Mustern und winzigen Spiegeln verziert. Insbesondere im **Banni-Gebiet** im Norden existiert eine reiche **Kunsthandwerkstradition**.

Bhuj ㉕ ist die Hauptstadt von Kutch. Der 1865 erbaute Ayanamahal, der fantastische **Spiegelpalast**, und die malerische Altstadt wurden 2001 bei einem Erdbeben beschädigt. Das **Kutch-Museum** zeigt eine Sammlung indo-skythischer Schriften. Im nahen **Bhujodi** (8 km östlich von Bhuj) leben **Weber**, die bunte Decken, *dhablas*, und wollene *durries* herstellen.

Mandvi ㉖, bis 1900 eine bedeutende, befestigte Lastensegler-Hafenstadt, lockt mit einem breiten **Sandstrand**.

Der Distrikt Kutch ist auch wegen seines zur Monsunzeit von Wasser bedeckten **Schutzgebiets** für **Flamingos** und **Wildesel** im **Little Rann of Kutch** ㉗ bekannt; hier kann man Wasservögel vom Kamelrücken aus beobachten.

Oben: Stammesangehörige der indigenen Bhil begehen das Holi-Fest in Gujarat.

» Karte S. 146, Info S. 151

Beim *Makar Sankranti* (Jan.) lässt man mit Begeisterung Drachen steigen. Besonders festlich sieht Gujarat während des neun Tage dauernden *Navaratri-Festes* (Sept.-Okt.) zu Ehren der Göttin Durga aus. Eine Freude sind bei dieser Gelegenheit die *Garba-* und *Dandiya Ras-Tänze*. Gleich darauf folgt das *Dussehra-Fest*. Besonders farbenfroh sind die Jahrmärkte in Tarnetar (Aug.-Sept.), Dang Durbar (März), Dakor, Pavagadh und Madhavrai (März-April).

Neun Orte in Gujarat – Ahmedabad, Bhavnagar, Bhuj, Jamnagar, Keshod, Porbandar, Rajkot, Surat und Vadodara – unterhalten direkte Flugverbindungen nach Bombay. Western Railways verkehrt zwischen Ahmedabad und Bombay und nahegelegenen Städten sowie zwischen Delhi und einigen Städten in Rajasthan. Ein Netz von Bundesstraßen und Autobahnen führt zu den Touristenorten.

An erster Stelle bei den Souvenirs stehen die Textilien. Handbedruckte, gefärbte und gebatikte Stoffe können sich mit Webarbeiten (aus Seide, Baumwolle und Gold) in Qualität und Design durchaus messen. Daneben existiert auch ein gut gehender Antiquitätenhandel.

AHMEDABAD (☎ 079)

Gujarat Tourism, an einer Seitenstraße der Ashram Rd, Tel. 6589172, Fax 6582183, Mo-Sa 10.30-13.30 und 14-18 Uhr, zweiter und vierter Sa im Monat geschlossen.

Gopi Dining Hall, Ashram Rd, nahe dem VS Hospital am Westende der Ellisbridge, eins der beliebtesten Restaurants der Stadt für *thali*.
Cona Restaurant, gegenüber vom Kino, günstiges vegetarisches Essen.
Sankalp Restaurant, Seitenstraße der Ashram Road, beim Embassy Market, im Guiness Buch der Rekorde mit der längsten *Dosa* der Welt mit 7,5 Meter, außerdem südindische Gerichte.
Vishalla, nahe Sarkhej, im Süden der Stadt, man isst am Boden sitzend im rustikalen Ambiente kleiner Holzhütten, Musik- und Tanzvorführungen, hervorragende vegetarische Küche.

City Museum, im Sanskar Kendra, Tel. 6578369, Di-So 10-18 Uhr, Ausstellung zur Geschichte der Stadt, Gemälde, Textilien, Skulpturen, Fotografie, Literatur.
Shreyas Folk Art Museum, im Südwesten des Zentrums, Stadtteil Ambavadi, Tel. 6601338, Fr-Di 10-13.30 und 14-17.30 Uhr, Kunsthandwerk und Folklore aus Gujarat.
Calico Museum of Textiles, Shahibag, Tel. 7868172, Do-Di 10.30-12.30 und 14.45-16.45 Uhr, wunderbare Sammlung moderner und antiker indischer Textilien.
Tribal Museum, Ashram Rd, Gujarat-Vidyapith, Tel. 7545165, Mo-Fr 11-17.30 Uhr, Sa 11-16.30 Uhr, Völkerkundemuseum.

Hauptpostamt, Ramanial Sheth Rd.

DIU (☎ 02875)

Tourist Office, Bunder Rd, Tel. 252653, Mo-Sa 9.30-13.30 und 14.30-18 Uhr.

Night Heron, Bunder Chowk, hervorragendes Essen unter freiem Himmel direkt am Wasser.
Apana's Foodland, Apana Hotel, indisch, chinesisch und guter Fisch.
Nilkanth Restaurant, gute Fischgerichte.

VADODARA (☎ 0265)

Gujarat Tourism, Jail Rd, Narmada Bhavan, Tel. 2427489, Mo-Sa 10.30-18 Uhr, 2. und 4. Sa im Monat geschlossen.

Mandap, im Express Hotel, 1,5 km westl. der Bahnstation, besonders gute *Thalis*.
Tropical Woodland, RC Dutt Rd, hervorragende südindische Gerichte.

Maharaja Fatehsingh Museum, Laxmi Vilas Place Compound, Jawaharlal Nehru Marg, Tel. 256372, Di-So 10.30-17.30 Uhr.
Museum & Picture Gallery, Sayaji Bag, Tel. 267489, 9-17 Uhr.

MADHYA PRADESH

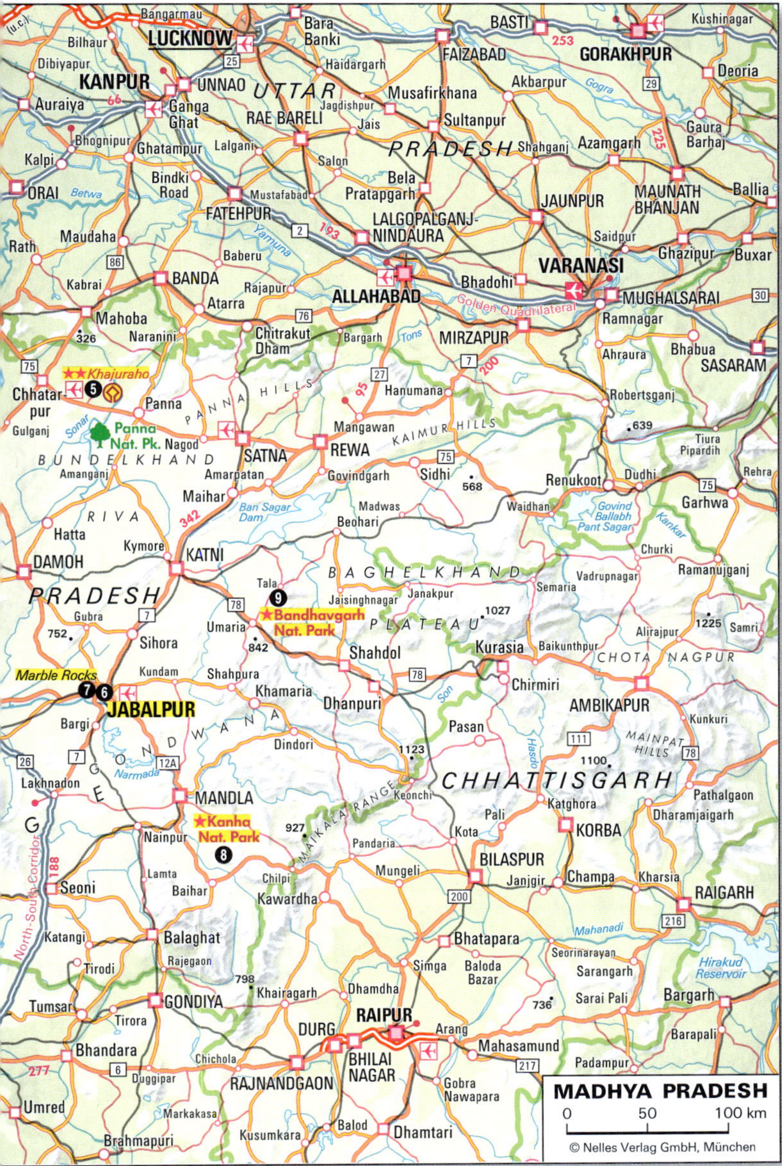

4 Madhya Pradesh

Photo: Helmut Köllner

MADHYA PRADESH

Geografisch liegt Madhya Pradesh im Herzen Indiens. Ein Aufenthalt in Madhya Pradesh bedeutet deshalb, ein Stück sehr ursprüngliches Indien abseits der großen Touristenpfade zu erleben. Trotz sehr bedeutender, geschichtsträchtiger Kulturdenkmäler ist hier die Infrastruktur wesentlich bescheidener als etwa in Rajasthan.

Madhya Pradesh war einmal der größte Staat Indiens, bis sich Chhattisgarh im November 2000 als 26. Bundesstaat abspaltete – die Bewohner des rohstoffreichen Chhattisgarh sind noch zu einem großen Teil Angehörige von Stammesgesellschaften. Über beide Staaten erstreckt sich ein Drittel der Waldfläche Indiens und daher auch mehrere Naturparks und Schutzgebiete.

Alle wichtigen Religionen Indiens – Hinduismus, Islam, Jainismus und Buddhismus – konnten sich in dieser Region entfalten. Da Madhya Pradesh im Herzen Indiens liegt, führten seit jeher wichtige Handelsstraßen durch diesen Staat. Der blühende Handel sowie der natürliche Reichtum – fruchtbarer Boden und Flüsse – brachten Wohlstand. Da Madhya Pradesh duch seine südliche Lage von etlichen Invasionen, die über den Hindukusch kamen, verschont blieb, sind hier noch zahlreiche Hindu- und Jain-Monumente zu finden.

Oben: Eine steingewordene Drohgebärde – die Festung von Gwalior.

★Gwalior

★Gwalior ❶ ist das Tor nach Madhya Pradesh; seine gigantische **★★Festung** wacht auf einem Hügel über die Stadt. Kaiser Babur bezeichnete sie einst als „die Perle unter den Festungen der Hindus". Wo man Stunden verbringen kann, ist der dank seiner von Kuppeln gekrönten Rundtürme sehr fotogene **★Man Mandir-Palast** des Rajputenkönigs Man Singh Tomar aus dem 15. Jh., zu dem man durch das **Elephant Gate** ge-

» Karte S. 152-153, Info S. 163

langt. Bemerkenswert sind das erstaunliche Beleuchtungs- und Kühlsystem, die kunstvollen blauen Fliesenmosaike mit Tierdarstellungen, die unterirdischen Verliese sowie die riesige Feuergrube, in die die Frauen des Palastes sprangen, wenn die Festung von Feinden eingenommen wurde. Auch die beiden Vishnu-Tempel des **Sas Bahu Mandir** sowie der alte **Teli Ka Mandir** (8. Jh.), mit Tänzerinnen-Darstellungen an den Säulen, sind einen Besuch wert.

Direkt unterhalb der Festung, am Haupteingang **Almagiri Gate**, steht der Palast **Gujari Mahal**, erbaut von Man Singh für seine Gemahlin Mrignayani und heute ★**Archäologisches Museum**, mit einer der schönsten Sammlungen mittelalterlicher Skulpturen Indiens, dient.

Nahe dem Museum liegt das im Mogul-Stil errichtete **Grabmal von Tansen**, einem der besten Sänger am Hof Akbars. Gwalior ist bis heute ein Zentrum klassischer indischer Musik.

Nahe dem **Urwahi Gate** der Festung wurden vom 7.-15. Jh. bis zu 17 m hohe **Jainskulpturen** (Tirthankara) in den Sandstein gehauen.

Das Gwalior des 18. und 19. Jh. war die Hauptstadt der kriegerischen Scindia-Dynastie der Marathen, deren Soldaten das Land vom Westen bis nach Delhi eroberten. Der teils noch von der Scindia-Familie bewohnte **Jai Vilas-Palast** besitzt zwei der größten **Kronleuchter** der Welt und eine silberne **Spielzeugeisenbahn**, die einst auf dem riesigen Essenstisch die Drinks brachte. Die Scindia-Herrscher erbauten ihn nur wegen des Besuchs des Prince of Wales 1875. Im angeschlossenen **Museum** sind u. a. vom Maharaja erlegte, ausgestopfte Tiger zu sehen.

Shivpuri und Chanderi

Shivpuri ❷ wurde von den Scindia als Sommerresidenz genutzt und ist mit seinem Wildschutzpark, dem See und seinen Palästen noch immer ein beliebter indischer Erholungsort. Im **Madhav (Shivpuri) Nationalpark**, in dem Rotwild lebt, gingen einst Maharajas und Kolonialherren auf Tigerjagd. Eine ungewöhnliche Zeremonie findet abends an den **Ehrenmälern** der Scindia statt: Musiker der Gwalior-*gharana* (Musikschule) singen vor den Herrscherstatuen, die für diese Gelegenheit von rituell aufgeputzten Gefolgsmännern bekleidet werden.

Mittelalterlich mutet auch **Chanderi** ❸ an, eine traditionelle Weberstadt, die für ihre fein gewebten Saris bekannt ist. Als Unterkunft bietet sich das **Rest House** der Marathen an, das einen herrlichen Ausblick bietet.

★Orchha

Am Ufer des Betwa liegt das historische Städtchen ★**Orchha** ❹. Es wurde von Pudra Pratap Singh aus dem Clan der Bundela-Rajputen gegründet. 1605-1627 war es Residenz des mächtigen Bir Singh Deo, mit prachtvollen Palästen und Tempeln.

Der **Raja-Mahal-Palast** hat sehenswerte Wandmalereien, v. a. im Frauenbereich des Palastes (z. B. Quirlung des Milchozeans). Der ★**Jahangir-Mahal-Palast** bietet einen großartigen Ausblick auf die unterhalb liegende Stadt; **Sheesh Mahal**, ein Teil des Palastes, ist zu einem einfachen, aber stimmungsvollen Palasthotel umgebaut. Ein Spaziergang über den mittelalterlich anmutenden **Basar** mit seinen vielen Süßwarenhändlern führt zum **Ram-Raja-Tempel**, einem Palast, der zum Tempel wurde; besonders stimmungsvoll ist der Tempelbesuch während der täglichen *aarti*-Zeremonie. Der **Chaturbhuj-Tempel** daneben kann auch bestiegen werden und bietet schöne Ausblicke.

Lohnende Spaziergänge führen zum **Lakshminarayan-Tempel**, mit schöner Wandbemalung, oder zu den fünfzehn **Chattris** am Fluss, wo die Adligen eingeäschert wurden (das Chattri-Gelände am Fluss ist umzäunt; Eintrittsgebühr).

» Karte S. 152-153, Info S. 163

★★Khajuraho

Einer Legende nach wurde vor 1000 Jahren Hemvati, die schöne Tochter eines Brahmanen, beim Baden in einem Teich vom Mondgott verführt; dieser Verbindung entstammte Chandravarman, der Begründer der Rajputendynastie der Chandela, die von 950 bis 1050 n. Chr. 85 **Tempel** in **★★Khajuraho** ❺ errichten ließ, von denen 25 erhalten sind. Die aus behauenem Stein erbauten Tempel – architektonische Meisterwerke – zählen zum UNESCO-Welterbe.

Die Tempel sind wegen ihrer **erotischen Steinfiguren** (s. Bild S. 12) weltberühmt, doch spiegelt die Fülle der Figuren eine Freude an der Darstellung aller möglichen menschlicher Stimmungen wider: *surasundari* oder *apsara* genannte himmlische Schönheiten sind gähnend, sich schminkend, sich die Füße mit Henna bemalend und die Frisur mit einem Spiegel in der Hand prüfend dargestellt. Andere Skulpturen stellen Götter, Halbgötter oder Fabelwesen dar. Lange Friese bilden Jagdszenen oder Prozessionen mit Elefanten, Pferden und Soldaten ab. Einige Skulpturengruppen zeigen außergewöhnliche Formen der sexuellen Vereinigung. Deren Freizügigkeit spiegelt die von keiner Bilderfeindlicheit belastete Unbekümmertheit der Hindus vor der Ankunft des Islams und der viktorianischen Prüderie wider: Fruchtbarkeit und Sexualität ist im Hinduismus ein Ausdruck des Göttlichen.

Die großartige Tempelarchitektur ist bemerkenswert und markiert einen Höhepunkt in der Baugeschichte Zentralindiens. Die luftig erbauten Tempel stehen auf einer erhöhten Basis ohne Ummauerung, ihre verschiedenen Bauelemente sind in einer Ost-West-Achse angeordnet. Dabei steigt die Architektur des Daches von den mit Türmchen verzierten Vorhallen im Osten über das mit großen Fensteröffnungen und Balkonen verzierte *mahamandapa* (Tempelhalle) bis zum alles überragenden *shikara* (Tempelturm) über dem Allerheiligsten an. Oftmals erhebt sich der Shikara aus einem Wald kleinerer angefügter Tempeltürme, so wie der durch ihn symbolisierte Weltberg Meru alle Nebengipfel überragt. Sehenswert sind die Verzierungen in der Versammlungshalle, dem *mahamandapa*, gerade auch der Deckenschmuck (eine Taschenlampe ist dabei hilfreich). Wahrscheinlich sind die Tempel wegen ihrer abgeschiedenen Lage mitten im Wald von Zerstörungen weitgehend verschont geblieben. Die wichtigsten Tempel stehen in der „Western Group", weitere Tempel können im Osten und Süden besichtigt werden. Das **Archäologische Museum** nahe dem Eingang zur westlichen Tempelgruppe lohnt einen Besuch.

Western Group

Links hinter dem Eingang südwärts trifft man auf fünf größere Tempel, von denen der majestätische, Vishnu geweihte **★★Lakshmana-Tempel** ① besonders sehenswert ist. Er ist das früheste Beispiel eines voll entwickelten Tempels in Khajuraho und besitzt alle wichtigen Elemente: **Eingangshalle** 1 (*ardhamandapa*), **Halle** 2 (*mandapa*), **Versammlungshalle** 3 (*mahamandapa*) und das von einem Umwandlungspfad und drei Vorsprüngen umgebene innerste **Heiligtum** 4 (*garbagriha*) unter dem Tempelturm. Sehenswert sind seine üppigen Verzierungen durch Steinfriese und wunderschöne erotische Skulpturen.

Gegenüber steht der kleine, jedoch bemerkenswerte **Varaha-Tempel** ②, in dem **Vishnu** in seiner Erscheinungsform als riesiger **Eber** dargestellt ist.

Im Westen der gepflegten Parkanlage stehen drei großartige Tempel. Der prachtvolle **★★Kandariya-Mahadeva-Tempel** ③ markiert den Höhepunkt der Chandella-Architektur. Mit 30,5 m x 20 m ist er der größte Tempel in Khajuraho. Der Haupttempelturm ist von

 » Karte S. 152-153, Stadtplan S. 157, Plan S. 157, Info S. 163

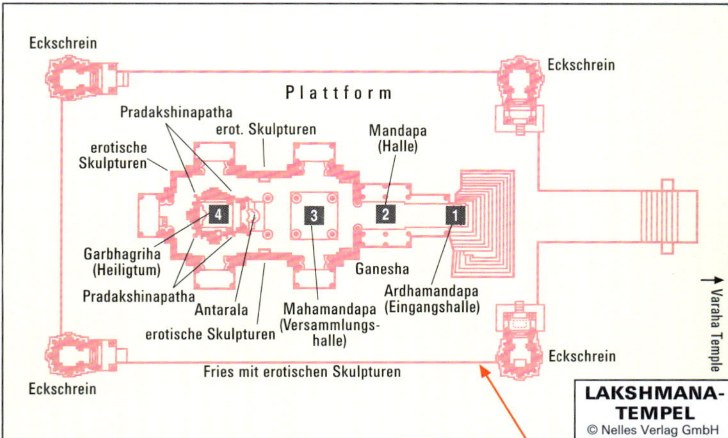

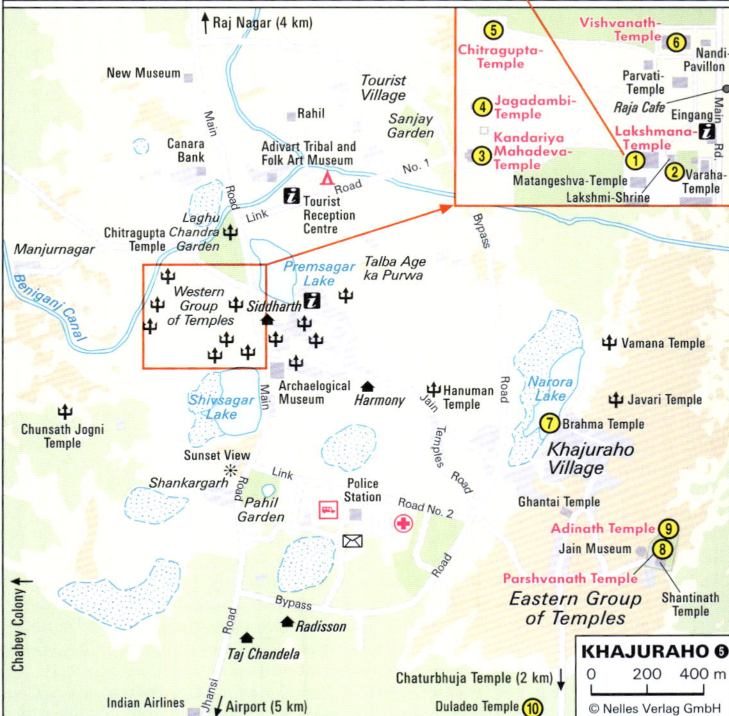

4 Madhya Pradesh

Photo: Aditya Arya

84 kleineren Tempeltürmen umgeben. Die beiden Eingangstore sind Meisterwerke der Steinmetzkunst: Der Figurenschmuck besteht aus schlanken, großen Skulpturen und einer Fülle erotischer Darstellungen. Im März findet hier ein Tanzfestival statt.

Der **★★Jagadambi-Tempel** ④ daneben war ursprünglich dem Gott Vishnu geweiht, später wurde er der Gemahlin des Gottes Shiva, Parvati zugeordnet. Auch er besitzt einen reichhaltigen, feinen Figurenschmuck.

Hundert Meter nördlich steht der **★Chitragupta-Tempel** ⑤, der als einziger Tempel Khajurahos dem Sonnengott Surya geweiht ist.

Außerdem lohnt ein Besuch des **★★Vishvanath-Tempels** ⑥, der dem Gott Shiva geweiht ist und vorzüglichen Skulpturenschmuck besitzt. Er ist zeitlich zwischen dem Lakshmana- und dem Kanadariya-Mahadeva-Tempel anzusiedeln, seine Architektur stellt das Bindeglied zwischen beiden Tempeln dar. Der Steinpavillon gehört zum Tempelkomplex und enthält eine Statue von Shivas Reitstier **Nandi**. Südwestlich davon steht ein kleinerer, restaurierter Tempel für Shivas Gemahlin **Parvati**.

Oben: Die Tempelanlagen von Khajuraho ziehen zahllose Besucher an. Rechts: Relief am Kandariya-Mahadeva-Tempel.

Tempel im Osten und Süden

Die östliche Tempelgruppe besteht aus drei hinduistischen und drei jainistischen Tempeln in der Nähe des Khajuraho-Dorfs. Erstere sind an oder in der Nähe des Khajuraho Sagar, eines kleinen Sees gelegen. Der **Brahma-Tempel** ⑦ stammt aus dem Jahr 900 und gilt als ältester Tempel in Khajuraho.

Die **Jain-Tempel** befinden sich in einem modernen Jain-Tempelkomplex; der **★Parshvanath-Tempel** ⑧ stammt aus dem 10. Jh. und ähnelt dem Lakshmana-Tempel. Der nahe **★Adinath-Tempel** ⑨ ist dem ersten Thirtankara der Jain geweiht.

Der **Duladeo-Tempel** ⑩ im Süden Khajurahos gilt als letzter Tempelbau

» Stadtplan S. 157, Info S. 163

Photo: Berthold Schwarz

der Chandellas. Noch weiter südlich befindet sich im **Chaturbhuja-Tempel** eine fein gearbeitete, 2,7 m große Statue des Gottes **Vishnu**.

Panna Tiger Reserve

25 km südöstlich lockt das **Panna Tiger Reserve** (Panna-Nationalpark) mit scheuen Tigern, Leoparden und – nahe dem **Madla Gate** am Ken-Fluss – Sumpfkrokodilen und Gangesgavialen.

★Kanha N. P. und ★Bandhavgarh N. P.

Jabalpur ❻, im Südosten von Madhya Pradesh, ist vor allem wegen der beeindruckenden **Schlucht** am Narmada Fluss, genannt **Marble Rocks ❼**, bekannt. Mit Ruderbooten kann man die 2 km lange Schlucht entlang fahren. Bei Mondlicht wirken die glatten weißen Felsen besonders eindrucksvoll.

Jabalpur ist zudem geeigneter Ausgangsort für Fahrten in die Nationalparks Kanha und Bandhavgarh, die als die schönsten Indiens gelten. **★Kanha-Nationalpark ❽**, 175 km südöstlich der Stadt, gehört mit einer Fläche von 1945 km^2 zu den größten Naturparks des Landes. Die Chance vom Jeep oder vom Elefantenrücken aus Tiger, Indische Bisons oder vielleicht auch einen Leoparden zu sehen, ist in dem offenen Grasland ziemlich gut. Der 195 km nordöstlich von Jabalpur gelegene **★Bandhavgarh Nationalpark ❾** ist mit 445 km^2 viel kleiner, hat aber flächenbezogen das größte Tigervorkommen der Welt. Das spektakulär gelegene **Bandhavgarh Fort**, auf 800 m hohen Felsen, und über 150 Vogelarten machen den Park besonders attraktiv.

Bhopal, Bhojpur und ★★Bhimbetka

Bhopal ❿, die Hauptstadt von Madhya Pradesh, ist 1984 durch einen schweren Unglücksfall in der Chemischen Industrie weltweit bekannt geworden. Giftgas strömte aus den Tanks von Union Carbide und tötete nach offiziellen Angaben 2000 Menschen sofort,

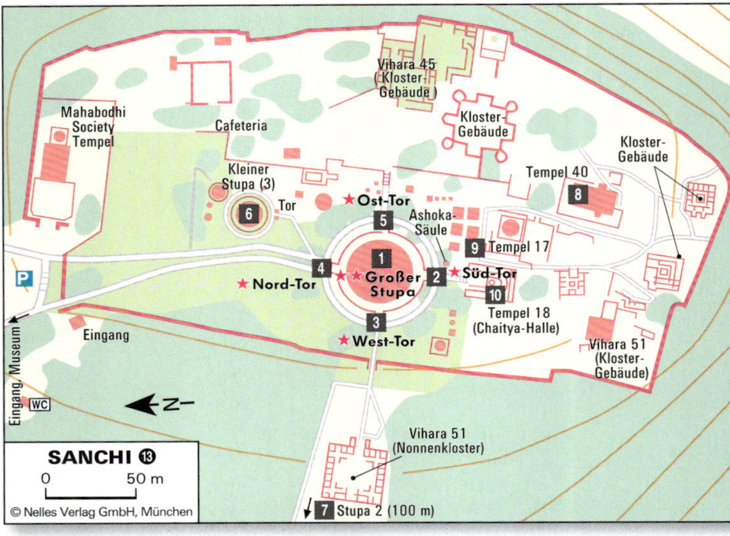

8000 starben später an den Folgen.

Bhopals Altstadt rund um die Freitagsmoschee lohnt einen Besuch. Die **Tajul Masajid** gilt als eine der größten Moscheen der Welt. Das **Staatliche Archäologische Museum** und **Bharat Bhawan** sind desweiteren sehenswert. Der moderne Bau am Ufer eines großen Sees ist mit Kunstgalerie, Repertoiretheater, Kunstwerkstatt, Hörsälen, Bibliotheken, Schulen für klassische und traditionelle Musik ausgestattet und besitzt die größte Sammlung an Volkskunst der Welt.

In **Bhojpur** ⓫, 28 km südlich von Bhopal, steht der großartige **Shiva-Tempel**, den der Rajputenkönig Raja Bhoj (1010-1053), ein Krieger, Gelehrter und Förderer der Künste erbauen ließ. Beim Betreten trifft man auf das riesenhafte *lingam*, Symbol des Gottes Shiva – ein ehrfurchtgebietender Anblick. Vor dem Tempel stehen unvollendete Skulpturen; die Lehmrampe, über die Steine auf den Dachfirst des Tempels gehievt wurden; und Felsblöcke mit eingeritzten Bauplänen – es scheint, als machten die Arbeiter gerade Pause.

Rechts: Der große Stupa von Sanchi ist eines der ältesten Baudenkmäler des Buddhismus (3. Jh. v. Chr.).

45 km südlich von Bhopal finden sich in den **Bhimbetka-Bergen** ⓬ einige der schönsten **★★Felsmalereien** der Welt: bildhafte Zeugnisse jungsteinzeitlicher Kultur. Die rd. 500 Malereien umspannen den Zeitraum von 7000 v. Chr. bis in die frühgeschichtliche Epoche. Allein der Anblick der bizarren Felsüberhänge im Teak-Wald ist ein Erlebnis. Die Stätte ist UNESCO-Welterbe.

★★Sanchi und die ★Udaygiri-Höhlen

50 km nordöstlich von Bhopal liegt **★★Sanchi** ⓭, eine der zum UNESCO-Weltkulturerbe zählenden archäologischen Stätten Indiens. Sanchi besitzt die ältesten erhaltenen Baudenkmäler des Buddhismus, die teilweise mit rund 2000 Jahre alter Steinmetzkunst verziert sind. Am berühmtesten ist der **★★Gro-**

 » Karte S. 152-153, Plan S. 160, Info S. 163

Photo: Gerald Anfossi

ße **Stupa** 1 (Stupa 1) aus dem 3. Jh. v. Chr. Er ist von einem hohen Steinzaun umgeben. An ihm ist die Übertragung älterer Holzarchitektur auf Stein besonders offensichtlich. Die vier über 10 m hohen **Eingangstore** (*toranas*) sind mit prachtvollen Steinmetzarbeiten aus dem frühen 1. Jh. und später verziert, die Ereignisse aus dem Leben des Buddha und seiner früheren Leben (aus den Jataka-Erzählungen) darstellen.

Das ★**Südtor** 2 ist das älteste, zeigt u. a. die **Geburt Buddhas** und Inschriften, in denen u. a. die Elfenbeinschnitzer der heute noch existierenden nahen Stadt Vidisha als Urheber der Steinmetzarbeiten genannt werden.

Das ★**Westtor** 3 zeigt u. a. die **Versuchungen Buddhas**. Am besten erhalten ist das ★**Nordtor** 4 mit Szenen aus dem **Leben Buddhas**. Auf dem ★**Osttor** 5 ist u. a. **Mayas Traum** dargestellt.

Die **Reliefs** an den Toren des Großen Stupa und am **Tor des Stupa 3** 6 bilden den Höhepunkt der frühesten Kunst Indiens. Am **Stupa 2** 7 (etwas außerhalb) sind die ältesten Steinreliefs; ein archaisches **Medaillon** aus dem 2. Jh. v. Chr. zeigt die Übergießung der Glücksgöttin Lakshmi durch zwei Elefanten.

In der Umgebung sind weitere Stupas, Überreste einer **Chaitya-Halle** 8 (Tempel 40), der **Gupta-Tempel 17** 9, der **Tempel 18** 10, Säulen und die Bereste von Klöstern zu sehen.

Das **Museum** am Eingang enthält weitere Skulpturen, Reliefs und Töpferwaren aus der Umgebung.

Rund 8 km von Sanchi entfernt befindet sich in den Ruinen der historischen Stadt **Vidisha** (Besnagar), die **Säule des Heliodoros**, ein Monument zu Ehren eines griechischen Botschafters, der zum Hinduismus konvertierte.

6 km westlich von Vidisha liegen die sehenswerten ★**Udaygiri-Höhlen**, eingemeißelt zur Gupta Zeit (320-510 n. Chr.) in ein Felsmassiv. Ein wunderschönes Relief in **Höhle 5** zeigt Vishnu, wie er in seiner Erscheinungsform als ★★**Eber** (Varaha) die Erde, Bhumi-Devi, aus dem Urozean rettet, den der Schlangenkönig verkörpert, und sie mit seinen Hauern emporhebt.

» Plan S. 160, Karte S. 152-153, Info S. 163

Photo: Ladislav Janicek

Indore und ★Mandu

Etwa 200 km westlich von Bhopal liegt **Indore** ⓮ im Herzen des alten Staates *Malwa*, mit angenehmem Klima: Die Morgendämmerung von Benares, den Abend von Oudh und die Nacht von Malwa rühmte schon 1599 der Poet Ahmad-ul-Umri Turkoman. In Indore sollte man **Lalbagh Palace**, den gut erhaltenen Palast der Holkar-Könige und **Kanch Mandir**, den innen verspiegelten Jain-Schrein besuchen.

Um ★**Mandu** ⓯ – die riesige **Festung** und zeitweise Königsresidenz mit opulenten **Palästen** – ranken sich viele Legenden, so die von dem großen Krieger Ho-shang Shah (gestorben 1435), über Sultan Ghiyas-ud-Din (1469-1500) mit seinem Harem von 15 000 Frauen, über den Besuch des Kaisers Jehangir und über die tragische Geschichte von Baz Bahadur und Rupmati, einem Sultan, der sein Reich für eine Sängerin aufgab, die wiederum für ihn ihr Leben opferte. Zu sehen sind die Überreste von *Shadiabad*, einer Stadt, die einst als Erholungsort für Fürsten angelegt wurde. Besonders stimmungsvoll in der Abenddämmerung ist ★**Rupmati's Pavillon** – wenn der Wind über die Terrasse streicht, auf der sie ihre süßen Lieder sang, mit herrlichem Blick auf den Fluss Narmada.

Der **Jahaz Mahal** war ein Harems-Lustpalast, in Form eines Schiffs zwischen zwei Seen errichtet. In den kühlen unterirdischen Kammern des **Hindola Mahal** verbrachten die Mätressen Ghiyas-ud-Dins die heiße Jahreszeit. ★**Hoshang Shahs Grabmal** gilt als eines der schönsten Beispiele afghanischer Baukunst; die Architekten Shah Jahans suchten es auf, ehe sie mit dem Bau des Taj Mahal begannen. Sehenswert sind außerdem die große ★**Jami Masjid**, der **Ashrafi Mahal**, **Rewa-Kund** mit **Baz Bahadurs Palast**, der **Nilkanth-Palast** und die **Karawanserei**.

Maheshwar und Omkareshwar

Maheshwar ⓰ ist für seine Saris berühmt, die vor 250 Jahren die Rani Ahilyabai einführte. Das **Rajwada** besitzt interessante Erbstücke von ihr, auch die prächtigen *ghats* am Ufer der **Narmada** erinnern an sie.

An der Narmada liegt auch die heilige Stadt **Omkareshwar** ⓱, deren **Shiva-Tempel**, auf der Flussinsel nahe dem Staudamm, einen der zwölf *jyotirlingas* (Shiva-Schreine) beherbergt; zudem prangen am **Siddhanath-Tempel** dort kunstvolle **Elefantenreliefs**.

Ujjain

Eine der heiligsten Städte Indiens ist **Ujjain** ⓲ am Shipra. Ujjain hat viele Tempel, so den berühmten **Mahakal**, den alle 12 Jahre zum *Simhasta*-Fest Millionen besuchen. Die Stadt hält die Erinnerung an ihre große Vergangenheit unter Kaiser Ashoka (3. Jh. v. Chr.) und Vikramaditya (4. Jh. v. Chr.) wach.

Oben: Hindupilger in Ujjain.

» Karte S. 152-153, Info S. 163

Das *Marrhai* ist ein Stammesfest; besonders eindrucksvoll sind die Feiern in Bastar und Chhatisgarh. Beim *Bhagoria-Fest* (in Jhabua) gewinnt man einen kleinen Einblick in die Traditionen des Volkstanzes und des Theaters. Die klassischen Künste werden beim jährlichen *Khajuraho*-Tanzfest (März) und dem *Tansen-Fest* in Gwalior gefeiert. Erwähnenswert sind auch die Feste *Mahashivaratri* im März (Khajuraho / Ujjain / Maheshwar), *Buddha Jayanti* im Mai (Sanchi), *Ram Navmi* (Chitrakoot), *Kartik Mela* im Nov. (Muktagiri, Nohta) und insbesondere die große *Kumbh Mela*, die alle zwölf Jahre in Ujjain begangen wird.

Typische lokale Souvenirs sind Textilien: gewebte Baumwoll- und Seidensaris aus Chanderi und Maheshwar, mit Pflanzenfarben handbedruckte Stoffe, Tussahseide aus Raigarh und Bastar (Jagdalpur) und Baumwollstoffe mit *zari* (Stickereien mit Goldfäden) aus Bhopal. Aus Indore kommen Lederwaren und Armbänder aus Glas; kunstvolle Votivlampen, Messbecher und Figuren aus Messing.

BHOPAL (☎ 0755)

M. P. Tourism, Gangotri, 4. Stock, T. T. Nagar, Tel. 778383, Fax 2774289; Infoschalter am Flughafen und am Bahnhof.

Mehfil, Hamidia Rd, abwechslungsreiche, sehr schmackhafte Gerichte. **Kwality**, New Market Rd, Fast Food, Pizza.

Government Archaeological Museum, Banganga Marg, Tel. 263207, 10-17 Uhr, Mo und an gesetzl. Feiertagen geschl.
Tribal Research Development Institute, Tel. 4492, 10.30-17 Uhr.
Bharat Bhavan, 13-19 Uhr, Mo geschl.

GWALIOR (☎ 0751)

Madhya Pradesh Tourism, im Hotel Tansen, südöstl. des Bahnhofs, Tel. 2340370, Fax 2340371, Mo-Fr 9.30-17 Uhr.

Volga Restaurant, im Hotel Surya, gute indische Küche.

Usha Kiran Palace Restaurant, Jayendra Ganj, Lashkar, exzellente Speisen in einem ehemaligen Maharadscha-Palast.

Archeological Gujari Mahal Museum, Gwalior Festung, Tel. 8526, Öffnungszeiten: 10-17 Uhr, montags und feiertags geschlossen.
Maharaja Jivaji Rao Scindia Museum, Jai Vilas Palace, Lashkar, Tel. 222290, Öffnungszeiten: 9.30-16.30 Uhr, montags geschlossen.

JABALPUR (☎ 0761)

Tourist Office, am Bahnhof, Tel. 2322111, tgl. 7-21 Uhr.

Yogi Durbar & Bar, Guru Nanak Market, gutes Essen, günstig.

AUSFLÜGE: **Kanha Nationalpark**, 160 km südöstl., Unterkünfte bei **Khatia** am Khatia Gate, hier werden auch Jeep und Elefanten-Safaris gebucht. 3 Visitor Centres im Park, tgl. 8-12 und 15-19.30 Uhr, Öffnungszeiten saisonbedingt.
Bandhavgarh Nationalpark, 197 km nordöstlich, Zugang zum Park in **Tala**, hier auch Unterkünfte und Visitor Centre, ein Besuch des Parks ist nur in der Früh und abends möglich.

KHAJURAHO (☎ 076862)

Civil Aerodrome Khajuraho, Tel. 72805

Raja Café, guter Platz um nach der Besichtigung zu entspannen, Nähe Tempelkomplex Western Group.

ORCHA (☎ 076802)

Orcha Resort, gehobenes Niveau, bietet ein gutes vegetarisches Mittagsbuffet, am Betwa-Fluss, Tel. 52222

SANCHI (☎ 07592)

Archeological Museum, an der Straße, die zum Bahnhof führt, Sa-Do 10-17 Uhr, wertvolle Skulpturensammlung, unter anderem mit dem Löwenkapitell einer Ashoka-Säule.

Helmut Kollner

Das buddhistische Kloster Dhankar thront auf einem Felssporn im abgelegenen Spiti-Tal

Photo: Helmut Köllner

MAJESTÄTISCHE GIPFEL

JAMMU UND KASCHMIR
LADAKH / ZANSKAR
HIMACHAL PRADESH
UTTARAKHAND

JAMMU UND KASCHMIR

Indiens nördlichster Bundesstaat **Jammu und Kaschmir** (J & K) bietet enorme geografische und kulturelle Unterschiede. **Jammu** ist geprägt durch den Pir-Panjal-Himalayakamm und seine Vorberge. Es ist Heimat der Dogra-Rajputen, eines hinduistischen Bergvolks mit kriegerischer Vergangenheit. Jenseits des Himalaya-Hauptkamms (der Klima-, Verkehrs- und Kulturscheide) liegen **Zanskar** und das regenarme **Ladakh** – treffend auch „Klein-Tibet" genannt – mit Klöstern und farbenfrohen Ritualen des Mahayana-Buddhismus.

Zwischen den beiden unwirtlichen Hauptketten des Himalayas liegen in 1700 m Höhe die paradiesischen Seen des Hochtals von **Kaschmir**, wo bis in die 1990er Jahre der Hausboot-Tourismus und das Kunsthandwerk florierten.

Im ursprünglich hinduistischen und buddhistischen Kaschmir überwiegt seit dem 14. Jh. der Islam, doch bei der Teilung Indiens 1947 schloss sich der hinduistische Raja der Indischen Union an, was zum Krieg mit Pakistan führte.

Sicherheitshinweis: Separatistische Bestrebungen von Muslimen, teils unterstützt von Pakistan, waren in der Vergangenheit öfter Ursache von **Unruhen** in **Kaschmir**. Ein Besuch sollte von der aktuellen Sicherheitslage abhängig gemacht werden. Das buddhistische Ladakh gilt als sicher.

Links: Padmasambhava mit Tantrikerstab im Tempel von Lallung.

Jammu

Reist man mit der Bahn nach Kaschmir, endet die Reise – 591 km von Delhi – in der Stadt **Jammu** ❶ an den Hängen der Shivalik-Berge. Vom **Fort Bahu** aus hat man einen schönen Blick auf den Fluss **Tawi**. Das Stadtbild wird von Tempeln geprägt, zu denen man durch enge Gassen gelangt. Die vergoldeten Tempel des **Raghunath-Tempelkomplexes** spiegeln das einst fürstliche Leben in der alten Dogra-Hauptstadt wieder. Das **Dogra-Museum** im **Gandhi Bhavan** beherbergt eine ausgezeichnete Sammlung von Pahari-Miniaturmalereien. In dem architektonisch seltsamen **Amar-Palast**, den sich ein Maharaja von einem französischen Architekten entwerfen ließ, befindet sich ein **Museum** für Kunstgewerbe.

Auf dem Weg nach Srinagar kann man 30 km nördlich von Jammu nach **Riasi** ❷ (80 km) abbiegen. Der Ort war Stammsitz von General Zorawar Singh und thront, wie auch **Akhnoor** weiter südlich, über dem Fluss Chenab. Die Straße nach Riasi führt an **Katra** ❸ (48 km) vorbei, von wo Hindupilger zu Fuß

» Karte S. 168-169, Info S. 183

LINE OF CONTROL
SRINAGAR
Badamibagh Cantonment
JAMMU
Udhampur
Anantnag
Baramula
Sopore
Bandipur
Gandarbal
Badgam
Pampore
Awantipora
Bijbehara
Shupiyan
Kulgam
Khanabal
Achabal
Kokernag
Verinag
Banihal
Ramban
Batote
Patnitop
Chenani
Kud
Riasi
Katra
Vaishno Devi
Tikri
Domel
Manwal
Ramnagar
Akhnoor
Bari Brahmana
Samba
Kishtwar
Doda
Bhaderwah
Pahalgam
Sonamarg
Drass
Kargil
Sanku
Panikhar
Gulmarg
Cable Car to Mount Afarwat
Yusmarg
Wular Lake
Manasbal Lake
Anchar Lake
Dal Lake
Gangabal Lake
Dachigam Wild Life Sanctuary
Amarnath Cave
Thajiwas Glacier
Kolahoi Glacier
Martand Temple
Kartse Khar
Suru Valley
Zoji La (Zozila) 3529
Jawahar Tunnel (Banihal Tunnel)
under construction
Kishtwar National Park
Mansar Lake
Chenab
Jhelum
Lidder
Tawi
Suru
Dalhousie
Chamba
Kotli Loharan

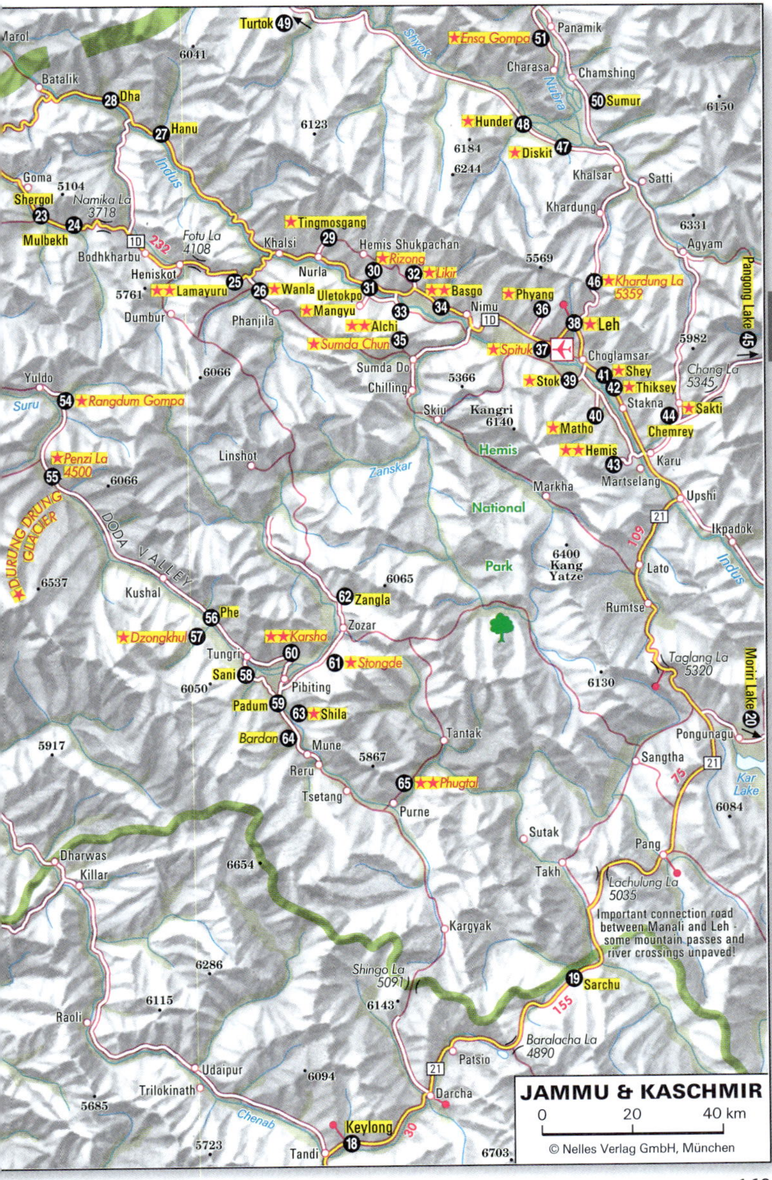
Turtok 49
Panamik
Ensa Gompa 51
Shyok
Marol
6041
Charasa
Chamshing
Nubra
Batalik
28 Dha
50 Sumur
6150
Hanu 27
6123
Hunder 48
6184
Diskit 47
Indus
6244
Khalsar
Satti
Goma
5104
Shergol
Namika La 3718
23
24
Mulbekh
Khardung
6331
Tingmosgang
Agyam
1D
232
Fotu La 4108
Khalsi
29
Hemis Shukpachan
Bodhkharbu
Rizong
5569
Heniskot
Nurla
30
32 Likir
46 Khardung La 5359
Pangong Lake 45
5761
Lamayuru
25
26 Wanla
31 Uletokpo
Basgo
Phyang
Dumbur
Mangyu
33
34
Nimu
36
38 Leh
Phanjila
Alchi
1D
Sumda Chun 35
Spituk 37
Choglamsar
5982
Sumda Do
Shey 41
Chang La 5345
6066
5366
Yuldo
Chilling
Stok 39
42 Thiksey
Suru
54 Rangdum Gompa
Skiu
Kangri 6140
Stakna
44 Sakti
Matho 40
Chemrey
Hemis
Linshot
Hemis 43
Karu
Penzi La 4500
55
6066
Zanskar
Markha
Martselang
Upshi
Durung Drung Glacier
Doda Valley
National
21
Ikpadok
109
6400 Kang Yatze
Lato
Indus
6537
6065
Park
Kushal
62 Zangla
Rumtse
56 Phe
Zozar
Dzongkhul 57
Karsha
60
Taglang La 5320
Moriri Lake 20
Tungri
61 Stongde
6130
Sani 58
Pibiting
6050
Padum 59
63 Shila
Bardan 64
Tantak
Pongunagu
5917
Mune
5867
Sangtha
21
Reru
75
Kar Lake
65 Phugtal
Tsetang
Purne
6084
Sutak
Pang
Dharwas
6654
Takh
Killar
Lachulung La 5035
Important connection road between Manali and Leh - some mountain passes and river crossings unpaved!
Kargyak
6286
Shingo La 5091
19 Sarchu
6115
6143
155
Raoli
Baralacha La 4890
Patsio
21
Udaipur
6094
Trilokinath
Darcha
5685
Chenab
Keylong
30
5723
18
Tandi
6703
JAMMU & KASCHMIR
0 20 40 km
© Nelles Verlag GmbH, München

den 12 km langen Weg zum **Vaishno Devi-Tempel** mit dem Höhlenschrein der Muttergöttin gehen, dem meistbesuchten Tempel Nordindiens.

Die Straße von Jammu nach Srinagar führt weiter nach **Udhampur** ❹, wo 10 km außerhalb die alten **Tempel** von **Krimchi** stehen. Östlich von Udhampur liegt bei **Ramnagar** ❺ der imposante **Rang Mahal-Palast** (Palast der Farben) mit Fresken im Pahari-Stil.

Auf dem Weg in höhere Regionen gibt es Übernachtungsmöglichkeiten in **Kud**, **Patnitop** und **Batote**. Von Batote führt eine Straße ostwärts nach **Kishtwar** ❻ (216 km), einer konservativen Stadt am **Chenab**, die von beeindruckenden Wasserfällen umgeben ist.

★★KASCHMIR

Der lange **Jawahar-Tunnel** (hinter dem Banihal-Pass, 200 km von Jammu) durchdringt in 2832 m Höhe den Pir-Panjal-Kamm, der Grenze zwischen dem hinduistischen und dem islamischen Kulturkreis. Während der Fahrt hinunter ins Kaschmir-Tal durchquert man Landstriche mit Weiden und Pappelalleen. Im Sommer ist das Kaschmir-Tal durch seine Reisfelder grün, im Herbst scheint es wegen der roten und gelben Blätter der Platanen und Apfelbäume förmlich zu brennen. Bei Pampore (16 km vor Srinagar) färben Safranfelder das Land purpurn.

Östlich des Jawahar-Tunnels entspringt bei **Verinag** ❼ die **Quelle des Jhelum**; er windet sich durch das Tal von Kaschmir, fließt durch die Altstadt von Srinagar und mündet in den Wular-See. 1612 ließ Mogul Jehangir diese Quelle einfassen, an der 8 Jahre später sein Sohn Shah Jahan den weitläufigen **Mogulgarten** anlegte.

In **Anantnag** ❽ (56 km von Srinagar) sprudeln **heiße Quellen**. 10 km außerhalb der Stadt liegt an der Straße nach Pahalgam der ★**Martand-Tempel**, der zwar schlecht erhaltene, aber dennoch sehenswerteste Hindu-Tempel Kaschmirs, 730 n. Chr. erbaut und dem Sonnengott Surya geweiht. Südöstlich von Anantnag finden sich weitere **Mogulgärten** in **Achabal** und **Kokarnag**.

Den **Avantiswami-Tempel** von **Awantipora** ❾ (29 km v. Srinagar) ließ im 9. Jh. König Avantivarman errichten. 6 km vor Srinagar liegt der kleine, gut erhaltene Tempel von **Pandrethan** von 930 n. Chr.; ein Beispiel für den einzigartigen Tempelstil Kaschmirs.

★Srinagar

Die frühere Anziehungskraft der Hauptstadt Kaschmirs, ★**Srinagar** ❿ (1768 m), kam nicht nur von der traumhaften, von Bergen umrahmten Seenlandschaft, sondern auch von dem zentralasiatischen Flair, einem Klima der Toleranz zwischen den Religionsgruppen. Bis ins 14. Jh. war Srinagar als Zentrum buddhistischer und hinduistischer Gelehrsamkeit bekannt, dann machte sich der Islam breit. Nur noch eine kleine Hindu-Minderheit (rd. 3000), die alteingesessenen *Pandits*, harrt angefeindet hier aus. Islamistischer Terror von Separatisten und exzessive Übergriffe indischer Soldaten vergiften seit Ende des 20. Jh. das Klima; die meisten Hindus sind in den 1990ern in Todesangst vor ihren muslimischen Nachbarn geflohen. Seitdem sind auch viele Gebäude der Altstadt baufällig.

In Srinagar empfiehlt sich der Aufenthalt auf einem der nostalgischen, mit Schnitzwerk verzierten ★★**Hausboote**: Solche Hausboote waren 1888 eine pfiffige Lösung, als der Hindu-Maharaja Ausländern Landerwerb verbot, aber Briten sich hier erholen wollten.

Wem der ★★**Dal-See** ① angesichts mobiler Händler in kleinen Booten, die von Maßanzügen über Lackware und Pelze bis zu Tangkas und Seidenteppichen alles direkt am Hausboot verkaufen (feilschen!!), auf Dauer zu geschäftig

Rechts: Kaschmir – Shikara und Hausboote auf dem malerischen Dal-See (Srinagar).

» Karte S. 168-169, Info S. 183

Photo: filmlandscape (iStockphoto)

erscheint, wohnt ruhiger im nördlich anschließenden ★★**Nagin-See**.

Der **Anchar-See** (13 km) hingegen zieht Vogelfreunde an.

Wenn sich im Sommer auf den Seen prachtvolle Lotosblüten entfalten, Eisvögel fischen und die Sonne scheint, ist ein Aufenthalt auf einem Hausboot besonders reizvoll. Die Ruhe, aufmerksamer Service in familiärer Atmosphäre, Kaschmiri-Küche und Kardamomtee können den Aufenthalt zum unvergesslichen Erlebnis machen. Ein „Muss" ist es, sich in einer **Shikara**, wie ein Maharaja auf einer breiten Polsterliege ruhend, über den See paddeln zu lassen.

Stadtrundfahrt

Vom Ausgangspunkt **Dal-Gate** ② – am Beginn des **Boulevard**, wo die meisten Hausboote, Souvenirläden und Hotels liegen – gelangt man in die **Azad Road**, in der sich ebenfalls einige Hotels befinden. Vorbei am **Tourist Reception Centre** ③ kommt man zur **Zero-Brücke**, an der unmittelbar der **Bund** ④, ein beliebter Spazierweg am Ufer des Jhelum entlang, beginnt.

Auf dem Weg Richtung **Amira Kadal**, der ersten der neun alten Brücken Srinagars, kommt man am **Government Arts Emporium** ⑤ (Teppiche und Souvenirs zu Festpreisen, im Anwesen des Britischen Residenten des 19. Jh.) und an Kunsthandwerksläden vorbei. Am südlichen Jhelum-Ufer befindet sich das **Shri Pratap Singh Museum** ⑥ im Ex-Sommerpalast des Maharadschas. Hier sind u.a. archäologische Artefakte, Gemälde, alte Münzen und Trophäen ausgestellt.

Die Brücke **Hawa Kadal** bildet das Zentrum Alt-Srinagars.

Eine vergoldete Spitze krönt den **Raghunath** ⑦, den größten Hindu-Tempel der Stadt. **Fateh Kadal** ist die dritte Brücke, sie liegt im Viertel der Kunsthandwerker, wo sich ein Einkaufsbummel lohnt.

Von erhabener Eleganz ist die ★**Shah Hamadan-Moschee** ⑧, 1395 ganz aus Holz zu Ehren des schiitischen persischen Sufi-Scheichs Hamadan erbaut,

» Stadtplan S. 172-173, Info S. 183

dann zweimal abgebrannt. Ihre üppigen Ornamente aus dem 18. Jh. sind ein schönes Beispiel für kaschmirisches Kunsthandwerk.

Auf der anderne Flussseite steht die **Patthar-Moschee** ⑨, 1623 von der Mogul-Kaiserin Nur Jahan erbaut.

Zwischen der **Zaina Kadal** und der **Ali Kadal** liegt das etwas baufällige **Grab von Zainul-Abidin** ⑩, dem Sohn von Sultan Sikander, der die Jama Masjid erbauen ließ. Westlich davon befindet sich die **Moschee des Bulbul Shah** ⑪, eines namhaften Mystikers und Dichters des Kaschmir-Tals.

An der **Safa Kadal** liegt der alte **Yarkand-Markt** ⑫, von wo sich die Händler zum Karakorum-Passaufmachten, um auf der Seidenstraße nach China weiterzureisen.

Die **Jama Masjid** ⑬ wurde 1385 von Sultan Sikander erbaut und bereits dreimal durch Feuer zerstört. Ihrer Attraktivität hat das nicht geschadet, besonders imposant sind die 300 Zedernholzsäulen, die das Dach tragen.

Ebenfalls in der Altstadt steht der kleine **Rozabal-Schrein** ⑭, in dem angeblich **Jesus** begraben liegen soll – das Hemis-Kloster in Ladakh besaß angeblich einst eine Schrift, die von einer Reise Jesu nach Indien berichtet.

Der Bau des **Hari Parbat-Forts** ⑮ auf dem **Sharika Hill** (für Besucher nicht zugänglich) wurde schon zur Zeit Akbars (1586) begonnen. Er pflanzte damals auch 1200 Bäume im **Nasim Bagh**, dem ältesten der Mogulgärten, der sich nordwestlich des Sees hinter der Hazratbal-Moschee erstreckt.

Zwischen Dal- und Nagin-See verläuft eine Straße, von der aus man einen **Damm** durch den Dal-See erreicht, auf dem man zum Ostufer wandern kann. Vorher passiert man die **Hazratbal-Moschee** ⑯ mit prachtvoller Marmorkuppel. Dieses eindrucksvolle moderne Bauwerk birgt ein **Haar des Propheten** Mohammed, das 1700 ins Kaschmir-Tal gelangte.

Von hier kann man ein Boot mieten,

um zum Dal-Gate zurückzukehren oder zu einem der bekanntesten Mogulgärten zu fahren, dem ★**Shalimar Bagh**, 15 km von Srinagar. Diesen Garten hat Kaiser Jehangir 1619 für seine geliebte Frau Nur Jahan (seine 20. Gattin) anlegen lassen. Eine Tonbildschau erzählt ihre Liebesgeschichte, weshalb zahlreiche Flitterwöchner, von der romantischen Legende angezogen, sich in *shikaras* hierher rudern lassen.

11 km außerhalb der Stadt befindet sich der ★**Nishat Bagh** (1633) in fantastischer Lage zwischen Dal-See und den Bergen. Mit seinen zwölf Terrassen ist er der größte der Mogulgärten. Erbauer war der Bruder von Nur Jahan.

Näher an der Stadt (9 km), oberhalb

» Stadtplan S. 172-173, Info S. 183

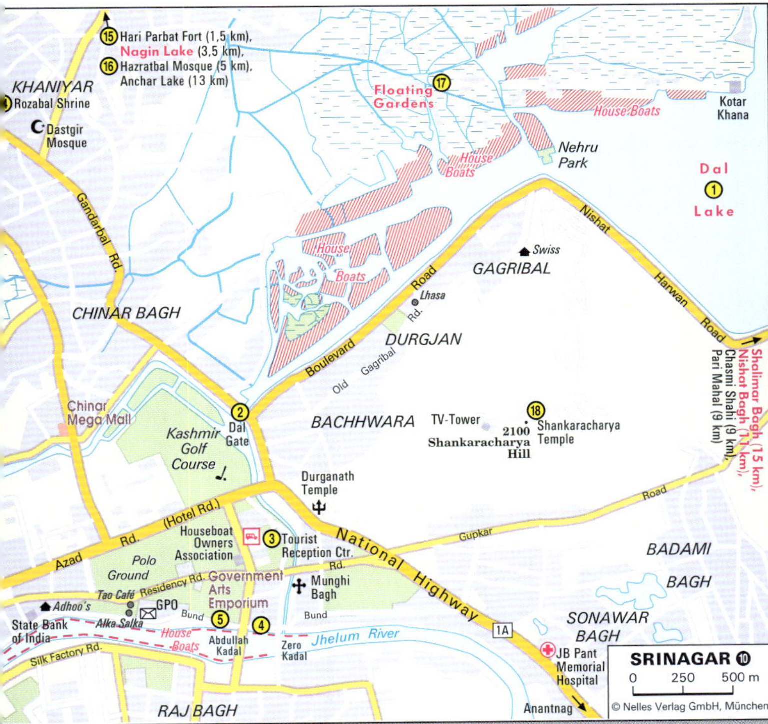

des **Nehru Memorial Park**, liegt der gepflegte, kleinste der Mogulgärten, der **Chasmi Shahi-Garten**. Zu Fuß erreicht man gleich oberhalb der Gärten die Ruinen des **Pari Mahal** (Palast der Feen), einst eine Schule für religiöse Harmonie. Erbauer war Dara Shikoh, der älteste Sohn Shah Jahans, der im Thronfolgekrieg gegen seinen jüngeren Bruder Aurangzeb verlor. Vom Pari Mahal führt ein Weg hinab zu der Straße, die am schön gelegenen, noblen **Lalit Grand Palace Hotel** (Ex-Palast des Maharadschas von Kaschmir) vorbei zurück ins Stadtzentrum führt.

Auf dem See sieht man, unweit des **Nehru Memorial Park** und des **Boulevard**, zwei Inseln und die berühmten **★Schwimmenden Gärten** ⑰. Den **★Schwimmenden Markt** für Obst, Gemüse und Blumen besucht man am besten frühmorgens.

Vom Boulevard kann man zum historischen **Shankaracharya-Tempel** ⑱ in 2100 m Höhe hinaufsteigen, mit Blick auf den Dal-See.

Ausflüge in Kaschmir

Ausflüge von Srinagar vermitteln einen Eindruck von der Schönheit der Berge. **Gulmarg** ⓫ (im Westen Srinagars) ist der klassische Erholungsort Kaschmirs, umgeben von mächtigen **Nadelwäldern** und ausgedehnten **Blumenwiesen**. Da Gulmarg auf einer

Höhe von 2730 m liegt, benötigt man das ganze Jahr über warme Kleidung. Der höchste **Golfplatz** der Welt, Hotels, eine französische **Seilbahn** bis auf 4000 m Höhe am Berg **Afarwat**, Skilifte, **Skipisten** und von Freeridern geschätzte Tiefschneehänge machen Gulmarg zu einem ganzjährig beliebten Ferienort. Von den Wanderwegen bei Gulmarg sieht man den **Nanga Parbat** (8126 m, in Pakistan), den westlichsten Achttausender des Himalaya, 1953 von Hermann Buhl erstbestiegen.

Der lange Weg nach **Yusmarg** ⓬ (2700 m) führt über die schönsten **Blumenwiesen** Kaschmirs. Von Yusmarg verläuft ein 4 km langer **Pony-Reitweg** zu einem schönen Picknickplatz am **Nilnag-See**.

Schon mehrere Islamisten-Attacken auf Touristen musste **Pahalgam** ⓭ erleben. Es liegt in 2130 m Höhe am **Lidder-Fluss**, den Angler wegen seiner **Forellen** schätzen. Vom Basar bietet sich ein schöner Blick aufs Gebirge. Hier beginnen 3-Tages-Trekkingtouren nordwärts zum **Kolahoi-Gletscher**, aber auch eine anstrengendere Tour nach **Panikhar** im östlich gelegenen Suru-Tal, die acht Tage dauert und über einen 4500 Meter hohen Pass führt; unterwegs trifft man auf rotbärtige Gujjar-Hirten, die mit ihren Ziegen den Sommer auf den Bergweiden in Blockhütten verbringen. Im Juli/August ist Pahalgam voller Hindus, die auf *Yatra*-Pilgerreise zur heiligen **Höhle von Amarnath** (siehe unten) sind.

Im Nordosten Srinagars liegt das Ausflugsziel Sonamarg. Auf dem Weg dorthin kann man einen Abstecher zum Tierreservat **Dachigam** ⓮ (21 km von Srinagar) unternehmen, wo Hangule leben, eine Himalaya-Rotwildart.

In **Gandarbal**, wo der Fluss Sind ins Kaschmir-Tal mündet, führt eine Straße nach Sonamarg (s. u.), eine andere zum **Wular-See** ⓯, dem größten Süßwassersee Indiens. Sehenswert ist auf dem Weg dorthin der malerische ★**Manasbal-See** (28 km), an dem ein **Mogulgarten** Nur Jahans liegt. Im Sommer machen Lotosblüten, im Winter Vögel diesen See besonders attraktiv.

Sonamarg ⓰ (2748 m) – was so viel wie Goldene Wiese bedeutet – ist der letzte Ort vor dem Himalaya-Kamm. Busreisende auf dem Weg zum Zoji- La-Pass machen hier ihre letzte Rast vor Überquerung des Passes. Um die bilderbuchartige Schönheit der alpinen Landschaft zu genießen, kann man einen Spaziergang (4 km) oder einen **Ponyritt** zum nahen ★**Thajiwas-Gletscher** machen. Anstrengender ist der Weg zum entlegenen **Gangabal-See**; für diese Tour benötigt man eine Woche, übernachtet wird im Zelt.

Hinter Sonamarg, am Beginn der Zoji-La-Passstraße, liegt das Lager **Baltal**, wo der kürzere (14 km) Wander- bzw. Ponytrail zur **Amarnath-Höhle** ⓱ (3952 m ü. M.) – wegen ihres Eis-Lingams eines der heiligsten Hindu-Pilgerziele – beginnt.

★★LADAKH

Von Manali nach Ladakh

Seit Beginn der Unruhen im Kaschmir-Tal 1989 reisen die meisten Touristen lieber von Süden, von **Manali** nach **Leh** (490 km). Mit Übernachtungen in Kyelong und Sarchu dauert diese anstrengende Fahrt über hohe Pässe, durch traumhafte Bergwelt drei Tage. In **Kyelong** ⓲ (Guesthouses u. einfache Hotels) bietet sich auf über 3000 m Höhe ein Zwischenaufenthalt zum Akklimatisieren an (s. Kapitel „Lahaul"). Der nächste Übernachtungsplatz ist **Sarchu** ⓳ an der Grenze zwischen Himachal Pradesh und Ladakh, auf 4290 m Höhe (festes Zeltcamp). Am nächsten Tag erreicht man über den **Lachulung La** (5059 m) und **Taglang La** (5350 m) das von Sarchu 260 km entfernte **Leh**. Wer in Sarchu schon höhenangepasst ist, könnte später bei entsprechender Planung (Permit nötig) direkt zum **Tso**

Rechts: Himalaya-Tal bei Lamayuru (Ladakh).

Photo: Robert Höbel

Moriri ⑳ abzweigen, am See auf über 4500 m Höhe übernachten und dann am Indus entlang nach Leh fahren.

Von Srinagar nach Kargil

In Zeiten akzeptabler Sicherheitslage ist die zweitägige Fahrt von **Srinagar** nach **Leh** (422 km) auf dem National Highway 1D die weniger anstrengende Alternative. Über hohe Pässe und tiefe Täler führt diese landschaftlich großartige Strecke vom alpinen, islamischen Kaschmir in die von tibetisch-buddhistischer Kultur geprägte Hochgebirgswüste Ladakhs. Die ersten 80 km führen hinter Srinagar am malerischen Tal des Sind- Flusses entlang nach **Sonamarg** (⑯), dem letzten Ort im grünen Kaschmirtal (mit Hotels).

Dahinter führt die Straße in kühnen Serpentinen hinauf zum **Zoji La**, einem 3529 m hohen Pass, der den Übergang zum trockenen Hochhimalaya markiert. Der bei Niederschlägen oft gesperrte Zoji La soll künftig durch zwei Tunnel umfahren werden, die Bauarbeiten am Z-Morh-Tunnel bei Sonamarg dauern noch bis ca. 2018.

Drass ㉑, die erste Ortschaft nach dem Pass, gilt als die kälteste ganzjährig bewohnte Siedlung außerhalb Sibiriens, das Thermometer kann bis auf - 40°C sinken. Wenige Kilometer weiter erinnert ein **Denkmal** an die 1999 im Kargil-Krieg gefallenen indischen Soldaten.

Dann folgt die geschäftige Distrikthauptstadt **Kargil** ㉒ (2900 m) mit guten Einkaufsmöglichkeiten und abgewohnten Stopover-Hotels. Da Kargil direkt an der Line of Control (Demarkationslinie) liegt, kann es bei militärischen Spannungen zwischen Pakistan und Indien unter Beschuss geraten. In Kargil zweigt die Strasse ins Suru-Tal nach Zanskar ab (s. S. 172).

Von Kargil nach Lamayuru

In und um Kargil wohnen schiitische Muslime, erst nach 30 km zeigen Häuser mit bunten Gebetsfahnen auch buddhistische Bewohner an. Wenig später belegt das weiß getünchte, kleine Höhlenkloster von **Shergol** ㉓, hoch über dem Indus, den zunehmenden buddhistischen Einfluss. Eine dreistündige Wanderung führt hier die Berge hinauf zum Meditationskloster **Urgyan Dzong**, in dem einst der „Buddha des Himalaya" Padmasambhava meditiert haben soll. Dort gibt es auch ein kleines Nonnenmeditationskloster. Schräg gegenüber des Wakha -Flusses liegen, an der Hauptstraße, **Mulbekh** ㉔ und ein kolossales ★**Relief** des zukünftigen Buddha **Maitreya** aus dem 8. Jh. mit einem kleinen Tempel. Oberhalb stehen Burgruinen und zwei Klöster.

Durch einsame Berglandschaft und über zwei hohe Pässe, den 3718 m hohen **Namika La** und den 4108 m hohen **Fotu La**, führt die Strasse hinunter in das malerisch in eine bizarre Mondlandschaft eingebettete, vollkommen tibetisch anmutende Dorf **Lamayuru** (3500 m), dort gibt es Gästehäuser und Hotels. Auch das darüber thronende, berühmte ★★**Kloster Lamayuru** ㉕ (gegründet im 11. Jh.) bietet Gästezimmer in seinem Niranjana Guesthouse. Ein Pilgerweg führt an Gebetsmühlen vorbei zu alten **Chörten**, die auf stark erodiertem Grund stehen. Die renovierten Räume des Klosterhauptgebäudes sind um einen mit Lebensrad und Himmelswächtern neu ausgemalten Innenhof gelegen. Jeden Morgen versammeln sich die Mönche im ★**Dukhang** zur gemeinsamen **Puja**, der Touristen als stille Zuschauer beiwohnen dürfen. In der Versammlungshalle sieht man hinter einer Glasscheibe die **Meditationshöhle des Naropa**; der angrenzende **Apchi Lakhang** ist der Tempel für die Schutzgöttin des Klosters. Im Stockwerk darüber befinden sich der **Gonkhang**, der Tempel der Schutzgottheiten, sowie der **Zims-chang**, die Residenz des Abts. Vor dem Kloster führt ein schmaler Pfad zum schräg gegenüber am Hang liegenden **Chenrezig Lakhang**, einem Tempel für den elfköpfigen Avalokiteshvara. Der knapp 1000 Jahre alte ★★ **Sengge Khang** liegt etwas versteckt an dem Weg, an baufälligen Häusern vorbei, ins Dorf hinunter. Er besitzt einige schöne alte Malereien und einen kunstvoll gearbeiteten Altar für die Dhyani-Buddhas.

Rechts: Das Kloster Lamayuru ist eines der ältesten in Ladakh.

Wer Lust auf „Soft-Trekking" hat, kann in drei Stunden von Lamayuru entlang der „**Mondlandschaft**" über den **Prinkti-Pass** (3725 m) nach **Wanla** wandern.

Von Lamayuru nach Leh

Von Lamayuru gibt es zwei Varianten, um Richtung Khaltse weiterzufahren: Während die alte Strecke oberhalb der „Mondlandschaft" zu den im Volksmund *Jalebi* (spiralförmiges Gebäck) genannten, spektakulären **Serpentinen** weiterverläuft, führt die neue Straße unterhalb mitten durch die Mondlandschaft in ein enges Tal, von dem dann eine Straße ins Wanla-Tal abzweigt.

★**Wanla** ㉖ (3150 m) besitzt einen sehenswerten **Tempel** aus dem 11. Jh., dessen Architektur und Ausschmückung dem berühmten Sumstek von Alchi ähneln. Legenden folgend hat im 11. Jh. der Lotsawa („Übersetzer") Rinchen Zangpo auf seinem Weg von Kaschmir zurück in das westtibetische Königreich Guge 108 Tempel begründet, die zu den ältesten buddhistischen Heiligtümern des Himalaya zählen. In Ladakh gelten neben den kunsthistorisch berühmtesten Tempeln von Alchi auch die kleineren Heiligtümer in Mangyu, Wanla, Sumda, Phiyang und Lamayuru als Gründungen des Lotsawa.

Nahe **Khalsi** zweigt eine Asphaltstrasse nach Nordwesten ins idyllische **Industal** und zu den Dörfern **Hanu** ㉗ und **Dha** ㉘ ab, in denen **Brokpa** leben (mit Jeeps u. Permit Weiterfahrt bis Kargil möglich). Die Brokpa sind zwar Buddhisten, ethnisch ähneln sie jedoch den kaukasischen Einwohnern Gilgits und Baltistans. In Indien glauben manche,

» Karte S. 168-169, Info S. 183

Photo: Jürg Lützner (Diamir)

sie seien Nachfahren von Soldaten Alexanders des Großen und „originale Arier".

Von Khaltse ostwärts, Richtung Leh, bietet das Apricot Tree Hotel in **Nurla** eine komfortable Übernachtungsmöglichkeit. Von hier lohnt ein Abstecher in das schöne Tal von ★**Tingmosgang** ㉙; die alte **Burg** besitzt zwei Tempel für Padmasambhava und Avalokiteshvara, letzterer ist ein beliebtes Pilgerziel für kinderlose Frauen. Ein einfacher **Wanderweg** führt vom Ende des Tals in 4 Stunden weiter ins das idyllische Dorf **Hemis Shukpachan**. Von dort kann man über **Yangthang** weiter zum Kloster Likir (s. unten) wandern und in den Dörfern in Guesthouses oder Homestays übernachten.

Auch als Wanderausflug von Yangthang bietet sich das abgeschieden am Ende eines Tals gelegene ★**Kloster Rizong** ㉚ des Gelugpa-Ordens an, dessen originelle alte Küche zur Teepause einlädt (Anfahrt von der Hauptstraße: 7 km Piste nordwärts).

Am Indus gibt es bei **Uletokpo** ㉛ ein gut organisiertes Camp zum Übernachten. Über die nahe Brücke bei Gera gelangt man nach ★**Mangyu**, ein schön gelegenes Dorf mit sehenswerten Tempeln aus dem 11. Jh.

Das im 11. Jh. gegründete ★**Kloster Likir** ㉜ (auch auf der Straße erreichbar) begrüßt Wanderer schon von Ferne mit einer riesigen **Maitreya-Statue** neben dem Eingang. Das Kloster ist auch für bunte Sandmandalas bekannt, welche jeden Sommer von Mönchen mit großem Aufwand gefertigt und wenig später zur Veranschaulichung der Vergänglichkeit aller Dinge im Fluss versenkt werden. In den Klöstern Rizong und Likir herrscht strenge mönchische Disziplin, und beide besitzen sie sehenswerte, gut gepflegte Tempel.

Kurz vor dem malerisch von Feldern und Aprikosenhainen umgebenen Dorf **Saspol** zweigt man über eine Brücke nach **Alchi** ab. In dem schönen, ruhig gelegenen Dorf gibt es einfache Übernachtungsmöglichkeiten. Die angesichts ihres Alters hervorragend erhaltenen Tempel und Durchgangschörten des ★★**Alchi Chos-Khor** ㉝ markieren

Photo: lonelytravel (iStockphoto)

einen Höhepunkt in der buddhistischen Kunst des Himalayas. Die ★★**Malereien** im **Sumtsek**, besonders die Miniaturen in den Nischen und auf den Gewändern der drei aus Stuck modellierten, 4 m hohen Bodhisattvastatuen des Avalokiteshvara, Maitreya und Manjushri sind großartige Zeugnisse der Malkunst aus dem einst buddhistischen Kaschmir (12./13. Jh.). Sehr sehenswert sind zudem die riesigen **Mandalas**, mit denen die Wände des **Dukhang** bemalt sind, im Zentrum der Verehrung steht hier der Dhyani Buddha Vairocana. Das von Chörten und Feldern umgebene, schöne Tal lädt zu kleinen Wanderungen ein, bei denen weitere alte Tempel entdeckt werden können. Aus dem 21. Jh. stammt das **Wasserkraftwerk** am Indus.

Imposant mutet die alte **Burg von** ★★**Basgo** ㉞ an, deren **Tempel** wunderschöne Malereien und Statuen beherbergen.

Oben: Ein typischer Ladakhi in Leh. Rechts: Das Gelbmützenkloster Karsha in Zanskar.

Kurz nach dem Dorf **Nimu** fährt man auf einer steil zum Indus abfallenden Straße am **Zusammenfluss von Indus und Zanskar** vorbei. Eine Stichstrasse führt hinter Nimu zu einer Brücke über den Indus und weiter den Zanskar-Fluss entlang nach **Chilling**, das für seine **Gold- und Kupferschmiede** berühmt ist. Von **Sumda Do** kann man, anfangs auf einer Straße, in das kleine Dorf **Sumda** ㉟ wandern; dessen am Hang klebendes ★**Kloster** (3500 m) ist eines der ältesten Ladakhs, mit wunderschönen **Wandmalereien** im Stil von Alchi.

Kurz vor Leh zweigt eine Stichstraße zum Dorf ★**Phyang** ㊱ ab, wo sich das älteste **Kloster** des Drigung-Kargyüpa-Ordens in Ladakh befindet. Ein Mönch dieser Schule war vor 500 Jahren vom heiligen Berg Kailash gekommen und hatte den todkranken König geheilt, der dem Orden daraufhin dieses Land schenkte. Ein kurzer, von Chörten gesäumter Weg führt hinauf zum noch älteren ★★**Lotsawa Lakhang** auf einer Felsnase über dem Dorf, dessen Malereien aus dem 13./14. Jh. stammen.

Nahe dem **Flughafen** von Leh liegt das ★**Kloster Spituk** ㊲, das Hauptkloster des Gelugpa-Ordens in Ladakh, mit sehenswerten Tempeln. Bakula Rinpoche, der 2003 verstorbene letzte Abt des Klosters, war die 19. Inkarnation des gleichnamigen Arhats, zudem Parlamentsabgeordneter und später sogar der Botschafter Indiens in der Mongolei.

★Leh

In 3500 m Höhe liegt die Distrikthauptstadt ★**Leh** ㊳, und wer auf ihrem Flughafen landet, erlebt einen der aufregendsten Landeanflüge weltweit. Viele kommen so in Ladakh an; doch wegen der Höhe ist Zeit zur Akklimatisierung einzuplanen – Leh hat dazu eine riesige Auswahl an schönen Hotels, Restaurants und Einkaufsmöglichkeiten. Falls einem der ganze Trubel in Leh zu viel wird, bieten sich Übernachtungsmöglichkeiten in den Außenbezirken

» Karte S. 168-169, Info S. 183

und Dörfern an. Der **Namgyal-Hügel** mit den **Ruinen der Burg** und dem rot bemalten **Gonkhang** (Tempel der Schutzgottheiten) sowie der darunter gelegene imposante **Königspalast** aus dem 17. Jh. dominieren die Silhouette der Stadt. Ruhen und kurze Spaziergänge – entlang der Basarstraßen zum neuen Tempel oder zum Palastberg mit seinen Tempeln – erleichtern die Höhenanpassung.

Im Westen schließt sich das Dorf **Changspa** an Leh an, hier gibt es viele schöne, teils etwas ruhiger gelegene Unterkünfte. Kleine Wanderungen zum **Tashi Go Mang Chörten**, den nahen Chörtenruinen von **Tisseru** oder zu dem auf einem Hügel von Japanern erbauten, modernen **Shanti Stupa** sind weitere Alternativen. Zum idyllischen kleinen **Gelugpa-Kloster ★Sankar** führt in einer Stunde ein malerischer Fußweg von Leh, entlang eines Baches und durch terrassierte Felder leicht bergauf. Das Kloster ist oft geschlossen, am sichersten ist ein Besuch frühmorgens von 7 bis 9 Uhr und zur Abendpuja zwischen 17 und 18 Uhr. Von Leh bieten sich Tagesausflüge mit Taxis in das östliche Industal oder nach Spituk und Phiyang an.

Ausflugsziele im Osten von Leh

Am **Golfplatz** und der Abzweigung zu dem kleinen Dorf **Sabu** vorbei führt die Hauptstraße weiter nach **Choglamsar**, wo sich ein großes **Tibetisches Flüchtlingslager** mit einem **SOS Kinderdorf** und ein buddhistisches Studienzentrum befinden.

Einer Abzweigung über den Indus folgend erreicht man das Dorf **★Stok ㊴,** 14 km von Leh am Fuß des 6120 m hohen Stok Kangri. Dort befindet sich der weiß strahlende **Palast des Königs** von Ladakh mit Gebetsraum und einem **Museum** mit sehenswerten königlichen Exponaten wie dem Krönungsperak oder einer Sammlung alter Thankas. Im oberen Teil des Dorfs liegt das kleine

Photo: Daniel Prudek (iStockphoto)

Kloster Gurphung. Eine ungeteerte Straße führt von Stok parallel zum Indus in das schöne Seitental des Dorfs **★Matho ㊵**, wo das einzige **Sakyapa-Kloster** Ladakhssteht. Matho ist der Ort der Staatsorakel, die sich in der Gestalt von zwei Mönchen in Trance zum Abschluss des winterlichen Maskenfests offenbaren.

Auf der Hauptstraße von Choglamsar kommend erreicht man die ehemalige Königsstadt **★Shey ㊶**. Direkt hinter einer Kurve sind in den Fels gemeißelte, knapp 1000 Jahre alte **Reliefs der ★Dhyani Buddhas** leicht zu übersehen. Kurz dahinter kann man zu den **Ruinen des alten Königspalasts** mit der kleinen **★Khar Gompa** hinauf steigen, die wegen einer riesigen vergoldeten Buddhastatue, Wandmalereien und traumhaftem Ausblick die Mühe lohnt.

5 km weiter taucht linker Hand das wunderschön gelegene **★★Kloster Thiksey ㊷** auf, das größte Gelugpa-Kloster Ladakhs. Alternativ zur Strasse führt von Shey ein leichter Wanderweg in einer Stunde über grüne Wiesen

» Karte S. 168-169, Info S. 183

nach Thiksey. Das Chamba Guesthouse mit Restaurant liegt gegenüber an der Strasse; im Kloster oben gibt es zudem eine Cafeteria. Wanderer gelangen auf einem steilen Fußweg, an 8 Gedächtnischörten, dem oft verschlossenen Dukhang Karpo und Mönchsunterkünften vorbei zum Kloster (auch per Auto erreichbar). Im Klosterhof führen Stufen weiter zum 1983 vom Dalai Lama eingeweihten ★★**Maitreya-Tempel** mit seiner großartigen, gekrönten Statue des Bodhisattva. Die Treppen am Ende des Hofes führen weiter zum mit Brokatbannern geschmückten ★**Dukhang**, an den sich seitlich der **Tsankhang** mit schönen Tiermalereien anschließt, die Schutzgötter repräsentieren. Einige Treppen weiter ist der ★**Gonkhang** mit ähnlichen Malereien sehenswert.

Vom Dach bietet sich ein traumhafter Ausblick auf das südliche Industal von Stock über Matho bis nach **Stakna** mit seinem auf einem Felshügel gelegenen **Kloster**. Die im 17. Jh. begründete Gompa dort gehört ebenso wie das 12 km weiter östlich in einem Seitental gelegene ★★**Kloster Hemis** ㊸ dem in Bhutan vorherrschenden Drukpa-Kargyüpa-Orden an. Hemis ist wegen seines riesigen Landbesitzes eines der reichsten und größten Klöster von Ladakh, dort gibt es auch Übernachtungsmöglichkeiten. Im Klosterhof sind unter Arkaden schöne Malereien der 84 Mahasiddhas aufgebaut. Hier findet jährlich im Juni das große Klosterfest mit Maskentanz statt; alle 12 Jahre (2016 usw.) – jeweils im Jahr des Affen – wird dabei ein riesiges Thanka des Padmasambhava entrollt. Im Klosterhauptgebäude gibt es mehrere Gebetsräume, bemerkenswert ist das Wandgemälde des Klostergründers Stagtsan Raspa (Shambhunath) im ★**Lhakhang Nyingpa**, dem alten Tempel.

Vom Kloster eine Stunde Aufstieg über steile Stufen entfernt ist die „Eremitage", das kleine Meditationskloster **Götsang** an einer alten Meditationshöhle aus dem 11. Jh., auf 3870 m Höhe.

Rechts: Chörten und Gletscher am 4400 m hohen Penzi-Pass, dem Tor nach Zanskar.

Zurück an der Indusbrücke in **Karu** führen zwei Straßen weiter auf das auch heute noch von Nomaden und ihren Viehherden bewohnte **Changthang-Hochplateau**. Für einen Besuch dieser Region mit ihren Bergseen ist in Leh vorab ein Permit einzuholen. Auch ohne Genehmigung kann man zunächst Richtung Norden weiter in das fruchtbare Tal von Sakti reisen. Hier lohnt ein Ausflug zu dem malerisch auf einem Hügel gelegenen **Drukpa-Kloster** von **Chemrey** ㊹, von dem sich ein traumhafter Ausblick auf das grüne Tal und die Berge bietet. In ★**Sakti** selbst markiert das stimmungsvolle ★**Takthok-Höhlenkloster** einen alten Meditationsplatz Padmasambhavas.

Von Sakti gelangt man (nur mit Permit) Richtung Osten über den 5360 m hohen **Chang La** zum langgezogenen ★**Pangong See** ㊺, der sich über die Grenze bis nach Tibet erstreckt. In **Spangmik** am Ufer des Sees gibt es zahlreiche Zeltcamps.

Von **Karu** kann man auf dem Leh Manali Highway bis **Upshi** weiterfahren, wo eine Straße aufs Changthang-Plateau zum ★**Tso Moriri** (⑳) abzweigt. Der von Bergen umgebene See bietet einen traumhaften Ausblick, und in dem auf 4530 m Höhe gelegenen Dorf **Korzok** gibt es ein Kloster sowie Unterkünfte/Zeltcamps. Beim Rückweg nach Leh bietet es sich an, in **Puga Sumda** links abzubiegen für einen Abstecher zum Salzsee **Tso Kar**.

★Nubra-Tal

Für viele ist die Fahrt ins ★**Nubra-Tal** auch wegen des ★**Khardung La** ㊻ und der vermeintlich höchsten befahrbaren Passstraße der Welt ein Anreiz – GPS-Messungen haben jedoch ergeben, dass der Pass mit 5359 m deutlich niedriger als die stolz angeschriebene Höhe von 5602 m liegt. Nichtsdestotrotz sind

» Karte S. 168-169, Info S. 183

Photo: Helmut Köllner

die abenteuerliche Fahrt und die Aussicht vom Pass ein Erlebnis (vormittags ab 9.00 Uhr besteht Einbahnverkehr Richtung Nubra, ab 13.00 Uhr in umgekehrter Richtung nach Leh).

Hinter **Khalsar** liegt der **Zusammenfluss** von Nubra und Shyok. Hier gabelt sich auch die Strasse und verläuft westwärts entlang des Shyok nach ★**Diskit** 47 mit seinem schön gelegenen **Kloster** und sehenswerten Gebetsräumen. Auf dem weiteren Weg nach ★**Hunder** 48 breiten sich dann die berühmten ★**Sanddünen** am Shyokfluss aus. Als lebendige Erinnerung an die alte Handelsstraße nach Baltistan gibt es hier heute noch **Baktrische Kamele**, die im Unterschied zu den Dromedaren Rajasthans zwei Höcker besitzen. Gegen Entgelt lässt sich ein **Kamelritt** über die Sanddünen organisieren. Hundar selbst ist ein wunderbar ruhiger Ort mit einigen Übernachtungsmöglichkeiten, Aprikosenhainen und einer kleinen **Dorfgompa**, in der Wandmalereien neben 1000 Buddhas auch das Tashilumpo Kloster in Tibet zeigen.

Touristen dürfen bis ★**Turtok** 49 fahren, dem nur 15 km vor der pakistanischen Grenze gelegenen Ort, der bis zum Krieg 1971 zu Pakistan gehörte.

Folgt man dem Abzweig bei Khalsar nach Norden, wird zunächst **Sumur** 50 erreicht, ein schönes Dorf mit Übernachtungsmöglichkeiten und dem großen **Samstangling-Kloster** des Gelugpa-Ordens als Sehenswürdigkeit. 22 km weiter liegt **Panamik**; noch vor diesem Dorf befinden sich **heiße Quellen**. Hinter Panamik gibt es bei Hargam eine **Brücke**: Auf der anderen Flussseite bietet die alte ★**Ensa Gompa** 51 – Indiens nördlichstes Kloster – 150 m hoch über dem Tal wunderbare Ausblicke.

★★ZANSKAR

Schwer zugänglich, ist das Tal von Zanskar von hohen Bergen umgeben; eine nur im kurzen Sommer von Bussen befahrbare Strasse verbindet Kargil mit Zanskar, eine Jeepstraße ist von Süden her in Bau, ansonsten ist das Tal nur auf Trekkingpfaden, etwa von Lamayuru aus, zu erreichen. Für den Besuch Zanskars sollte man eine Woche einplanen.

Die zweitägige Fahrt von Kargil nach Zanskar ist etwas anstrengend, aber landschaftlich ein Traum: Grüne Täler, schneebedeckte Gipfel, zum Greifen nahe Gletscher, Murmeltiere und schließlich die karge Hochgebirgslandschaft Zanskars machen die Fahrt zu einem Erlebnis. Im grünen, von strenggläubigen Schiiten besiedelten ★**Suru-Tal**, 8 km vor **Sanku** 52, kann man auf der rechten Straßenseite alte buddhistische **Felsreliefs** entdecken; wenig später lohnt ein Abstecher von der Hauptstraße über den Fluss zu dem Dorf ★**Kartse Khar**, wo im Stil von Mulbeck ein riesiges **Maitreya-Relief** in den Fels gemeißelt ist.

Vor **Panikhar** 53 bietet sich ein wunderschöner **Blick** über die Felder auf die schneebedeckten Gipfel **Nun** (7135 m) und **Kun** (7077 m). Die Strasse führt weiter am Suru-Fluss entlang nach **Parkachik**, das direkt unterhalb von Kun und Nun gelegen ist; ein Gletscher reicht bis zum Fluss hinunter.

Drei **Chörten** zeigen an, dass es nicht mehr weit bis **Yüldo** und **Rangdum** ist, den ersten buddhistischen Orten auf dem Weg nach Zanskar. Die rote ★**Rangdum Gompa** 54 thront weithin sichtbar auf einem Hügel mitten in dem breiten Talkessel, dem Schnittpunkt von 5 Tälern. In der Nähe gibt es ein komfortables Zeltcamp. Auf dem Weg zum 4400 m hohen ★**Penzi La** 55 sieht man Murmeltiere, hinter dem Pass den imposanten ★**Durung-Drung-Gletscher** sowie die Serpentinen, die sich ins karge Doda-Tal hinunter winden. In **Phe** 56 lohnt ein Spaziergang über Wiesen hinauf zu der kleinen **Tashi Chos Ling Gompa**, an der wunderschöne Manisteine aufgeschichtet sind.

Schräg gegenüber auf der anderen Flussseite führt eine Schotterstrasse nach ★**Dzongkhul** 57, einem einsamen Kloster, erbaut an einer Meditationshöhle des großen Yogi Naropa, der hier sieben Jahre verbracht haben soll.

Sani 58 ist ein Ort von großer Bedeutung für Buddhisten: Die **Kanika Gompa** soll vom Kushana-Kaiser Kanishka vor 2000 Jahren gestiftet worden sein, und im Westen des Klosters liegt bei einer alten Maitreyastatue einer der acht wichtigen Verbrennungsplätze der buddhistischen Mythologie.

Das wenig attraktive **Padum** 59 ist das Verwaltungszentrum Zanskars, mit passablen Hotels. Ruhiger übernachtet man jedoch im nahen **Pibiting** (im Hotel *Omasila*) oder in Guesthouses in dem schönen Dorf **Karsha**. Das traumhaft gelegene ★★**Kloster Karsha** 60 klebt über dem Dorf am steilen Fels. Es ist das größte Kloster Zanskars und gehört dem Gelugpa-Orden an; über steile Treppen können mehrere Gebetsräume besichtigt werden, die schönsten Malereien hat der ★**Labrang**. Weitere sehenswerte Malereien sind im Avalokiteshvara-Tempel des ★**Nonnenklosters** über dem Dorf zu besichtigen.

Auf der Südseite des breiten Zanskartals liegt das ★**Kloster Stongde** 61. das, um einen Hof angelegt, einen traumhaften Blick auf das Zanskartal bietet, v. a. am Nachmittag. Landschaftlich reizvoll ist die Fahrt zum Nordende des Tals nach **Zangla** 62 (alter **Königspalast** und **Nonnenkloster**).

Von Padum kann man über eine Brücke auf einer kleinen Strasse am Ostufer des **Tsarap** durch malerische Felder bis zum hübschen Dorf ★**Shila** 63 wandern, wo ein **Wasserfall** niedergeht.

Am Westufer des Tsarap führt von Padum eine Fahrstraße zu dem auf einer Klippe am Fluss gelegenen **Kloster Bardan** 64. Die Fahrstraße geht weiter über **Mune** und **Reru** bis nach **Tsetang**; von dort kann man zu Fuß (mit Übernachtung in Purni oder Phugtal) das fantastisch an der Felswand klebende ★★**Höhlenkloster Phugtal** 65 besuchen oder in 8 Tagen bis nach Darcha in Lahaul wandern. Im Kloster Phugtal sind neben der Lage besonders der **Dukhang** und der schön bemalte ★**Stombha Lakhang** sehenswert.

» Karte S. 168-169, Info S. 183

SRINAGAR (☎ 0194)

HINWEIS: Vor der Abreise Informationen zur aktuellen **Sicherheitslage** im Kaschmir-Tal und in Srinagar einholen.

Alle ausländischen Besucher des Staates J & K müssen Ankunft und Abfahrt melden – am Foreigner's Regional Registration Office am Flughafen (New Srinagar Airport; Tel. 231521-29) oder in der Stadt (im Büro des Senior Superintendent of Police, Shervani Road, Tel. 77298).

***TIBETISCH / CHINESISCH*: Lhasa Restaurant**, Boulevard, mit Garten.
Alka Salka, Residency Road.
***FAST FOOD*: Tao Café**, Residency Road.
***EUROPÄISCH*: Broad View**, New Secretariat Road.
Kwality, Hari Singh Street.
***INDISCH*: Mughali Darbar**, Kaschmir/Mogul-Küche, Residency Road.
Café de Lintz, Residency Rd., indische und chinesische Gerichte.

Sri Pratap Singh Museum, Lal Mandi, Tel. 272078, Di-So. von 10.30-16.30 Uhr im Winter, 10-16 Uhr im Sommer.

General Post Office, The Bund, Tel. 276494. **Central Telegraph Office**, Maulana Azad Road.

***EINKAUFEN*: Government Arts Emporium**, Shervani Rd., Tel. 73011/12.

Baisakhi (April); *Id-ul-Milad* (Geburtstag Mohammeds); *Shab-e-Miraz*, Reliquien des Propheten werden ausgestellt; *Navreh* (März-April), der Neujahrstag der Pandits Kashmirs, und *Amarnath Yatra* (Juli bis Aug.), eine 4-tägige Pilgerwanderung zur Amarnath-Höhle, in der am Vollmondtag ein Eiszapfen als Symbol von Shiva verehrt wird.

Srinagar, Jammu und Leh werden von Delhi aus angeflogen. Die Eisenbahn endet in Jammu, von dort führt eine Straße nach Srinagar; Busse benötigen für die Strecke (293 km) ca.10 Stunden.

LEH (☎ 01982)

Tourist Reception Centre, 3 km südl. der Stadt an der Straße zum Flughafen, Tel./Fax 252297, Mo-Sa 10-16 Uhr.
Tourist Office, Fort Rd., Mo-Sa 10-16 Uhr. Außerdem gibt es Karten und Broschüren am **Informationsschalter** am Flughafen.

***TIBETISCH / CHINESISCH*: Centrepoint**, **Hill Top**, **Mona Lisa** und **La Montessori**, alle in der Main Street, sehr gutes tibetisches und chines. Essen.
Tibetan Kitchen, zu recht sehr beliebt, authentische tibetische Gerichte (u. a. leckere Momos) sowie ladakhische Thukpa-Suppe; Fort Road (Tso Kar Hotel).
Amdo Cafe, Main Bazaar, gute chinesische Küche, besonders zu empfehlen sind die Frühlingsrollen und gebratenen Nudeln.
***PIZZA*: Mentokling Restaurant**, bei der Moravian-Missionsschule, gute Holzofenpizza.
***INTERNATIONAL*: La Terrasse**, Soma Gompa, gutes Frühstück und Nachspeisen, schöne Terrasse. **Penguin Garden,** guter „German"-Kuchen, Pizza u. Tandoori unter Aprikosenbäumen.
German Bakery, Old Fort Road, gutes Frühstück, Kuchen, Lasagne.

Stok Palace Museum, 17 km südl. von Leh, geöffnet im So 8-19 Uhr.

Handicrafts Centre, Malereien auf Papier und Stoff mit Buddha- oder Drachenmotiven. Im **Bazar** gibt es Türkise (darunter viele gefälschte!) und tibetischen „Silberschmuck" – leider auch nicht immer echt.

Täglich Flugverbindung Delhi-Leh. Der **Srinagar-Leh-Highway** ist je nach Schneeverhältnissen von Okt. bis Mai gesperrt, der **Manali-Leh-Highway** (höchster Pass 5359 m!) etwa von Okt. bis Ende Juli. Das **Permit** für Fahrten in das **Nubra Valley** erteilt das District Directorate in Leh.

Jährliche **Klosterfeste**: *Hemis* (Juli) *Tikse* (Sept.), *Phiyang* (Juli), *Lamayuru* (April), *Stok* (Febr.) und *Leh* (Jan.-Febr.).
Losar (tibet. Neujahrsfest): Februar/März.

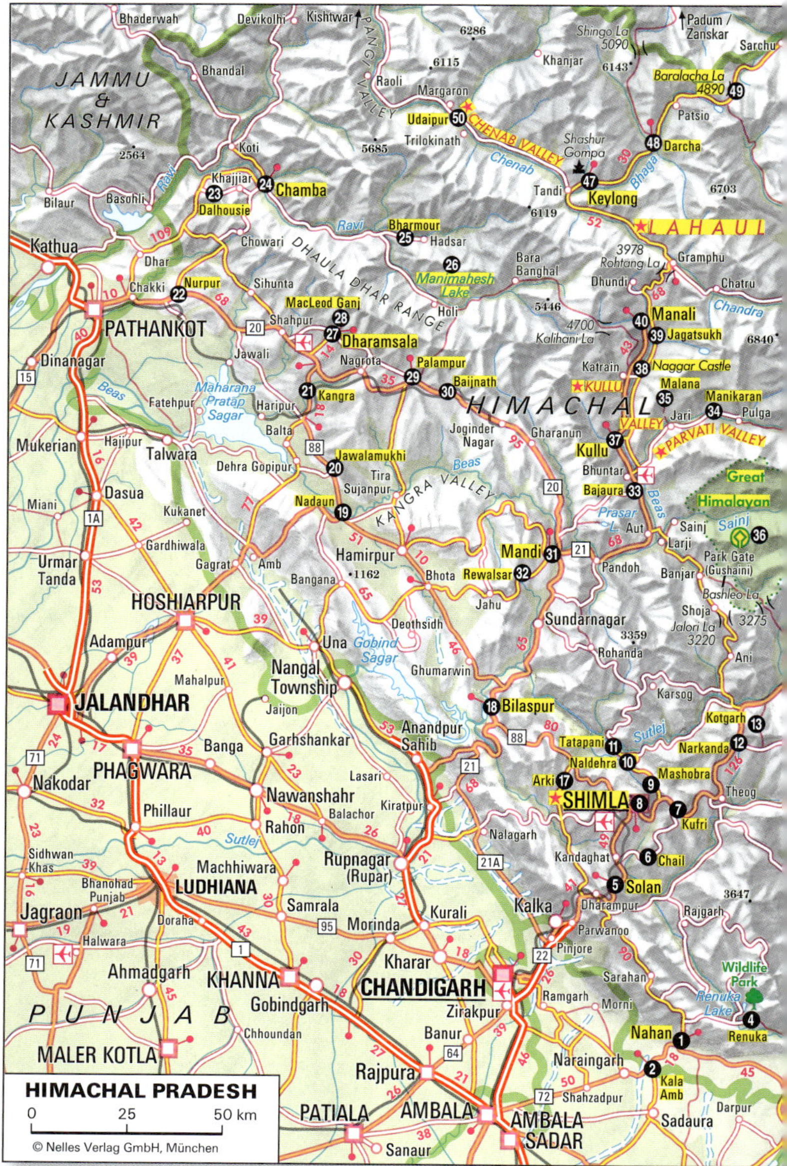
Bhaderwah
Devikolhi
Kishtwar
PANGI VALLEY
6286
Padum / Zanskar
Shingo La 5090
Sarchu
Khanjar
6143
6115
Bhandal
JAMMU & KASHMIR
Raoli
Margaron
Baralacha La 4890
49
Udaipur 50
CHENAB VALLEY
Patsio
Trilokinath
5685
Shashur Gompa
48 Darcha
2564
Koti
Chenab
30
Bhaga
Khajjiar
24 Chamba
47 Keylong
Tandi
6703
Ravi
23 Dalhousie
Bilaur
Basohli
6119
Ravi
Bharmour
LAHAUL
52
25 Hadsar
Kathua
109
Chowari
DHAULA DHAR RANGE
3978 Rohtang La
Gramphu
Dhar
26
Bara Banghal
Manimahesh Lake
Dhundi
Chatru
Chakki
Nurpur
Sihunta
68
10
22
68
Holi
Chandra
MacLeod Ganj
5446
PATHANKOT
20
Shahpur 28
40 Manali
27 Dharamsala
4700 Kalihani La
39 Jagatsukh
6840
Dinanagar
40
Jawali
14
43
Nagrota
Palampur
Katrain
38 Naggar Castle
15
Maharana Pratap Sagar
35
29
Baijnath
Malana
Beas
Fatehpur
21 Kangra
30
HIMACHAL
KULLU VALLEY
35
Manikaran
Haripur
18
Jari
34 Pulga
Mukerian
Hajipur
Balta
Joginder Nagar
Gharanun
PARVATI VALLEY
16
Talwara
88
95
37 Kullu
Dehra Gopipur
Jawalamukhi
Beas
20
Bhuntar
Great Himalayan
Dasua
Tira
Bajaura 33
Sujanpur
KANGRA VALLEY
20
Beas
Miani
Nadaun 19
77
Prasar L.
Aut
1A
Kukanet
Sainj
Sainj 36
42
51
68
Larji
Urmar Tanda
Gardhiwala
Mandi 31
21
Hamirpur
10
Pandoh
Park Gate (Gushaini)
Gagrat
Amb
Bhota
Rewalsar 32
Banjar
53
1162
Bangana
Jahu
65
Bashleo La
HOSHIARPUR
Sundarnagar
Shoja
39
Deothsidh
Jalori La 3220
3275
3359
Adampur
Una
Gobind Sagar
65
Rohanda
39
37
41
46
Ani
Nangal Township
Ghumarwin
Mahalpur
Karsog
JALANDHAR
Jaijon
18 Bilaspur
Kotgarh 13
80
24
53
Sutlej
17
Anandpur Sahib
88
Tatapani 11
Garhshankar
12
Narkanda
35
Banga
71
Naldehra 10
PHAGWARA
21
126
23
Lasari
Arki 17
Mashobra
9
Nakodar
68
Theog
Nawanshahr
SHIMLA 8
32
Kiratpur
7
Phillaur
Balachor
18
Kufri
23
Rahon
49
40
Nalagarh
26
Sutlej
Kandaghat
21
6 Chail
Sidhwan Khas
13
Rupnagar (Rupar)
21A
39
Machhiwara
Bhanohad Punjab
LUDHIANA
41
5 Solan
16
30
Samrala
27
Kurali
Kalka
3647
Jagraon
21
Dharampur
Rajgarh
Doraha
95
Morinda
19
43
Parwanoo
Halwara
1
18
Pinjore
71
30
Kharar
22
90
Ahmadgarh
Wildlife Park
KHANNA
26
Sarahan
18
CHANDIGARH
Ramgarh
Renuka Lake
45
Morni
4
P U N J A B
Gobindgarh
Zirakpur
Chhoundan
39
Banur
Nahan 1
Renuka
MALER KOTLA
64
18
46
Naraingarh
2
27
Rajpura
21
45
50
Kala Amb
26
HIMACHAL PRADESH
72
Shahzadpur
0 25 50 km
PATIALA
AMBALA
38
AMBALA SADAR
Sadaura
Darpur
© Nelles Verlag GmbH, München
Sanaur

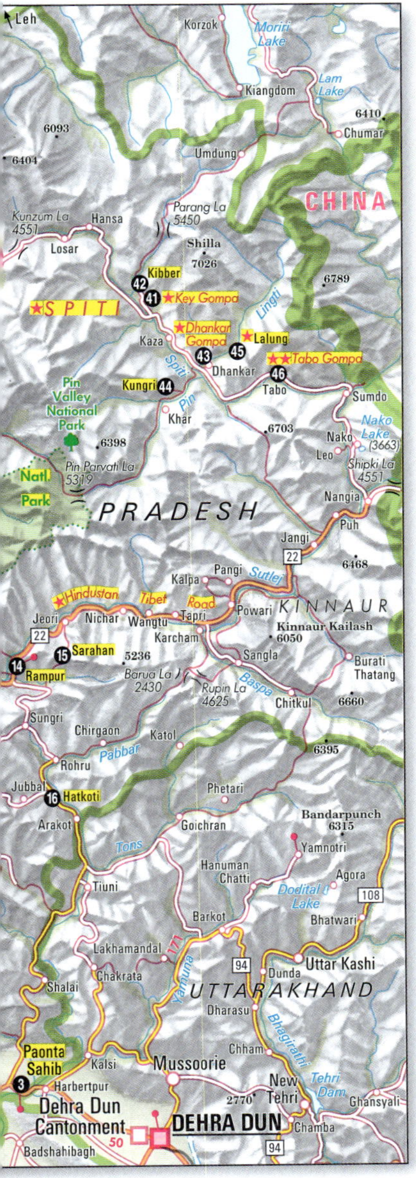

HIMACHAL PRADESH

Himachal Pradesh („Land der schneebedeckten Berge") ist ein Bundesstaat im Himalaya mit reizvollen, abwechslungsreichen Landschaften wie dem grünen Kangra-Tal, das sich unterhalb des schneebedeckten Dhaula Dhar erstreckt. Die Kultur dort ist geprägt vom Hinduismus, und die Tempel zählen zu den malerischsten Indiens. Hinter dem Rohtang-Pass jedoch, in den hochgelegenen, kargen Tälern Lahaul und Spiti, dominiert der tibetische Buddhismus.

Richtung Shimla

Die Straße von Kalka nach **Shimla** (88 km) führt entlang der großen indischen Wasserscheide. Das Einzugsgebiet des Indus liegt westlich, das des Ganges östlich dieser Straße. Hinter Shimla setzt sie sich als ★**Hindustan Tibet Road** fort und steigt hinauf zum **Shipki La-Pass**, wo der Sutlej, Himachals wichtigster Fluss, eine Schlucht durch den Himalaya gräbt.

Ein Abstecher von der Tibet Road noch vor Shimla in Richtung Osten führt zu dem alten Fürstentum **Sirmur** mit der architektonisch reizvollen Hauptstadt **Nahan** ❶ (932 m), die einen Palast und mehrere Tempel aufweist.

In **Kala Amb** ❷ (18 km) sind der **Saketi Fossilien-Park** und das **Museum** einen Besuch wert.

Von Nahan 45 km in südöstlicher Richtung stößt man auf **Paonta Sahib** ❸, mit einem beeindruckenden Sikh-Heiligtum (mit kleinem **Museum** im Tempel) in schöner Lage am Ufer des Yamuna. Von dort führt eine unbefestigte Straße zur Hauptstraße zurück; dabei passiert man **Renuka** ❹, ein ehemaliges Angelrefugium der Sirmur-Herrscher. Auf dem **Renuka Lake** kann man Boot fahren, der heilige See ist auch religiöser Anziehungspunkt für Hindu-Pilger; und im **Renuka Wildreservat** kann man Löwen in einem Gehege sehen.

» Karte S. 184-185, Info S. 191

An der Straße von Chandigarh nach Shimla liegt **Solan** ❺ (1350 m), bekannt ist für seinen guten Single-Malt-Whisky.

In **Kandaghat** biegt eine Straße nach **Chail** ❻ ab. Im **Chail-Palast**, der einstigen Sommerresidenz des Maharadschas von Patiala, ist heute ein Hotel.

Auf der Fahrt von Chail weiter Richtung Nordosten kommt man am **Himalayan Nature Park** mit seiner für Himachal Pradesh einzigartigen Tierwelt vorbei und gelangt schließlich über **Kufri** ❼ (2500 m) mit seinen bekannten Skipisten nach Shimla.

★Shimla

★Shimla ❽ (2100 m), die Hauptstadt von Himachal Pradesh, war eines der elitären Zentren des „Raj". Gegründet 1820, avancierte sie 1864 zum Sommerregierungssitz des Britischen Vizekönigs. 1888 feierte man die Vollendung der heute noch imposanten **Viceregal Lodge** (im Renaissance-Stil). Unter der Regentschaft von Lord Curzon wurde die Stadt durch ihr lockeres Leben, Intrigen und koloniales Machtgehabe bekannt; die einzigen Inder, die die Hauptstraße **The Mall** damals betreten durften, waren die Rikschafahrer.

Das britisch geprägte Stadtbild ist nahezu unverändert erhalten geblieben; in der neugotischen **Christ Church** von 1857 finden sonntags noch englische Gottesdienste statt. Wie in Kiplings Zeiten sind die Häuser am Berghang übereinander gebaut. Das **Gaiety Theatre** blieb als Denkmal eines „goldenen Zeitalters" erhalten. Im Norden Shimlas lohnt sich ein Ausflug durch fantastische Landschaft mit tief eingeschnittenen Tälern. In **Mashobra** ❾ (2149 m) bieten sich schöne Spazierwege und Picknickplätze. **Naldehra** ❿ (2050 m) ist besonders für seinen Golfplatz bekannt, er ist der älteste und höchstgelegene Indiens. Nach 56 km (von Shimla) erreicht man **Tatapani** ⓫ (656 m) mit heißen **Schwefelquellen** und schönen Wandermöglichkeiten.

Die Hauptstraße ins Kangra- und Kullu-Tal verläuft von Shimla in westlicher Richtung; für Geländefahrzeuge bietet sich als Alternative eine Straße nordwärts über den **Jalori-Pass** an.

Von **Narkanda** ⓬ (2700 m) hat man einen herrlichen Blick auf die schneebedeckten Gipfel des **Kinnar Kailash**. Einige Spazierwege führen über die Berghänge von **Hathu**, die im Winter ein beliebtes Skigebiet sind. Hinter dem Ort fällt die Straße schließlich steil ab zum Sutlej; nach Norden über den Fluss führt die Piste über den Jalori-Pass ins Kullu-Tal. Ostwärts erreicht man **Kotgarh** ⓭, das Zentrum von Himachals Apfelanbaugebiet.

Die Straße führt weiter nach **Rampur** ⓮ (76 km von Narkanda), bis 1948 die Winterhauptstadt des bergigen damaligen Fürstenstaats Bushahr; mit dem erhaltenen **Padam-Palast** von 1919 des Rajas, umgeben von einem Park.

Eine der Attraktionen dieser Gegend ist der Tempel **Bhimkali** in **Sarahan** ⓯.

Mit einer Genehmigung (*Inner Line Permit*) vom HP Tourist Office kann man weiter talaufwärts fahren und durch den landschaftlich und kulturell reizvollen buddhistischen Gebirgsdistrikt **Kinnaur** in das Tal von Spiti reisen.

Auf dem Rückweg von Sarahan nach Shimla führt in **Theog** eine Straße Richtung **Tiuni** in Uttar Pradesh. Sie führt an **Jubbal**, der ehemaligen Hauptstadt, und an **Hatkoti** ⓰ (104 km von Shimla) am forellenreichen Fluss **Pabbar** vorbei. Hathkoti ist ein wichtiger Pilgerort für Verehrer der Muttergöttin.

Verlässt man Shimla in westlicher Richtung, trifft man auf **Arki** ⓱, ebenfalls eine alte Hauptstadt mit Festungsanlage. Auf der Hauptstraße gelangt man weiter nach **Bilaspur** ⓲. Diese moderne Stadt liegt flussaufwärts an Indiens großem Prestigewasserkraftwerk, dem **Bhakra Dam**. Bei sinkendem Wasserspiegel tauchen alte Tempel aus den Fluten wieder auf.

Rechts: Terrassenfelder in Himachal Pradesh.

» **Karte S. 184-185, Info S. 191**

Photo: Aditya Arya

Kangra-Tal

Hinter Bilaspur zweigt eine Straße Richtung Westen ab, die ins **Kangra-Tal**, einem der schönsten Täler des Himalaya führt. Hier entstand unter Raja Sansar Chand (1775-1823) der Pahari-Stil – eine berühmte Stilrichtung in der Miniaturmalerei. Vorbei am Waldgebiet von **Nadaun** ⓳, eine der ehemaligen Residenzen von Sansar Chand, steht 27 km vor Kangra der Tempel von **Jwalamukhi** ⓴, „Zunge der Göttin". Den Namen verdankt er einer Erdgasflamme, die in den Bergen flackert.

Die Altstadt von **Kangra** ㉑ wurde 1905 durch ein Erdbeben zerstört, doch zeugen die Ruinen des **Forts** noch immer von der geschichtlichen Bedeutung dieser Stadt. Der Reichtum der Tempel Kangras war legendär.

Kommt man über Pathankot ins Kangra-Tal, erreicht man zuerst die Stadt **Nurpur** ㉒, die 1622 nach der Mogul-Kaiserin Nur Jahan benannt wurde. Eine nur saisonal befahrbare Straße führt direkt von Nurpur nordwärts nach Dalhousie (80 km), doch es ist viel sicherer, die westlich parallel verlaufende Straße, die vor Nurpur bereits in Chakki nach Norden abzweigt, zu nehmen.

Der Sommerferienort **Dalhousie** ㉓ (2036 m) mit seinen alten **Kolonialzeithotels** – die Briten kamen um 1900 zur Erholung hierher – bildet einen interessanten Kontrast zu Chamba, das weiter östlich im Gebirge liegt. **Chamba** ㉔ war die Hauptstadt eines Bergfürstentums, in dem sich eine eigenständige Kultur mit bemerkenswerten **Tempeln** entwickelte. Die dortigen Hirten (*Gaddis*) stammen aus **Brahmour** ㉕, einem Gebiet, das zum Trekking geradezu einlädt. Der Fußweg über den **Dhaula Dhar** nach Dharamsala dauert eine Woche, mit dem Auto braucht man einen (sehr langen) Tag. 35 km von Brahmour entfernt liegt der heilige See von **Manimahesh** ㉖ (3950 m).

Dharamsala ㉗ (1250 m), an den südlichen Hängen des Dhaula Dhar, hat außer dem **Kotwali Bazar** und einem **Kunstmuseum** nicht viel zu bieten. International bekannt wurde der Ort, seit

» Karte S. 184-185, Info S. 191

Photo: Helmut Köllner

der Dalai Lama 1960 diese Gegend als Exil gewählt hat. Die tibetische Enklave liegt 550 m höher als Dharamsala im nahen **McLeodganj** ㉘. Noch vor der Ortseinfahrt stößt man auf Überreste der ehemaligen Hill Station, den idyllischen **Friedhof** und die **Kirche vom Heiligen Johannes in der Wildnis**. Auf dem Friedhof ist Lord Elgin begraben, der hier 1863 starb. Der Charakter von McLeodganj ist heute tibetisch; viele Europäer kommen hierher, die am Buddhismus Interesse haben. Es gibt Meditationskurse sowie eine gute Bibliothek.

Setzt man die Fahrt durch das Kangra-Tal fort, gelangt man zu den Teeplantagen von **Palampur** ㉙. In **Baijnath** ㉚ (16 km weiter) steht ein alter **Shiva-Tempel**, der schon 804 n. Chr. errichtet wurde. In **Jogindernagar** endet die Bahnlinie. In **Mandi** ㉛ (150 km von Pathankot) befinden sich einige sehenswerte **Tempel**, und der **Palast** im Stadtzentrum lässt die einstige Bedeutung Mandis erahnen. 24 km südwestlich der Stadt liegt der See von **Rewalsar** ㉜, der tibetischen Buddhisten heilig ist – Padmasambhava bestand hier seine Feuerprobe.

Oben: Von den schönen Holzbalkonen in Naggar hat man einen herrlichen Blick auf das Kullu-Tal. Rechts: Mönche im Kloster Dhankar beim Textstudium.

★Kullu-Tal

Das Kullu-Tal beginnt bei der **Larji- Schlucht** und öffnet sich bei **Bajaura** ㉝ (15 km südl. v. Kullu). Hier steht der größte **Steintempel** im Kullu-Tal (8. Jh.), zu erreichen über einen 200 m langen Pfad von der Hauptstraße aus. Biegt man in Bajaura nach Nordosten ab, kommt man nach 45 km Fahrt durch das **★Parvati-Tal** nach **Manikaran** ㉞ (1737 m), zu dessen **heißen Quellen** viele Sikhs pilgern. Von hier führt ein Pfad zum **Pin Parvati-Pass** (5319 m).

Im faszinierenden Dorf **Malana** ㉟ (2652 m), das man von **Jari** (zwischen Bajaura und Manikaran) zu Fuß in einem Tag erreichen kann, soll noch das Matriarchat herrschen (und besonders reines Haschisch produziert werden).

» **Karte S. 184-185, Info S. 191**

Photo: Helmut Köllner

Südöstlich des Parvati-Tals erstreckt sich der **Great Himalayan National Park** ㊱. Mehrtägige Trekkingtouren führen durch alle Höhenstufen von der subtropischen bis zur alpinen Zone. Ein **Parkeingang**, in dem u. a. Moschushirsche, Bären, Leoparden und über 180 Vogelarten leben, befindet sich auf der Südwestseite in **Gushaini**, erreichbar über eine 28 km lange Straße von **Aut**.

Wieder zurück auf der Hauptstraße folgt nördlich von Bajaura die Stadt **Kullu** ㊲ (1200 m) am Zusammenfluss von Sarvari und Beas. Im Herbst findet hier das vielbesuchte *Dussehra*-Fest statt, bei dem die Masken aller Gottheiten des Tales auf Sänften nach Kullu getragen werden. Von **Katrain** windet sich eine Straße hoch zum **Naggar Castle** ㊳, das heute als Hotel dient; es bietet einen herrlichen Blick über das Tal. Bleibt man auf der Straße östlich des Flusses, passiert man auf dem Weg nach Manali **Jagat Sukh** ㊴ mit einem sehenswerten alten **Holztempel**.

Manali ㊵ (2050 m) ist ein bei Indern, Tibetern, Hippies und Bergsteigern beliebter Ferienort – als Honeymoon-Ziel, zum Relaxen, als Ausgangsbasis für Trekking und Rafting. Die Straße folgt ab hier dem Fluss **Beas** und windet sich dann zum **Rohtang-Pass** hinauf (3978 m).

★Lahaul und ★Spiti

Nun verlässt man das grüne Kullu-Tal und gelangt nach **★Lahaul** und **★Spiti**, wo die Frauen noch lange schwarze Überröcke mit silbernen Paspeln und bunte Seidenwesten tragen. In dieser dünnbesiedelten Gegend verehren die Bewohner überwiegend tibetisch-buddhistische Gottheiten. Lahaul und Spiti sind, sobald der erste Schnee auf dem Rohtang-Pass fällt (meist Ende Oktober), für 7 Monate von der Welt abgeschnitten; erst im Juni des folgenden Jahres sind die Täler wieder zugänglich.

Von **Gramphu** führt eine Straße ostwärts über den 4551 m hohen **Kunzom-Pass** nach **★Spiti**, das wie Lahaul erst 2002 dem Tourismus geöffnet wurde und nun bis auf einen kleinen Abschnitt

Photo: Helmut Köllner

an der tibetischen Grenze ohne Sondergenehmigung bereist werden kann. In dieser durchschnittlich fast 4000 m hoch gelegenen kargen und relativ trockenen Region, in der wegen ihres rauen Klimas nur wenige Menschen leben, gibt es einige sehenswerte lamaistische Klöster, wie das nahe dem Verwaltungssitz **Kaza** (3640 m) malerisch auf einem Hügel gelegene ★**Kloster Key** ㊶, in dem etwa 200 Mönche leben. Das schöne Dorf **Kibber** ㊷ (4205 m) galt lange als höchstes Dorf der Erde. Es ist über eine asphaltierte Straße zu erreichen; in der Umgebung kann man heute noch Fossilien finden.

Das Kloster ★**Dhankar Gompa** ㊸ liegt beeindruckend auf einer Bergspitze über dem Zusammenfluss von Spiti- und Pin-Fluss. Eine einstündige Wanderung führt zu einem kleinen See oberhalb des Klosters. Das **Pin-Tal** ist zu einem großen Teil Naturschutzgebiet, in **Kungri** ㊹ befindet sich das größte **Kloster** des Nyingmapa-Ordens. Sehenswert sind hier vor allem die alten Tempel.

In dem hoch über dem **Lingti-Tal** gelegenen Dorf ★**Lalung** ㊺ steht ein wegen seiner Stuckfiguren und Wandbemalung besonders sehenswerter buddhistischer **Tempel** aus dem 11. Jh.

Das schönste Kloster ist ★★**Tabo Gompa** ㊻, dessen über 1000 Jahre alter Haupttempel ein Kleinod der buddhistischen Kunst des Himalaya darstellt. Von Tabo führt eine (oft wegen Erdrutschen gesperrte) Straße weiter nach Kinnaur in den Süden.

Distrikthauptstadt von ★**Lahaul** ist die an der Hauptstraße Richtung Westen malerisch in 3350 m Höhe gelegene Ortschaft **Keylong** ㊼, zu der in den Sommermonaten eine Busverbindung mit Manali besteht. In naher Umgebung stehen die buddhistischen Klöster **Karding** und **Sashur-Gompa**. In **Darcha** ㊽, weiter nördlich, beginnen Trekkingtouren über den Shingo La (5090 m) nach Zanskar. Wichtigster Fluss von Lahaul ist der nach Jammu und schließlich in den Indus fließende Chenab, dessen zwei Quellflüsse **Chandra** und **Bhaga** hier zusammenfließen. Sie entspringen nahe dem 4883 m hohen **Baralacha-Pass** ㊾, über den man im Norden von Lahaul ebenfalls nach Spiti gelangen oder die Reise auf dem **Manali-Leh Highway** nach Ladakh fortsetzen kann.

Von Keylong aus führt eine passable Straße durch das wunderschöne ★**Chenab-Tal** nach **Udaipur** ㊿, dessen prachtvoll geschnitzter ★**Mrikula-Devi-Tempel** zu Recht berühmt ist. Oberhalb von Udaipur liegt der auf einer guten Straße erreichbare Pilgerort **Trilokinath**, der Hindus und Buddhisten gleichermaßen heilig ist. Von dort aus kann man eine schöne Wanderung hinunter nach Udaipur unternehmen. Von Udaipur aus kann man auf einem schmalen Weg ins **Pangi-Tal** und weiter bis nach **Kishtwar** wandern.

Oben: In der Abgeschiedenheit des Klosters Key (Spiti) leben etwa 200 Mönche.

» Karte S. 184-185, Info S. 191

Wichtigstes Fest ist das *Kulu Dussehra*. In Palampur wird ein besonders farbenprächtiges Fest gefeiert (März/April). Das Tibetan Inst. of Performing Arts organisiert jährlich ein 10-tägiges Fest 1 km von McLeodganj entfernt.
Blumengeschenke – ausschließlich von Frauen und Kindern – werden bei der *Suhi Mela* in Chamba gemacht. Dieser Bezirk ist auch für sein *Minjar*-Fest im Juli/August bekannt.
Im Mai wird in den Zedernwäldern von Deongri (1,5 km von Manali) ein 3-Tages-Fest zu Ehren der Göttin Hadima gefeiert.
Eine Art Karneval findet vom 10. bis 14. Februar statt. Einzigartig sind die 7-tägigen Feierlichkeiten *Shivaratri Mela* im März.

SHIMLA (☎ 0177)

Himachal Pradesh Tourism Development Corporation. Büros in Shimla Ritz Annexe, Tel. 277646 und The Mall, Tel. 2258302. Panchayat Bhawan, Cart Road, Tel. 4589.

Fascination, Eastern Mall, indische u. chinesische Küche.
Indian Coffee House, The Mall, intern. u. südindische Snacks, exzellenter Kaffee.
Himani's, The Mall, gute südindische Snacks. **Nalini**, The Mall, vegetarisch.

Himachal State Museum, Nähe Chaura Maidan, Di-So 10-13.30 Uhr u. 14-17 Uhr.

Einkaufsgegenden: The Mall, Lower Basar, Lakkar Basar.

Shimla und Kulu erreicht man auch mit dem Flugzeug. Die Eisenbahn fährt bis Chandigarh, Jogindernagar (in Pathankot umsteigen in eine Schmalspurbahn) und Shimla, von wo man in Kleinbussen, Autobussen oder Taxis weiterfährt.

KULLU (☎ 01902)

Der illegale **Drogenhandel** im Kullu- und Parvati-Tal zieht zwielichtige Gestalten an; etliche Ausländer sind hier bereits verschwunden bzw. ermordet worden!

HPTDC Tourist Office, am Dhalpur Maidan, Tel. 222349, tgl. 9-19 Uhr im Sommer, 10-18 Uhr im Winter geöffnet.

Hotstuff, bei der Touristeninformation, Fast Food mit Pizza u. a., nebenan das **Café Monal**. Gute Restaurants: im **Hotel Shobla**; **Shabnam** im Vaishali Hotel.

Akhaara Basar; Weber-Siedlung in Bhutli (6 km).

MANALI (☎ 01902)

Drogendelikte werden von der Polizei unnachgiebig geahndet.

Tourist Information, b. Hotel Kunzan. Tel. 253531. **Himalayan Mountaineering Institute**, Tel. 252342.

German Bakery, Mission Rd, Kaffee und Kuchen.
Mayur, Mission Road, eines der beliebtesten Restaurants am Ort.
Chopsticks, The Mall, tibetische Küche.
Phuntsok Coffee House, an der Abzweigung nach Vashisht, Frühstück, Snacks und tibetisches Essen am Ufer des Beas.

Roerich Art Gallery, Naggar (78 km von Kulu). Di-So 9-18 Uhr im Sommer, 10-17 Uhr im Winter.

Main Post Office, Model Town, Mo-Sa 9-17 Uhr.

Hauptmarkt, tibet. Basar, tibet. Teppich-Zentrum.

DHARAMSALA (MCLEODGANJ) (☎ 01892)

HPTDC's Tourist Information Office, Kotwali Bazaar, Tel. 223163.

In McLeodganj: **Snow Lion**, Jogibara Rd., beste tibetische Küche. **Ashoka**, Jogibara Rd., gutes Frühstück und die besten indischen Gerichte in der Stadt.

Kotwali Bazaar (in Dharamsala) und Läden in McLeodganj.

UTTARAKHAND

Die früheren nördlichen Gebirgsprovinzen Uttar Pradeshs bilden seit 2000 den 27. Staat Indiens: **Uttarakhand**. Die Regionen Garhwal und Kumaon gelten als die schönsten Himalayalandschaften Indiens. Die Vorberge wurden zwar stärker entwaldet als die von Kaschmir oder Himachal, bieten aber großartige Ausblicke auf schneebedeckte Gipfel.

GARHWAL

Größere Nadel- und Rhododendron-Wälder existieren noch nahe dem ehemaligen Erholungsort der Briten, **Chakrata** ❶ (2118 m ü. M.). Er gehört zum Gebiet Jaunsar-Bhabar an der Grenze zu Himachal, einer wenig entwickelten Gegend, in der noch viele traditionelle Jaunsari-Dörfer erhalten sind.

Im Tempel von **Lakhamandal** ❷ (65 km nördlich von Mussoorie) findet man bemerkenswerte **Skulpturen** von Arjuna und Bhima aus dem 4. Jh. n. Chr. Weiter südlich, im Yamuna-Tal, stößt man in **Kalsi** ❸ auf ein **Edikt Ashokas**, das in einen Felsen eingraviert ist; der Kaiser forderte hier seine Untertanen zur Gewaltlosigkeit auf.

Zwischen Yamuna und Ganges liegt das fruchtbare **Doon-Valley** mit seinen Basmatireisfeldern. Oberhalb von Uttarakhands Hauptstadt **Dehra Dun** lockt die seit Kolonialzeiten berühmte Hill Station (Erholungsort) **Mussoorie** ❹ (2005 m) mit reizvollen Spazierwegen, Flaniermeile **The Mall**, **Seilbahn** auf den **Gun Hill** und ★**Himalayablick**.

Vier spirituelle Quellen

Die Yamuna gehört zum Tons-Flusssystem, dessen Quellen weit nördlich im **Har-ki-Dun** (3560 m) liegen. Diese herrliche unberührte, von Gletscherflüsschen durchzogene Landschaft, wo der Hindu- Mythologie zufolge die Helden der alten Epen in den Himmel aufge-

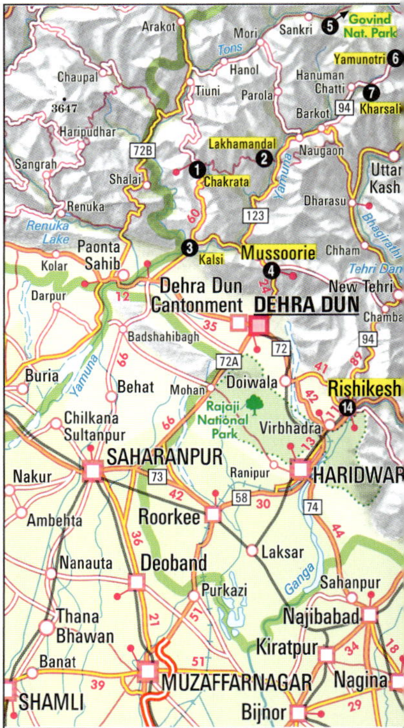

stiegen sind, ist als **Govind Wildreservat und Nationalpark** ❺ unter Schutz gestellt. Von **Sankri** aus kann man dort Trekkingtouren unternehmen.

Die **Quelle der Yamuna** wird in **Yamunotri** ❻ (3250 m) an einem **Tempel** verehrt (die eigentliche Quelle entspringt einem schwer zugänglichen Gletscher in 4421 m Höhe). Dies ist das erste der vier Heiligtümer (*char dham*) von Uttarakhand, die jeder Hindu einmal im Leben aufsucht – die spirituellen Quellen der vier heiligen Flüsse der Hindus. (Die meisten Pilger besuchen zuvor am Ganges **Rishikesh** ⓮ und v.a. die heilige Vishnu-Pilgerstadt **Haridwar**, wo sie abends ein Schiffchen mit Kerze und Opfern dem heiligen Fluss anver-

» Karte S. 192-193, Info S. 197

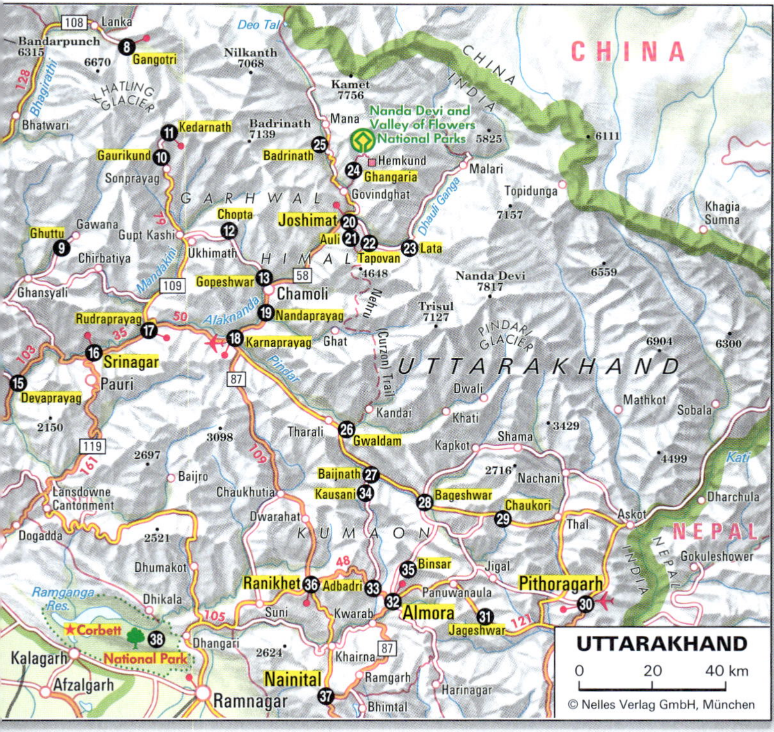

trauen.) Von **Hanuman Chatti** (2400 m) fahren Taxis bis zu den **Heißen Quellen** von **Janki Chatti** (2575m), in denen Pilger traditionell Reis und Kartoffeln kochen. Von dort geht oder reitet man 4 km steil hinauf zu den „Yamuna-Quellen" von **Yamunotri** (3250 m). Nach der Rückkehr kann man über die Yamuna-Brücke einen Abstecher nach **Kharsali** ❼ machen, um einen Blick auf dessen **Tempel** zu werfen, der sich gegen den **Bandar Punch** (6315 m) in einer eindrucksvollen Silhouette abhebt.

Fährt man von **Barkot** (etwas südlich von Yamnotri) über **Uttarkashi**, kann man das zweite Heiligtum, den **Gangotri-Tempel** ❽, der inmitten eines Zedernwaldes über der Schlucht des **Ganges-Quellflusses Bhagirathi** liegt, an einem Tag erreichen. Von dort führt die Straße zurück nach Uttarkashi und weiter nach **New Tehri**.

Östlich von Tehri muss man sich zwischen zwei Straßen, die beide nach **Kedarnath** zum 3. Heiligtum von Uttarakhand führen, entscheiden (gleiche Entfernung). Die schmale, nördlichere Straße über **Chirbatiya** ist schöner, die Fahrt über **Srinagar** bequemer. Wer sich für die schönere Strecke entscheidet, kann zudem in **Ghansyali** Richtung **Ghuttu** ❾ fahren, dem Ausgangspunkt für Trekking zu den Seen von **Sahastra Tal**; ein anderer Trek folgt dem **Khatling-Gletscher** und führt via **Masar Tal** nach Kedarnath.

» Karte S. 192-193, Info S. 197

Die Teerstraße Richtung Kedarnath endet in **Gauri Kund** ⑩, einem Ort mit **heißen Quellen**. Von hier aus wandern Pilger 14 km zum dritten Heiligtum, dem von **Kedarnath** ⑪, nahe der **Quelle des Mandakini**. Dieser **Tempel** liegt in 3484 Meter Höhe vor einer überwältigenden **Himalaya-Kulisse**. 2013 gab es hier eine verheerende Flut.

Das heiligste der vier *Char Dham* befindet sich in **Badrinath**, 243 km östlich von Kedarnath. Auf dem Weg dorthin ist die Straße von **Gupt Kashi** (südlich von Kedarnath) über **Ukhimath** bis nach **Gopeshwar** eine der schönsten Strecken in Uttarakhand. Vom höchsten Punkt dieser Straße, **Chopta** ⑫, liegt der **Tempel von Tunganath** (3680 m) nur 3 km entfernt. Von hier bietet sich ein schöner Blick auf den Siebentausender **Nanda Devi**.

In **Gopeshwar** ⑬ befindet sich ein berühmter Tempel mit großem Dreizack. Im Nachbarort **Chamoli** trifft man auf die direkte Pilgerstraße von Rishikesh nach Badrinath; sie ist jedoch von Mai bis November mit Bussen und Pilgern verstopft, da der Tempel nur in diesem Zeitraum besucht werden kann.

Rishikesh ⑭, ein beschaulicher Ort umgeben von Hügeln am Ufer des **Ganges**, ist ideal für Meditation und Entspannung. Der Ex-Rajapalast in **Narendra Nagar** beherbergt heute das luxuriöse Wellnesshotel **Ananda**.

Fährt man entlang des Flusses **Alaknanda** nach Osten, kommt man an fünf *prayags* vorbei, Stellen, wo Flüsse zusammentreffen. Der erste *prayag* ist bei **Devaprayag** ⑮ (70 km von Rishikesh). Hier heißt der Fluss erstmals Ganges. Nach weiteren 35 km stößt man auf die alte Hauptstadt von Garhwal, **Srinagar** ⑯, die nach Flutkatastrophen ihre einstige Schönheit verloren hat. 34 km von Srinagar liegt **Rudraprayag** ⑰, wo eine Straße nach Kedarnath abzweigt. 4 km davor steht ein Wegweiser zu der Stelle, wo Jim Corbett einen Leoparden erschoss, der 300 Menschen getötet haben soll.

Die grünliche Mandakini fließt in Rudraprayag mit der eisgrauen Alaknanda zusammen, die von Kedarnath kommt. Der nächste *prayag* ist bei **Karnaprayag** ⑱ (31 km), wo der Pindar mit dem Hauptfluss zusammenfließt. In **Nanda Prayag** ⑲ (22 km) ergießt sich tosend der Sturzbach Mandakini von den Hängen des **Nanda Ghunti** und **Trisul**. Eine Trekkingtour zu dem Basislager für diese Berge entlang dem Mandakini-Tal dauert 10 Tage. Diesen Weg kreuzt ein schöner Wanderweg von **Gwaldam** (㉖) nach **Tapovan** (㉒), früher **Curzon Trail** genannt, da der britische Vizekönig gern diesen Weg ging.

Wer durch das Alaknanda-Tal wandert, vorbei am **Birehi Ganges**, sieht eine von Naturkatastrophen gezeichnete Landschaft: In den durch Erdrutsche entstandenen Staubecken bildeten sich Seen, deren Wassermassen nach Dammbrüchen immer wieder die Täler verwüsteten. **Joshimath** ⑳ (40 km) ist keine reizvolle Stadt, aber gute Ausgangsbasis für Trekkingtouren zu den *buggials*, den Bergwiesen, die zu den Attraktionen des Himalaya gehören.

Skifahrer zieht es von Januar bis März, trotz der dann oft mühsamen Anfahrt, zur Skistation **Auli** ㉑ (3050 m; Sessellift), in Sichtweite des **Nanda Devi** (7817 m). Selten liegen Himalaya-Schneegipfel und Zivilisation so nah beieinander. Südöstlich von Joshimath befinden sich die **heißen Quellen** von **Tapovan** ㉒, noch etwas weiter steht im Dorf **Lata** ㉓ (per Bus erreichbar) der **Nanda-Devi-Tempel**.

In **Vishnuprayag** wechselt die Hauptstraße nach Badrinath auf die andere Seite der Alaknanda, und man erreicht nach 18 km **Govindghat**. Von hier führt ein 13 km langer, gut markierter Pfad entlang der schönen Schlucht des **Lakshman Ganges** nach **Gangharіya** ㉔ (Übernachtungsmöglichkeit). Nach weiteren 4 km erreicht man den

Rechts: Pilgerziel Kedarnath – der heilige Shiva-Tempel mit Himalaya-Panorama.

» Karte S. 192-193, Info S. 197

Photo: mrinalnag (iStockphoto)

Valley of Flowers Nationalpark. Zwischen Mitte Juni und Mitte September erblüht hier auf den Wiesen eine unglaubliche Vielfalt an Wildblumenarten vor der erhabenen Bergkulisse. Interessant ist auch die Wanderung von Gangharia zum **Lokpal-See** (4329 m) mit dem Sikh-Heiligtum **Hemkund**.

Badrinath ㉕, (3100 m) das heiligste der vier *Char Dham*, liegt im Tal von Mana. Sein kleiner **Tempel** ist – da jeder Hindu in seinem Leben einmal hierher zur **Alaknanda-Quelle** gepilgert sein möchte – oft voller Menschen; darüber hinaus machen die **heißen Quellen**, ein Devotionalien-Basar und der atemberaubende Gipfel des **Nilkanth** (7068 m) Badrinath attraktiv.

Garhwal wird auch das Land der Götter, *Dev Bhumi*, genannt, denn mit einer Ausnahme entspringen alle Nebenflüsse des Ganges dort; nur der **Pindar** hat seine Quelle in Kumaon. Folgt man ihm von Karnaprayag aufwärts bis **Gwaldam** ㉖ in 1829 m Höhe, so hat man einen ausgezeichneten Blick auf den **Trisul** (7127 m).

KUMAON

Vergleicht man die Berglandschaft von **Kumaon** mit der Garhwals, so fallen besonders die fruchtbareren Täler auf. Die Straße windet sich durch Pinienwälder (Harzgewinnung) nach **Baijnath** ㉗, einer ehemaligen Hauptstadt mit Tempeln, die schönste indische Kunst bergen. Das breite Tal führt in südöstlicher Richtung nach **Bageshwar** ㉘, das einst für sein Fest der Wintersonnenwende bekannt war. Von hier werden Trekkingtouren zum **Pindari-Gletscher** (s. S. 237) organisiert. Indische Pilger besuchen das ganze Jahr den Shiva geweihten **Bagnath Tempel**. Hinter Bageshwar geht eine Straße nach **Chaukori** ㉙, früher Teeplantage, heute Touristenunterkunft; im Winter fasziniert der Blick auf die schneebedeckten Berge.

Pithoragarh

Setzt man seine Reise auf dieser Straße fort, erreicht man nach 58 km **Pithoragarh** ㉚, ein wegen seines schönen

Photo: Ramitsanan (Dreamstime)

Rundblicks gern besuchter Ort, der, bereits ausgestattet mit einem Flugplatz, zum Touristenzentrum ausgebaut werden soll. Der Pilgerweg zum Kailash und Manasarovar in Tibet beginnt hier, ist aber Indern vorbehalten.

Almora, Nainital und Corbettpark

Auf dem Weg in die Hauptstadt des Kumaon-Gebiets, Almora, kommt man an **Jageshwar** ㉛ mit sehenswerten Tempeln in einem herrlichen Zedernwald vorbei. **Almora** ㉜ (1646 m) ist ein schönes Städtchen mit einer für diese Region typischen Architektur. Von Garhwal führen drei Wege nach Almora. Eine Straße kommt von **Ranikhet** über **Adbadri** ㉝, einer alten Hauptstadt mit mehreren Tempeln; die andere führt durch **Kausani** ㉞, wo sich schon Mahatma Gandhi erholte. Die dritte Strecke verläuft durch **Binsar** ㉟, wo man ein 300 km breites **Himalaya-Panorama** genießen kann. All diese Straßen sind auch im Winter geöffnet, doch die schönste Zeit für einen Besuch im Kumaon ist der März, die Zeit der **Rhododendronblüte**.

Oben: Elefantensafari im Corbett National Park.

43 km westlich von Almora liegt das Erholungsgebiet von **Ranikhet** ㊱; ein weiteres 60 km im Süden: **Nainital** ㊲ an dem gleichnamigen, schönen grünen **See** mit Bootsverleih. Eine **Seilbahn** fährt hinauf zum **Snow View** (2270 m ü.M.). Wanderwege führen durch den Wald rund um den **Cheena Peak** (2611 m). Östlich von Nainital liegen weitere Seen, der **Bhim Tal**, **Sat Tal** und **Naukuchia Tal**. Vom **Mukteshwar** (2438 m) bietet sich ein schöner Blick.

Landschaftlich beeindruckend ist die Fahrt von Ranikhet zum ★**Corbett National Park** ㊳ (Tiger, Leoparden, Elefanten); unterwegs sieht man den anmutigen Himalaya-Gipfel **Changabang** (6864 m). Den Parkbesuch organisiert man vorab im **Reception Centre** von **Ramnagar**. Die meisten Unterkünfte im Park befinden sich in **Dhikala**, wo sich gute Wildbeobachtungschancen bieten, z. B. auf einer **Elefantensafari**.

» Karte S. 192-193, Info S. 197

ALMORA (☎ 05962)

Uttaranchal Tourism Office, in der Nähe des Savoy Hotel, Tel. 230180. **Discover Himalaya**, Main Rd., Tel. 236890, **High Adventure**, Main Rd., Tel. 232277, für Touren in der Umgebung oder zum Pindari Gletscher.

Soni Restaurant, The Mall, vegetarische und nichtvegetarische Gerichte, beliebt.

MUSSOORIE (☎ 0135)

Garhwal Mandal Vikas Nigam (GMVN), Library Bus Stand, Tel. 2632984. **Mountaineering & Trekking Division**, Yatra Office, GMVN Ltd., Muni-ki-Reti, Rishikesh, Tel. 230372.

Nag Panchmi im Nag Mandir (Juli/Aug.), *Janmashtami Fair* (Aug./Sept.), Herbstfest an *Dussehra* (Sept./Okt.).

General Post Office, Kulri Bazaar, Tel. 2802

Wollkleidung und Korbwaren. Einkaufsstraßen Library, Kulri und Landour Bazaars.

Dehradun's Jolly Grant Airport (60 km von Mussoorie) ist der Flughafen für Flugverbindungen mit Delhi. Der nächste Bahnhof ist Dehradun (35 km).

TREKKING ist während des Monsuns riskant. Nicht alle Gebiete an der sog. Inner Line entlang der Grenze sind für Ausländer offen. 1993 wurde die Genehmigungspflicht weitgehend aufgehoben, so dass jetzt viele begehrte Routen, wie etwa in das Nanda Devi Sanctuary, das Niti-Tal, zum Milam-Gletscher und die Wanderung von Gangotri nach Badrinath über den Kalindi Khal-Pass offen sind. Geschlossen sind noch immer das Kuti-Tal und Garbyang auf der Pilgerroute nach Tibet. Informationen bei **Indian Mountaineering Foundation**, Benito Juarez Road, New Delhi (Tel. 2671211); oder **Garhwal Mandal Vikas Nigam**, 74/1 Rajpur Road, Dehradun (Tel. 226817).

NAINITAL (☎ 05942)

Parvat Tours & Tourist Information Centre, Tallital, Tel. 2656. Das **Haupt-KMVN-Büro** befindet sich im Old Secretariat Building, Tel. 2509, 2543. **Nainital Mountaineering Club** (für Treks), CRST Inter College Building.

New Capri Restaurant, The Mall, Tel. 2690. **Embassy Restaurant**, The Mall, Tel. 2597. **Kwality**, The Mall, Tel. 2506.

Main Post Telegraph Office, Mallital, Tel. 2599; Tallital, Tel. 2704.

Mitte Januar wird das *Uttaraini*-Fest gefeiert, vor der Ernte im Herbst *Hariyala* (Juli/August). Wichtigstes Fest ist das *Nanda Devi Fair*, die zu Ehren der Göttinnen Nanda und Suanda gefeiert werden (Aug./Sept.).

Der nächste Flughafen ist Pantnagar (72 km, Bustransfer 2,5 Std.). In Nainital gibt es Busse, Taxis und Rikschas (in der Touristensaison ist nach 17 Uhr The Mall für den Verkehr gesperrt).

In Pithoragarh nahe der Grenze zu Nepal gibt es einen Flugplatz für Air-Taxis, der das östliche Kumaon mit Delhi und Lucknow verbindet.

RISHIKESH (☎ 0135)

Uttaranchal Tourist Office, Railway Station Road, Tel. 2430209, Mo-Sa 10-17 Uhr.

Shanti Cafe, Lakshman Jhula Rd., beim Taxi-Stand, sehr gutes italienisches Essen. **New Bhandari Swiss Cottage**, High Bank, Gebäck, Kuchen und im Holzofen gebackenes Brot. **Neelam Restaurant**, Nähe Haridwar Rd., italienisch, indisch.

Trekking- und Rafting Touren bei: **Red Chilli Adventure**, Lakshman Jhula Rd., Tel. 2434021. **Garhwal Himalayan Explorations**, Kailash Gate, Tel. 2433478, organisiert außerdem das Ganga Nature Camp am Ufer des Ganges (11 km flussaufwärts) zwischen Sept. und Juni.

Kamal Sahai

Elefanten zu Verkaufen – auf dem Viehmarkt von Sonepur bei Patna

Photo: Martin Thomas

LAND DER WEISEN UND DICHTER

BIHAR
JHARKHAND
CALCUTTA
WESTBENGALEN

BIHAR

Im Jahr 2000 ist aus dem südlichen Bihar Indiens 28. Bundesstaat hervorgegangen: das rohstoffreiche Jharkhand. Bihar und Jharkhand bieten eine Vielfalt von Sehenswürdigkeiten, doch nur wenig Touristenunterkünfte.

In den beiden Staaten befinden sich die erste Ansiedlung der Ganges-Ebene, die älteste Fernstraße der Welt, das Herzland des ersten indischen Reiches und der zweiten Siedlungswelle auf dem Subkontinent, ein prächtiges Himalaya-Panorama, der älteste Höhlentempel, das größte Festival der Welt und Wasserlöcher, an denen Tiger ihren Durst löschen.

Die Menschen, die vor 3000 Jahren in Bihar lebten, benutzten Kupferwerkzeuge. Aus den Minen von **Singhbhum** schafften sie das Kupfer auf einer 500 km langen Straße an die Orte, wo es verarbeitet wurde; bedenkt man ihre Länge, so kann man sie als die älteste Fernstraße der Welt bezeichnen. Kaiser Chandragupta Maurya baute diese **Grand Trunk Road** im 4. Jh. v. Chr. nach Taxila (im heutigen Pakistan) aus, so dass sie schließlich eine Länge von 3200 km erreichte. Hinsichtlich Länge und Alter ist sie durchaus mit der Chinesischen Mauer vergleichbar. Sie hatte lange Zeit die Bedeutung einer Reichsstraße. Im 16. Jh. wurde sie von Sher Shah Suri erneuert, später noch einmal im 19. Jh., heute verbindet sie Calcutta mit der Pakistanischen Grenze bei Amritsar.

Rechts und links dieser Straße liegen etliche Anziehungspunkte für Pilger; Jainas besuchen den Tempel auf der Spitze des **Parasnath-Berges** ❶, ein Tempel zu Ehren Parshvanaths, der hier im 9. Jh. v. Chr. starb. Die Buddhisten besuchen **Bodh Gaya** ❷ (s. S. 114), wo Buddha die Erleuchtung erlangte. Der Hindu-Tempel von **Mundeshwari** ❸, bei Ramgarh, wird als der älteste Tempel Bihars angesehen und ist ein interessantes Beispiel für die Architektur des 11. Jahrhunderts.

Rajgir und Pawapuri

Der heutige Ferienort **Rajgir** ❹ (s. S. 113) war einst Mittelpunkt des bedeutenden Reiches Magadha (6.-1. Jh. v. Chr.). Es lag so günstig, dass es im Zeitalter des Kupferabbaus sowohl die Große Fernstraße als auch die Schifffahrt auf dem Ganges kontrollieren konnte. Die Geschichte der Stadt beginnt im 6. Jh. v. Chr., nachdem ein 50 km langer, riesiger Wall auf den Kämmen der umliegenden Berge gebaut worden war. Die Bauten dieser Zeit sind zwar verfallen, doch findet man im Schiefer der Talsohle noch

Links: Straßenszene in Patna.

Tamghas
Syangja
Gorkha
KATHMANDU
Kodari
7145
Mt. Everest (Chomolungma, Sagamartha) 8848
Makalu 8463
CHINA
NEPAL
Kali Gandaki
Tansen
Barabise
Lukla
5346
1396
Butwal
BHARATPUR
Bhaktapur
PATAN
Dhulikhel
Jiri
3784
Lumbini
Bhairahawa
Chitwan National Park
Nepalthok
NEPAL
Arun
Taplejung
Nautanwa
Valmikinagar
Hetauda
1264
Sindhulimadi (Sindhuli Bazaar)
Bhasantpur
Valmiki National Park
Sun Kosi
CHURIA RANGE
Bansi
Nichlaul
Pathlaya
Dhankuta
Narkatiaganj
Hariwan
Bardibas
Dharan
2423
Rapti
Pharenda
Bagaha
Birganj
501
Dhalkebar
977
Chatra
Padrauna
Malangwa
Kosi Dam
Itahari
Khalilabad
BETTIAH
NEPAL
INDIA
Janakpur
East-West Corridor
Sugauli
Jaleshwar
Rajbiraj
Birpur
GORAKHPUR
Motihari
Sitamarhi
Jaynagar
BIRATNAGAR
Ayodhya (ca. 60 km)
158
Deoria
Gopalganj
Madhubani
Nirmali
Araria
225
Gandak
Sapt Kosi
East-West Corridor
Siwan
MUZAFFARPUR
DARBHANGA
Supaul
UTTAR
Gaura Barhaj
BIHAR
Azamgarh
Gogra
Maharajganj
Saharsa
Sarsi
Sonepur
187
Samastipur
MAUNATH BHANJAN
Ballia
PURNIA
CHAPRA
HAJIPUR
Bihariganj
KATIHAR
PRADESH
Bakhtiarpur
Barauni
MUNGER (MONGHYR)
Saidpur
PATNA
228
Ganga
Ghazipur
Buxar
ARA
113
BIHAR SHARIF
Mokama
Son
VARANASI
Jamalpur
BHAGALPUR
MUGHALSARAI
Bikramganj
Jehanabad
Mohania
Islampur
Lakhisarai
Mahagama
Bhabua
Rajgir
Pawapuri
Daudnagar
Banka
Ramgarh
Barabar
Ahraura
Jhajha
Godda
SASARAM
DEHRI
GAYA
Nawada
Jamui
Mundeshwari
Katuria
277
Hansdiha
Aurangabad
Bodh Gaya
Robertsganj
Chakai
639
Hussainabad
Sherghati
Deogarh
Tiura Pipardih
Kodarma
Dumka
Chopan
199
Chauparan
Madhupur
Renukoot
Dudhi
Chhatarpur
Barhi
Giridih
Rehra
Chatra
Golden Quadrilateral
Barakar
Jamtara
Govind Ballabh Pant Sagar
JHARKHAND
Garhwa
Bagodar
Parasnath
Bakreshwar
Daltonganj
DHANBAD
HAZARIBAGH
BOKARO STEEL CITY
ASANSOL
Kankar
Betla National Park
130
Churki
Mandu
KULTI
Latehar
SAUNDA
Patratu
Chas
Ramanujganj
Ramgarh
DURGAPUR
CHHATTIS-
Chandwa
Kuru
Hundru Falls
440
Susunia Hill
Netarhat
RANGE
PURULIYA
GARH
Samri
Lohardaga
Jhalda
Alirajpur
BANKURA
HAZARIBAGH
RANCHI
Johna Falls
CHOTA NAGPUR
1047
Ghagra
Balarampur
Manbazar
Bishnupur
231
Gumla
Khunti
Chandil
AMBIKAPUR
South Koel
MANGO
Kasai
WES
Kunkuri
Hirni Falls
Sindri
Kamdara
Jashpurnagar
Hesadi
JAMSHEDPUR
MAINPAT HILLS
Kolebira
Chakradharpur
Seraikela
Ghatshila
1100
Simdega
Pathalgaon
Chaibasa
KHARAGPUR
Sankh
Dharamjaigarh
Birmitrapur
Dhalbhumgarh
KORBA
Baharagora
RAURKELA
Hatgamaria
Bisrah
Rairangpur
Rajagangapur
Jaintgarh
Baripada
Kiriburu
Barbil
Talbandh
Gobindpur
Jashipur
Jaleswar
Barsua
Karanjia
Bonaigarh
ODISHA
1165
Udala
BIHAR/JHARKHAND/ WESTBENGALEN
0
50
100 km
© Nelles Verlag GmbH, München

die Abdrücke von Streitwagen. Rajgir ist auch eine heilige Stadt der Jainas, da der Begründer des Jainismus, Mahavira, hier gelehrt hat. Es existieren jedoch auch wichtige Verbindungen zwischen dieser Stadt und Buddha.

In **Pawapuri** ❺ stehen zwei **Jain-Tempel**, Gedenkstätten für Mahavira, der hier im 5. Jh. v. Chr. starb.

In den **Bergen von Barabar** ❻, südwestlich von Rajgir, befinden sich **Höhlentempel**. In zwei von ihnen findet man Inschriften, die darauf hinweisen, dass diese Höhlen ein Geschenk Ashokas (264-225 v. Chr.) an Ajivika-Mönche waren. Die Wände sind vor 2300 Jahren mit einer Art Politur versehen worden; sie glänzen noch heute.

Patna

Als Eisenwerkzeuge im 8. Jh. v. Chr. Kupferwerkzeuge verdrängten, verlor auch die Große Fernstraße ihre Bedeutung – zumal sich die Flüsse als geeignetere Transportwege erwiesen. In den letzten Jahren des ausgehenden 6. Jh. v. Chr. bauten die Herrscher des Magadha-Reiches am Ufer des Ganges eine befestigte Stadt, die sie später zu ihrer Hauptstadt machten. Der Name der Stadt änderte sich mehrmals. Kusumpura, Pataliputra und Asimabad sind alte Bezeichnungen von **Patna** ❼.

Als im Jahr 323 v. Chr. Alexander der Große im Nordwesten des Subkontinents einfiel, herrschte die Nanda-Dynastie über das Magadha-Reich und somit über den größten Teil Nordindiens. Der Makedonier griff das Reich jedoch nicht an. Chandragupta Maurya stürzte später die Nanda-Dynastie und erweiterte das Reich bis weit nach Westen. Patna wuchs anschließend zu einer großen Stadt heran. Der griechische Gesandte Megasthenes, der in der Stadt lebte, hinterließ einen Bericht über sie, der später durch Ausgrabungen bestätigt wurde, die eine Halle mit Pfeilern aus Sandstein hinter einer hölzernen Palisade ans Licht brachten. Diese **Aus-**

» Karte S. 202-203, Info S. 207

grabungsstätte findet man bei **Kumhrar**, 5 km östlich des Bahnhofs.

Für eine Stadt, deren Geschichte über 2500 Jahre reicht, hat Patna erstaunlich wenig historische Stätten; dass diese angeblich unter dem Schlamm des Ganges begraben seien, ist nur ein Teil der Wahrheit. Nicht nur hier, sondern in ganz Nordindien gibt es einen auffälligen Mangel an Säkularbauten aus der Zeit vor der muslimischen Herrschaft.

600 Jahre lang war Patna keine Landeshauptstadt, für 300 Jahre (nach 1196) nicht einmal eine Provinzhauptstadt. Die buddhistischen Klöster, *viharas*, von denen sich der Landesname Bihar ableitet, und die Universitäten von Nalanda und Vikramshila wurden Ende des 12. Jh. vom Sultan von Delhi, Bakhtiar Khilji, zerstört.

In Patna existieren keine historischen Bauten aus der Zeit von Kumhrar (4. Jh. v. Chr.) bis zu Sher Shahs Festung (1545). Der Bedeutungsverlust Patnas nach dem Überfall Khiljis wird offenkundig durch die Tatsache, dass alle Gebäude, die damals gebaut wurden, außerhalb der Stadtgrenzen entstanden; typisch für die Epoche vom 12.-16. Jh. sind die muslimischen **Mausoleen**: Das Mausoleum des **Ibrahim Baya** liegt auf einem Gebirgskamm bei **Bihar Sharif** (77 km südlich Patnas), die Mausoleen des **Yaha** und des **Shah Daulat** sind in **Maner** (30 km westlich) und die des **Sher Shah**, seines Vaters und seines Sohnes in **Sasaram** (im Südwesten Patnas). Sher Shah errichtete seine Festung und die **Sher-Shah-Moschee** (im östlichen Stadtteil Gulzaribagh) 1540-1545, zur selben Zeit, als die Portugiesen einen neuen Handelshafen in Hugli bauten.

Die zweite Moschee, die **Sarif-Khan-Moschee**, wurde 1621 von Pervez Shah, Jehangirs Sohn, erbaut, nachdem die Holländer und Engländer an der Küste Indiens gelandet waren, um Salpeter, Indigo, Stoffe und Opium zu kaufen. Die Holländer hinterließen das heutige **Patna College**. Das britische **Opiumlagerhaus** in Gulzaribagh wurde später der Patna-Kunstschule angeschlossen, wo Miniaturporträts aus Elfenbein angefertigt wurden, die als *Company Art*, als Kunst der Ostindienkompanie, bekannt wurden; heute ist eine Druckerei darin untergebracht. Im **Quila House** (Jalan Museum) ist R. K. Jalan's Sammlung von Jadeerzeugnissen, chinesischem Porzellan und filigranen Silberarbeiten ausgestellt.

1773 gelangte Patna unter britische Verwaltung. Die ganze Provinz wurde vom Mogulkaiser der Ostindienkompanie überschrieben, die sich im Westen der Stadt einrichtete. Die Engländer bauten auch den Stadtteil **Bankipur**, wobei sie sich bemühten, die Atmosphäre einer englischen Kleinstadt zu schaffen; die **Kirche** wurde auf einem großen Platz, dem heutigen **Gandhi Maidan**, errichtet. Ein optisch auffälliges Gebäude ist der **Golghar**, ein halbkugelförmiger Getreidespeicher, 27 m hoch und 1786 errichtet. Er wurde gebaut, um in dieser Zeit häufiger Hungersnöte einen Getreidevorrat anlegen zu können. Von oben hat man einen herrlichen Rundblick über die Stadt.

Zwei Gebäude zeigen typisch britisch-indische Architektur: das **Patna Women's College**, das nach dem II. Weltkrieg gebaut wurde und das **Patna Museum** (1920er Jahre), das eine ausgezeichnete Sammlung von Terrakotta- und Bronzefiguren aus der Zeit der Maurya- und der Gupta-Dynastie beherbergt.

Die schöne Kirche **Padre Ki Haveli** wurde 1775 für österreichische Missionare gebaut, die aus Tibet vertrieben worden waren. Das marmorverkleidete **Harmandir Sahib**, ein *gurudwara*, wurde erst im 19. Jh. um die Räume herum errichtet, in denen der 10. und letzte Sikh-Guru, Gobind Singh, 200 Jahre zuvor geboren worden war; die Anlage gehört zu den bedeutendsten Heiligtümern der Sikhs.

Rechts: Wie vor 2000 Jahren – traditionelle Ganges-Fähren in Patna.

» Karte S. 202-203, Info S. 207

Photo: Danielrao (iStockphoto)

In Bankipur beginnt der erste Teil des Romans von E. M. Forster *A Passage to India* (1924). Forster änderte nur den Namen der Stadt in Chandrapore, so wie er Barabar in Marabar geändert hatte. Die Kirche, den Maidan und den Club erkennt man schnell wieder. Die Moschee, die die Romanheldin Mrs. Moore heimlich aufsuchte, befindet sich noch an der **Asoka Rajpath**, die durch Muradpur am Fielding's College vorbei in die Stadt führt. Der englische Schriftsteller hatte einen Freund in Khuda Baksh, dessen Sammlung von seltenen orientalischen Schriftstücken und Miniaturmalereien heute in der **Khuda Baksh Oriental Library** aufbewahrt wird.

Das moderne **Patna**, Hauptstadt des heutigen Bihar, wurde um das Jahr 1920 südwestlich von Bankipur gebaut, samt Bahnhof. In den fünf wichtigsten Gebäuden der Stadt – dem **Regierungs-** und dem **Gerichtsgebäude**, dem **Legislative Chamber**, dem **Secretariat** und dem **Hauptpostamt** – kann man der Sommerhitze entkommen.

Bei Patna ist der Ganges breit, und einzelne Uferabschnitte bestehen aus silbrigem Sand. In der Nähe der **Universität** (1917) gibt es eine lange **Fußgängerpromenade** entlang des Flusses. Etwas oberhalb liegt der **Bankipur Club** mit seinen Rasenterrassen; auf dem Fluss schaukelt ein schwimmendes Restaurant.

Nahe dem Flughafen liegen der **Zoo** und der allen offenstehende 18-Loch-Golfplatz des **Patna Golf Club**.

BIHARS NORDEN

Im Monat *Kartik*, im November, wird in **Sonepur** ❽ (25 km nordöstlich von Patna und der Mündung des Gandak in den Ganges) ein **Jahrmarkt** abgehalten. Hauptsächlich ist es ein Rindermarkt, daneben werden aber auch Elefanten, Kamele, Hasen, weiße Mäuse etc. verkauft. Mehr als eine Million Menschen kommen zu diesem Anlass jährlich hierher.

In der Nähe von **Chapra** ❾ (nordwestlich von Patna) entdeckte man

» Karte S. 202-203, Info S. 207

die älteste Siedlung im Gangesdelta, **Chirand's Mound**, die um 3200 v. Chr. gegründet wurde.

Von den Staudämmen des Kosi und des Gandak hat man einen großartigen Blick auf die schneebedeckten Berge des Himalaya. Das Gebirge erhebt sich aus der Terai-Ebene, die nur knapp 100 Meter über dem Meeresspiegel liegt, bis zu einer Höhe von mehr als 8000 Metern.

Da das Nationalepos *Ramayana*, die Geschichte von Rama und Sita, erzählt von dem weisen Eremiten *Valmiki*, in der Umgebung des heutigen **Gandak-Staudammes** entstand, wird er **Valmikinagar** genannt. In diesen abgelegenen Wäldern des Terai, an der Grenze zu Nepal wurde der **Valmikinagar-Nationalpark** ❿ gegründet. Hier in Bihars einzigem **Tigerreservat** gibt es außerdem auch Leoparden und Zibetkatzen, und vom benachbarten nepalesischen **★Chitwan-Nationalpark** wandern immer wieder Nashörner und Wildrinder (*Gaur*) ein.

Ayodhya ⓫, woher laut Hinduüberlieferung der Prinz Rama stammte, liegt im Westen bei Faizabad. Es wurde 1992 international bekannt, als hier Hindufanatiker die vor etwa 450 Jahren von Muslimen über der legendären Geburtsstätte Ramas errichtete Moschee niederrissen.

Nördlich von Patna liegt das – heute nepalesische – **Janakpur** ⓬, woher Prinzessin Sita, Ramas Gefährtin, kam. Sie wurde im indischen **Sitamarhi** ⓭ (nahe der nepalesischen Grenze) geboren. Bedeutende Tempel findet man in Sitamarhi und Janakpur (**Janaki-Tempel**). **Mithila**, wie die Gegend genannt wird, ist landschaftlich reizvoll: Lotosteiche, schattige Mangohaine und Betelnusspalmen prägen die Atmosphäre. **Madhubani** ⓮ ist ein Zentrum volkstümlicher Malerei.

Vom **Kosi-Staudamm** ⓯ südlich von Chatra (Nepal) sieht man in der Ferne die Everest-Region, wo der Kosi entspringt.

JHARKHAND

Ranchi ⓰ (326 km), einst beschaulicher „britischer" Ferienort, ist Hauptstadt des Staats Jharkhand mit 1,5 Mio. Einwohnern. Es liegt 670 m hoch an einem **See**. Die einst dichten Wälder sind stark dezimiert. Im benachbarten Jagannathpur (6 km) steht der **Jagannath-Tempel** von 1691, im Stil des berühmten Tempels von Puri (Orissa). Außerdem bieten sich Ausflüge zu Wasserfällen im Nordosten an, dem **Jonha-Wasserfall** ⓱ (40 km) und dem 100 m hohen **Hundru-Wasserfall** ⓲ (28 km).

Eine Rundfahrt führt von Ranchi südwärts durch wildreiche Wälder. Ca. 75 km südlich lohnt in **Hirni Falls** ⓳ ein Picknick an einem schönen Wasserfall im Wald. Weiter geht es über **Chaibasa** ⓴ nach **Hatgamaria** ㉑, dann über Tensa, **Kiriburu** ㉒, Kumri und Tholkobad nach **Raurkela** ㉓, einer Stadt mit bedeutender Stahlindustrie. Dort, im **Hanuman Batika-Garten** stehen einige Tempel und eine hohe Hanuman-Statue. Der größte Teil der 600 km langen Strecke ist asphaltiert, Brücken überspannen die Flüsse. Die umliegenden Wälder sind jedoch meist zu dicht, um wilde Tiere zu sehen.

Mehr Wild sieht man auf der 500- km-Route von Ranchi westwärts über das Städtchen **Netarhat** ㉔, das reizvoll in 1250 m Höhe liegt (in der Nähe Büffel), durch das von Bergen umschlossene **Mahuadanr-Tal** zum **Betla (Palamau) National Park** ㉕ (Tiger, Elefanten u. a.), und zurück über **Latehar**.

Jamshedpur ㉖ (129 km von Ranchi) ist eine junge Industriestadt (u.a. Tata-Stahlwerke). Erholungsplätze sind **Dimna Lake**, **Rivers Meet** und **Dalma Hill**. Das Tata Youth Centre hat in den Bergen Kletterrouten angelegt. **Seraikela** ㉗ (40 km) ist bekannt wegen seiner *chhau* (Masken)-Tänze.

In **Chaibasa** und **Dhalbhumgarh** ㉘ kann man Produkte aus Speckstein kaufen.

» Karte S. 202-203, Info S. 207

BIHAR

Es bestehen Luft-, Schienen- und Straßenverbindungen zwischen Patna und den wichtigsten Großstädten Indiens. Sonepur und Vaishali erreicht man von Patna aus über die Straße. Rajgir und Nalanda sind durch eine Bahnlinie und eine Straße mit Patna und auch mit Varanasi verbunden. In Gaya liegt ein wichtiger Endbahnhof, von wo aus man mit Bussen oder Auto-Rikschas nach Bodh Gaya weiterreisen kann. Ranchi und Jamshedpur erreicht man mit dem Flugzeug, der Eisenbahn oder dem Auto. In die Nationalparks von Palamau und Hazaribagh kommt man über Patna und Ranchi; wer mit dem Zug anreist, sollte der Bequemlichkeit halber Ranchi ansteuern, auch wenn es weiter entfernt liegt.
Touristentaxis und örtliche Taxis findet man in Patna, Jamshedpur und Ranchi. Andere Nahverkehrsmittel wie Busse, Auto- und Fahrradrikschas und *tongas* bieten ihre Dienste in Patna, Jamshedpur, Ranchi, Gaya und Rajgir an. In Bodh Gaya gibt es Touristentaxis, buchbar über lokale Agenturen.

Da über ganz Bihar eine Unzahl von hinduistischen, buddhistischen, jainistischen und islamischen Heiligtümern verteilt sind, findet gleichsam jeden Tag ein Fest statt. In Patna findet das einen Monat lang dauernde *Pataliputra*-Fest statt. *Dussehra / Durga Puja* wird im Oktober gefeiert. Sechs Tage später wird während des *Chhath Puja*-Festes am Ufer des Ganges die Sonne verehrt. 14 Tage nach dem *Diwali* (Okt./Nov.) findet der vier Wochen dauernde *Sonepur*-Jahrmarkt statt. Indische und auch ausländische Buddhisten treffen sich im April und Mai zum *Buddha Jayanti* in Bodh Gaya und Rajgir. Jedes Jahr im Dezember treffen sich die Buddhisten in Bodh Gaya, um anlässlich der Vertreibung des Dalai Lama gemeinsam zu beten. Die zwei wichtigsten Jaina-Feste sind *Mahavir Jayanti* im April und Deo Diwali (10 Tage nach Diwali); erstgenanntes findet auf dem Parasnath-Berg statt. Ein einzigartiges Fest dieser Region ist die *Samath Sabha* im Juni, die man in Madhubani 14 Tage lang feiert. Im Grunde genommen ist dies ein riesiger Heiratsmarkt, wo Eltern die Horoskope ihrer Kinder mitbringen und über Heiraten verhandeln. Die eigentliche Heiratssaison fällt indes mit dem Frühlingsfest von *Holi* zusammen.

Eine große Anzahl kunsthandwerklicher Artikel von guter Qualität werden extra für den Verkauf hergestellt. Etwas Besonderes sind die Gold- und Silberschmuckarbeiten in **Patna**. In **Bhagalpur** findet man Silberschmuck, Brokat und Tussar-Seide, in **Ranchi** Lackwarenspielzeug, in **Chotanagpur** Handwebstühle und Arbeiten aus Pappmaché, Bambus und *sikki-Gras*, in **Bodh Gaya** Steinvasen und -kugeln, in der **Mithila-Region** volkstümliche Malereien, dazu Metallfiguren und Lederartikel. In **Rajgir** gibt es u. a. das India Tourist Handicrafts Emporium an der Talstation der Seilbahn.

PATNA (☎ 0612)

Government of India Tourist Office, Tourist Bhawan, Beer Chand Patel Path, Tel. 2226721.
Tourist Information Centre, Government of Bihar, Mazharul Haq Path, Fraser Road, Tel. 2225411.

Amrapali, Paryatan Bhawan, Beer Chand Patel Path.
Vaishali, Hotel Maurya, South Gandhi Maidan.
Palli, Hotel Pataliputra Ashok, Beer Chand Patel Path.
Rajasthan Restaurant (vegetarisch), Mamta Rd. (Hotel Mayur).

Radha Kishan Jalan Museum, Oila House, Tel. 41121, während der Woche nach Vereinbarung geöffnet, am Wochenende geschl.
Patna Museum, Buddha Marg, Tel. 23332, 10.30-16.30 Uhr, montags und an Feiertagen geschl.

Dainapur Civil Hospital, Tel. 7315.
Kurji Holy Family, Tel. 62516.
Patna City Hospital, Tel. 241817.

Zu empfehlen sind Patna Market, Ashok Rajpath, Bari Road und New Market. Auch im Bihar Emporium an der New Dak Bungalow Road und in der Nähe des East Gandhi Maidan kann man gut einkaufen.

★CALCUTTA (KOLKATA)

★Calcutta ㉙, Westbengalens Hauptstadt, wurde 2001 in **Kolkata** umbenannt, was der bengalischen Aussprache besser entspricht. Es ist mit seinen 15 Mio. Einwohnern (in der Agglomeration) eine überwältigende Erfahrung; seine Vitalität und die sozialen Kontraste lassen niemanden gleichgültig. Geprägt wurde Calcutta durch den *British Raj*, durch Handel und die Tatsache, dass es als der Nabel sozialer Reformbewegungen nicht aufhört, große kulturelle, politische und intellektuelle Aktivität zu entfalten. Calcutta ist eine Stadt, „über die viel diskutiert wird, die oft missverstanden und heftig verteidigt wird, die Dichter, Revolutionäre und Industrielle gleichermaßen für sich in Anspruch nehmen". 1984 eröffnete hier die erste **Metro**-Linie (U-Bahn), eine zweite soll 2018 folgen.

Die Ära der Briten

Calcutta war wie Madras (heute Chennai) und Bombay (heute Mumbai) ein kleiner Hafenort, der erst mit dem Handel der British East India Company seinen Aufstieg erlebte. Am 24. August 1690 entschied sich Job Charnock für das Dorf Kalikata als Bauplatz für ein Warenhaus der East India Company. Wirklich zu wachsen begann die Stadt im Jahr 1774, nachdem Robert Clive die Armeen der Nawabs von Bengalen und Oudh besiegt und sich das Recht erstritten hatte, Steuerabgaben von den Provinzen Bengalen, Bihar und Orissa einzutreiben. Dann erst wurde Calcutta **Hauptstadt von Britisch-Indien** (wozu bis 1947/48 auch Burma; das heutige Bangladesch und Pakistan gehörten). 1911 stieg jedoch Neu-Delhi zur Hauptstadt des von 1877 bis 1947 real existierenden *Indian Empire* auf, des Kaiserreichs Indien – Kaiser war der britische Monarch *(Kaisar-i-Hind)*.

Da in Calcutta nicht nur die Stadt selbst, sondern auch Gebäude und Straßen umbenannt wurden, ist es für Raj-Spurensucher ratsam, ein Verzeichnis zu kaufen, in dem die alten Kolonialnamen und die neuen aufgeführt sind.

Fort William ①, nach dem britischen König William I. benannt, wurde 1773 erbaut. Der Maratha-Graben, den man bereits 1740 als Schutz gegen Raubüberfälle angelegt hatte, füllte sich nie mit Wasser; die in der Stadt lebenden Briten nannte man deshalb auch „Ditchers", Grabenbauer – ein Spitzname, der ihnen noch anhaftete, als der Graben längst in eine Ringstraße verwandelt worden war.

Als Sitz des Generalgouverneurs, der ab 1858 auch Vizekönig von Britisch-Indien war, bot Calcutta fast das Bild einer Residenzstadt. Europäische Maler sammelten sich am „Hof" von Calcutta. Das **★Victoria Memorial** (⑭, siehe S. 214), 1906-21 aus weißem Marmor in anglisiertem Mogulstil erbaut, zeigt ihre Werke, die ein gutes Bild vom Calcutta jener Zeit vermitteln, und präsentiert eine einzigartige Kolonialsammlung. Renommierte europäische Architekten zogen in die Boomstadt; das *Government House*, das Regierungsgebäude von 1802, heute **Raj Bhavan** ② genannt, ist ein gutes Beispiel für deren klassizistischen Stil im 19. und frühen 20. Jahrhundert.

In der **Town Hall** ③ (Stadthalle) von 1804 zeigt **Kolkata Panorama** als „High-tech Story-telling Museum" Spezielles aus der Stadtgeschichte: das Fußballteam der Stadt, das 1911 barfüßig die Engländer besiegte oder Rabindranath Tagore, der als animierte Puppe Texte rezitiert. Einige hundert Meter entfernt vom Raj Bhavan stehen, ebenfalls im klassizistischen Stil, das frühere *War Office* (Kriegsministerium), die **Metcalfe Hall** ④ von 1844 in der Hare Street, das **General Post Office** (GPO) von 1868 mit seiner imposanten Kuppel und das **Writers Building** ⑤, in dem die Schreiber der East India Company saßen und das heute als Sitz

6
Calcutta / Westbengalen

Photo: Julia Ziegelmaier

der westbengalischen Regierung dient; ebenso die **Alte Münze** (1829) und die **Neue Münze** (entworfen 1930), und der ehemalige Gouverneurspalast *Hastings House* – die heutige **Nationalbibliothek** in **Belvedere** (Alipore).

Im Vorgarten der 1773 erbauten **St. John's Church** ⑥ steht ein **Denkmal** zum Andenken an die Opfer der Tragödie, die unter dem Stichwort „Black Hole" in die Geschichte einging: 1756 wurden britische Kriegsgefangene von dem Nawab von Bengalen in einem zu engen Raum gefangen gehalten, wo die Hälfte von ihnen über Nacht gestorben sein sollen. Jenes Haus stand an der Stelle, wo heute die Hauptpost ist.

Claude Martin, ein französischer Söldner, der in Lucknow lebte, sammelte große Reichtümer an und hinterließ sie zum Bau von Schulen in Lucknow, Lyon und Calcutta. *La Martiniere*, ein College für Jungen (Loudon Street 11), 1836 gegründet, erinnert an ihn. Mehrere französische Offiziere hatten sich bei den Briten anstellen lassen und lebten in dieser Stadt. Catherine Grand (1749-1843), die schöne Ehefrau eines französischen Offiziers, wurde durch einen amourösen Vorfall zur Berühmtheit: Philip Francis, der Erzrivale von Warren Hastings, wurde dabei erwischt, wie er durch ein Fenster in ihr Schlafzimmer kletterte. Das Haus der Grands in Alipore kann heute zwar nicht mehr identifiziert werden, aber ihre Stadtresidenz auf der Chowringhee ist zum **Grand Hotel** ⑦ umgebaut worden. Neben dem Grand Hotel befindet sich ein Gebäude mit breiten waagrechten Mosaikstreifen im Stil von Frank Lloyd Wright. Es hat ein Kolonialgebäude ersetzt, in dem der amerikanische Schriftsteller Mark Twain während seines Besuchs wohnte.

Ein großer Teil der ★**Altstadt** ist heute noch von engen Gassen durchzogen. Besonders um den **Maidan** ⑧, Calcuttas pulsierenden Hauptplatz, und den ebenso geschäftigen Platz **BBD Bagh** (früher: *Dalhousie Square*, zwischen St.

Oben: Rikscha-Zieher im kolonialen Zentrum von Calcutta.

» Stadtplan S. 209, Info S. 222-223

John's Church und Metcalfe Building) gibt es so viele Kreuzungen, dass es ständig zu Verkehrsstaus kommt.

Die frühen britischen Bauten in Calcutta sind im klassizistischen Stil errichtet, später wurde auch der gotische Stil wieder modern. Die einzigen noch existierenden Gebäude im neugotischen Stil sind die **St. Paul's Cathedral** ⑨ (1847) und der rot getünchte ★**Calcutta High Court** von 1852 – eine Kopie der Tuchhallen von Ypern (Belgien) nahe der Town Hall (③).

Viele der heute noch existierenden Institutionen sind von den Briten im 19. Jh. gegründet worden. Der älteste **Golf Club** außerhalb der Britischen Inseln wurde 1829 in Calcutta gegründet. Der Club war ursprünglich in der Nähe des heutigen Flughafens, wurde aber 1910 nach Tollygunge im Süden verlegt. Pferderennen sind allerdings schon 10 Jahre vor Gründung des Golfclubs eingeführt worden; die **Rennbahn** ⑩ befindet sich auf dem **Maidan**, wo die einheimische Oberschicht den Veranstaltungen beiwohnt. In dem zentralen Oval wird seit 1861 **Polo** gespielt. Die Rennsaison dauert von Oktober bis März, aber die Haupttermine liegen Ende Dezember und Anfang Januar. Der **Calcutta Cricket Club** wurde ebenfalls um 1860 gegründet. Und seit 1884 wird **Indian Football** auf dem Fußballplatz des Maidan gespielt, anfangs von britischen Soldaten.

Immer mehr Chinesen kamen ab 1830 nach Calcutta, anfangs v. a als Zimmerleute und Lederarbeiter, um Zuckerrohr anzubauen und um Teeplantagen in Assam und Darjeeling anzulegen. Das chinesische Neujahrsfest (Januar/Februar) wird bei **Ah Chi Ghat**, nahe **Budge Budge** (südwestlich von Calcutta) gefeiert, wo einst die erste Zuckerraffinerie stand. **Chinatown** ist nicht mehr so attraktiv wie einst; eine neue Chinesensiedlung ist bei **Tangra** im Ostteil der Stadt entstanden, wo chinesische Lokale – meist Familienbetriebe – Speisen günstig anbieten.

Die „Bengalische Renaissance"

Calcutta wurde 1784 zum Nabel des intellektuellen Aufbruchs und des neuen indischen Selbstbewusstseins – der „Bengalischen Renaissance" – als der britische Richter und Sprachforscher William Jones die **Asiatic Society** gründete (Park Street 1, mit **Museum** und Bibliothek): die erste Gelehrtengesellschaft der Welt, die sich mit den Belangen des Orients befasste. Zwei Einrichtungen verdanken ihre Existenz der Asiatic Society: das ★**Indische Museum** und der **Botanische Garten** mit seinem Herbarium (am Westufer des Hugli bei Sibpur), dessen **Banyan-Baum** eine besondere Attraktion ist: Die Luftwurzeln haben sich seit 1787 in einem Umkreis von 382 m ausgebreitet. Deutsche, französische und amerikanische Wissenschaftler standen im Austausch mit der Gesellschaft oder studierten deren Manuskripte. Der bekannteste, der deutsche Sprach- und Religionswissenschaftler Max Mueller, nach dem alle Goethe-Institute in Indien benannt sind (*Max-Mueller-Bhavan*), ist zwar nie in Indien gewesen, übersetzte jedoch den Rigveda ins Englische und veröffentlichte Biografien der führenden Persönlichkeiten der Bengalischen Renaissance.

Die Erziehung nach britischem Vorbild wurde 1817 im Hindu-College (dem heutigen **Presidency College**) eingeführt. Einer der Lehrer war Henry Derozio, Kalkuttas erster Dichter in englischer Sprache. Auch eine Kunstakademie wurde 1856 gegründet.

Der Bengalischen Renaissance sind bedeutende soziale Reformen zu verdanken – das gesetzliche Verbot von *sati*, der Witwenverbrennung, die Legalisierung der Wiederheirat von Hindu-Witwen und die Anhebung des heiratsfähigen Alters junger Mädchen.

Die Zeit war auch geprägt von Bestrebungen, eine universelle Religion zu entwickeln, die ihren Ausdruck u. a. in der Lehre des Philosophen und spirituellen Lehrers **Ramakrishna** Parama-

Photo: Helmut Köllner

hansa fanden. Abwechselnd lebte er als Muslim oder als Christ, gleichzeitig war er Priester in einem Hindu-Tempel. Zum Abschluss seines Experiments erklärte er: „Alle Religionen führen zu demselben Gott". Sein Schüler **Vivekananda** nahm 1894 am Weltkongress der Religionen in Chicago teil und brachte indische Philosophie sowie die Prinzipien des Yoga in den Westen. Er erbaute das **Belur Math** (s. S. 216) mit Hilfe von Spenden aus Amerika. Dieses Gebäude vereint in sich Merkmale von Gotteshäusern verschiedenster Religionen.

Die Werke des Nobelpreisträgers **Rabindranath Tagore** bilden den Höhepunkt der Bengalischen Renaissance: Er war Dichter, Stückeschreiber und Romancier, er komponierte Lieder und schuf so eine neue Richtung der indischen Musik, die *Rabindrasangeet*. Während seiner letzten 20 Jahre begann er zu malen und entwickelte auch hier

Oben: Nostalgische Tram vor klassizistischer British-Raj-Fassade. Rechts: Eine Nonne von Mutter Theresas Orden.

einen modernen Stil. In der zum Andenken an Tagore erbauten **Rabindra Sadan** ⑪ auf der Cathedral Road werden Theaterstücke und Konzerte aufgeführt. Neben einer Reihe von Roman- und Theaterschriftstellern hat die Stadt auch berühmte Filmregisseure hervorgebracht: Pramathes Barua, Bimal Roy und Ritwick Ghatak sowie Mrinal Sen und der kurz vor seinem Tod 1992 mit dem Oscar ausgezeichnete **Satyajit Ray**, dem das angeschlossene **Nandan-Filmzentrum** mit zu verdanken ist.

Der Stadtteil **Jorasanko** beherbergte über sechs Generationen die Tagores; das Haus, in dem Rabindranath lebte, ist heute die **Rabindranath Bharati-Universität** ⑫, wo Andenken an den Universalgelehrten ausgestellt sind.

An der Stelle des ehemaligen englischsprachigen Theaters steht seit 1860 das prestigeträchtige jesuitische **St. Xavier's College** ⑬.

1895 produzierte der Russe Gerasim Lebedeff in Calcutta ein Stück auf Bengalisch und begründete damit eine Theatertradition, die seither blüht und

» Stadtplan S. 209, Info S. 222-223

Berühmtheiten hervorgebracht hat wie Girish Ghosh, Binodini, Sisir Bhaduri, Tripti und Shambhu Mitra.

Die Bengalische Renaissance beeinflusste auch Wissenschaft und Politik. 1876 gründete der belgische Jesuit Lafont die **Indian Association for the Cultivation of Science**, und der geniale Bengale J. C. Bose demonstrierte hier 1895 erstmals seine Entdeckung – Fernsteuerung durch Radiowellen und Halbleiter. Bis in die 1920er-Jahre waren äußerst fähige Wissenschaftler in der „Calcutta School of Physics" und der „School of Tropical Medicine" mit Forschungsprojekten beschäftigt, die internationale Anerkennung erlangten.

Die **Indian Political Association**, 1878 gegründet, wurde zum Vorläufer des Indischen Nationalkongresses (INC); zu den herausragenden politischen Führern der Stadt zählten Surendranath Banerjea, C. R. Das, M. N. Roy und Subhas Chandra Bose. Roy war in den 1920ern eine wichtige Person in der Kommunistischen Internationale, Bose im INC. Bose gründete 1941 in Deutschland die *Indische Legion* der Wehrmacht und 1943 in Japan eine Exilregierung sowie die *Indian National Army*, um mit den Japanern im Burmafeldzug gegen die Briten zu kämpfen.

Calcutta / Kolkata heute

Calcutta ist heute die zweitgrößte Stadt Indiens und eine der größten der Welt. Der Hafen ist nach Bombay der wichtigste des Subkontinents; der Bau des Suezkanals 1869 hatte ihn allerdings für den Handel mit Europa an Bedeutung verlieren lassen. Und die Verlegung der Hauptstadt nach Delhi im Jahr 1911, die Teilung des Landes 1947, infolge derer die Landesgrenze nur noch 90 km von Calcutta entfernt verlief, kamen erschwerend hinzu. Der Bangladesch-Krieg 1971, der Abertausende von Flüchtlingen hierhertrieb, gab der Stadt ein armseliges Image, wie es auch die Verfilmung von Dominique

Photo: Santanu Mitra

Lapierres Roman *City of Joy* schilderte. Als erstes dachte man damals bei Calcutta an Mutter Theresas Sterbehaus.

Inzwischen ist viel Zeit vergangen, und der Aufschwung Indiens zieht auch in Calcutta ein: Die Stadt wächst, aus 15 km^2 salzigem Marschland wurde neuer fester Grund für 300 000 Menschen; Calcutta war die erste und lange die einzige Stadt in Indien, die eine **U-Bahn** besitzt; und vom **International Airport** 17 km nordöstlich der Stadt aus, verbindet eine Umgehungsstraße im Osten die wichtigsten Stadtteile.

In Downtown müssen marode Kolonialbauten moderner Stahl- und Glasarchitektur weichen. Calcutta geht mit der Zeit, bewahrt aber auch seine traditionelle Eigenheiten wie die anachronistischen **Laufrikschas**, die hier noch in Betrieb sind; denn ihre Betreiber widersetzen sich einem Verbot. Noch fährt auch die **Straßenbahn** durch die kolonialen Häuserzeilen, was Calcutta seinen besonderen Charme verleiht.

Auch auf kultureller Ebene hat Calcutta eine besondere Tradition: als

» Stadtplan S. 209, Info S. 222-223

Stadt der Intellektuellen und Künstler; von den Zeiten Tagores bis heute existiert hier eine lebendige Literaturszene, und in Galerien gibt es junge Kunst zu entdecken (z. B. CIMA, Project 88).

Die 1997 verstorbene, 2003 selig- und 2016 heiliggesprochene **Mutter Teresa** hatte zeitweise den Platz von Ramakrishna als lebende Heilige der Stadt eingenommen und wird noch heute von den Menschen, unabhängig von ihrer Religion, verehrt. Als Albanerin geboren, kam sie 1931 nach Calcutta, um in einem Konvent zu lehren. 1948 gründete sie ihren eigenen Orden der Missionare der Mildtätigkeit mit dem Mutterhaus in der Lower Circular Road.

Bettler frequentieren bis heute den Kalighat-Tempel, die Tipu-Moschee, den Neuen Markt, Chowringhee und Esplanade. Obdachlose kommen meist aus ärmeren Bundesstaaten wie Bihar und Andhra Pradesh, wo Teile der landlosen Bevölkerung in den Dörfern keine Auskommen mehr finden, oder als Flüchtlinge aus Bangladesh, um in der Großstadt einen neuen Anfang zu wagen.

Museen

Calcutta kann sich einiger sehenswerter Museen rühmen. Das ★**Victoria Memorial** ⑭ in einer Art mogul-britischem Mischstil, aus weißem Marmor mit markanter Kuppel, wurde als bedeutendstes Bauwerk der Kolonialzeit 1921 für Besucher geöffnet. Es zeigt Sammlungen zur Geschichte der britischen Kolonialherrschaft in Indien, v.a. aus viktorianischer Zeit. In 25 Sälen sind rund 3500 Objekte ausgestellt, darunter Statuen, Gemälde (u.a. von Reynolds, Daniell, Zoffany, Burne-Jones), Manuskripte und Dokumente, Waffen, Rüstungen, Radierungen, Lithografien und historisches Mobiliar. (Sound & Light Show auf Englisch: Di-So 19.15-20 Uhr, März-Juni 2 Std. später)

Rechts: Ein Handwerker bei der Arbeit an einer Durga-Tonskulptur in Kumartuli.

Nahe des Victoria Memorial findet man nahe beieinander drei unterschiedliche Museen. Die **Academy of Fine Arts** ⑮ besitzt eine Gemäldesammlung der Bengalischen Schule (frühes 20. Jh.), sowie zeitgenössische Kunst.

Das **Birla Planetarium** ⑯ war das erste Planetarium Indiens und ist heute eines der größten der Welt.

Etwas südlich an der Chowringhee Road findet man das kleine **Nehru-Kindermuseum** ⑰.

Südlich des Maidan liegt Calcuttas 16 Hektar großer **Zoo** ⑱ (1816), der früher einmal wegen seiner Kreuzungen zwischen Tiger und Löwen bekannt war. Die benachbarte **National Library** ⑲ bewahrt wertvolle Manuskripte in altindischen Sprachen.

Im Süden der Stadt, nahe der Kalighat Metro Station, zeigt die **Birla Art Academy** ⑳ neben Stein- und Bronzeskulpturen aus dem 1. Jh. v. Chr. auch moderne Kunst.

Besonders besuchenswert ist das ★**Indian Museum** ㉑. Anfang des 19. Jh. war es Teil der Asiatic Society. Seit 1878 in den kolonialen Räumlichkeiten an der J. Nehru St., beherbergt die Sammlung auf zwei Ebenen Schätze der frühen indischen Skulpturkunst. Darunter befinden sich die sehr sehenswerten frühbuddhistischen **Reliefs** des Stupa von Bharut aus vorchristlicher Zeit, eine Säule des Mauryakaisers Ashoka mit dem berühmten **Löwenkapitell**, hinduistische Skulpturen, Indus-Tal-Relikte, Mogul-Malerei sowie fossile Skelette von Mammuts etc. und eine kleine Ägyptische Sammlung.

Weiter Richtung Norden kann man im **Asutosh-Museum** ㉒ in der Universität Calcuttas eine Ausstellung zur Volkskunst ansehen.

Originale von Tagore sind im **Rabindra Bharati** (⑫) gesammelt.

Der klassizistische, 1835 erbaute **Marmorpalast** ㉓ des Händlers Raja Mullick in der Muktaram Babu St, der noch von seinen Nachkommen bewohnt wird, verfügt über inkrustierte Marmorböden

» Stadtplan S. 209, Info S. 222-223

und eine **Kunstsammlung**, die Vasen, Skulpturen von Houdon, Gemälde von Rubens, Reynolds Murillo und Gainsborough umfasst.

Spirituelle Zentren

Der viel besuchte, berühmte **Kalighat-Kali-Tempel** ㉔ von 1809 ist der Schutzpatronin Calcuttas geweiht: der Gefährtin Shivas, die hier in ihrer Emanation als „blutrünstige" Kali verehrt wird. Blut ist hier jedoch nicht nur mit Tod, sondern auch mit Geburt verbunden. Es ist einer der seltenen Hindu-Tempel Indiens, in dem Tieropfer dargebracht werden: Hähne. Sie werden anschließend mitgenommen und verzehrt. Das Flussbett, an der der Hindutempel steht, war früher das Hauptbett des Hugli. An seinen Ufern fanden sich Spuren früher Siedlungen. Der Tempel ist auch mit der Volksmalerei *Kalighat pat* verbunden.

Die **Armenische Kirche** – Calcuttas älteste Kirche –, 1km östlich des **Armenian Ghat** ㉕, wurde 1707 erst aus Holz und 1724 dann mit Steinen erbaut und ist sowohl stilistisch als auch wegen eines auf 1630 datierten Grabsteins bemerkenswert. Kaiser Akbar hatte die ersten armenischen Händler im 16. Jh. an seinen Hof nach Agra eingeladen.

Die **Nakhoda-Moschee** ㉖ („Kapitänsmoschee") von 1926, weiter östlich, ist Calcuttas größte Moschee, in der 10 000 Menschen beten können.

Vier Jain-Tempel bilden im Nordosten Kolkatas, an der Badridas Temple Road, ein sehenswertes Ensemble: die schöne Gartenanlage des **Parasnath-Tempels** ㉗. Der Haupttempel **Sitalnath** dieses Tempelkomplexes stammt von 1867.

Heute werden in der Stadt zwar keine Textilien mehr produziert, aber im **Cottage Industries Institute** auf der Chowringhee Street und im **Handloom House** auf der Lindsay Street sind traditionell gewebte Stoffe zu erwerben.

2 km nördlich der nachts farbig illuminierten, 450 m langen ★**Howrah Bridge**, einer der meistfrequentierten der Welt, lohnt ein Besuch der Kunsthandwerker von **Kumartuli**. Sie modellieren um einem Strohkern tönerne

Götterfiguren, die bunt bemalt werden. Diese Götterfiguren werden an religiösen Feiertagen ausgestellt und bewundert, wie etwa Durga an *Durga Puja*. Es findet an drei Tagen im Herbst statt und wird an vielen Orten gefeiert. Seinen Höhepunkt findet es am Ende mit der Versenkung der kunstvollen Tonskulpturen der Göttin bei den Babu-, Princep- und Outram Ghats.

WESTBENGALEN

Vor der Teilung Indiens 1947 war Bengalen viel größer, da es auch Bangladesch umfasste; heute ist Westbengalen (Hauptstadt: Calcutta) ein relativ kleiner Staat (87 853 km², 91 Mio. Einw.), der sich vom Himalaya bis zum Gangesdelta erstreckt und vielfältige Natur und Kultur sowie imposante Monumente aus der Kolonialzeit aufweist.

Am Hugli, südlich von Calcutta

Der **Hugli** wird seit jeher von Handelsschiffen befahren. In **Tamluk** ㉚ (Karte S. 203) – nördlich von Haldia, dem modernen Hafen Calcuttas – hisste 227 v. Chr. bereits Mahinda, der Sohn von Kaiser Ashoka, die Segel, um nach Sri Lanka überzusetzen. Selbst Ton-Nachbildungen einer römischen Medaille aus Kaiser Augustus' Zeit sind an den Ufern des Flusses gefunden worden. Später sind dann chinesische Dschunken, arabische Dhaus und portugiesische Karavellen den Fluss hinauf gesegelt. Die Portugiesen richteten 1540 einen Handelsposten in Hugli (40 km nördlich von Calcutta) ein. Die Holländer folgten 1625 in Chinsura, die Dänen 1640 in Serampore, die Franzosen 1688 in Chandernagar und die Briten 1690 in Calcutta.

Stromabwärts von Calcutta verbreitert sich der Hugli bei **Diamond Harbour** ㉛ (mit einem portugiesischen Fort) zu einem weiten Mündungsdelta. **Haldia** ㉜ am Westufer ist eine junge Hafenstadt und ein Industriezentrum. Etwas weiter südlich liegen **Badestrände** bei **Digha** (185 km) am Westufer und bei **Bakkhali** (132 km) am Ostufer des Hugli-Deltas. Bakkhali und Diamond Harbour liegen am äußersten Westende des riesigen Gangesdeltas und somit im Westen der **Sundarbans**, die zum Delta gehören (s. S. 22) – ein Labyrinth aus kleinen Nebenflüssen, auf denen Schiffe von und nach Assam fahren. Die Ufer sind mit dichten **Mangrovenwäldern** bewachsen. Ein Teil dieser ausgedehnten Mangrovensümpfe wurde zum **Sundarbans Wildlife Sanctuary** ㉝ – einem Wildschutzgebiet (Permit nötig) mit Affen, Wildschweinen, Axishirschen, Vögeln und mehr als 300 **Tigern** – darunter etliche, für die einheimischen Fischer äußerst gefährliche Man-Eater.

Von **Gosaba** ㉞ kann man zum **Visitor's Centre** des Nationalparks in **Sajnekhali** übersetzen. Interessant ist die dortige Mangroven-Ausstellung sowie die **Schildkröten- und Krokodilfarm**. Gosaba selbst wird von Barkassen auf dem Matla angefahren, die in **Canning** ㉟ (53 km) starten.

Am Hugli, nördlich von Calcutta

Wenn man von Calcutta aus nordwärts den Hugli entlang reist, stößt man auf interessante Orte. **Belur Math** 1 in **Howrah** ist der Haupttempel und das Zentrum der **Ramakrishna-Mission**, die 1938 von Swami Vivekananda gegründet wurde (s. S. 212). Bei **Dakshineshwar** 2 steht der durch Ramakrishna berühmte ★**Kali-Tempel** aus dem 19. Jh.

Von 1755 bis 1845, bis die Engländer es übernahmen, war **Serampore** 3 das Handelszentrum *Frederiksnagore* der dänischen East India Company. Damals gründete der Engländer William Carey mit zwei weiteren Baptistenmissionaren eine Druckerei (1799) und eine **Theologische Hochschule** (1819), die heute noch florieren. Die von Carey dort gegründete Volksschule wurde später

» Karte S. 202-203, Plan S. 217, Info S. 222-223

6 Calcutta / Westbengalen

zum Modell für das Schulwesen in ganz Indien. Die Dänen ließen 1806 die **St. Olav-Kirche** errichten.

In **Chandannagar** 4 waren die Franzosen von 1673 bis 1952, und irgendwie spürt man noch heute das französische Flair.

Hugli 5 ist 1580 von den Portugiesen gegründet und damals *Bandel de Ugolim* genannt worden. Allerdings zerstörte der Mogul-Herrscher Shah Jahan die Siedlung 50 Jahre später. Die Kirche **Our Lady of Bandel** wurde 1690 wieder aufgebaut und zieht immer noch zahlreiche christliche Pilger an. **Chinsurah**, das heute mit Hugli zusammengewachsen ist, war von 1625-1826 eine niederländische Siedlung. Hier steht die armenische **St. John's-Kirche**.

Bansberia 6 ist bekannt für seine Terrakotta-Tempel, besonders den **Vasudeva-Tempel** aus dem 17. Jh. und den **Hangeshwari-Tempel**.

Nabadwip und Krishnanagar

Nabadwip 36, 125 km nördlich von Calcutta, war im 11. und 12. Jh. Hauptstadt Bengalens. Es wird als Geburtsort des Mystikers Chaitanya Mahaprabhu verehrt, der hier im 16. Jh. lehrte. Der Sitz der „International Society for Krishna Consciousness" (die „Hare-Krishna-Leute") ist nicht weit von hier, bei **Mayapur**.

Am Ostufer liegt **Krishnanagar** 37, wo Handwerker sich auf das Modellieren in Ton spezialisiert haben.

★Bishnupur und Shanti Niketan

Im Westen, bei der Industriestadt **Durgapur** 38, beginnt das Hügelland. Die Talsperre am **Damodar** ist ein guter Picknickplatz. Jenseits davon sieht man die bei Kletterern beliebten Felsen **Susunia Hill** (440 m ü. M., 67 km von Durgapur) und **Matha Bura**.

★Bishnupur 39 und Bankura liegen ebenfalls im Hügelland. Erstere ist eine berühmte **Tempelstadt**, deren Bauten mit Terrakotta-Relieftafeln verziert sind; sie ist auch für **Seide** von außergewöhnlicher Qualität bekannt. In **Bankura** 40 werden u. a. dekorative **Terrakotta-Pferde** hergestellt.

Shanti Niketan 41 (212 km von Calcutta), die von dem Dichter Rabindranath Tagore gegründete **Universität**, zieht auch weiterhin Schriftsteller und Künstler an. Sehenswürdigkeiten sind **Uttarayan**, wo Tagore lebte, **China Bhavan** und **Kala Bhavan**, die Kunsthochschule und das Museum. Bishnupur und Bankura erreicht man am besten mit Auto oder Bus, während nach Shantiniketan von Calcutta aus ein Expresszug fährt.

Tarapith 42, 76 km nördlich von Shanti Niketan, ist ein bekanntes Tantrazentrum, in dem der amerikanische Dichter Allen Ginsberg mehrere Monate verbrachte. **Bakreshwar** 43 (57 km von Shanti Niketan) bietet eine Touristenunterkunft neben **heißen Quellen**.

Murshidabad und Malda

Murshidabad 44, berühmt für seine Seide, wurde 1705 Hauptstadt Bengalens, als der Mogul-Vizekönig Murshid Kuli Khan seinen Sitz von Dacca hierher verlegte. Sein Grab ist in der **Katra-Moschee**. Der 1837 erbaute **Hazarduari-Palast** beherbergt heute eine Sammlung von Waffen, Porzellan und Gemälden.

Nördlich des Ganges liegt **Malda** 45, das einst ein Handelszentrum für Holländer, Franzosen und Engländer war. Malda kann als Ausgangspunkt für Ausflüge zu den nahegelegenen einstigen Hauptstädten Bengalens – **Old Maldah**, Gaur und Pandua – gewählt werden.

Die 12 km südlich gelegene Ruinenstadt **Gaur** 46 war während der Pala- und Sena-Dynastien (8.-13. Jh.) Hauptstadt und wurde schließlich von Paschtunen zerstört. Die noch zu besichtigenden Monumente sind alle aus

Rechts: Blick von Darjeeling auf den Kanchenjunga.

» Plan S. 217, Karte S. 202-203, Info S. 222-223

Photo: Bartosz Hadyniak (iStockphoto)

muslimischer Zeit. Dazu gehören die **Barasona-Moschee** (1526), das **Feroze Minar** (1486) und die **Chilka-Moschee**.

Nach der Zerstörung von Gaur wurde unter Verwendung von dessen Überresten eine neue Hauptstadt, **Pandua** ㊼ (18 km nördlich von Malda), erbaut, die allerdings später auch zerstört wurde. Hauptsehenswürdigkeit sind dort im benachbarten **Adina** (2 km) die Ruinen der **Adina Moschee**, der einst größten Moschee Indiens, unter Sikander Shah 1369 erbaut.

★Darjeeling

Von **★Darjeeling** ㊽, der *Hillstation* auf 2134 m ü. M., seit 1837 als Sommerfrische beliebt, hat man eine wunderbare Aussicht auf den **Kanchenjunga** (8586 m), den dritthöchsten Berg der Welt. Auf einem schmalen Kamm nahe der nepalesischen Grenze gelegen (die Bewohner sind überwiegend Nepalesen, die ein unabhängiges „Gurkaland" fordern), blickt Darjeeling über eine weite, 1300 m tiefer liegende Senke hinweg auf die Himalayagipfel; der Kanchenjunga ist nur 56 km entfernt. Niedrigere, aber ebenso eindrucksvolle Gipfel in dieser gezackten Reihe sind der konisch geformte **Narsingh** und der anmutige **Siniolchu**.

Um Darjeelings außergewöhnliche Lage richtig würdigen zu können, sollte man die 5-km-Seilbahnfahrt zum Picknickplatz **Singla** auf 3000 m Höhe machen; da die geteerte Straße dorthin 29 km lang ist und eine extrem steile Steigung aufweist, ist die Anfahrt mit der **Darjeeling Rangeet Valley Ropeway** bequemer und ermöglicht schöne Ausblicke auf die **Teeplantagen**. Ein ähnlich steiles Gefälle hat die 23 km lange Straße nach Tista Bazaar auf der Strecke nach Kalimpong.

Darjeelings beliebter Treffpunkt ist der **Chowrasta**, ein kleiner Platz, der dennoch die gesamte Ausdehnung des Höhenkamms einnimmt und eingekeilt ist zwischen den höherliegenden Punkten Jalpahar und **Observatory Hill** (schöner **★Kanchenjunga-Blick**). Ein Spazierweg beginnt am Chowrasta,

Photo: Bartosz Hadyniak (iStockphoto)

führt um den Observatory Hill herum und dann wieder zum Ausgangspunkt zurück. Auf der **Mall** gelangt man zum 1868 eröffneten, gut erhaltenen **Planter's Club** der Teebarone.

Darjeeling ist ideal für lange Spaziergänge, auf denen man einiges besichtigen kann. Zum Beispiel den **Lloyd Botanical Garden** von 1878 und den ★**Zoo**, der auf Tierarten aus dem Hochgebirge spezialisiert ist und u. a. Pandas und Schneeleoparden züchtet. Oder das **Mountaineering Institute** (Bergsteigerschule mit Ausrüstungsverleih) mit dem **Everest Museum** des Nepalesen Tenzing Norgay (gest. 1986), der den Mt. Everest 1953 mit Edmund Hillary erstmals bestiegen hat; das so genannte **Shrubbery**, in der der Gouverneur Westbengalens lebt; und das **Naturgeschichtliche Museum**, das eine Sammlung verschiedenster Arten aus Bengalen und dem Himalaya zeigt (u. a. ein riesiges ausgestopftes Krokodil), seine **Schmetterlingssammlung** und die Orchideen im Museumsgarten verdienen besondere Erwähnung.

Oben: Teepflückerinnen bei Darjeeling. Rechts: Die nostalgische Schmalspur-Himalayabahn zählt zum UNESCO-Welterbe.

Das 1959 von Flüchtlingen gegründete **Tibetische Selbsthilfe-Zentrum** produziert und verkauft eine große Auswahl tibetischen Kunsthandwerks.

Tigerhügel und ★★„Toy Train"

Der **Mount Everest** (8848 m), der höchste Berg der Erde, ist vom **Tigerhill** (2590 m ü. M.; 11 km südöstlich von Darjeeling) aus zu sehen, wirkt allerdings aufgrund seiner Entfernung von 170 km nicht so imposant wie der nähere **Kanchenjunga**. Die Aussicht vom Tigerhügel bei Sonnenuntergang ist unvergesslich, denn die Farben wechseln innerhalb kürzester Zeit von Grau über Rot zu einem leuchtenden Gold. Aussichtspunkte, die noch näher an den schneebedeckten Gipfeln liegen, sind zum Beispiel das einen Blick auf den Everest bietende **Sandakphu** ㊾ (57 km) und das 23 km weiter gelege-

» Karte S. 202-203, Info S. 222-223

Photo: anandoart (iStockphoto)

ne **Phalut**. Beide Orte liegen etwa 3300 Meter ü. M. und sind beliebte Ziele für Trekkingtouren (im Tourist Office zu buchen), obwohl auch Jeeps bis nach Sandakphu hinauffahren.

In dem 17 km von Darjeeling entfernten **Ghoom** (50) (2260 m, auch mit dem „Toy Train" zu erreichen, s. u.) gibt es ein **Tibetisches Kloster**, wo alte, auf Birkenrinde geschriebene Texte aufbewahrt werden. Dort steht auch ein buddhistischer Tempel (1875 erbaut).

Darjeeling kann als Basisstation für Fahrten nach Mirik (45 km), Kurseong (25 km), Kalimpong (38 km); nach Gangtok (124 km), der Hauptstadt von Sikkim, sowie nach Nagya Bazar (dem Grenzübergang nach West-Sikkim) dienen. In **Mirik** (51) gibt es einen künstlichen See. ★**Kalimpong** (52) liegt an der ehemaligen Handelsroute nach Tibet, das **Tharpa Choling-Kloster** und das bhutanesische **Thongsa-Kloster** sind einen Besuch wert.

Darjeeling ist ein Synonym für die feinste aller Teesorten. Die beiden ersten Plantagen wurden bei **Alubari** und **Lekong** angelegt. Ein Besuch bei dem **Happy Valley Tea Estate**, nur 2 km von Darjeeling, ist sehr interessant, da man hier die Verarbeitung der Teeblätter beobachten kann.

Darjeeling ist aber auch ein Synonym für die 1881 fertiggestellte ★★**Himalayabahn** (DHR / „Toy Train"), die zum UNESCO-Welterbe zählt. Das nur 60 cm breite Schmalspurgleis zieht sich auf einer abenteuerlichen Trasse von **Siliguri** / **New Jalpaiguri** (53) (125 m ü. M.) hinauf nach Darjeeling, durch Teeplantagen und dunstige Bergwelt. Die 88-km-Reise mit der DHR dauert etwa neun Stunden(!). 12 km westlich von Siliguri befindet sich der **Bagdogra Airport**, der nächstliegende Flughafen für eine Reise nach Darjeeling.

Im **Jaldapara-Reservat** (54), 115 km östlich von Siliguri, kann man Nashörner, wilde Elefanten und Rotwild entdecken. Von Siliguri gibt es organisierte Fahrten in den Park, dessen Besuch sich vor allem im März und April lohnt, wenn das frische Gras viele Tiere anzieht (Mitte Juli bis Mitte Sept. geschlossen).

» Karte S. 202-203, Info S. 222-223

CALCUTTA (☎ 033)

Government of India Tourist Office, 4 Shakespeare Sarani, Tel. 22421402/75, 22420922. **Information Counter**, Calcutta Airport, New Terminal Bldg., Tel. 2572611 Extn. 440. **West Bengal Tourist Bureau**, 3/2 BBD Bagh (East), Tel. 22488271. Information Counters Howrah Railway Station (Tel. 26602518).
In der auf Rucksackreisende spezialisierten Straße **Sudder Street** befinden sich viele kleine Reisebüros, die Ausflüge organisieren, z. B. **Backpackers**, Tel. 9836177140, shawrajesh79@yahoo.co.in; sowie Geldwechselbüros und Internet-Cafés.

Viele Lokale liegen im Westen der **Park Street**, um **New Market** u. **Sudder St**.
INTERNATIONAL: **Trinca's - The Other Room**, Bar und Tanz, Do geschl., 17 B Park Street. **Garden Cafe**, Oberoi Grand. **Coffee House**, College Street.
INDISCH: **Fluries**, sehr gute traditionsreiche (seit 1920) Süßigkeiten, Café mit schweizer Hintergrund, Park Street.
Bengali Kitchen, sehr gute bengalische Küche, Fisch in Bananenblatt, Auberginen in Kokossoße, Kartoffelcurry, super Dahi(Joghurt), 12.30-15 u. 19.30-23 Uhr, 2 Elgin Lane, gegenüber Forum Mall, Tel. 24861600.
Nizam's, kati roll, typisch Calcutta, ähnlich Dürum Döner, 22-25 New Market.
THAI: **Baan Thai**, südindisch-vegetarisch, Oberoi Hotel, 15 Jawaharlal Nehru Rd.
Malgudi In, Traditionsrestaurant, 24 Camac Street, Tel. 30284764.
Raj Restaurant, gehobene Küche, 10/3 Elgin Rd, 5. Stock, Tel. 30931846.

Indian Museum, herausragende frühbuddhistische und hinduistische Skulpturen (Stupa von Bharut), prähistorische Sammlung, 10-17 Uhr, Mo u. Public Holidays geschl., 27 Jawaharlal Nehru Rd, Tel. 2299853.
Victoria Memorial, Kunstsammlung (viktorianisches Zeitalter und Bengalische Renaissance), 10-15.30 Uhr, Mo geschl..
Academy of Fine Arts, Sammlung zeitgenössischer indischer Kunst, 15-20 Uh, Cathedral Rd, Tel. 24442055.
Birla Planetarium, Vorführungen auf Englisch tgl. um 13.30 und 18.30 Uhr, Chowringhee Rd, Tel. 22231516.
Birla Academy of Arts & Crafts, Stein- und Bronzeskulpturen aus dem 1. Jh. v. Chr. und moderne Kunst, Southern Avenue, Tel. 24662843.
Asutosh Museum, Kunst Ostindiens, 10.30-16.30 Uhr, So geschl., Centenary Building, College Street.
Marmorpalast, Kunstsammlung, 10-16 Uhr, Do und Mo geschlossen, Muktaram Babu St.
Gurusday Museum, Folklore-Objekte, Fr-Mi 11.30-16.30 Uhr, Bratacharigam, Thakurpukur, 24 Parganas.

General Post Office, BBD Bagh., Tel. 221451. **Central Telegraph Office**, 8 Red Cross Place, Tel. 2234223.

Schmuck und Schnitzereien aus Seemuschelschalen, dekorative Geschenkartikel in *shola pith*, Ledertaschen und Stoffe mit Batiken aus Shanti Niketan sowie Metallarbeiten (*dokra*) oder Terrakotta-Pferde aus Bankura sind typisch.
Staatliche Emporien für gutes Kunsthandwerk zum Festpreis finden sich im Einkaufskomplex **Dakshinapan**, Nähe Gol Park.
Galerie 88, Galerien für zeitgeössische indische Kunst, 28-B Shakespeare Sarani, Tel. 22902274, www.galerie88.in.
CIMA Art Gallery, 43 Sunny Tower, Ashutosh Chowdhury Av, Tel. 24858509.
MODERNE EINKAUSZENTREN: **Emami Shoppers City**, Cord Sinha Road.
Metro Shopping Centre, 1 Ho Chi Minh Sarani. Shree Ram Aracade, Nähe New Market.

AUSFLÜGE: Chandernagore (39 km); Bandel (43 km); Diamond Harbor (51 km) den Hugli flussabwärts ist ein natürlicher Hafen, von dem Motorboote zu der Sagar-Insel fahren. Ein großer Markt, die Ganges Sagar Mela, wird jährlich Mitte Januar abgehalten.
ür Tagesausflüge zu den Stränden von Digha (185 km) und Bakkhali (132 km) ist eine Abfahrt am frühen Morgen empfehlenswert.
Ebenfalls lohnend sind Shanti Niketan (150 km) und die Sunderbans (131 km) mit Homestays in ursprünglichen Dörfern und ganz spezieller Fauna – Krokodilen und Tigern.

Der Segen der Göttin des Lernens, Saraswati, wird am *Basant Panchami* (Jan./Feb.) erbeten, besonders von Schülern und Lehrern. An *Holi* oder *Dol Jatra* auf bengalisch (März/Apr.) wird farbiges Wasser verspritzt und Farbpulver geworfen. Die Wagenprozession oder *Rath Yatra* (Juli/Aug.) zu Ehren von Jagannath ist eindrucksvoll. Das größte Fest ist die 5-tägige *Durga Puja* (Sept./Okt.). Am letzten Tag werden Abbilder der Göttin im Ganges versenkt. Während des Festivals der Lichter, *Kali Puja* (in Nordindien *Diwali*, Okt./Nov.), werden Bilder der Göttin Kali zur Verehrung aufgestellt. Ein weiterer Festtag ist Weihnachten.

FLUG: Der Flughafen von Calcutta wird von internationalen und den meisten einheimischen Fluglinien angeflogen.
BAHN: Howrah und Sealdah sind die beiden Hauptbahnhöfe. Indiens erste **U-Bahn** verkehrt von Esplanade bis Tollygunge (10 km). Indiens einzige **Straßenbahn** (seit 1905) hat zunehmend Probleme im Verkehrsgewühl. Die staatliche Transportorganisation und private Gesellschaften betreiben Busverkehr innerhalb und außerhalb der Stadtgrenzen. Eine **Fähre** führt über den Hugli.

DARJEELING (☎ 0354)

West Bengal Government Tourist Office, auch Trekking-Beratung, 1 Nehru Road, Chowrasta, Tel. 254050.

Glenary's, indische, chinesische und kontinentale Gerichte, Konditorei mit exzellentem Kuchen, Gebäck und herzhaftem Brot, Nehru Rd. **Keventer's Snack Bar**, Snacks und schöne Aussicht, Clubside. **Kunga**, tibetische Spezialitäten, große Portionen, Gandhi Rd. **Dafey Munal Restaurant**, besonders zu empfehlen der Schokoladenpudding mit Rumsoße, Laden La Rd, am Clubside Taxistand. **Devekas Restaurant**, tibet. Küche, klein, aber fein, Clubside.

Natural History Museum, regionale Fauna, 10-16 Uhr, mittwochs ab 13 Uhr, Nähe Chourasta. **Himalayan Mountaineering Institute**, Di-So 8.30-13, 14-16.30 Uhr, Jawahar Parbat. **Ava Art Gallery**, 8-12, 12.30-18 Uhr. **Sain Himalayan Art Gallery** und **Hayden Hall** Portraits der Bergbevölkerung, Landschaftsmalerei, Handarbeiten.

General Post & Telegraph Office, Laden-La Road. **Bazaar Post Office**, Market Square.

Abusson-Teppiche, wollene Tücher, Handarbeiten aus Leder und Wolle sowie Tischleinen. Einkaufszentren: Chowrasta, Laden La Road, Market Square, NB Singh und Nehru Road. Souvenirs auch bei Manjusha, West Bengal Emporium, Tibetan Centre u. Hayden Hall.

Lepcha/Bhutia Neujahrstag (Januar). Farbenfrohe Feste werden am Teesta-Fluss zu Makar Sankranti (Januar) gefeiert. Das Tibetan New Year (Februar) wird gefeiert mit Veranstaltungen von Folklore und Tänzen in Klöstern. Bengalis feiern *Durga Puja* (September/Oktober) mit großer Begeisterung.

FLUG: Der nächste Flughafen ist Bagdogra (90 km), der von der Air India angeflogen wird. Verbindungen bestehen mit: Calcutta, Delhi und Guwahati.
BAHN: Schnellzüge enden bei Siliguri / New Jalpaiguri. Bummelzüge brauchen von hier 7 bis 8 Stunden nach Darjeeling; die **Himalayabahn** (DHR) fährt 2x täglich. Alternativ stehen Taxis, Busse und Mini-Busse bereit.
BUS: Busverbindungen gibt es von Darjeeling nach Calcutta, Durgapur, Patna, Siliguri and Phuntsilong (Bhutan). Das Straßennetz verbindet Darjeeling mit Kurseong (32 km), Mirik (43 km), Kalimpong (40 km), Siliguri (80 km) und Gangtok (96 km).

Darjeeling bietet eine Fülle von **Trekkingrouten**: (a): Darjeeling – Manaybharjang – Tonglu – Sandakphu und zurück, 118 km; (b): dieselbe Strecke wie (a) bis Sandakphu, dann via Phalut zurück; (c): Darjeeling – Phalut – Raman – Rimbik – Palmajua – Batasia – Manaybhanjang, 180 km; (d): Darjeeling – Phalut – Raman – Rimbik – Jhepi – Bijanbari – Darjeeling, 153 km. Saison: Apr.-Mai, Okt.-Dez.
Trekkingtouren inkl. Essen, Ausrüstung und Transport können im Tourist Office gebucht werden, Tel. 254050.

VERBOTENE GRENZEN

SIKKIM
ASSAM
NAGALAND
MEGHALAYA
TRIPURA
MANIPUR / MIZORAM
ARUNACHAL PRADESH

Die nordöstlichen Bundesstaaten und Sikkim gehören zu den schönsten Landstrichen Indiens. Allerdings ergeben sich durch deren Nähe zu den Grenzen mit China, Burma und Bangladesh Beschränkungen – manche Gebiete sind für Touristen ganz gesperrt, andere dürfen nur mit Sondererlaubnis (*permit*) bereist werden.

SIKKIM

Sikkim ist nur ein kleiner Staat (7300 km^2), der, eingebettet in die Berge des Himalaya, im Westen an Nepal, im Norden und Osten an China bzw. Bhutan grenzt. Der **Kanchenjunga** ❶ (8586 m), dritthöchster Berg der Erde, bietet einen erhabenen Anblick an der Westgrenze. *Kanchenjunga* wird als die höchste Gottheit Sikkims und der Berg als Göttersitz verehrt (beste Bergsicht im November). Rund 450 Orchideenarten und weite Rhododendronwälder geben der herrlichen Landschaft einen besonderen Reiz (Blüte von März bis Mai).

Lange Zeit war Sikkim ein isoliertes buddhistisches Königreich, das von den Lepcha und Bhotia, Stämmen tibetischen Ursprungs, bevölkert und von der tibetischen Namgyal-Dynastie regiert wurde. Im 18. Jh. musste sich Sikkim gegen Bhutanesen und Nepalesen zur Wehr setzen. Anfang des 19. Jh. wurde das Land in die anglo-nepalesischen Kriege hineingezogen und 1861 zum britischen Protektorat erklärt. Die Briten förderten auch die Einwanderung nepalesischer Arbeitskräfte nach Sikkim, weshalb 75 Prozent der dortigen Bevölkerung heute Nepalesen sind. 1947 wurde Sikkim zum indischen Protektorat und 1975 zum 22. Bundesstaat, der König musste abdanken. Der historische Seidenstraßenpass **Nathu La** (4328 m), 1962 nach chinesisch-indischen Grenzgefechten geschlossen, ist seit 2006 wieder für Händler geöffnet.

Die Hauptstadt **Gangtok** ❷ liegt auf einem Bergrücken in 1640 m Höhe. Noch in den 1980er Jahren eine malerische Stadt, ist sie in den letzten Jahren unkontrolliert gewuchert. Das interessanteste Gebäude in Gangtok ist die **Tsuklakhang**, die private Andachtsstelle der ehemaligen Herrscher. Die Anmut der traditionellen Architektur wird durch Holzschnitzereien, Malereien, Wandgemälde und -behänge sowie durch die wunderschöne Sammlung buddhistischer Kostbarkeiten gesteigert. Hier fanden Zeremonien und bedeutende religiöse Feste statt. Auch heute noch wird in der Kapelle zum Neujahrsfest, dem Triumph des Guten über das Böse, der *kagyat*-Tanz aufgeführt. In der Nähe befindet sich der Palast der ehemaligen Herrscher Sikkims. Das **Institut für Tibetologie**

» Karte S. 225, Info S. 233

besitzt eine der schönsten Sammlungen buddhistischer Literatur sowie eine reiche Auswahl an Thangkas. Die Berghänge in der Nähe sind ein **Orchideen-Schutzgebiet**, in dem man nahezu 450 Orchideenarten bewundern kann, außerdem gibt es einen **Rotwild-Park**. Traditionelle Holzschnitzereien, Bilder, Textilien und Bambusartikel sind im **Cottage Industries Institute** erhältlich. Bekannt ist Sikkim auch für Schnaps aus den scharfen Blättern des Betelstrauchs.

In Sikkim liegen 194 Klöster in abgeschiedenen Berggebieten, in denen noch heute lamaistische Riten abgehalten werden und die reiche Sammlungen traditioneller Kunst besitzen.

Rumtek ❸ ist ein bedeutendes Kloster (22 km von Gangtok). Dem Oberhaupt der buddhistischen Kagyupa-Sekte wurde nach der chinesischen Invasion Tibets Zuflucht in Sikkim gewährt. Man bewilligte ihm Land zum Bau eines Klosters, woraufhin in den 1960er Jahren Rumtek entstand, als Kopie des Klosters Tsruphu in Tibet.

Das Kloster ★**Pemayangtse** ❹ weiter westlich ist das zweitälteste (17. Jh.) und bedeutendste Kloster in Sikkim, wenngleich es mehrmals erneuert wurde. In 2085 m Höhe gelegen ist es ein idealer Ausgangsort, um die Umgebung zu erkunden. Ein Besuch der Ruinen des Palastes von **Rabdentse** (Sikkims erster Hauptstadt im 17 Jh.), unterhalb von Pemayangtse, lohnt vor allem wegen der Atmosphäre und dem herrlichen Bergblick.

Eine Wanderung führt zum kleinen ruhigen **Khecheopalri-See** ❺, der von Sikkims Buddhisten sehr verehrt wird und umgeben von Gebetsfahnen inmitten hügeliger Landschaft liegt. Vom See aus sind es noch einige Stunden Fußmarsch zum **Khecheopalri-Kloster**.

In **Tashiding** ❻ kann man das heiligste aller Klöster Sikkims anschauen. Es wurde im 17. Jh. von einem der Lamas gegründet, die den Buddhismus nach Sikkim brachten. In ★**Yuksom** ❼ wurde 1642 der erste *Chogyal* gekrönt,

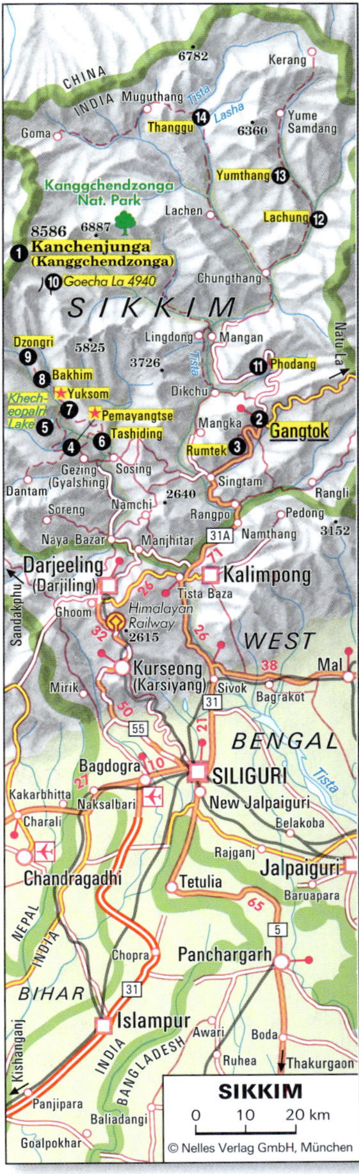

der steinerne Krönungsthron ist in einem kleinen Park noch zu sehen. Der Ort ist Ausgangspunkt für die bekannteste Trekkingtour in Sikkim, den **Khanchenjunga Trek** (88 km). Er führt über **Bakhim** ❽ (2740 m) mit einer Höhle und **Dzongri** ❾ (4025 m), inmitten von Wiesen mit einigen Wanderhütten, zum **Goecha La** ❿ (4940 m) mit atemberaubender Aussicht auf den Khanchenjunga.

Nördlich von Gangtok liegen das sehenswerte Kloster **Phodang** ⓫ (37 km) und einige seit 1994 für Ausländer zugängliche Trekkingziele. **Lachung** ⓬ eignet sich gut als Standort für kürzere Wanderungen zu Aussichtspunkten, Wasserfällen und zum **Lachung-Kloster**. 24 km weiter nördlich liegt das malerische **Yumthang-Tal** ⓭, überragt von schneebedeckten Gipfeln. Unterhalb von **Yumthang** gelangt man über eine mit Gebetsfahnen geschmückte Hängebrücke zu **heißen Quellen**. Ein weiteres Trekking-Ziel ist der **Thanggu-See** ⓮ (über Lachen zu erreichen).

ASSAM

Assam (78 466 km²) erstreckt sich entlang des Flusses Brahmaputra, südlich von Arunachal Pradesh und dem Königreich Bhutan. Dieses üppiggrüne Land wird von dem riesigen Fluss und seinen 120 Nebenarmen geprägt, die sowohl Reichtum als auch Verwüstungen mit sich bringen. Durch den vom Fluss mitgeführten Schlamm ist der Erdboden besonders fruchtbar. Bei Hochwasser ist die Gewalt des Brahmaputra furchteinflößend. Die Bewohner Assams hingegen sind sanfte, zufriedene Menschen mit der Lebensphilosophie *laahe laahe*, „langsam, langsam". Für sie ist die Hektik des Großstadtlebens völlig unverständlich.

Assam war ehemals das *Pragjyotishpura* (Licht des Ostens) der Kamarupa-Herrscher. Im 13. Jh. wurde das Königreich jedoch von den Ahom, einem aus Südchina stammenden Thai-Volk, eingenommen, das seine Hauptstadt bei Sibsagar erbaute. Die Ahom regierten bis zum 17. Jh. Danach wurde Assam in politische Auseinandersetzungen zwischen Burma und England verwickelt. Schließlich annektierten die Briten den Staat und erklärten ihn 1874 zur Provinz Assam. Ab 1980 gab es massive Unruhen wegen des drohenden Zustroms von Einwanderern, vornehmlich aus Bangladesh, die sich 1983 zu Kämpfen ausweiteten, bei denen 3000 Menschen starben. Auch in den Folgejahren kam das Land nicht zur Ruhe. Die militante United Liberation Front of Assam (ULFA) sucht mit Gewalt die Unabhängigkeit von Indien. 1991 griff die indische Armee ein und erzwang einen Waffenstillstand, doch befrieden konnte sie das Land nicht.

Guwahati ⓯ (Gauhati) ist nicht nur die wichtigste Stadt Assams, sondern auch das Tor zum Nordosten. Es liegt direkt neben der Hauptstadt Dispur am Ufer des Brahmaputra mit herrlichem Blick über den Fluss. Die Stadt ist berühmt wegen des **Kamakshya-Tempels** in den Nilachal-Bergen (8 km nordwestlich). Sie ist eines der bedeutendsten Zentren des Tantra-Kultes und der Shakti-Verehrung. Der **Umananda-Tempel** befindet sich auf der Pfaueninsel inmitten des Flusses und ist per Boot erreichbar. Besucher spenden den Priestern Geld, die während der Monsunzeit auf der Insel festsitzen, weil die Überfahrt dann zu gefährlich ist. Weitere bedeutende Tempel in der Stadt sind der **Navagraha** und der **Sulkeswar Janardhan**.

Westlich von Guwahati liegt das **Seidenzentrum Sualkuchi** ⓰, wo nahezu jeder Haushalt mit der Seidenweberei zu tun hat. Assam ist wegen seiner goldfarbenen Naturseide berühmt, die *muga* genannt wird. Weitere Seidenarten Assams heißen *pat* und *endi*.

Etwa 80 km nordwestlich von Guwahati kann man im ★**Manas Nationalpark** Tiger, Elefanten, Nashörner und Büffel sehen. Da der Park in von

» Karte S. 225 u. S. 227, Info S. 233

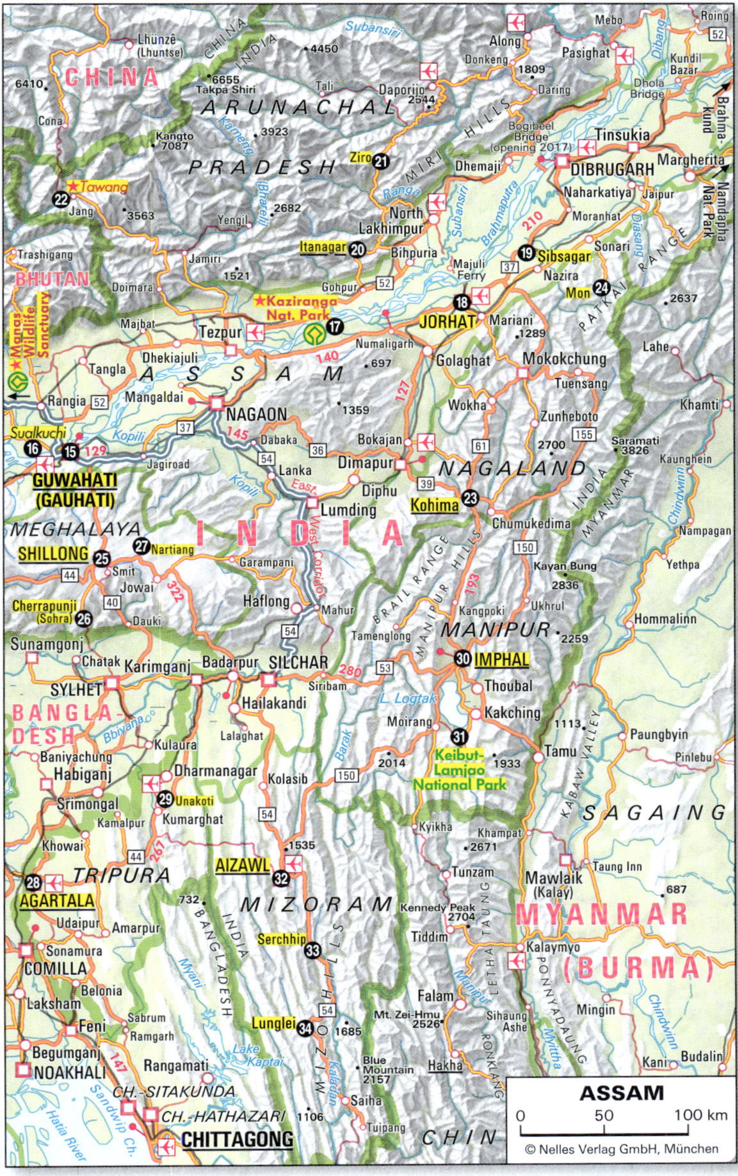

7

Sikkim, Assam und der Nordosten

Rebellen kontrolliertem Gebiet liegt, ist ein Besuch unsicher. Nordöstlich von Guwahati ist in dem bekannten ★**Kaziranga-Nationalpark** ⓱ das Indische Nashorn beheimatet.

Assam ist vor allem wegen seiner Teeplantagen berühmt, die seit 1836 von den Engländern angelegt wurden. Heute kommt über die Hälfte der gesamten Teeproduktion Indiens aus Assam. Hauptstadt des Teeanbaugebietes ist **Jorhat** ⓲. Darüber hinaus wird hier inzwischen auch Öl gefördert: 10 Prozent des indischen Erdöls stammen aus Assam. Zentrum der Ölindustrie ist **Duliajan**, im östlichsten Teil des Staates. 83 km nordöstlich von Jorhat, bei **Sibsagar** ⓳, befinden sich die verfallenen Monumente der Ahom-Könige.

ARUNACHAL PRADESH

In **Arunachal Pradesh** (83 743 km²) im äußersten Nordosten Indiens leben ca. 1,4 Mio. Menschen. Die Hauptstadt **Itanagar** ⓴ wurde erst 1982, völlig neu geplant, erbaut. Aufgrund der strategischen Lage an der Grenze zu China (China erhebt Anspruch auf dieses bis 1950 zu Tibet gehörige Gebiet) erhalten Ausländer nur für wenige Strecken die obligatorische Reisegenehmigung (Permit). In diesem Himalaya-Staat gibt es noch 60 000 km² Regenwald mit einer enormen Artenvielfalt, und über 7000 m hohe Gipfel. Es leben dort bis heute autarke Ethnien. Eine der größten, die tibetobirmanischen, noch überwiegend animistischen **Apatani**, bewohnen das fruchtbare Hochtal von **Ziro** ㉑. Sie entwickelten schon früh eine ertragreiche Nassreisanbaumethode.

Im abgelegenen **Tirap-Distrikt** im Südosten gingen die **Nocte** und die **Wancho** noch bis in die 1940er Jahre auf Kopfjagd.

Im östlichsten Winkel des Staats leben in dem sich über mehrere Vegetationszonen zwischen 300 und 4000 m Höhe erstreckenden **Naturschutzgebiet Namdapha** noch Tiger, Leoparden und Schneeleoparden. Hier liegt auch der heilige See **Brahmakund**, im Januar zum Makar-Sankranti-Tag baden darin Tausende von Hindus, um sich von ihren Sünden reinzuwaschen.

Im Westen Arunachals, im Siedlungsgebiet der ethnisch tibetischen **Monpa**, liegt in einer Höhe von 3050 m ★**Tawang** ㉒, eines der größten buddhistischen Klöster Indiens, 350 Jahre alt und 1683 Geburtsort des sechsten Dalai Lama. Das Kloster ist Zentrum des spirituellen Lebens der Gelugpa (Gelbmützen), einer von vier Sekten, die sich während der Einführung des Buddhismus in Tibet bildeten. Das Kloster erscheint wie eine Festung zum Schutz des unterhalb liegenden Tawang-Tals. Seine strategische Lage macht den historischen Hintergrund der Entwicklung des Buddhismus in Arunachal Pradesh deutlich; der wehrhafte Bau zeugt von einstigen Angriffen der Drukpas, einer buddhistischen Sekte aus Bhutan. In der riesigen Bibliothek werden viele kostbare Schriften aufbewahrt.

NAGALAND

Nagaland (16 527 km²; 2 Mio. Einw.) liegt südöstlich von Assam und grenzt an Burma. Hier leben 16 größere tibetisch-burmesische Volksstämme, die zusammengefasst als „Naga" bezeichnet werden. Die verschiedenen Ethnien unterscheiden sich durch ihre Sprache, manchmal durch ihre Haartracht, aber ganz besonders durch die großen farbigen Tücher, die sie zum Schutz gegen den beißend kalten Wind tragen. Jeder Stamm ist stolz auf seine eigenen Farben und die eingewebten Muster in den Tüchern.

Um 1870, kurz bevor das Gebiet von den Engländern eingenommen wurde, kamen Baptisten als Missionare zu den Kopfjägern ins Nagaland. 90 % der Naga sind heute Christen; um 1950 fand die

Rechts: Ein Bauernhaus in der für das Nagaland typischen Bauweise.

» Karte S. 227, Info S. 233

Photo: Aditya Arya

letzte Kopfjagd statt. Missionare errichteten die erste Schule in der Hauptstadt **Kohima** ㉓. In Kohima liegt der gepflegte **Soldatenfriedhof** aus der Zeit des II. Weltkriegs und der Auseinandersetzungen mit der japanischen Armee. Nach dem *Shillong Accord* von 1975 erkannten die Nagas zwar die indische Verfassung an. Allerdings blieben wesentliche Probleme weiterhin ungelöst, was immer wieder zu Unruhen wegen Unabhängigkeitsbestrebungen und ethnischen Spannungen führte.

Die Nagas haben ausgesprochen vielfältige kulturelle Traditionen, auf die sie stolz sind. Ein Besuch im Bezirk **Mon** ㉔ zeugt von dieser Tatsache: Es gibt hier noch die uralte Institution der Stammeshäuptlinge, wobei manche Häuptlinge sogar über Dörfer bis nach Burma hinein herrschen. Sie tragen voller Stolz wuchtige Armbänder aus Elfenbein, perlenbestickten Schmuck und einen Federkopfputz. Ihre Paläste, zu denen auch Opiumgärten gehören, sind Beispiele ihrer Baukunst.

Früher gehörte zur Mannbarkeitsprüfung und der Kriegsführung der Nagas die Kopfjagd. Der Kampf gewann an Dramatik durch die wunderschöne Kriegsbekleidung, Speere und große Schwerter, die mit gefärbten Ziegenhaarbüscheln geschmückt waren. Die Kopfjagd verlieh entsprechend der Vorstellungswelt der Naga magische Kräfte und machte junge Männer erst zum heiratsfähigen Mann. Nach ihrem Glauben saß die Seele des Menschen im Nacken, und wenn der Kopf vom Rumpf des Feindes getrennt wurde, wechselte dessen Seele in die des siegreichen Kriegers über, der dadurch gestärkt wurde.

MEGHALAYA

Meghalaya (22 489 km^2; 3 Mio. Einw.), südlich von Assam, zählt zu den schönsten Berglandschaften Indiens. Die Hauptstadt **Shillong** ㉕ gründeten die Briten 1874 als erholsame Hill Station; es existieren noch einige Kolonialstilhotels. Das ★**Don Bosco Museum** bietet völkerkundlich hoch interessante Führungen. Schmetterlings- und Käferfreunde sollten das **Entomology Museum** besuchen.

Die Laitkor-Berge um Shillong galten einst den Einheimischen als heilig; sie glaubten, dass ihre Vorfahren auf einer goldenen Leiter vom Himmel herabgestiegen waren, um in den Wäldern zu leben. Die Engländer aber jagten in diesen Wäldern und zerstörten so auch den Glauben, der den Wald erhalten hatte.

Im Staat Meghalaya herrscht ein/ matrilineares System, in dem die Frauen den Besitz innehaben und die Clanoberhäupter stellen; das betrifft die drei Hauptvolksgruppen – die Garos im Westen, die Khasis in der Zentralregion und die Jaintias im Osten.

Traditionelle Herrscher waren die *siems*, deren unabhängige Stadtstaaten im 19. Jh. von den Briten annektiert wurden. In **Smit**, 13 km südlich von Shillong, steht noch der traditionelle, strohgedeckte kleine **Rajapalast** des *siem* (Hima Khyrim) aus Holz, in dem kein einziger Eisennagel steckt. Beim großen, mehrtägigen **Nongkrem-Festival** im November, tanzen Jungfrauen der Khasi in Seidengewändern, mit Schmuck behängt, für ihren Raja. Zwar ist der christliche Einfluss in Meghalaya beträchtlich, die Volkstänze und Bräuche haben sich jedoch erhalten. Im November wird in den Garo-Bergen **Wangala**, das „Fest der 200 Trommeln" zum Ende der Erntezeit begangen.

In Shillong, bauten die Engländer rund um den **Ward's Lake** ihre herrlichen Sommerbungalows, zwei **Kirchen**, einen **Golfplatz** samt Klubhaus und ein Polofeld. Aufgrund des gemäßigten Klimas in 1500 m Höhe und der Berge wurde die Gegend „Schottland des Ostens" genannt. Das beste Beispiel für den weitverbreiteten englischen Landhausstil ist das **Haus des Gouverneurs** mit einem See am Ende des weitläufigen Gartens. Auch das **Pinewood Hotel**, in dem jeden Abend, wie in den 1920ern für die Teepflanzer, für die Gäste Feuer im Kamin angefacht wird, bietet diese Atmosphäre. Die kleinen Restaurants im **Bara Bazaar** sind einen Besuch wert, will man die einheimische Küche kosten. Shillong war früher bekannt für seine Wasserfälle; heute haben sie aufgrund der Abholzung oft wenig Wasser.

Südlich von Shillong liegt **Cherrapunji** ㉖, bekannt als der regenreichste Ort der Welt (11 500 mm pro Jahr); den neuesten Rekord hält das nahe Mawsynram mit 11 873 mm Niederschlag.

Nordöstlich von Shillong kann man bei **Nartiang** ㉗ eine beeindruckende Ansammlung von **Monolithen** aus der Zeit der Jaintia-Könige sehen.

Rechts: Stammesangehörige in Nagaland. Ganz rechts: Ein Stammeshäuptling.

TRIPURA

Tripura (10 486 km^2; 3,7 Mio. Einwohner) ist ein kleiner, hügeliger, an Bangladesh angrenzender Staat – angeblich das älteste Fürstentum Indiens, dessen Geschichte bis in die Zeit des *Mahabharata* zurückreicht. Die Maharajas regierten dort 1300 Jahre lang und führten häufig Kriege mit den Nachbarvölkern, insbesondere den Nawabs aus Bengalen. Das machten sich die Engländer zunutze, intervenierten und errichteten ein Protektorat. Tripura trat 1949 der Indischen Union bei.

Ein bauliches Glanzstück ist der **Tripura-Palast** im Mogulstil-Garten in der Hauptstadt **Agartala** ㉘. Er wurde für den berühmtesten Herrscher Tripuras, den Maharaja Bhikram, erbaut, der im Alter von 13 Jahren Rabindranath Tagore eine große Zukunft voraussagte und ihm später half, Shanti Niketan zu errichten. Tagores Haus in Agartala wurde von diesem Maharaja erbaut und dient heute als Bürogebäude.

Die Ureinwohner Tripuras sind tibeto-birmanischer Abstammung. Ihre Musik, Tänze, Feste und Anbetungsriten beziehen sich auf die lebensnotwendige Urbarmachung des Dschungels durch *jhoom* (Brandrodung). Von großer Bedeutung ist der Bambus, weil er

» Karte S. 227, Info S. 233

Photo: Aditya Arya

Photo: Aditya Arya

vielfältig verwendet werden kann. Es werden keine bestimmten Gottheiten verehrt, sondern der Bambus gilt als Verkörperung verschiedener Götter. Die berühmten Hochzeitstribünen und Webstühle werden ausschließlich aus Bambus gefertigt. Seit einigen Jahren wird diese Volksgruppe aufgrund des wachsenden Zustroms von Flüchtlingen aus Bangladesh zur Minderheit.

150 km nordöstlich von Agartala liegt **Unakoti** ㉙, eine der vier Pilgerstätten des Landes; die anderen drei sind der **Tirthamuk** in Amarpur (60 km), der **Tripura Sundari-Tempel** in Udaipur (55 km) und der **Brahmakunda-Tempel** (45 km). Der **Unakoti-Tempel** wurde im unwegsamen Bergland erbaut, um ihn vor Zerstörung durch Muslime zu schützen, die in Westbengalen und Orissa heilige Bauten verwüstet hatten. Man findet hier schöne Steinfiguren und Reliefs aus dem 12. Jh. Besondere Beachtung verdient die riesige **Shiva-Statue**. Jedes Jahr zum *Pushmela-Fest* erwacht die ganze Umgebung zu einem fröhlichen Treiben.

MANIPUR

Manipur (22 356 km^2; 2,6 Mio. Einw; vor der Anreise Informationen über die aktuelle Sicherheitslage einholen!) im Süden von Nagaland war früher ein Fürstentum. Es heißt, die Herrscher hätten von den benachbarten Königshäusern Gedankengut des Hinduismus übernommen, was dazu führte, dass die größte Ethnie, die Meiteis, sich zum Hinduismus bekannte. Die ursprünglich tibetobirmanischen Meiteis, die in den schönen Tälern leben, machen ungefähr 60 Prozent der Bevölkerung aus. Sie schufen so viele kulturelle Einrichtungen, wie die Nehru Dance Academy und die Manipur State Kala Academy, dass die Einheimischen oft behaupten, in Manipur sei Kultur ein Industriezweig.

Bekannt sind die Einwohner auch wegen ihren Leistungen in Kampfsportarten wie Speertanz, Schwertkampf und Ringen. Aufgeführt wird auch ein graziöser Trommeltanz, bei dem junge Männer, die von der Hüfte abwärts weiß gekleidet sind, in die Luft springen und dabei längliche Trommeln schlagen. Am berühmtesten ist Manipur jedoch wegen des klassischen *jagoi*-Tanzes.

Die Hauptstadt **Imphal** ㉚ ist durch einen **Markt** bekannt, der nur von Frauen betrieben wird. Über 16 000 Frauen, aus der Stadt wie aus den Dörfern, kommen täglich hierher. Angeboten wird Vielerlei, von Goldschmuck und Seide bis zu getrockneten Pilzen und Schnecken. Das **Matua-Museum** beherbergt eine Sammlung von Objekten aus dem gesamten Nordosten. Der **Logtak-See** in Manipur ist das letzte Überbleibsel eines einst ausgedehnten Feuchtgebietes. Am Südufer lebt in dem einzigartig schönen **Keibut-Lamjao-Nationalpark** ㉛ eine Fischergemeinde auf der Insel **Thanga-Karang**. Das Gebiet ist der letzte Lebensraum einer bedrohten Rotwildart, dem Manipur-Sangai.

In Manipur feiert man den Wechsel der Jahreszeiten mit Tänzen. Das ausdrucksstärkste Tanzfest, das *Lai Haroaba*, wird zwischen Frühjahr und Monsunzeit begangen. Es wird mit großem Pomp vor den Gottheiten zelebriert, die bereits lange vor der Einführung des Hinduismus in Manipur existierten. Den Tanzfesten folgen traditionelle Sportarten, z. B. *kang*, das im Schlamm mit einer Lackscheibe gespielt wird. Es handelt sich um ein philosophisches Spiel, das verdeutlicht, dass das Leben von Fähigkeit und von Glück gleichermaßen bestimmt wird und dass Freud und Leid zum Leben gehören.

MIZORAM

Mizoram (21 087 km^2 ;1,1 Mio. Einwohner) liegt zwischen Bangladesh und Burma. Die **Mizo** behaupten, die Hälfte der Bevölkerung lebe in Burma, und sie glauben, dass nach dem Tod ihre Seelen auf dem Fluss Rih nach Burma wandern. Die Mizos setzen sich aus den Ethnien der **Lusei**, **Hmar** und **Pawih** zusammen.

Die Briten wurden auf die Mizo aufmerksam, als diese begannen, die Teeplantagen in Assam zu plündern. 1872 hatten die Briten das gesamte Gebiet unter Kontrolle und ließen nur noch Missionare einreisen. Aus diesem Grund bekennen sich heute 87 % der Bevölkerung zum christlichen Glauben. Genauso schnell vollzog sich die Einführung der Schulbildung, und heute weist Mizoram die zweithöchste Zahl an Lese- und Schreibkundigen in Indien auf.

Die ursprünglichen Herrscher in Mizoram waren die berühmten Sailo, die Recht über Land und Leben besaßen. Sie mussten jedoch 1950 nach der Einführung moderner politischer Strukturen abdanken. Im Jahr 1959 sagten „die Wissenden, die Ältesten" eine Hungersnot voraus, was jedoch von Verwaltung und Regierung unbeachtet blieb; durch die tatsächlich eingetretene Hungersnot kamen viele ums Leben. Die Mizo organisierten eine Gruppe von Freiwilligen, die Mizo Famine Front, die auch politisch aktiv wurde und sich *Mizo National Front* (MNF) nannte. Die MNF wurde jedoch in den Untergrund gezwungen. Erst nach 25 Jahren politischer Unruhen wurde 1986 ein Abkommen mit der Zentralregierung getroffen.

Die Mizos sind durch ihre feinen Webarbeiten und Körbe bekannt. Sie sind sehr musikalisch und empfinden Singen als beste Möglichkeit zur Entspannung nach getaner Arbeit. Die traditionelle Mizo-Gesellschaft erhielt sich selbst durch einzigartige Verhaltensweisen, die auf der Philosophie der *tlawmngaihna*, Selbstlosigkeit, basierten. Man findet heute noch Spuren davon – trotz starker Modernisierungsbestrebungen, insbesondere in der Hauptstadt **Aizawl** ㉜. Das **Mizoram State Museum** in Aizawl inbeherbergt eine interessante Ausstellung über die Kultur der Mizo. Der **Bara Bazar** ist Treffpunkt für die Stämme, die in den umliegenden Hügeln leben.

Südlich von Aizawl gelangt man durch das Dorf **Serchip** ㉝, wo Reisende gern auf dem Markt einkaufen, nach **Lunglei** ㉞, einer idyllischen Stadt nahe einem schönen Urwaldgebiet.

» Karte S. 227, Info S. 233

EINREISEBESCHRÄNKUNGEN: Für einige Staaten ist ein **Restricted Area Permit** (RAP) erforderlich: Für **Sikkim** wird bei Beschränkung auf Gangtok, Rumtek, Pema Yangtse und Phodang die Erlaubnis auf Antrag mit dem Visum von der Botschaft erteilt; Antragstellen sind die staatli. Tourist Offices von Sikkim: u.a. Sikkim House in New Delhi, Foreigners Registration in Gangtok; Immigration Offices an den Flughäfen Mumbai, Kolkatta, Chennai und New Delhi. http://sikkimtourism.gov.in

Mit RAP-Permit ist in **Arunachal Pradesh** bereisbar: Itanagar – Ziro – Along – Pasighat – Itanagar und Margherita – Miao – Namdapha – Margherita. Für die Permitbeschaffung wendet man sich am besten an ein Reisebüro in Arunachal Pradesh (z.B. Mon Tawang Tours and Travels); mit einigen Tagen Bearbeitungsdauer ist zu rechnen.

Für Assam, Meghalaya und Tripura gibt es keine Reisebeschränkungen. Die Genehmigungspflicht für Reisen von ausländischen Touristen nach Nagaland, Mizoram und Manipur wurde aufgehoben; Registrierung 24 Stunden nach Ankunft ist jedoch erforderlich.

GANGTOK (☎ 03592)

Sikkim Tourist Information Centre, am Nordende der MG Marg, Tel. 223425, März-Juni, Sept.-Dez. tgl. 8.30-19 Uhr, sonst 10-16 Uhr.

In den meisten Hotels gibt es Restaurants: **Snow Lion** im Hotel Tibet, verschiedenste Gerichte in angenehmer Atmosphäre.

Blue Poppy, im Hotel Tashi Delek, schöne Terrasse, ideal für tagsüber.

Hotel Lha Khar und **Hotel Lhakpa**, günstige und sehr schmackhafte Speisen.

Blue Sheep Restaurant, MG Marg, über dem Tourist Off., exzellente chinesische u. indische Küche.

GUWAHATI (☎ 0361)

Government of India Tourist Office, B. K. Kahati Rd., Ulubari, Tel. 2547407; Infoschalter am Flughafen (Tel. 82204),

State Tourist Office, Station Rd., Tel. 524475 und in Ulubari, Tel. 27102.

Sunflower Restaurant, Panbazar, sehr gut und günstig. **River Queen**, Sukreswar Ghat, „schwimmendes" Restaurant, tgl. 17.30 Uhr „Dinner cruise" auf dem Brahmaputra. **Tandoori**, im Dynasty Hotel, exzellente Küche (besonders die Tandoori-Gerichte), bester Service.

Assam State Museum, Ambari, Tel. 224193, 10-16.30 Uhr, Mo und jeden zweiten Sa geschl. **Assam Forest Museum**, South Kamrup Division, 10-17 Uhr, Sa 10-15.30 Uhr; So geschl.

Flugverbindungen (Air India und East West Airlines) nach Delhi, Calcutta, Patna und in alle Hauptstädte der Nordost-Staaten. In die übrigen Teile des Landes fahren mehrere Breit- und Schmalspurbahnen. Straßen führen nach Shillong, Manas, Kaziranga, Dimapur, Kohima, Itanagar, Darjeeling, Gangtok, Imphal und Agartala. Von Guwahati fahren staatliche Busse in alle größeren Städte. Es gibt auch Reisebusse mit Luxusklasse und Video.

SHILLONG (☎ 0364)

Government of India Tourist Office, Tirot Singh Syiem Rd., Police Bazaar, Tel. 2225632.

Meghalaya Tourism Development Corporation, Polo Ground, Tel. 2226220.

Director of Tourism, Crowborough Building, Tel. 2226054.

Broadway Restaurant, im Broadway Hotel, sehr gute chinesische und indische Gerichte, bei Einheimischen beliebt.

Meghalaya State Museum, Staatsbibliothek, 10-17 Uhr, So und feiertags geschl. **Butterfly Museum**, Wankhar Co., Riatsamthiah, Sa, So geschl.

Hauptpostamt, Tel. 222162, Telegrafenamt-Auskunft Tel. 22146.

Der Borjhar Airport in Guwahati ist der nächstliegende (127 km), von dort bestehen Verbindungen der Air India in die Städte des Ostens und Nordostens.

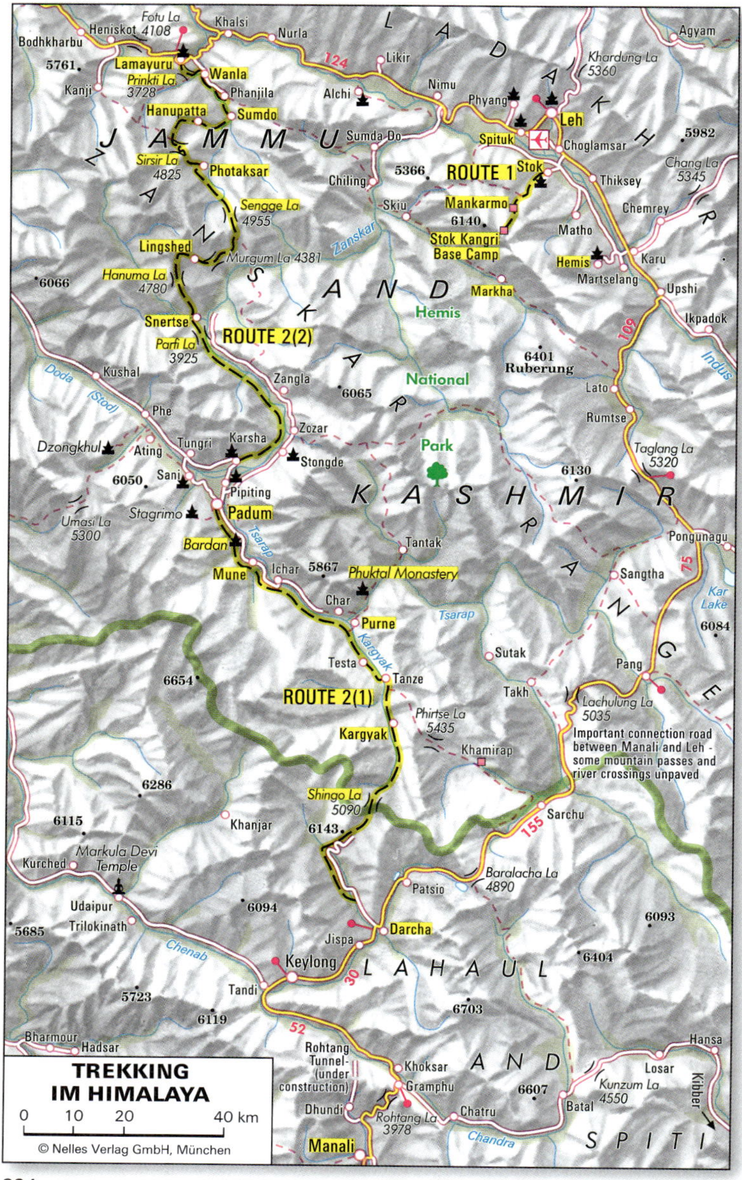

Fotu La 4108
Heniskot
Khalsi
Nurla
Bodhkharbu
5761
Lamayuru
Prinkti La 3728
Wanla
Kanji
Phanjila
Hanupatta
Sumdo
124
Likir
Alchi
Nimu
Phyang
Leh
Khardung La 5360
Agyam
Spituk
Choglamsar
5982
Sumda Do
Chiling
5366
ROUTE 1
Stok
Thiksey
Chang La 5345
Sirsir La 4825
Photaksar
Sengge La 4955
Skiu
Mankarmo
6140
Chemrey
Stok Kangri Base Camp
Matho
Zanskar
Lingshed
Murgum La 4381
Hemis
Karu
Martselang
Hanuma La 4780
6066
Markha
Upshi
Hemis
Snertse
ROUTE 2(2)
Ikpadok
Parfi La 3925
109
6401 Ruberung
National
Kushal
Zangla
6065
Lato
Indus
Doda (Stod)
Phe
Zozar
Rumtse
Karsha
Park
Dzongkhul
Ating
Tungri
Stongde
Taglang La 5320
Sani
6050
Pipiting
6130
Padum
Stagrimo
Umasi La 5300
Tsarap
Bardan
Tantak
Pongunagu
Mune
Ichar
5867
Phuktal Monastery
Sangtha
75
Char
Kar Lake
Purne
Tsarap
6084
Kargyak
Testa
Sutak
Tanze
Pang
6654
Takh
ROUTE 2(1)
Phirtse La 5435
Lachulung La 5035
Kargyak
Khamirap
Important connection road between Manali and Leh - some mountain passes and river crossings unpaved
6286
Shingo La 5090
Sarchu
6115
Khanjar
6143
155
Markula Devi Temple
Kurched
Baralacha La 4890
Patsio
Udaipur
6094
Trilokinath
5685
Darcha
6093
Jispa
Chenab
Keylong
6404
30
Tandi
5723
6119
6703
52
Bharmour
Hadsar
Hansa
Rohtang Tunnel (under construction)
Khoksar
Losar
Gramphu
6607
Kunzum La 4550
Kibber
Dhundi
Batal
Rohtang La 3978
Chatru
Manali
Chandra
JAMMU AND KASHMIR
ZANSKAR RANGE
LADAKH RANGE
LAHAUL AND SPITI
TREKKING IM HIMALAYA
0 10 20 40 km
© Nelles Verlag GmbH, München

TREKKING IM HIMALAYA

Die beste Zeit für Trekking ist vor dem Monsun (Juni) und danach (September-Oktober). Blumenliebhaber sollten sich jedoch in den Regenmonaten Juli und August auf den Weg machen. Nördlich des Hauptkamms jedoch, in Lahaul und Ladakh, sind die Monsunmonate die beste Trekking-Zeit, da die schweren Regenwolken nur selten bis über die Pässe ziehen.

In großer Höhe fehlt oft der Appetit, nehmen Sie leichtverdauliche Nahrung mit, die schmeckt. In den Läden der Bergdörfer sind Tütensuppen, Reis, Linsen und Kartoffeln erhältlich. Für größere Touren braucht man Zelt, Schlafsack und Kochutensilien – und somit Träger oder Packmulis, die sich meist problemlos organisieren lassen. An den Hauptrouten gibt es Teezelte und Zeltplätze. Die im Tagesverlauf enormen Temperaturunterschiede erfordern morgens warme Sachen, tagsüber leichte Kleidung und abends wieder Pulli und Daunenjacke. Regenponcho nicht vergessen – im Reich des unberechenbaren Schneegottes ist es gefährlich, sich auf Wettervorhersagen zu verlassen.

Fünf Routen in verschiedenen Regionen – leichte bis schwierige – sollen einige Möglichkeiten aufzeigen.

Kaschmir

Ein leichter Monsun-Trek für religiös Interessierte (zur Zeit allerdings wegen der Aktivitäten muslimischer Separatisten weniger zu empfehlen): Der dreitägige Pilgerweg zur Höhle von **Amarnath** (siehe Karte S. 168), der durch Blumenwiesen und herrliche Berglandschaft führt, beginnt in **Pahalgam**. Campiert wird am **Sheshnag-See** (3700 m). Nach Überschreitung eines 4500 Meter hohen Passes erreicht man die große Höhle mit ihrem kleinen phallischen *lingam* aus Eis, der als Shiva, Herr des Schnees, verehrt wird.

Ladakh (Route 1)

Leichter Hochgebirgs-Trek. Vom Dorf **Stok** (3600 m; südlich von Leh) führt dieser Dreitage-Trek entlang dem Stok-Fluss durch einen Canyon mit bizarren Felsen zum **Basislager** des **Stok Kangri** (6153 m). Campieren kann man an den Hirtenhütten bei **Mankarmo** (4375 m, 14 km; Teezelt), wo auch Yaks nächtigen. Am nächsten Tag geht man auf den Gipfel im Westen zu und steigt 10 km zum **Unteren Base Camp** (5000 m; Teezelt) auf. Mit Glück sieht man eines der seltenen Blauschafe *(baral)*. Der Zeltplatz ist von Felstürmen umgeben.

Wer Gipfelambitionen hat, kann von hier in zwei Tagen – mit Übernachtung am **Oberen Base Camp** (5350 m) – den Kangri besteigen, wofür aber ein Führer und adäquate Ausrüstung ratsam sind (Gletscherüberquerung). Vom Oberen Base Camp kann man auch in 12 Trekkingtagen, über hohe Pässe und das **Markha Valley**, **Hemis** erreichen.

Von Mankarmo ist es auch möglich, über den **Stok La** (4875 m) und **Rumbak** in zwei Tagen bis **Spituk** weiterzuwandern. Ansonsten geht es am dritten Tag zurück nach Stok und Leh. (Beste Zeit: Juli und August.)

Zanskar - Ladakh (Route 2)

Erster Teil: Ein 7-9 Tage-Trek über den Himalaya-Hauptkamm bis Padum, mit Packpferden, beeinträchtigt durch die in Bau befindliche **Jeepstraße**. Pferde und Führer bucht man in **Manali**, obwohl der Trek erst in **Darcha** (3325 m, Anfahrt per Bus), beginnt. Der Weg führt über den Pass **Shingo La** (5090 m); die beste Zeit ist Juli/ August. Flüsse möglichst mit Seilhilfe queren. Ist man drüben, weichen die leeren grauen Täler mit ihren *mani*-Mauern den grünen Feldern um die weißen Dörfer Zanskars. Zwischen Darcha und Tanze gibt es Teezelte, erst in **Kargyak** (4150 m) einen Laden für Proviant; es ist das erste Dorf auf der Zanskarseite, 4-5 Tage hinter

Darcha. Anschließend wandert man das Lunak-Tal hinunter. In **Purne** (3800 m; Dorf mit einfachen Hotels) Abstecher zum Höhlenkloster **Phuktal Gompa**. Später folgen **Kloster Mune** (mit Hotel) und **Kloster Bardan**, bevor man **Padum** (3575 m), Zanskars Hauptort erreicht.

Zweiter Teil (wegen des Straßenbaus oft ohne den 1. Teil begangen): **Von Padum nach Lamayuru** sind es 10 Trekkingtage – wegen 9 hoher Pässe anstrengender, aber landschaftlich abwechslungsreicher als die Darsha-Padum-Route. Unterwegs gibt es Teezelte, in Dörfern auch Zimmer. Höchster Punkt ist der Sengge La (4950 m). Die ersten 3 Tage geht es via **Karsha** das Zanskar-Flusstal entlang. Am 4. Tag wandert man über den **Parfi La** (3925 m) bis **Snertse**, am 5. Tag über den **Hanuma La** (4780 m) zum **Kloster Lingshed** (3900 m; Besichtigung). Am 6. Tag geht es über drei ca. 4400 m hohe Pässe zum **Sengge La Base Camp** (4450 m), am 7. Tag über den **Sengge La** (4955 m) ins Dorf **Photaksar** (4150 m, mit Gompa). Am 8. Tag wandert man über den **Sirsir La** (4825 m) bis zum Dorf **Hanupatta** (3850 m). Am 9. Tag Abstieg über das Camp **Sumdo** (Beginn der Jeepstraße zur Kargil-Leh-Hauptstraße) bis zum Ort **Wanla** (3150 m). Am 10. Tag trekkt man statt auf der Straße über den **Prinkti La** (3725 m) zum berühmten **Kloster Lamayuru** (3500 m).

» Karte S. 236-237

Garhwal (Route 3)

Ein leichter Drei-Tage-Trek bei **Mussoorie** (2000 m, geeignet für jede Jahreszeit) zum bewaldeten **Nag Tibba** (3038 m, „Schlangengipfel"). Wer es eilig hat, nimmt einen Jeep bis Deolsari (Devalsari); ansonsten startet man zu Fuß in **Suwakholi (**an der Asphaltstraße Richtung Tehri). Dort bergab entlang des Aglar-Flusses durch Pinienwald bis **Thatyur** (auf dem Rückweg hier Bus nach Mussoorie). Ein Marsch nach Norden, entlang des Flusses, der vom Nag Tibba kommt, bringt einen nach **Aunter** am Fuß des Bergs (mit Tempel). Der Pfad im Wald verläuft östlich des Flusses zum Forest Guest House bei **Deolsari** (Devalsari; alte Holzpagode). Der Aufstieg zum **Nag Tibba** auf dem Dschungelweg ist 5 km lang, sicherheitshalber einen Führer mitnehmen – wilde Tiere leben im Wald. Ein kleiner Tempel des Schlangengottes steht westlich des Gipfels (3038 m), wo die Ruine einer Hütte einen anderen Abstieg ins Yamuna-Tal markiert. Vom Gipfel hat man einen herrlichen Blick über Garhwal.

Alternative: Tagesrundwanderung ab **Mussoorie** über das **Tibeterdorf** zum **Benog Tibba** (2264 m), dann über **Cloud End** (Hotel/Restaurant) zurück.

Kumaon/ Pindari-Gletscher (Route 4)

Ein beliebter Klassiker unter den Himalaya-Treks. Dauer: 8 Tage. Grüne Flusstäler, schneeglänzende Gipfel, Dschungel, Wasserfälle und ein spektakulärer Eissturz als Krönung. Beste Zeit: Oktober, wenn die Berge frei sind. Der **Pindar-Fluss** im Osten des Nanda-Devi-Schutzgebiets entspringt dem Eisbruch am **Traill's Pass** (5212 m), so benannt nach dem britischen Kumaon-Verwalter, der ihn 1830 bestaunte.

Der Trek beginnt bei **Loharkhet** (nördlich von Bageshwar). Man steigt steil nach **Dhakuri** (10 km) auf und wird mit einem atemberaubenden Blick auf den **Nanda Kot** (6861 m) belohnt.

Danach geht es steil nach **Khati** (9 km) hinunter. Von diesem Dorf verläuft ein Weg zum **Sunderdhunga-Gletscher**, eine weitaus schwerere Tour, die an den Fuß des **Maiktoli** (6800 m) führt. Von der schön gelegenen Hütte von **Dwali** (in der Gegend ist das Base Camp für Nanda-Kot-Besteiger) führt ein anderer Weg zum **Kafni-Gletscher** am Fuß des **Nanda Kot**.

Die Entfernung Loharkhet – **Pindari-Gletscher** beträgt 45 km, unterwegs gibt es Hütten. Die letzte bei **Phurkia** liegt oberhalb der Baumgrenze. Von dort muss man noch ein Stück laufen, um den herrlichen **Eissturz** vom **Zero Point** (3353 m) aus zu sehen.

» Karte S. 236-237

Photo: Aditya Arya

ZUR QUELLE DES GANGES

Der Gangotri-Tempel, 248 km von Rishikesh entfernt, gilt als spirituelle Quelle des heiligsten Flusses im Hinduismus. Jeder Hindu ist bestrebt, einmal im Leben dorthin zu pilgern. Die wirkliche Quelle ist der abschmelzende Gangotri-Gletscher, ca. 19 km südöstlich des Tempels. Die Eishöhle Gaumukh, „Kuhmaul", markiert die heutige Zunge des Gletschers, der zu den größten im Himalaya gehört. Trekking-Touren in diese Himalaya-Region organisiert u. a. das YATRA-Tourist Office in Rishikesh.

Beginnt man die Fahrt in **Rishikesh** (bzw. in Haridwar, 24 km südlich, wo der Ganges aus dem Gebirge austritt), windet sich die Pilgerstraße bald nach **Narendranagar** hinauf, einer kleinen Sommerresidenz des früheren Maharaja von Tehri-Garhwal mit einer Sammlung von Pahari-Miniaturmalereien. Von **Chamba** (60 km) aus verläuft auch eine Nebenstraße nach Mussoorie, einem beliebten Ferienort (55 km). Die Hauptstraße windet sich dann hinab nach **New Tehri** (20 km), dessen Altstadt im neuen Stausee versunken ist.

Die Straße nach Gangotri verläuft am Westufer des Bhagirathi, der in Tehri mit dem Bhilangana zusammenfließt. Letzterer entspringt unterhalb des Thalay-Sagar-Gipfels (auch als Sphetik Prishtwan, 6904 m, bekannt). Auf dem Weg nach Uttarkashi (1158 m) kommt man durch **Dunda**, ein Dorf, in dem sich nomadische Viehhirten aus dem Grenzgebiet zu Tibet niedergelassen haben. **Uttar Kashi** besitzt viele *ashrams* (Meditationsstätten). Im Tempel von **Barahat** steht ein großartiger, über 1000 Jahre alter Dreizack. Auf der anderen Seite des Flusses befindet sich die Bergführerschule **Nehru Institute of Mountaineering**. Von Uttar Kashi aus kann man einen Ausflug nach **Dodital** (3307 m) unternehmen – der von Dschungel umgebene kleine See ist bei Anglern sehr beliebt. Ab **Bhatwari** (30 km) verläuft der alte Pilgerpfad östlich von **Budh Kedar** und den Seen von **Sahastra Tal**.

Links: Meditierende Sadhus nahe Gaumukh an der Quelle des Ganges.

Die Straße durchschneidet nun die Hauptkette des Himalaya; die Trasse ist ständig von Unterspülungen und Erdrutschen bedroht. In **Gangnani** kann man heiße Quellen (1855 m) besuchen. Die Fahrt hinauf nach **Sukhi** (2744 m) gibt den Blick auf die andere Seite des Berges frei – auf üppige Nadelwälder und den Fluss, der sich breit über silbrigen Sand hin wälzt. In **Harsil** (75 km) steht ein großes hölzernes Herrenhaus, erbaut vor über 100 Jahren von einem durch Holzhandel reich gewordenen Engländer, dem selbsternannten „Raja" Wilson. Bei Harsil liegt das Dorf **Mukhba**, wo die Göttin Ganga nach hinduistischer Vorstellung den Winter verbringt.

Der Fluss windet sich nun um die Nordseite des Himalaya-Hauptkamms herum nach Osten. Bei **Lanka** (10 km vor Gangotri) treffen der Jad Ganga und der Bhagirathi in einer tiefen Schlucht zusammen. Als die erste Brücke über den 350 Meter tiefen Abgrund von Wilson fertiggestellt worden war, musste er selbst darüberreiten, um den Pilgern ihre Tragfähigkeit zu beweisen.

Mit dem Bau der Autostraße wurde das kleine Dorf **Gangotri** (3048 m) zu einem bedeutenden Pilgerzentrum mit zahlreichen Guesthouses und (ausschließlich vegetarischen) Restaurants. Die Pilger beten zuerst am **Bhagirathi Sheel**, dem Stein, an dem einst der legendäre König Bhagirath Buße getan und so die wasserspendende Göttin Ganga dazu bewegt hatte, zur Erde herabzusteigen.

Der **Ganga-Tempel** ist etwa 250 Jahre alt. Die schönste Zeremonie ist das abendliche *aarti*, bei dem Lichter geschwenkt und dem Fluss, der alle Sünden fort wäscht, dargeboten werden. Die Lage im Zedernhain ist beeindruckend, und die sonderbare Veränderung des Flusses schärft die Sinne für Mystisches. Denn der breite Fluss wird

» Karte S. 236-237

Photo: Andrzej Stajer (iStockphoto)

plötzlich schmaler und verengt sich nach einem tosenden Wasserfall bei Surajkund noch mehr und zwängt sich dann in eine sehr schmale, tief in den Fels eingeschnittene Schlucht.

Wanderung zur Ganges-Quelle (Route 5)

Bei **Surajkund** stehen die Hütten heiliger Männer. Das skurrilste ist das Häuschen von Sunderananda, dem „Foto-Swami". Manche dieser Heiligen unterliegen einem Schweigegelübde und meditieren auf den Felsen, manche sind nackt und haben sich zum Schutz gegen die Kälte lediglich mit Asche eingerieben, andere genießen durchaus irdischen Komfort.

Bei Surajkund, wo der Kedar Ganga mit dem Bhagirathi zusammenfließt, beginnt auch der Pfad nach **Kedar Tal**, dem Basislager für Thalay Sagar und Brighupanth (6722 m). Zwei Tage dauert die Wanderung auf dem sehr schmalen und steilen Pfad bis zur Ganges-Quelle, wobei man mit Glück oberhalb der Baumgrenze Herden von *bharals* (Blauschafen) zu Gesicht bekommt.

Der Pfad nach **Gaumukh** ist von Mai bis Oktober begehbar, und manche Pilger marschieren auf der 19 km langen Strecke sogar an einem Tag hin- und zurück. Man passiert nach 10 km **Chirbasa** (von Gangotri; 4 Std.), eine Lichtung im Kiefernwald in 2600 Metern Höhe, und übernachtet dann vernünftigerweise in **Bhojbasa** (6 km) in der unwirtlichen Höhe von 3792 m (Tourist Bungalow und Restaurant). Hier befindet sich der berühmte **Ashram** von Lal Baba, einem Heiligen, der den vorbeiziehenden Pilgern freie Kost und Logis gewährt.

Die schneebedeckten Berge im Hintergrund deuten auf verborgene Schätze hin, die darauf warten, entdeckt zu werden. Der wunderschöne, pyramidenförmige Gipfel **Sudarshan** (6516 m) war bereits vom Eingang des Gangotri-Tempels aus gut sichtbar. Bei Chirbasa

Oben: Pilgerunterkünfte in Bhojbasa, am Weg zur Ganges-Quelle; im Hintergrund: die Bhagirathi Sisters (6856 m ü.M.).

» Karte S. 236-237

hat man den Blick auf die drei **Bhagirathi Sisters** genossen, deren höchster Gipfel sich auf 6856 Meter erhebt und die eine herrliche Kulisse auf dem Weg zur Quelle abgeben. Nach der letzten Wegbiegung ragt nun der faszinierende **Shivling** (6543 m) von der anderen Seite des Gletschers her empor, eine majestätische, weiß beflankte Felspyramide.

Die letzten ca. drei Kilometer auf dem Weg vom Ashram zur Quelle sind nahezu flach, der Pfad ist allerdings mit Felsbrocken übersät, und man muss seinen Weg zum Ziel, dem Allerheiligsten des heiligsten Flusses (auf 3892 m Höhe), selbst finden. Die meisten Pilger baden in dem eisigen Wasser, das aus der **Gaumukh-Gletscherhöhle** tost und bereits an seinem Ursprung einen ausgewachsenen Fluss bildet.

Für den Pilger bedeutet bereits die Ankunft an der Gletscherzunge – die sich derzeit jedes Jahr ein Stück weiter zurückzieht – einen Höhepunkt. Der Bergfreund jedoch steigt weiter auf zum **Gletscher**, bahnt sich seinen Weg einige Kilometer an dessen Rand entlang und trifft auf die schönste Gipfelkette der Welt – ein erhabener Anblick.

Die Ränder des Gletschers sind steil und instabil; am besten begeht man sie frühmorgens, bevor die Sonne das Eis antaut. Es gibt zwei Wege: nach Nandanvan (auf der gleichen Seite wie Gaumukh), oder nach Tapovan jenseits des Gletschers. Man kann auch an einem Tag beide Strecken begehen.

Man startet an der erdigen Seite der Gletscherzunge und sucht sich seinen Weg durch das Geröll am Rand. In der Mitte des 3 km breiten und rd. 30 km langen Gletschers gibt es gefährliche Spalten. Man erreicht **Nandanvan** nach sechs sehr beschwerlichen Kilometern. Hier in 4233 Meter Höhe soll sich die wahre Gangesquelle befinden. Nandanvan ist das Basislager für den Aufstieg zur Bhagirathi-Gruppe; Nandanvans Reiz für Genusswanderer besteht darin, dass es direkt vor dem **Shivling** liegt und den Blick auf den gesamten, an das Matterhorn erinnernden und extrem schwer zu besteigenden Berg freigibt. (Erstbegehung des direkten Nordpfeilers im Jahr 2000 durch den Bayer Thomas Huber.)

Weiter zum Camp Tapovan

Der Shivling, dieses Juwel unter den Berggipfeln, ist nur vier Kilometer vom Gletscher entfernt und dient als Orientierungspunkt auf dem Weg über den Gletscher (Vorsicht: Gletscherspalten!). Die steile Randmoräne des Gletschers ist etwas mühsam zu besteigen.

Die Wiesen bei Tapovan sind unbeschreiblich schön und umranken den Fuß des Shivling wie eine Girlande. Im Frühjahr vor der Schneeschmelze verwandeln sie sich kurzzeitig in einen riesigen See. Diese Zeit hat den Vorteil, dass man den Fluss hinter **Bhojbasa** auf einer Schneebrücke überqueren kann (ihre Festigkeit muss getestet werden, indem man große Felsbrocken in die Mitte wirft). Um von Gaumukh nach Tapovan zu gelangen, muss die Gletscherzunge überquert werden, d. h., man klettert an der Seite hoch und benutzt die Höhle wie eine Brücke. Hat man das grünschimmernde Eis überschritten, folgt der Pfad quer an einem Schieferhang entlang einem Schafstritt, der zu den grünen Wiesen von **Tapovan** (4600 m; Camp) führt. Im Sommer leben hier heilige Männer in Hütten und in unterirdischen Kammern.

Man kann kilometerweit am **Gangotri-Gletscher** entlang wandern (er verläuft noch 24 km bis zum Chaukumbha-Massiv, 7138 m). Allerdings ist der Weg sehr beschwerlich – vorbei am Kedarnath (6970 m) und am Khachakund (6617 m). Nebengletscher führen zu anderen bezaubernden Gipfeln. Dies ist wohl eine der schönsten aller indischen Gebirgslandschaften.

» Karte S. 236-237

VORBEREITUNGEN

Klima / Reisezeit

Die Temperaturen in Indien sind sehr unterschiedlich; sie können – je nach Region und Jahreszeit – unter dem Gefrierpunkt oder über 45 °C liegen. Nordindien hat überwiegend kontinental-subtropisches Klima. Die empfehlenswerte Reisezeit ist zwar allgemein von Oktober bis März (Ladakh: Juni bis September), aber eine Reise in anderen Monaten ist ebenso möglich. Im Sommer (März bis Mai), wenn es in den Ebenen sehr heiß und trocken wird, ziehen sich wohlhabende Inder in Erholungsorte in den Bergen wie Kullu-Tal oder Darjeeling zurück.

Ein Wetter-Schreckgespenst ist der indische **Monsun**: Jahr für Jahr zieht er auf demselben Weg über den Subkontinent; seine Regenwolken hängen von Juni bis September über dem Land. Aber da sie nicht überall gleichzeitig abregnen, kann man ihnen ausweichen.

Im Winter herrscht in hochgelegenen Regionen wie Ladakh ein sehr raues Klima. In den tiefergelegenen Gebieten ist es in dieser Zeit sonnig und angenehm bis kühl. Beachtlich sind die großen Tagesschwankungen von bis zu 20 °C. Ab März wird es rapide wärmer, bis es im Mai und Juni südlich des Himalaya unerträglich heiß wird.

Bekleidung

Reiseroute und Reisezeit sind ausschlaggebend für die Bekleidung. Im Winter (v.a. Mitte Dez. bis Ende Jan.) kann im ganzen Norden eine Winterjacke bzw. Fleecepulli etc. nicht schaden; besonders morgens und abends kann es kalt werden. Von März bis Oktober reicht eine leichte Jacke. Ansonsten sind lockere Baumwollsachen am angenehmsten. Insgesamt sollte auf saubere und gepflegte Kleidung geachtet werden; die Inder achten nachlässig gekleidete Menschen nicht. Nackte Oberarme und Beine sollten insbesondere für Frauen tabu sein.

Visum

Visum: Ein gültiger Reisepass und ein Visum sind Voraussetzung für die Einreise (www.indianembassy.de). Der Antrag auf Erteilung des **Touristenvisums** muss auf zwei (im Internet bei den für das jeweilige deutsche Bundesland zuständigen **externen Visum-Dienstleistern** herunterzuladenden) Formularen erfolgen, denen zwei biometrische Passfotos und eine Buchungsbestätigung für ein Rück- oder Weiterreiseticket beizufügen sind (www.ivs-germany.com, www. igcsvisa.de, https://indianvisaonline.gov.in/visa/. Erläuterungen dazu: http://www.indienaktuell.de/indien-info/visum/). Das nicht verlängerbare Touristenvisum kann für mehrmalige Einreisen und bis zu 180 Tage Gültigkeit (ab Tag des Ausstellungsdatums!) für ca. 50 € plus Bearbeitungsgebühr beantragt werden.

Für Notfall-Visa zuständig ist die dem Wohnsitz nächstgelegene indische Auslandsvertretung (Sondergebühr).

E-Touristenvisum: Das „e-TV" ist spätestens vier Tage vor dem geplanten Einreisedatum zu beantragen und berechtigt zur einmaligen Einreise für einen Aufenthalt von bis zu 30 Tagen. Auf https://indianvisaonline.gov.in/visa/tvoa.html stehen die Bedingungen für das elektronische Touristenvisum.

Deutschland: Indische Botschaft, Tiergartenstr. 17, 10785 Berlin, Tel. (030) 25 79 58 20, 25 79 56 11, Fax 25 79 56 20. Indisches Generalkonsulat, Friedrich-Ebert-Anlage 26, 60325 Frankfurt, Tel. (069) 153 00 50, Fax 55 41 25, Visum: (069) 74 08 76 46, Fax 74 08 76 47. Generalkonsulat Indien, Graumannsweg 57, 22087 Hamburg, Tel. (040) 33 80 36, 32 47 44, Fax 32 37 57. Indisches Generalkonsulat, Widenmayerstr. 15, 80538 München, Tel. (089) 21 02 39-0/-40/-41/-42, Fax 21 02 39 80. www.cgimuenchen.de.

Österreich: Indische Botschaft, Kärtner Ring 2, 1010 Wien, Tel. (01) 505 86 666, Fax (01) 505 92 19. www.indianembassy.at.

Schweiz: Indische Botschaft, Kirchenfeldstr. 28, 3005 Bern, Tel. (031) 351 11 10, 351 10 46. www.indembassybern.ch.

Für den Besuch von Sperrgebieten (*Restricted Areas* und *Protected Areas*) ist eine **Sondergenehmigung** (*Permit*) nötig, die mit dem Visum zu beantragen ist (ca. 40 Euro). Für den Besuch des Staats **Arunachal Pradesh** sowie für Trekking in West- und Nordsikkim werden diese Permits nur für Reisegruppen ab 4 Personen ausgestellt. Für einige Andamanen- und Lakkadiven-Inseln sowie nach **Sikkim** wird die Genehmigung auf Wunsch mit dem Visum ausgestellt; für die Touristeninseln der **Andamanen** erhält man das 30-Tage-Permit auch bei Ankunft in Port Blair gratis. **Ladakh**: Im DC Office in Leh bekommt man die Permits für Nubra Valley, Turtuk, Pangong Tso, Tso Moriri, Dah und die Hanu-Dörfer; für die Haupttouristenziele um Leh, entlang des Leh-Srinagar-Highway und für Zanskar ist kein Permit nötig.

Vor Reisen in den Nordosten sollte man sich über die aktuelle Sicherheitslage informieren, z.B. beim Secretary, Ministry of Home Affairs (Foreigners Division), Government of India, Lok Nayak Bhavan, Khan Market, New Delhi 110003, Tel. 619709.

Zoll

Auch wer durch die grüne Zollschranke geht, muss mit stichprobenartigen Gepäckuntersuchungen rechnen. Als zollfreie Artikel gelten Gegenstände des persönlichen Bedarfs wie Schmuck, eine Kamera, Campingausrüstung usw. Außerdem noch 200 Zigaretten und 0,95 l Alkohol. Weitere Kameras sowie Videokamera und Notebook sollten deklariert werden. Auch teure Wertgegenstände sowie professionelles Equipment müssen deklariert werden. Die Einfuhr von Drogen, lebenden Pflanzen, ungemünztem Silber und Gold sowie von Waffen ohne Waffenschein ist verboten. Aus Indien ausführen darf man weder Antiquitäten, die über 100 Jahre alt sind, noch Tierhäute oder andere gegen den Artenschutz verstoßende Artikel.

Währung / Geldumtausch / Devisen

Die Landeswährung ist die **Indische Rupie**, unterteilt in 100 Paise. Im Umlauf sind Münzen zu 25 und 50 Paise und 1, 2, 5, und 10 Rupien; Banknoten im Wert von 5, 10, 20, 50, 100, 500 und 2000 Rupies. **Vor November 2016 gedruckte 500er sowie alle 1000er sind ungültig.** Indische Rupien dürfen offiziell weder ein- noch ausgeführt werden.

Geldumtausch: Wechselkurs (Dez. 2016): 1 € ≈ 70 Rs. Geld sollte man nur bei Banken oder autorisierten Geldwechslern tauschen. Bargeld in Euro wird zum korrekten Kurs gewechselt.

Mit einer gängigen **Kreditkarte** oder **EC/Maestro-Karte** (nicht VPay) kann man Bargeld am **Geldautomaten** (ATM) abheben, mit der Kreditkarte in vielen Geschäften und Hotels bezahlen (allerdings wird manchmal eine Gebühr verlangt).

Devisenvorschriften: Fremdwährung darf jederzeit in Form von Münzen oder Scheinen in beliebiger Höhe eingeführt werden – vorausgesetzt, man deklariert den Betrag beim Zoll: Geldbeträge von über 5000 Dollar in bar müssen deklariert werden. Der Geldumtausch muss durch eine Quittung belegbar sein, um später beim Verlassen des Landes übrig gebliebene Rupien zurücktauschen zu können.

Gesundheitsvorsorge

Eine Impfung ist nur notwendig, wenn Sie zehn Tage vor der Einreise nach Indien ein Gelbfiebergebiet besucht oder durchfahren haben (vor allem Gebiete in Afrika und Südamerika). Offiziell benötigt man keine Impfung, doch Impfungen gegen Hepatitis, Tetanus, Tollwut, Polio und Typhus sind anzuraten. In manchen Gebieten ist die Japanische Encephalitis eine Gefahr, ebenso Denguefieber und Chikungunya – hier hilft nur, sich auch tagsüber vor Stichen zu schützen! Etwa durch vollständige Bekleidung, Lotionen und Moskitonetz über dem Bett.

Es herrscht im ganzen Land in Höhenlagen unter 1500 m ein mittleres **Malariarisiko** (ca. 50 % Malaria tropica / P. falciparum, ansonsten Malaria tertiana); das größte Risiko besteht während und nach der Regenzeit, wenn die übertragenden Mücken besonders zahlreich und stechfreudig sind.

In die Reiseapotheke sollten Sie folgende Medikamente packen: Eventuell Malariatabletten – abhängig von Reiseziel und Reisezeit (ein Tropeninstitut konsultieren; meist genügt es, für den Notfall ein „Stand-by"-Malariamittel dabei zu haben) –, Mittel gegen Brechreiz und Durchfall, Antibiotika, Lotion gegen Insekten und Sonnenschutzmittel, ein Antiseptikum, Verbandszeug, Mineral- und Salztabletten (für Trekkingtouren evtl. Mittel wie Certisil zur Wasser-Entkeimung). Entsprechende Medikamente erhält man in allen Apotheken; solche, die an Krankenhäuser angeschlossen sind, haben rund um die Uhr geöffnet.

Hohes Risiko für **Darmerkrankungen** durch Viren, Bakterien, Amöben und Würmer. Wasser sollte man abkochen, ansonsten empfehlen sich Mineralwasser oder versiegelte Erfrischungsgetränke; zu meiden sind roher Salat, rohes Gemüse, bereits geschälte Früchte, Mayonnaise, Eiswürfel und Leitungswasser! Die Grundregel lautet: **Boil it, peel it or forget it!** Durchgekochte oder gebratene Nahrungsmittel, die frisch vom Herd kommen, sind normalerweise unbedenklich.

Reisemedizinische Informationen dazu im Netz: www.fit-for-travel.de

Sehr zu empfehlen ist der Abschluss einer **Auslandskrankenversicherung mit Rückholversicherung**.

Ausreise

Die Rückflug-Reservierung muss nur noch bei wenigen Fluggesellschaften zwei Tage zuvor rückbestätigt werden. Für das Einchecken am Flughafen sollte man mindestens zwei Stunden veranschlagen. Jeder Passagier muss theoretisch vor dem Einchecken in ein Flugzeug oder Schiff eine Flughafengebühr oder Hafengebühr zahlen; im Flugticketpreis ist diese in den meisten Fällen aber schon enthalten.

REISEWEGE NACH INDIEN

Etwa 60 internationale Fluggesellschaften fliegen internationale Flughäfen in Indien an, u.a. Ahmedabad, Amritsar, Bangalore, Bombay (Mumbai), Delhi, Goa, Guwahati, Hyderabad, Kolkata, Kochi, Madras (Chennai), Trivandrum (Thiruvananthapuram).

REISEN INNERHALB INDIENS

Fluglinien

Die besten und sichersten innerindische Fluglinien sind private: JET-Airways hat ein weitverzweigtes Streckennetz und operiert auch international. Spicejet, Indigo, Jet Connect und GoAir sind moderne Billigfluggesellschaften. Paramount Airways und MDLR sind weitere, kleinere Privatlinien. Die staatliche Air India fliegt neben 70 inländischen Zielen auch nach Afghanistan, Bangladesh, den Malediven, Nepal, Pakistan, Sri Lanka, Europa, Nordamerika, China und Japan.

Bei innerindischen Flügen sollte man spätestens eine Stunde vor Abflug einchecken, bei internationalen Flügen mindestens 2 Stunden zuvor.

Manche Fluggesellschaften (JET Airways, Air India) bieten Flugpässe für eine bestimmte Auswahl an Flugregionen und Zeitdauer an.

Für Studenten unter 30 Jahre kann es sich lohnen, nach Sondertarifen zu fragen. Flüge können am billigsten direkt übers Internet gebucht werden:
www.jetairways.com,
www.jetconnect.com,
www.airindia.in oder www.yatra.in

Auf innerindischen Flügen gelten

Freigepäckbeschränkungen von 15 (!), max. 20 kg für das eingecheckte Gepäck (je nach Airline). Sonderregelungen gelten für den Transport bei internationalem kombiniert mit innerindischem Flug mit derselben Fluglinie (z. B. Air India – dann sind 23 kg für das eingecheckte Gepäck zulässig), sonst müssen pro kg Übergepäck ca 200 RS entrichtet werden. Diese Prozedur kann zeitraubend sein – ev. ist kein Wechselgeld am Schalter vorhanden.

Bahn / Indian Railways

Das indische Eisenbahnnetz ist mit über 65 000 km das größte Asiens und das viertgrößte der Welt. Es ist das Transportmittel erster Wahl für denjenigen, der Indiens Vielfalt kennen lernen möchte. Einige Schmalspurstrecken in den Bergen sind sogar UNESCO-Weltkulturerbe. Es gibt verschiedene **Klassen**: Die 1. Klasse mit und ohne Klimaanlage, klimatisierter Liegewagen („AC-2 tier"), die normale 1. Klasse ohne Liegemöglichkeit, und *aircon chair cars* mit Liegesitzen. Für die rustikale 2. Klasse-Liegewagen Non-AC sollte Bettzeug mitgebracht werden. In den Schnellzügen wird Essen und Wasser (wie im Flugzeug) gereicht. Die „Bummelzüge" werden meist von fliegenden Händlern versorgt. Am Bahnsteig sind Wasser, Snacks und Zeitungen erhältlich.

In großen Bahnhöfen wie z. B. Bombay, Delhi und Chennai befinden sich spezielle **Buchungsbüros für Ausländer**. Achtung: Es empfiehlt sich, rechtzeitig zu reservieren, da beliebte Strecken oft lange ausgebucht sind! Es gibt eine Fahrplahn-App der IR. Besonders zeitsparend ist die Fahrt mit den indischen „Intercity"-Zügen, wie dem *Shatabdi Express* von Delhi nach Bhopal (mit Stopp in Agra), oder dem *Rajdhani Express* Delhi-Bombay, Delhi-Calcutta. *Indrail-Pässe*, die zwischen 15 und 1060 US$ kosten und für die oben genannten Klassen gelten, erhält man bei Asra-Orient, Kaiserstraße 50 in 60329 Frankfurt/M., Tel. 069/2562720, info@asraorient.de. Diese Pässe haben eine Gültigkeitsdauer von einem bis zu 90 Tagen. Reservierungen sind auch online möglich unter www. indianrail.gov.in

Palast auf Rädern (*Palace on Wheels*): Die prächtig ausgestatteten Salonwagen dieses Renommierzuges, die einst von indischen Prinzen und britischen Kolonialherren benutzt wurden, gehören jetzt verschiedenen Hotelketten und verlassen jeden Mittwoch Delhi (von Sept. bis April) nach Jaipur, Udaipur, Jaisalmer, Jodhpur, Bharatpur, Fatehpur Sikri und Agra. Die Reisedauer beträgt eine Woche, der Zug fährt in der Nacht, so dass die Passagiere tagsüber die Sehenswürdigkeiten besichtigen können. Der Preis von US$ 4000-6000 pro Person schließt die Mahlzeiten ein, außerdem Führungen und Eintrittsgelder, Elefanten- und Kamelritte, Bootsfahrten und ein kulturelles Unterhaltungsprogramm. Genauere Informationen erhalten Sie beim GITO oder von der Rajasthan Tourism Development Corporation, Palace-on-Wheels, Bikaner House, Pandara Rd. (nahe India Gate), New Delhi, Tel. 011-2338 1884, www.palaceonwheels.net.

Metro

In Kalkutta und Delhi kann man Strecken in der Stadt bequem und ohne Stau in der Metro bzw. U-Bahn zurücklegen. Zu Berufsverkehrszeiten kann es voll sein. Delhis Metro hat auch eigene **Ladieswaggons**, die Frauen eine Fahrt ohne Gedrängel ermöglichen.

Busse

Während der Stoßzeiten sollten Nahverkehrsbusse gemieden werden. Busverbindungen zwischen Städten bieten verschiedene Unternehmen an, eingesetzt werden komfortable und einfache Busse. Luxusbusse haben meist Aircondition. Expressbusse verkehren auf Langstrecken, oft sorgen Videofilme für lautstarke Unterhaltung.

Falls man Langstrecken auf Indiens Straßen zurücklegen möchte, gibt es dafür auch spezielle **Sleeper-Busse** mit Liegen.

Taxis

Die offiziellen Taxis sind gelb und schwarz lackiert und fahren mit Taxameter, blaue Taxen sind mit A/C ausgestattet. Der Betrag auf der Taxiuhr muss manchmal mit einer Tabelle umgerechnet werden. Private Taxis sind an dem Nummernschild zu erkennen. Die Gebühren unterscheiden sich von Bundesstaat zu Bundesstaat, sind aber meist nicht höher als ca.15 Rupien pro km. In einer dreirädrigen Autorikscha können offiziell drei Personen ohne Aufpreis mitfahren. Da die Benzinpreise schwanken und die Fahrer ihr Taxameter nicht immer sofort neu einstellen können, zeigen die Taxameter nicht immer den tatsächlichen Preis. Bitten Sie den Fahrer um die Preistafel oder zahlen sie 6-10 % mehr als angezeigt. In der Nacht werden Zuschläge verlangt. An den Flughäfen werden die Taxikennzeichen sowie Name und Ziel des Fahrgastes notiert. An internationalen Flughäfen gibt es einen *prepaid* (im voraus zu bezahlenden) Taxiservice und für Transitreisende einen Zubringerbus zu den nationalen Flughäfen. Achten Sie darauf, dass das Taxameter vor der Fahrt auf Null bzw. den Grundpreis zurückgestellt wird.

PRAKTISCHE TIPPS

Alkohol

Prohibition besteht heute nur noch im Bundesstaat **Gujarat**; Touristen können das dort nötige **Liquor Permit** vorab mit dem Visum, am Flughafen Ahmedabad oder in lizensierten Wine Shops in Gujarat bekommen.

Ansonsten ist Alkoholkonsum besonders in vegetarischen Restaurants in der Regel verboten, andere Restaurants benötigen eine Lizenz zum Alkoholausschank, was dazu führt, dass manchmal das Bier in der Teekanne serviert wird. In großen Hotels und modernen Restaurants werden neben importierten auch einheimische Weine und Sekt angeboten: Chateau Indage oder Sula sind gute Weinerzeuger. Auch legal gebrannter indischer Rum und Whisky sind durchaus trinkbar, illegal gebrannter hingegen lebensgefährlich.

Banken

Bankschalter sind von Montag bis Freitag von 10 bis 14 Uhr geöffnet, am Samstag von 10 bis 12 Uhr. Einige Banken haben auch abends und sonntags geöffnet. An gesetzlichen Feiertagen, am 30. Juni und am 31. Dezember bleiben die Banken geschlossen.

Buchhandlungen

Englischsprachige Titel – darunter Bestseller der Weltliteratur, oft zu sehr günstigen Preisen – findet man in den Buchhandlungen der Städte. Ausländische Zeitschriften und Zeitungen sind jedoch nur in den Großstädten zu bekommen.

Einkaufen

Indien hat eine lange kunsthandwerkliche Tradition. Selbst Gegenstände des täglichen Bedarfs werden kunstvoll hergestellt. Der Unterschied zwischen handgewobenen Textilien und Fabrikware ist offensichtlich. Falls Sie befürchten, beim Einkauf übers Ohr gehauen zu werden und einen „Touristenpreis" bezahlen zu müssen, kaufen Sie in staatlichen oder lizenzierten Geschäften; eine Liste dieser Geschäfte gibt es beim GITO. Ansonsten gilt Handeln! Das ist beim Kauf von Souvenirs und Kunsthandwerk üblich und kann auch Spaß machen.

Feste / Feiertage

Da sich die Termine für die indischen Feste nach dem Mondkalender richten, sollte man sich beim GITO eine Liste mit den Fest- und Ferienterminen besorgen. Einige Feiertage sind jedoch festgelegt: Tag der Republik (26.1.), Unabhängigkeitstag (15. August), Gandhi Jayanti (2.11.) und Weihnachten (25.12.). Die wichtigsten Termine indischer Feste finden Sie in den Info-Boxen der Reisekapitel.

Fotografieren

Fotografieren ist an den meisten Orten erlaubt. Dort, wo es verboten ist, etwa bei militärischen Anlagen, Brücken und bestimmten Heiligtümern, weisen große Tafeln auf das Fotografierverbot hin.

Führer

Touristenführer, die Englisch oder eine andere Fremdsprache beherrschen, kann man in allen größeren Touristenzentren über ein Reisebüro oder über GITO mieten. Die Führer sollten im Besitz einer Lizenz des Indian Department of Tourism sein, sonst werden sie in einigen Monumenten nicht eingelassen. Für wichtige historische Bauwerke hat der Archaeological Survey of India eigene Handbücher herausgegeben.

Gewichte und Maße

In Indien gilt für Gewichte und Maßeinheiten das metrische System. Goldschmuck und bestimmte Silberartikel werden nach Gewicht verkauft, ausgedrückt in *tola*, einer traditionellen Gewichtseinheit, die etwa 11,5 Gramm entspricht. Der Wert der Edelsteine hängt von ihrem Karat ab (ein Karat entspricht 0,2 g).

Die Inder haben für die Zahl 100 000 ein eigenes Wort, *lakh*; 10 Millionen heißen *crore*.

Kino

In größeren Städten werden – teils in modernsten Multiplex-Kinos – auch englischsprachige Filme gezeigt, in den Provinzkinos oft nur in Hindi oder der entsprechenden Landessprache. Ein Kinobesuch ist im filmbegeisterten Indien immer ein Erlebnis, sei es in einem alten Art-Deco-Palast oder in einer trendigen Liege-Lounge im neuen Multiplex-Kino.

Literaturtipps für Indien

Q&A (Rupien! Rupien!): von Vikas Swarup; die Romanvorlage für den oscargekrönten Film *Slumdog Millionaire*, komisch und erschütternd zugleich.

The White Tiger (Der weiße Tiger): von Aravind Adiga; der Booker-Preis-prämierte spannende Lesestoff schildert die Schattenseiten des modernen Indien aus der Sicht eines mörderischen Chauffeurs.

A Princess Remembers (Eine Prinzessin erinnert sich): Die lesenswerten Erinnerungen der legendären Maharani von Jaipu Gayatri Devi.

Raj (Die Maharani): Ein packender Historienroman von Gita Mehta.

Delhi von Khushwant Singh, Porträt der Hauptstadt, kurzweilig, frivol, mit vielen historischen Exkursen.

God of the Small Things (Der Gott der kleinen Dinge): von Arundhati Roy, Booker-Preisgewinnerin und politische Aktivistin, Hauptschauplatz ist das südindische Kerala.

Two Lives (Zwei Leben): Vikram Seths Roman über das Leben seines Onkels und seiner deutsch-jüdischen Tante. Beide treffen sich in London – indische Diaspora und jüdisches Exil – wieder.

Midnight's Children (Mitternachtskinder): Booker-Preis-prämiert und wortmächtig – selbst Briten brauchen für die dicke Lektüre ein Lexikon; **The Moor's Last Sigh** (Des Mauren letzter Seufzer); **Shalimar the Clown** (Shalimar der Narr) – alle drei von Salman Rushdie.

God's Little Soldiers (Gottes kleine Krieger): Kiran Nagarkars Bestseller über Fundamentalismus.

A Fine Balance (Das Gleichgewicht der Welt): Rohinton Mistry thematisiert auf fesselnde Weise das harte Schicksal von Unterkastenindern in Bombay.

Netzspannung

Netzspannung 230 Volt (Wechselstrom). Euro-Flachstecker, wie für Handyladegeräte oder elektrische Zahnbürsten, passen problemlos. Für Schuko-Stecker ist ein Adapter nötig.

Post

Die Post arbeitet recht zuverlässig, Briefe kann man sich postlagernd an die Hauptpostämter der Großstädte schicken lassen: Name (Nachname unterstreichen), GPO (General Post Office), *poste restante*. Briefe nicht in einen Briefkasten werfen: zum Postamt bringen und dort sofort abstempeln lassen!

Presse

Täglich in englisch erscheinende Zeitungen sind *The Times of India*, die *Hindustan Times*, *The Hindu*, *The Telegraph* und der *Indian Express*. Die Zeitschriften *India Today* (vierzehntägig) und *Sunday* (wöchentlich) greifen Geschehnisse außerhalb Indiens kaum auf. *Tehelka* ist ein kritisches Magazin à la Spiegel. *Time-Out*-Veranstaltungsmagazine erscheinen in großen Städten und sind sehr zu empfehlen.

Telekommunikation

Telefonieren ist in Indien kein Problem. Praktisch sind die privat betriebenen Fernsprech-Shops (Aufschrift „STD/ISD"), günstig auch für Auslandstelefonate. Die digitale Anzeige zeigt Einheiten und Preis in Rupien an. Bei Gesprächsende wird abgerechnet, meist eine Rechnung gedruckt und bar bezahlt. Diese Shops werden im Handyzeitalter allerdings immer seltener. Besonders billig ist das Telefonieren über das Internet in Netphone Shops. In Städten gibt es Internetshops zum E-Mailen (ca. 50 Rp/Stunde) oder Skypen. Vorwahl für Indien: 0091.

Europäische Handys funktionieren auch in Indien (GSM 900 u. 1800) und können preisgünstig mit der SIM-Karte eines indischen Netzbetreibers wie Air Tel, Vodafone oder BSNL bestückt werden. Eine Pre-Paid-Card kostet rund 150 Rupies (ca. 3 Euro);. zur Ausstellung und Freischaltung braucht man eine Reisepass-Kopie, Passbild und etwas Zeit, da die Sicherheitsvorschriften wegen diverser Terroranschläge streng sind. Die Karte kann dann einen Monat lang beliebig oft aufgeladen werden.

Touristen-Information

Das Department of Tourism der indischen Regierung hat 18 überseeische Informationsstellen (s. u.) und 21 inländische Informationsbüros (siehe Info-Boxen). Sie stehen Besuchern helfend zur Seite und geben Broschüren über jedes Reiseziel in Indien heraus. GITO (Government of India Tourist Office, www.tourismofindia.com/toi-german).

Verhaltensregeln

Beim Betreten von Tempeln, Moscheen, Gedenkstätten und Heiligengräbern muss man die Schuhe ausziehen und an entsprechenden Aufbewahrungsstellen abgeben. Generell sollte man schulter- und kniebedeckt und nicht zu enganliegend gekleidet sein. In *gurdwaras* der Sikhs muss man den Kopf bedecken. Mancherorts wird an Lederkleidung, z. B. in Jaintempeln, Anstoß genommen, anderswo ist Fotografieren verboten. Meist sind entsprechende Verbots- und Gebotstafeln ausgehängt.

Die Inder sind sehr aufgeschlossene Menschen, die es zu schätzen wissen, wenn man ihren Gruß *namaste* erwidert. Man grüßt mit vor der Brust zusammengefalteten Händen. Der Handschlag ist ein westlicher Gruß, der sich in westlichen Milieus zunehmend einbürgert. Traditionell berühren sich Unbekannte, v. a. Mann und Frau, nicht mit der Hand.

Drogendelikte, wozu bereits das Marihuanarauchen zählt (außer bei Sadhus), werden hart bestraft.

Homosexueller Geschlechtsverkehr ist **strafbar**; Höchststrafe: lebenslang. Gleichgeschlechtliche Lebenspartner sollten in der Öffentlichkeit diskret und zurückhaltend auftreten.

Zeit

Trotz der Größe des Landes hat Indien nur eine Zeitzone. Indian Standard Time (IST) liegt 4,5 Stunden vor der mitteleuropäischen Zeit. (Wenn es in Delhi 12 Uhr ist, ist es in Berlin 7.30 Uhr, Sommerzeit 3,5 Std. Unterschied).

ADRESSEN

Botschaften und Konsulate

Bhutan: Calcutta, 48 Tivoli Court, Pramothesh Barua Sarani, Tel. 033/224 1301. Delhi, Chandragupta Marg, Tel. 011/2688 9230.

Deutschland: Delhi, 6 Shantipath, Chanakyapuri, Tel. 011/44199 199. Calcutta, 1 Hastings Park Rd., Alipore, Tel. 033/2479 1141.

Nepal: Delhi, Barakhamba Rd., Tel. 332 8191.

Österreich: Delhi, EP-13 Chandragupta Marg, Chanakyapuri, Tel. 011/260 1112. Calcutta, 69/1 Sarat Bose Rd. Tel. 033/247 2131.

Pakistan: Delhi, 2/50 Shantipath, Chanakyapuri, Tel. 011/260 0601.

Schweiz: Delhi, Nyaya Marg, Chanakyapuri, Tel. 011/260 4225.

Sri Lanka: Delhi, 27 Kautilya Marg, Chanakyapuri, Tel. 011/2301 0201-3.

Indisches Fremdenverkehrsamt

Deutschland: Indisches Fremdenverkehrsamt, Baseler Str. 48, 60329 Frankfurt/M, Tel. 069/2429490, Fax 24294977, www.india-tourism.de.

SPEISEKARTE

Das nachfolgende Hindi-Vokabular soll Ihnen die Auswahl im Restaurant erleichtern.

alu .... Kartoffel
alu dum .... Kartoffelcurry mit Joghurt, Tomaten und Zwiebeln
alu gosht .... Eintopf aus Kartoffeln und Lamm
alu gobi .... Kartoffeln und Blumenkohl mit Kümmel
baingan .... Aubergine
bhindi .... Okra
bhoona .... dicke, gewürzte Sauce
chai .... (Milch-) Tee (mit Gewürzen)
chamach .... Löffel
chana dal .... Kichererbsen
chawal .... Reis
chhuri .... Messer
chini .... Zucker
dahi .... Joghurt
dhal .... Linsen
dumphuk .... gedünstet
dudh .... Milch
gajar .... Karotten
gosht .... Fleisch, meist Lamm
jhinga .... Garnelen
jhal frazi .... scharfe Sauce mit Tomaten, Zwiebeln und Chilis
kanta .... Gabel
kebab .... gegrillte Fleisch- oder Fisch-Spießchen
khumbhi .... Pilze
kima .... Hackfleisch, meist Lamm
kofta .... Bällchen aus Hackfleisch oder Gemüse
korma .... in milder Sahne- oder Joghurt-Sauce
macchli .... Fisch
makkhan .... Butter
makhani .... in reichhaltiger, buttriger Sauce
masala .... in scharfer Gewürzmarinade
masala chai .... Gewürztee
matar .... Erbsen
mirch .... Chili
mirch nahin dalna .... bitte keine Chilis
murgh .... Huhn
murgh masalam .... Huhn in Sahnesauce mit Joghurt, Gewürzen und Nüssen
namak .... Salz
paneer .... Würfel aus Käsequark / Hüttenkäse
pani .... Wasser
piaz .... Zwiebel
phool gobi .... Blumenkohl
pulao/pilau .... angebratener, dann mit Gewürzen (Nelken, Zimt, Kardamom) gekochter Reis
sabzi .... Gemüse
sag .... Spinat
saym .... grüne Bohnen
shabdeg .... Lamm mit weißen Rüben
tikka .... gebackene, marinierte Fleischstückchen aus dem Tandoor-Lehmofen
yakhni .... Lamm-Eintopf

REDEWENDUNGEN IN HINDI

Hindi sprechen etwa 50 Prozent der Bevölkerung, und es ist die vorherrschende Sprache des Nordens. Insgesamt gibt es 14 Hauptsprachen und 200 Dialekte in Indien. Englisch wird von vielen verstanden und gesprochen, so dass die folgenden Ausdrücke in Hindi eher Freude an dieser ganz anderen Sprache vermitteln sollen.

Hallo / Auf Wiedersehen. .... *Namaste*
Wie heißen Sie? .... *Aap ka shubh naam?*
Ich heiße ___ .... *Mera naam ___ hai.*
Ich wohne in ___. .... *Mera ghar ___ mein hain.*
Wo ist der / die / das ___? .... *___kidhar hai?*
Wie weit liegt ___ entfernt? .... *___kitni dur hai?*
Wie komme ich nach ___?. .... *___kaise pahunch sakte hain?*
Wieviel kostet das?. .... *Iski kimat kya hai.*
Das ist teuer!. .... *Ye bahut mehenga hai.*
Kann ich einmal die Speisekarte haben? ..... *Mujhe menu dikhaiye.*
Ich hätte gerne etwas zu trinken. .... *Mujhe kuch piini hai.*
Bitte ohne Eis!. .... *Baraf nahin daaliye.*
Die Rechnung bitte!. .... *Bill laayiye.*
Ich bleibe hier ___ Tage. .... *Mein ___ din ke liye yahan hun.*
Wo leben Sie?. .... *Aap kidhar rehte hain?*
Was ist das?. .... *Ye kya hai?*
Was macht er? .... *Vo kya kar rahe hain?*
Ich fühle mich nicht wohl. .... *Meri tabeyat thik nähin hai.*
Wie spät ist es?. .... *Kya bajaa hai?*

ich. .... *mai*
du. .... *aap*
wir .... *ham*
Okay .... *achha*
ja. .... *han*
nein .... *nähin*
groß. .... *baraa*
klein. .... *chhotaa*
heute. .... *aaj*
Nachmittag. .... *dopahar*
Abend .... *shaam*
Nacht. .... *raat*
Woche. .... *hafta*
Monat .... *mahina*
Jahr .... *saal*
sauber. .... *saaf*
schmutzig ...... *gandaa*
heiß .... *garam*
kalt. .... *thanda*
bitte .... *meherbani se*
danke *.shukriya* (Muslim)
...... *dhanyavad* (Hindu)

weniger .... *kam*
mehr .... *zyada*
kommen Sie .... *aaiye*
gehen Sie. .... *jaaiye*
Preis. .... *daam/kimat*
Geschäft. .... *dukaan*
Arznei .... *dawaa*
Apotheke *dawai ki dukan*
Markt. .... *bazaar*
Postamt ...... *dak khana*
Zimmer. .... *kamra*
Gemüse .... *sabzi*
Wasser. .... *pani*
Tee .... *chai*
Milch .... *dudh*
Joghurt. .... *dahi*
Reis. .... *chawal*
Zucker. .... *chini*
Salz. .... *namak*
Butter .... *makkhan*
Essen .... *khanaa*
Frühstück. ...... *nashtaa*

1 .... *ek*
2 .... *do*
3 .... *tin*
4 .... *char*
5 .... *paanch*
6 .... *chche*
7 .... *saat*
8 .... *aath*
9 .... *nau*
10 .... *das*
20 .... *bis*
30 .... *tis*
40 .... *chalis*
50 .... *pachaas*
60 .... *saath*
70 .... *sattar*
80 .... *assi*
90 .... *nabbe*
100. .... *sau*
1000. .... *hazaar*
100 000. .... *lakh*
10 000 000. .... *crore*

AUTOREN

Helmut Köllner beherrscht als Indologe Sanskrit und Hindi, ist Experte für Indien-Touristik und indisches Kunsthandwerk. Er verfasste die Kapitel „Delhi" und „Ladakh" sowie das Feature „Nordindische Küche". Von ihm stammt auch der *Nelles Guide Myanmar*.

Julia Ziegelmaier, Indien-Studienreiseleiterin und Künstlerin, hat diese Ausgabe überarbeitet und mit vielen aktuellen Tipps versehen. Von ihr stammen auch die Beiträge „Unberührbare" und „Situation der Frau".

Shalini Saran, Reiseschriftstellerin und Fotografin, hat weite Teile Indiens bereist. Ihre Artikel und Fotografien erschienen in vielen Magazinen. Sie lebt in Delhi und hat dort als Redakteurin eines Verlagshauses gearbeitet. Sie verfasste Teile des Kapitels „Rajasthan".

Ravinder Kumar ist Soziologe und Direktor des Nehru Memorial Museum, New Delhi. Zuvor hatte er in Sydney und Allahabad einen Lehrstuhl für die Geschichte Indiens. Er schrieb Teile des Kapitels „Streifzug durch die indische Geschichte".

Nirmal Ghosh, ein in New Delhi lebender Fotojournalist, verbindet Fotografieren, Schreiben und Aktivitäten als Naturschützer in seiner Position bei *The Times of India*. Er verfasste Teile der Kapitel „Haryana und Punjab", „Nostalgische Reise" und „Nationalparks".

Sumita Paul lebte in Uttar Pradesh, bevor sie nach New Delhi übersiedelte. Sie war u. a. Herausgeberin des *Udit*, eines Magazins der International Airports Authority of India. Sie schrieb Teile des Kapitels „Uttar Pradesh".

Bill Aitken, Religionswissenschaftler, hat in Ashrams im Himalaya gelebt, als Lehrer gearbeitet und war sogar einmal der Privatsekretär einer indischen Maharani. Er ist Koautor der Kapitel „Jammu und Kaschmir", „Himachal Pradesh", „Uttarakhand", „Zu den Quellen des Ganges" und „Trekking im Himalaya".

Hamdi Bey, der für viele bedeutende Zeitungen arbeitete, stammt aus Calcutta. Er verfasste Teile der Kapitel „Bihar", „Calcutta", „Westbengalen" und „Auf Buddhas Spuren".

Zothanpari Hrahsel ist eine Angehörige der Lusei-Ethnie aus Mizoram. Thema ihrer Doktorarbeit waren die Ethnien Mizorams. Sie leitet eine Zweigstelle des Indian National Trust for Art and Cultural Heritage und verfasste Teile von „Sikkim und der Nordosten".

Varsha Das ist Redakteurin in New Delhi. Sie hat Sanskrit und Hindi studiert und schreibt für Zeitschriften in Gujarati, Hindi und Englisch. Sie ist Koautorin des Kapitels „Gujarat".

Probir Sen war Direktor des Archäologischen Museums und der Tourism Development Corporation von Madhya Pradesh. Er ist Mitverfasser des Kapitels „Madhya Pradesh".

Dr. R. Nagaswamy war Direktor des Department of Archeology in Tamil Nadu, ist einer der führenden Sanskrit- Gelehrten und zudem Experte für südindische Kunst und Kultur. Er verfasste das Feature „Götter, Rinder und Asketen".

Berthold Schwarz, Chefredakteur des Nelles Verlags und Studienreiseleiter, wanderte durch Kaschmir und Ladakh und trug zum Kapitel „Jammu und Kaschmir" bei.

ÜBERSETZUNG

G. Berkele, **E. Erpf**, **E. Scholz**

REGISTER

A

Abu Road 136
Achabal 170
Adalaj Vaava 147
Adbadri 196
Adina 219
Agartala 230
Tripura-Palast 230
Agra 50, 97
Agra Fort 99
Ahmedabad 144
Calico Museum of Textiles 146
Gandhi Ashram 145
Hathisingh-Jain-Tempel 145
Jama-Masjid 145
Pichchwai-Museum 146
Rani-Rupmati-Moschee 145
Rani-Sipri-Moschee 145
Shreyas Folk Art Museum 146
Sidi-Bashir-Moschee 145
Sidi-Saiyed-Moschee 145
Tribal Museum 145
Aizawl 232
Ajmer 129
Dargah Sharif-Grabmal 130
Government Museum 130
Jain-Tempel 130
Taragarh-Festung 130
Akal 141
Akbar, Kaiser 46, 49, 101, 104, 122, 124, 128, 131, 155, 172
Akhnoor 167
Alchi 177
Allahabad 50, 107
Festung 107
Almora 196
Alubari 221
Alwar 126
Alwar-Museum 126
Fort Bala 126
Sariska-Nationalpark 126
Silisehr 126
Stadtpalast 126
Amarnath-Höhle 174, 235
Amarpur 231
Tirthamuk, Pilgerstätte 231
Ambaji 148
Amber 124
Amritsar 58, 92
Goldener Tempel 58, 92
Anandpur Sahib 92
Anantnag 170
Anchar-See 171
Arabisches Meer 27, 28, 144
Aravalli-Berge 121, 126, 129, 134, 136
Arier 29, 31, 32, 33, 35, 36, 41, 42
Arki 186
Arunachal Pradesh 228
Ashoka, Herrscher 39, 41, 46, 50, 112, 113, 115, 162, 192, 203, 216
Assam 226
Auli 194
Aunter 237
Aurangzeb, Kaiser 52, 87, 98, 123, 129, 173
Aut 189
Awantipora 170
Ayodhya 106, 206

B

Bada Bagh 141
Badrinath 194, 195
Bageshwar 195
Baijnath 188, 195
Shiva-Tempel 188
Bajaura 188
Bakhim 226
Bakkhali 216
Bakreshwar 218
Bandhavgarh-Nationalpark 23
Bankipur 204
Bankura 218
Bansberia 218
Barahat, Tempel 239
Bardan, Kloster 182
Bardoli 148
Sardar Vallabhbhai Patel Museum 148
Barkot 193
Basgo 178
Batote 170
Belur Math 216
Benares siehe Varanasi 107
Betla Nationalpark 206
Bhakti-Bewegung 48, 52
Bhalka Tirth 149
Bharatpur 126
Fort Lohagarh 126
Bhatwari 239
Bhimbetka, Felsmalereien 160
Bhojbasa 240, 241
Bhojpur 160
Bhopal 159
Archäologisches Museum 160
Tajul Masajid-Moschee 160
Bhuj 150
Ayanamahal-Spiegelpalast 150
Museum 150
Bhujodi 150
Bihar 201
Bihar Sharif 204
Bikaner 122, 128
Bilaspur 186
Binsar 196
Bishnupur 218
Bodh Gaya 114, 201
Brahmakunda-Tempel 231
Brahmaputra, Fluss 27, 28, 226
Brahmour 187
Briten 52, 85, 105, 122, 127, 139, 148, 186, 187, 204, 210, 216, 224, 226, 228, 232, 239
Brokpa 176
Buddha 36, 39, 40, 42, 111, 113, 114, 134, 201, 203
Buddhismus 39, 41, 42, 43, 45, 46, 97, 113, 154, 167, 188, 228
Budh Kedar 239
Bundi 122, 131
Bundi-Palast 131
Fort Taragarh 131

C

Calcutta 52, 53, 208, 216
Armenische Kirche 215
Asutosh-Museum 214
Botanischer Garten 211
Fort William 208
Kalighat-Tempel 215
Marmorpalast des Raja Mullick 214
Nakhoda-Moschee 215
Parasnath-Tempel 215
Rabindra Bharati 214
Sitalnath-Tempel 215
St. John's Church 210
St. Paul's Cathedral 211
Victoria Memorial 208, 214
Canning 216
Chaibasa 206
Chail 186
Chakrata 192
Chamba 187, 239
Chamoli 194
Champaner 148
Chandannagar 218
Chanderi 155
Chandigarh 91
Changabang 196
Chapra 205
Chatra 206
Chaukori 195
Chenab, Fluss 27, 190
Cherrapunji 230
Chhattisgarh 154
Chinsurah 218
Chirand's Mound 206
Chirbasa 240

Chirbatiya 193
Chittorgarh 134
Chitwan-Nationalpark 206
Chopta 194
Chorwad 149
Corbett National Park 196
Corbett Tiger Reserve 21

D

Dachigam-Nationalpark 21, 174
Dada Harini Vaava, Stufenbrunnen 147
Dakshineshwar 216
Dalhousie 187
Dalma Hill 206
Dal-See 170, 172
Dandi 148
Darcha 190, 235
Darjeeling 211, 219
Lloyd Botanical Garden 220
Naturgeschichtliches Museum 220
Dehra Dun 192
Delhi 50, 52, 69
Archäologie-Museum 85
Bangla Sahib Gurdwara 83
Chandni Chowk 86
Dargah Nizamuddin 78
Darul Aman-Grabmal 76
Dinpanah 74, 80
Feroz Shah Kotla 71, 83
Ghiyasuddins Grabstätte 76
Grab des Iltutmish 75
Hauz Khas 75
Humayuns Grabmal 50, 76
India Gate 81
Indira Gandhi Memorial Museum 79
Jahanpanah 71
Jama Masjid-Moschee 50, 86
Jantar Mantar 83
Lodi-Gärten 71, 79
Lotostempel der Bahai 76
Nationalgalerie der Modernen Kunst 81
National Museum 81
Nehru Memorial House 79
Old Delhi 84
Planetarium 79
Purana Qila 74, 80
Qutab Minar 50, 71, 74
Quwwat-ul-Islam-Moschee 74
Rail Transport Museum 79
Rashtrapati Bhavan 81
Rotes Fort 50, 84
Safdarjang-Grabmal 79
Shahjahanabad 74, 84
Tibet-Haus, Museum 79
Tughluqabad 71, 76
Deolsari 237
Deshnoke 129
Devaprayag 194
Devikund 128
Dhakuri 237
Dhalbhumgarh 206
Dhankar, Kloster 190
Dharamsala 187
Dhunda 239
Diamond Harbour 216
Digha 216
Dilwara, Tempel 134
Dispur 226
Diu, Insel 149
Dodital 239
Drass 175
Dudhwa-Nationalpark 21
Duliajan 228
Dungarpur 137
Durgapur 218
Dwali 237
Dwarka 150
Dzongri 226

E

Ensa Gompa 181

F

Faizabad 106
Fatehpur 128
Fatehpur Sikri 101
Buland Darwaza 104
Jama Masjid-Moschee 104
Palastanlage 102

G

Gandarbal 174
Gandhi, Indira 57, 58, 84, 107
Gandhi, Mahatma 54, 55, 84, 148, 196
Gandhinagar 144
Gangesdelta 206
Ganges-Ebene 30, 33, 34, 37, 38, 41, 43, 45, 48, 91, 121
Ganges, Fluss 27, 28, 42, 45, 97, 107, 185, 192, 194, 195, 201, 205
Ganges-Tal 32
Gangghariya 194
Gangnani 239
Gangotri, Stadt 239
Gangotri, Tempel 193, 239
Gangtok 221, 224
Garhwal 237
Gaumukh 240, 241
Gaur 218
Gauri Kund 194
Ghansyali 193
Ghoom 221
Ghuttu 193
Gir Forest-Schutzgebiet 23
Gir-Nationalpark 149
Goecha La, Pass 226
Golf von Bengalen 27, 28
Gopeshwar 194
Gosaba 216
Govindghat 194
Gramphu 189
Gujarat 121, 144
Gulmarg 173
Gupta-Dynastie 42, 204
Gupta-Reich 42
Gupt Kashi 194
Gurgaon 90
Gurus / Asketen 18
Gushaini 189
Guwahati 226
Gwaldam 194, 195
Gwalior 154
Grabmal von Tansen 155
Gujari Mahal-Palast 155
Jay Vilas-Palast 155
Sas Bahu Mandir-Tempel 155
Teli Ka Mandir-Tempel 155

H

Haldia 216
Hanuman Chatti 193
Haridwar 192, 239
Har-ki-Dun 192
Harsil 239
Haryana 90
Hatgamaria 206
Hathu 186
Hatkoti 186
Heilige Kühe 17
Hemis, Kloster 180
Himachal Pradesh 185
Himalaya-Gebirge 27, 34, 174, 185, 206, 216, 224
Hinduismus 16, 30, 42, 46, 48, 49, 97, 106, 154, 185, 231, 239
Hindustan Tibet Road 185
Hirni Falls 206
Hugli, Fluss 215, 216
Hugli, Ort 218
Hunder 181

I

Imphal 232
Indore 162
Lalbagh-Palast 162
Indus, Fluss 27, 34, 45, 185
Indus-Kultur 29
Indus-Tal 28, 121
Islam 44, 49, 154, 167
Itanagar 228

J

Jabalpur 159
Jagannathpur 206
Jageshwar 196
Jainismus 38, 97, 134, 154, 203
Jaipur 123
Central Museum 124
Hawa Mahal-Palast 124
Jantar Mantar, Observatorium 124
Nahargarh Fort 123
Rambagh-Palast 124
Ram Niwas-Gärten 124
Stadtpalast 124
Jaisalmer 139
Ashtapadi Mandir-Tempel 141
Jaisalmer-Festung 141
Rishabdevji-Tempel 141
Sambhavnath-Tempel 141
Jaldapara-Reservat 221
Jalpahar 219
Jalpaiguri 221
Jammu 167
Amar-Palast 167
Dogra-Museum 167
Fort Bahu 167
Raghunath-Tempelkomplex 167
Jamnagar 150
Lakhota-Palast 150
Jamshedpur 206
Janakpur 206
Jehangir, Kaiser 51, 100, 101, 146, 170, 172
Jharkhand 206
Jhelum-Fluss 27, 170
Jhunjhunu 128
Jodhpur 122, 137
Mehrangarh-Festung 137
Umaid Bhavan-Palast 138
Jogindernagar 188
Jorhat 228
Joshimath 194
Jubbal 186
Junagadh 149
Junagarh-Festung 128
Jwalamukhi, Tempel 187

K

Kabir 48
Kala Amb 185
Museum 185
Kalibangan 121
Kalimpong 219, 221
Kalsi 192
Kamakshya, Tempel 226
Kanchenjunga 219, 220, 224
Kandaghat 186
Kangra 187
Kangra-Tal 187
Kanha-Nationalpark 23
Kapilavastu 115
Karding, Kloster 190
Kargil 175
Kargyak 235
Karnal 91
Karnaprayag 194
Karsha, Kloster 182
Kaschmir 167, 235
Kaschmir-Tal 170, 172
Katra 167
Katrain 189
Kausani 196
Kaza 190
Kaziranga-Nationalpark 21, 228
Kedarnath 194
Keibut-Lamjao-Nationalpark 232
Keoladeo Ghana National Park 22, 127
Key, Kloster 190
Keylong 190
Khajuraho 156
Kharsali 193
Khati 237
Kibber 190
Kinnaur 186
Kiriburu 206
Kishangarh 122, 129
Kishtwar 170, 190
Kohima 229
Kokarnag 170
Kota 122, 131
Kotgarh 186
Krimchi, Tempel 170
Krishna 17
Krishna, Gott 32, 36, 42, 104, 133, 150
Krishnanagar 218
Kshatriya-Krieger 31, 34, 37
Kud 170
Kufri 186
Kullu 189
Kullu-Tal 186, 188
Kumaon 195, 237
Kumbhalgarh, Festung 137
Kumhrar 204
Kumri 206
Kungri 190
Kurseong 221
Kurukshetra 91
Kushinagar 115
Kutch 150
Kyelong 174

L

Lachung 226
Ladakh 167, 235
Lahaul 189, 235
Lakhamandal, Tempel 192
Lallgarh, Palast 128
Lalung 190
Lamayuru, Kloster 176
Lanka 239
Lata 194
Latehar 206
Leh 178, 235
Lekong 221
Likir, Kloster 177
Lodurva 141
Loharkhet 237
Lothal 29, 147
Lucknow 105
Lumbini 115
Lunglei 232

M

Madhubani 206
Madhya Pradesh 121, 154
Madras 52, 53
Magadha-Reich 34, 39, 40, 46, 52, 201, 203
Mahabharata-Schriften 32, 33, 36, 42, 70, 91, 230
Mahansar 128
Mahavira 38
Maheshwar 162
Malana 188
Malda 218
Manali 189, 235
Manas Tiger Reserve 21
Mandawa 128
Mandi, Stadt 188
Palast 188
Mandore 138
Mandu 162
Mandvi 150
Maner 204
Manikaran 188
Manimahesh 187

Manipur 231
Mankarmo 235
Martand, Tempel 170
Mashobra 186
Matho 179
Mathura 104
Mathura-Museum 104
Mayapur 218
McLeodganj 188
Meghalaya 229
Mirik 221
Mithila 206
Mizoram 232
Modhera 147
Mogul-Dynastie 46
Mon 229
Mount Abu 134
Adinath-Tempel 136
Dilwara-Tempel 134
Museum 136
Pashvanath-Tempel 136
Tejapala-Tempel 136
Vimala-Vasahi-Tempel 136
Mukhba 239
Mukteshwar 196
Mulbekh 176
Mundeshwari 201
Murshidabad 218
Hazarduari-Palast 218
Katra-Moschee 218
Muslime 44, 45, 51, 70, 84, 130
Mussoorie 192, 237, 239

N

Nabadwip 218
Nadaun 187
Nagaland 228
Naggar Castle 189
Nagin-See 171, 172
Nahan 185
Nainital 196
Nalanda 114, 204
Naldehra 186
Nanak 49
Nandanvan 241
Nanda Prayag 194
Narendranagar 239
Narendra Nagar 194
Narkanda 186
Nartiang 230
Nasim Bagh, Mogulgarten 172
Nationalparks 21
Navagraha, Tempel 226
Nawalgarh 127
Nehru, Jawaharlal 28, 56, 57, 84
Nehru Memorial Park 173
Neminath, Tempel 149
Netarhat 206
New Tehri 193, 237, 239
Nubra-Tal 180
Nurpur 187

O

Omkareshwar 162
Orchha 155
Orchideen-Schutzgebiet 225
Osiyan 138
Ostindienkompanie 52, 208, 216

P

Padum 182
Pahalgam 174, 235
Palampur 188
Palitana 148
Pandrethan 170
Pandua 219
Pangong See 180
Panikhar 174, 182
Panipat 91
Paonta Sahib, Sikh-Heiligtum 185
Patan 147
Patna 34, 203
Patnitop 170
Pawapuri 203
Pemayangtse, Kloster 225
Penzi La 182
Phalut 221
Phodang, Kloster 226
Phugtal, Höhlenkloster 182
Phurkia 237
Phyang 178
Pichola-See 133
Piparwah 115
Pithoragarh 195
Porbandar 149
Prabhas Patan 149
Punjab 49, 92
Purne 235
Pushkar 130
Pushkar-Kamelmarkt 130

R

Rabdentse 225
Rajasthan 42, 51, 121
Rajgir 113, 201
Rajputen, Herrscherkaste 42, 43, 44, 45, 50, 51, 70, 121, 136, 137, 147, 154, 160, 167
Rama 17
Rama, Prinz 33, 48, 106, 206
Ramayana-Schriften 33, 111, 206
Ramnagar 111, 170
Rampur (Himachal Pradesh) 186
Ranaki Vaava, Stufenbrunnen 147
Ranakpur 136
Adinath-Tempel 136
Parshvanath-Tempel 137
Ranchi 206
Rangdum 182
Rang Mahal, Palast 170
Ranikhet 196
Ranthambhore-Nationalpark 130
Ranthambhore Tiger Reserve 22
Raurkela 206
Renuka 185
Rewalsar 188
Riasi 167
Rishikesh 192, 194, 239
Rivers Meet 206
Rizong 177
Rudraprayag 194
Rumtek, Kloster 225

S

Sajnekhali 216
Sam 141
Samode 127
Sanchi 160
Sandakphu 220
Sani 182
Sankri 192
Sanku 182
Sarahan 186
Sarchu 174
Sariska-Nationalpark 22
Sarkhej 147
Sarnath 112
Sasaram 204
Sher Shah-Mausoleum 204
Sashur-Gompa, Kloster 190
Sat Tal 196
Sattapani-Höhle 113
Saurashtra 148
Seraikela 206
Serampore 216
Serchip 232
Shadiabad 162
Shah Jahan, Kaiser 50, 51, 77, 86, 98, 99, 104, 124, 133, 162, 170, 173, 218
Shalimar Bagh, Mogulgarten 172
Shamlaji 148
Shankaracharya, Tempel 173

Shanti Niketan 218
Shekhavati 127
Shergol 176
Shey 179
Shillong 229
Shilpgram, Kunsthandwerkerdorf 134
Shimla 185, 186
Shivpuri 155
Sibsagar 228
Sikandra 101
Sikar 127
Sikh-Religion 49
Sikhs 49, 185, 188, 204
Sikkim 224
Siliguri 221
Singhbhum 201
Singla 219
Sirhind 92
Sirmur 185
Sitamarhi 206
Sohna 91
Solan 186
Somnath (Gujarath) 149
Sonamarg 174, 175
Sonepur 205
Spiti, Stadt 189
Spiti-Tal 185, 186
Spituk, Kloster 178
Sravasti 115
Srinagar (Garhwal) 194
Srinagar (Kaschmir) 170
  Bulbul Shah-Moschee 172
  Hari Parbat-Fort 172
  Hazratbal-Moschee 172
  Patthar-Moschee 172
  Raghunath-Tempel 171
  Rozabal-Moschee 172
  Shah Hamadan-Moschee 171
Srinagar (Uttarakhand) 193
Stok 179, 235
Stongde, Kloster 182
Sualkuchi, Seidenzentrum 226
Sufismus 49
Sukhi 239
Sulkeswar Janardhan-Tempelanlage 226
Sultanpur 91
Sundarbans-Naturschutzgebiet 22, 216
Surajkund 91, 240
Surat 148
Suru-Tal 174
Suwakholi 237

T

Tabo, Kloster 190
Taglang La 174
Taj Mahal 97
Tamluk 216
Tapovan 194, 241
Tarapith 218
Tarnetar 148
Tashiding 225
Tatapani 186
Tawang, Kloster 228
Tehri 193, 239
Tensa 206
Thar, Wüste 141
Thatyur 237
Theog 186
Thiksey, Kloster 179
Tholkobad 206
Tigerhill 220
Timur 71
Tingmosgang 177
Tiuni 186
Trekking 235
Trilokinath 190
Tripura 230
Tso Moriri 174, 180
Tulsida 48, 49
Tunganath, Tempel 194

U

Udaipur (Lahaul) 190
Udaipur (Rajasthan) 122, 131, 231
  City Palace Museum 133
  Jagdish-Tempel 133
  Stadtpalast 133
  Tripura Sundari-Tempel 231
Udaygiri-Höhlen 161
Udhampur 170
Ujjain 162
Ukhimath 194
Uletokpo 177
Unakoti 231
Uttarakhand 192
Uttarkashi 193
Uttar Kashi 239
Uttar Pradesh 97, 105, 192

V

Vadodara 148
  Bhadra-Palast 148
  Laxmi Vilas-Palast 148
  Makarpura-Palast 148
  Museum 148
  Nazarbag-Palast 148
  Pratap Vilas-Palast 148
Vaisali 115
Vaishno Devi, Tempel 170
Valmikinagar 206
Varanasi 97, 107
  Alamgir-Moschee 110
  Assi Ghat 107
  Bharat-Kala-Bhavan-Museum 111
  Dasaswamedh Ghat 107
  Durga Kund-Tempel 111
  Harishchandra Ghat 110
  Kal Bhairav-Tempel 110
  Manikarnika Ghat 110
  Sankat Mochan-Tempel 111
  Shitala-Tempel 107
  Shiva-Tempel 110
  Tulsi Manas-Tempel 111
Veda 30, 34, 36, 42, 47
Verinag 170
Vikramshila 204
Vindhya-Gebirge 28, 33
Vishnu, Gott 17, 30, 131, 159
Vishnuprayag 194
Vrindavan 104

W

Wadhwan 148
Wagah 92
Wanla 176
Westbengalen 216
Wular-See 170, 174

Y

Yamuna, Fluss 28, 32, 97, 104, 107, 192, 237
Yamunotri 192
Yuksom 225
Yumthang 226
Yusmarg 174

Z

Zangla 182
Zanskar 181, 235
Ziro 228
Zoji La 175
Zoji La, Pass 174

Nelles Verlag

Photo: olenatur (Fotolia)

Indien

Der Norden

Hotelverzeichnis

HOTELVERZEICHNIS

Indien bietet für jeden Geldbeutel und für jeden Geschmack eine entsprechende Übernachtungsmöglichkeit. Die preisgünstigen Hotels entsprechen nicht immer westlichen Vorstellungen von Mindestkomfort. Luxushotels, insbesondere Palasthotels in Rajasthan, sollten in der Saison (von Oktober bis März) im Voraus gebucht werden.
Das – von der Sicherheitslage her noch immer problematische – Kaschmir bietet eine Besonderheit: das Wohnen auf (fest verankerten) Hausbooten. Einige sind luxuriös und mit aufwändigem Schnitzwerk verziert, freundliches Bedienungspersonal an Bord sorgt für das leibliche Wohl. Manche Hausbootbesitzer kooperieren allerdings zu sehr mit den Souvenirs anbietenden „Schwimmenden Händlern" auf dem Dalsee.
Billighotel-Nutzer sollten einen dünnen Baumwoll-Schlafsack, Taschenlampe, Vorhängeschloss und Geldgurt dabei haben.

$$$ Luxus: über 150 €
$$ Mittel: 40-150 €
$ Einfach: bis 40 €

3 DIE EBENEN DES NORDENS

DELHI (☎ 011)

$$$ ***AM FLUGHAFEN:*** **Radisson**, NH8, Tel. 26779191, www.radisson.com.
Uppal's Orchid, „eco-friendly hotel", NH8, Tel. 25061515, www.uppalhotels.com.
Hotel Eaton Smart New Delhi, direkt im neuen Terminal New Delhi Airport Transit, für einen Aufenthalt im internationalen Flügel des Hotels ist kein Indien Visum nötig, Tel. 45252000, http://newdelhiairport.eatonhotels.com.
ZENTRAL-NEU-DELHI: **Imperial**, exklusives Kolonialambiente in zentralster Lage, erste Wahl, Janpath, Tel. 23341234, www.theimperialindia.com.
The LaLit New Dehli, 25 Stockwerke, 450 Zimmer, exklusiv, sehr gutes Restaurant, Barakhamba Avenue, Connaught Place, Tel. 44447777, www.thelalit.com.
Le Meridien, 358 Zimmer, exklusiv, sehr gutes Restaurant, aber etwas unpersönlich, Windsor Place, Tel. 23710101, www.lemeredien-newdelhi.com.
Park, sehr gute Lage in der Nähe des Connaught Place, 230 Zimmer, 15 Parliament St., Tel. 23743000, www.theparkhotels.com.
The Metropolitan Hotel New Delhi, angenehm neu, zentral u. komfortabel, Bangla Sahib Rd., Tel. 42500200, http://hotelmetdelhi.com.
Hyatt Regency, geräumige Zimmer, sehr gutes Frühstücksbuffet, sehr gute Küche, authentisches China Restaurant, Bhikaji Cama Place, Ring Road; Tel. 26791234; www.hyatt.com.
Shangri-La's Eros Hotel New Delhi, zentral, Nähe Connaught Place, 19 Ashoka Road, Connaught Place New Delhi, Tel. 41191919, www.shangri-la.com.
NEU-DELHI: **The Oberoi**, 300 Zimmer, ruhig u. exklusiv, Dr. Zakir Hussain Marg, Tel. 24363030, www.oberoidelhi.com.
Sheraton, exklusiv u. komfortabel, aber weit außerhalb, nahe Qutab Minar, Saket, Tel. 42661122, www.itchotels.in
Taj Mahal, exklusiver Standard, Number One Mansingh Road, Tel. 23026162, www.tajhotels.com.
ITC Maurya, Top-Service, exkl. Restaurant, gute Einkaufsmöglichkeiten nahebei, Sardar Patel Marg, Diplomatic Enclave, Tel. 26112233, www.itcwelcomgroup.in.
Jaypee Siddharth, gutes indisches 5-Sterne-Hotel, 3 Rajendra Place, Tel. 25760000, www.jaypeehotels.com.
ALT-DELHI: **Maidens**, koloniales Ambiente, großer Garten mit mächtigen Bäumen, vergleichsweise preiswert, 7 Sham Nath Marg, Tel. 23975464, www.maidenshotel.com.
$$ ***ZENTRAL-NEU-DELHI:***
Hotel Palace Heights, sehr angen. kleines Boutique-Hotel, zentral, exzell. Dachrestaurant, D - 26/28, Connaught Place, Tel. 43582610, http://hotelpalaceheights.com.
Radisson Blu Marina, komfortabel, renoviert und neu gestylt, günstige Lage, G 59, Connaught Circus, Tel. 46909090, www.radissonblu.com/marinahotel-newdelhi.
York Hotel, gepflegte Zi. mit AC, renoviert, K-Block, Connaught Circus, Tel. 23415769, www.hotelyorkindia.com, preiswert.
Jukaso Inn, schlicht-elegantes Design, 49 & 50 Sunder Naga, Tel. 24350308, www.jukaso.co.in
NEU-DELHI: **Diplomat**, kleines, ruhiges Hotel, 9 Sardar Patel Marg, Tel. 23010204, www.thehoteldiplomat.com.

ALT-DELHI: **Broadway**, mit dem trendigen *Chor Bizarre* Restaurant, 4/15A Asuf Ali Rd., Tel. 43663600, www.hotelbroadwaydelhi.com.

\$ ***ZENTRAL-NEU-DELHI:***

YWCA Blue Triangle Family Hostel, für Männer u. Frauen, Ashoka Rd., Tel. 23360133, www.ywcaofdelhi.org.

PAHARGANJ *(Nähe Bahnhof):* große Auswahl an günstigen Hotels u. Guesthouses, z. B. **Hare Krishna**, Main Bazar 1572, Tel. 41541341, www.harekrishnaguesthouse.com, und **Anoop**, einfach u. preiswert, Main Bazar 1566. Tel. 09212368568, www.anoophotel.com.

Tourist Deluxe, gutes Preis-Leistungsverh., 7361, Ram Nagar, Qutub Road, nahe Bahnhof, Tel. 23670985, www.touristhotelsdelhi.com.

Saina International, etwas gehobener, 2324 Chuna Mandi, Tel. 23580879, www.hotelsainainternational.com.

ALT-DELHI: **New City Palace**, günstige Lage nahe der Jama Masjid, 725 Jama Masjid Motor Market, Tel. 23279548.

HARYANA UND PUNJAB

Chandigarh (☎ 0172)

\$\$\$ **Mountview**, groß, gut ausgestattete Zi., Pool, Sauna, Sector 10D, Tel. 4671111 www.citcochandigarh.gov.in/mountview.

\$\$ **North Park**, Swimmingpool, Pachkula, nahe Ghaggar Bridge, außerhalb der Stadt, Tel. 2563535, www.hotmillions.biz.

Sunbeam, Udyog Path, Sector 22B, Tel. 27081007, www.hotelsunbeam.com.

Shivalikview, 104 Zi., gutes China-Dachrestaurant, Sector 17E, Tel. 4672222 www.citcochandigarh.gov.in/shivalikview.

Hotel Aroma, stilvolles Mittelklassehotel, Twin Hotel Complex, Himalaya Marg, Sector 22C, Tel. 2700047-48, www.hotelaroma.com.

\$ **Pankaj**, preiswertes Boutiquehotel mit geschmackvollen Zimmern und origineller Bar, SCO 801-802, Udyog Path, , Sector 22A, Tel. 2709891.

Amritsar (☎ 0183)

\$\$ **Mohan International Hotel**, zwei Restaurants, alle Zimmer mit A/C und Badewanne, Pool, Albert Road, Tel. 2227801, www.mohaninternationalhotel.com.

Hotel Ritz Plaza, 45 The Mall, Tel. 2562836-39, www.ritzhotel.in.

\$ **Grand Hotel**, Queen's Road, gegenüber dem Bahnhof, Tel. 2562424, www.hotelgrand.in.

Mrs. Bhandari's Guest House, 10, Cantonment, Tel. 2228509, http://bhandari_guesthouse.tripod.com.

Gurgaon (☎ 0124)

\$\$\$ **Trident**, sehr großzügige schöne, preisgekrönte moderne Anlage mit Außenbereich, sowohl für Restaurant als auch Pool, geräumige luxuriöse Zimmer, großer Pool, gute Küche, 443 Udyog Vihar, Phase V, Tel. 2450505.

The Leela Kempinski Ambience Island, luxuriöses komfortables Hotel, sehr gute Küche, üppiges Dinnerbuffet, gleich dahinter Shopping Center, National Highway 8, Tel. 4771234, www.kempinski.com.

Park Premier, neues 4-Sterne Business Hotel in Gurgaon, 353-357, Sector 29, City Centre, Tel. 4604600, www.parkpremierhotels.com.

Ramada Gurgaon Central, Business-Hotel in Gurgaon, Site No. 2, Sector 44, Tel. 4886400, www.ramadagurgaoncentral.com

Kurukshetra (☎ 01744)

\$ **Neelkanthi Krishna Dham Yatri Niwas**, funktionale, saubere Zimmer, teils mit AC, SH 6, Thanesar, Tel. 291615.

UTTAR PRADESH

Agra (☎ 0562)

\$\$\$ **Grand Imperial**, traditionsreiches renoviertes Heritage-Hotel, 30 Zi., schöner Garten, Pool, M.G. Road, Tel. 2251190, www.hotelgrandimperial.com.

The Trident, Garten, Pool im großzügigen begrünten Innenhof, Kinderbetreuung, zentrale Lage; Fatehabad Rd., Tel. 2235000, www.tridenthotels.com.

The Gateway, elegantes Haus mit perfektem Service, einige Zimmer mit Taj-Mahal-Blick; Taj Ganj, Fatehabad Rd., Tel. 6602000, www. thegatewayhotels.com.

ITC Mughal, zentrale Lage unweit Taj Mahal, traditionelles Haus, großteils renoviert, sehr schönes neues Spa, Taj Mahal-Blick vom Dach; Taj Ganj, Fa-

tehabad Rd., Tel. 4021700, www.itcwelcomgroup.in.
Oberoi Amarvilas, exklusivstes Hotel am Ort, zentral mit Taj Mahal Blick, Taj East Gate Rd., Tel. 2231515, www.oberoihotels.com.
$$ **Clarks Shiraz**, gutes Mittelklasshotel, mit Pool und großem Garten, Reisegruppenhotel, 54 Taj Rd., Tel. 2226121-27, www.hotelclarksshiraz.com.
Yamuna View, mit Garten und Pool, ruhige Lage, exz. China-Restaurant; 6B The Mall, Sadar Bazaar, Tel. 2462990, www.hotelyamunaviewagra.com.
Atithi, gepflegte, funktionale Zimmer, Pool, Fatehabad Rd., Tel. 2330878, www.hotelatithiagra.com.
Grand Hotel, alle Zi. mit Gartenblick, 137 Station Rd., Tel. 2227511, www.grandhotelagra.com.
Mayur Tourist Complex, preiswert, Zimmer in Cottages im Garten, mit Pool, Fatehabad Rd., Tel. 2332302, www.mayurcomplex.com.
$ **Hotel Sheela**, gut, sauber, preiswert, schattiger Garten mit nettem Gartenlokal, Eastern Gate Taj Mahal, Tel. 2333074, www.hotelsheelaagra.com.
Lauries Hotel, von 1850, einst das erste Haus am Platze, wird zur Zeit renoviert, zentral, mit Pool und Garten, M.G. Road, Tel. 2364536.
Ranjit, billig, allerdings nicht besonders sauber, nahe Bahnhof, 263 Station Rd., Tel. 2464446.

Varanasi (☎ 0542)

$$$ **Nadesar Palace**, 10 Luxussuiten in ehemaligem Maharaja-Gästehaus in einem großen Park; Nadesar Palace Grounds, Cantt., www.tajhotels.com, Tel. 2503016-19.
The Gateway Hotel Ganges Varanasi, 130 Zi., zur noblen Taj-Kette gehörig und neben Nadesar, aber etwas günstiger als jenes, großer Park mit Kutschen, Tel. 6660001, www.thegatewayhotels.com.
Ramada Plaza, neues 5-stöckiges Hotel, Ramada Plaza JHV, The Mall Cantonment, Tel. 2510000, www.ramada.com.
$$ **Pallavi International**, ein Heritage Hotel: ehemaliger Palast mit schönem Innenhof und Garten, kleiner Pool; Hathwa Market, Chetganj, Tel. 256939-43, 2393012.
Jukaso Ganges, schönes kleines Hotel in altem Stil gebaut, tolle Lage, Gangesblick, nicht mit Auto erreichbar, CK/14, Patni Tola Chowk, zwischen Bhonsale und Ram Ghat, Ghast Tola, Tel. 2406669, www.jukaso.co.in.
Clarks Varanasi, etwas angejahrt, schöner großer Pool, nahe Einkaufszentrum; The Mall, Tel. 2501011, www.clarkshotels.com.
Hotel Ganges View, stilvolles, gepflegtes Haus mit historischem Ambiente, großzügige Zimmer, Blick auf den Fluss und die Ghats, reservieren sinnvoll; Assi Ghat, Tel. 2313218, www.hotelgangesview.com.
Shiva-Ganges-View (Lal Bangla), hübsches histor. Gebäude am Gangesufer mit Balkons, angenehme hohe Zimmer, sehr schöner Ganges-Blick aus den Fenstern und v. a. von der Dachterrasse, niveauvoll, Yoga-Kurse, aber für ein Guesthouse etwas teuer, B14/24 Mansarovar Ghat, Nähe Andra Ashram, Tel. 2450063, www.varanasiguesthouse.com.
$ **Hotel Alka**, gute Lage am Meer Ghat, einige Balkonzimmer mit besonders schönem Flussblick, die anderen mit Blick auf den begrünten Innenhof, Tel. 2401681, www.hotelalkavns.com.
Sahi River View Guest House, guter Ganges-Blick, einige Zimmer mit Balkon; Assi Ghat, Tel. 2366730.
Shanti Guest House, einfache Zimmer, hervorragender Flussblick vom Dachterrassenrestaurant, Tel. 392 568.

Lucknow (☎ 0522)

$$$ **Hotel Clarks Avadh**, modernes, siebenstöckiges Gebäude, elegant, schöner Pool, 8 Mahatma Gandhi Marg, Tel. 2216500-9, www.clarksavadh.com.
Vivanta by Taj Gomti Nagar, Gomti Nagar, Tel. 6711000, www.vivantabytaj.com.
$$ **Arif Castles**, 4 Rana Pratap Marg, Hazratganj, Tel. 4098777, www.arifcastles. com.
Capoor's Hotel & Restaurant, nostalgisch, etwas angejahrt, zentral, 52 Hazrat Ganj, Tel. 2202120, www.hotelcapoors.com.
$ **Hotel Kohinoor**, gut und preiswert, 6 Station Road, Tel. 2217693.
Avadh Lodge Tourist Hotel, Tel. 2282861.
UPSTDC Hotel Gomti, geräumige Zimmer, teils mit AC, 6 Sapru Marg, Tel. 2611463, www.up-tourism.com.

Allahabad (☎ 0532)

$$$ **Kanha Shyam**, das beste Hotel der Stadt, mit großen stilvollen Zimmern und exzellentem Restaurant, Civil Lines, Tel. 2560123, www.hotelkanhashyam.com.

\$\$ **Presidency**, 19D Sarojini Naidu Marg, Tel. 2623308.
Allahabad Regency, stammt noch aus der Zeit des British Raj, 16 Tashkand Marg., Tel. 2601519.
\$ **Samrath**, 49 Mahatma Gandhi Marg, Civil Lines, Tel. 2561200.
Yatrik, 33 Sardar Patel Marg, Civil Lines, Tel. 2601509, 2260921, http://hotelyatrik.com.
UPSTDC Tourist Bungalow, 35 M.G. Marg, Tel. 22408374, www.up-tourism.com.

4 RAJASTHAN, GUJARAT, MADHYA PRADESH

RAJASTHAN

Jaipur (☎ 0141)

\$\$\$ **Rambagh Palace**, sehr elegantes Heritage-Palasthotel mit großem Park, Ex-Maharaja-Sommerpalast; Bhawani Singh Rd., Tel. 2211919, www.tajhotels.com.
Trident, zentrale Lage am Mansagar-See bei Wasserpalast Jal Mahal, gute Küche, übersichtliche Anlage mit Pool, Amber Fort Rd., Tel. 2670101, www.tridenthotels.com.
Jai Mahal Palace, Luxushotel der Taj-Kette, in einem Adelsresidenz aus dem 18. Jh., großzügige Gartenanlage; Jacob Rd., Civil Lines, Tel. 6601111, www.tajhotels.com.
Rajputana Palace Sheraton, Palace Rd., Tel. 5100100, www.starwoodhotels.com.
Rajvilas, sehr exklusives Hotel, Luxuszimmer, Luxuszelte und Villen mit eigenem Pool, Oberoi-Management; etwas außerhalb, Goner Rd. Amber, Tel. 2680101, www.oberoihotels.com/oberoi_rajvilas.
Le Meridien, 6 km außerhalb, 1 Riico Kukas, Tel. 5114455, www.starwoodhotels.com.
Samode Haveli, reich verzierter, stilvoller Adelspalast aus dem frühen 19. Jh.; Gangapole, Old City, Tel. 01423-240014, www.samode.com.
Samode Palace, sehr schönes, angenehmes Palasthotel, aufwändig restauriert, mit üppigem Dekor; in Samode, 42 km von Jaipur, www.samode.com.
Mansingh, mit Dachrestaurant, Sansar Chandra Rd., Tel. 2378771, www.mansinghhotels.com/jaipur.aspx.
\$\$ - \$\$\$ **Alsisar Haveli Jaipur**, schönes Heritage Hotel mit Charme, Sansar Chandra Road, Tel. 2368290, www.alsisarhaveli.com.
\$\$ **Khasa Kothi**, historisches Herrenhaus, mit Pool, Mirza Isamil Road, Tel. 2375151, www.rtdc.in/khasakothi.htm.
Clarks Amer, Bar auf der Dachterrasse, etwas außerhalb, Jawaharlal Nehru Marg, Tel. 2550616, http://amer.hotelclarks.com.
Fortune Select Metropolitan, neues modernes Hotel mit schönen Zimmern, gutes Preis-Leistungsverhältnis, Bais Godam Circle, C-Scheme, Nähe Nehru Sahkar Bhavan, Tel. 3988442, www.fortunehotels.in.
Diggi Palace, angenehmes, stimmungsvolles kleines Palast-Hotel, zentrale Lage, schöne Zimmer, Grünanlage, Diggi House, Shivaji Marg, C-Scheme, Tel. 2373091, 2366120, www.hoteldiggipalace.com.
Hotel Bissau Palace, 1919 erbaut, günstige Lage am Rand der Altstadt, schöner Speisesaal, Pool; Chandpol, Tel. 2304371, www.bissaupalace.com.
Megh Niwas, 1950 erbaut, ruhiger Garten mit schönem Swimmingpool; C-9, Sawai-Jai-Singh-Highway, im Wohnviertel Bani Park, Tel. 2202034, www.meghniwas.com.
\$ **Arya Niwas**, angenehme große Terrasse, vegetar. Selbstbedienungsrestaurant, Sansar Chandra Rd., Tel. 2372456, www.aryaniwas.com.
Pearl Palace, einladendes modernes Hotel, Top-Service, angenehmes Dachrestaurant, hervorragendes Preis-Leistungsverhältnis, gepflegte Zimmer mit Ventilator oder AC, reservieren sinnvoll; Hathroi Fort, Hari Kishan Somani Marg, Ajmer Road,Tel. 2373700, mobil 09414066311, www.hotelpearlpalace.com.
Karni Niwas, große Zimmer, teils mit Terrasse, beliebt bei Backpackern, Internet-, Tel.- und Wäscheservice, rund 1 km außerhalb der Altstadt und ca. 500 m zum Busbahnhof, C-5, Motilal Atal Road, Tel. 2365433, www.hotelkarniniwas.com.

Jaisalmer (☎ 02992)

\$\$\$ **Fort Rajwada**, relativ neues, großzügiges Hotel mit allem Komfort, mit Anleihen beim alten Maharajastil und teils antikem Dekor, Pool, etwas außerhalb, an der Jodhpur-Barmer Link Rd., Tel. 253233, www.fortrajwada.com
Rang Mahal, recht neues Hotel im alten Stil in Sandsteinoptik erbaut, Grünanlage, schöne Zimmer, TV, Pool, freundliches Personal, 5 Hotel Complex, Sam Road, Tel. 250907, www.jaisalmerhotels.com.

$$ **Jawahar Niwas Palace**, großzügige Zimmer, schöner Blick aufs Fort, Pool, 1 Bada Bagh Road, Tel. 252208, www.jawaharniwaspalace.co.in.
Jaisal Castle, ein historisches Haveli direkt im Fort, sehr stimmungsvoll, lebt vor allem von der Lage, nettes Restaurant, Tel. 252362.
Gorbandh Palace, modern, aber im traditionellen Sandsteindesign, schöner Pool, Sam Road, Tel. 253801, www.hrhhotels.com.
Himmatgarh Palace, nicht in Topzustand, aber schöne Aussicht, großer Pool; 1 Ramgarh Rd., Tel. 2523963.
Heritage Inn, Bungalows in gepflegtem Garten, einladender, großzügiger Pool; No.4 Hotel Complex, Sam Road, Tel. 250901, www.hotelheritageinn.com.
$ **Renuka**, sauber und preiswert, nettes Dachrestaurant mit gutem Fort-Blick; nahe Ghandi Chowk, Tel. 252757, hotelrenuka@rediffmail.com.
Golden City, das komfortabelste unter den preiswerten Hotels, keine Backpackerabsteige, netter Pool, viele Zimmer mit Balkon, einige mit AC, zwei Restaurants, eines auf dem Dach mit Zitadellenblick, nahe Gadi Sagar Road, Tel. 251664, www.hotelgoldencity.com.

Bikaner (☎ 0151)

$$ - $$$ **Gaj Kesri**, nettes außerhalb gelegenes Hotel, Bypass Road, Tel. 2400372, 2201043, www.gajkesri.com.
$$ **Hotel Lallgarh Palace**, Heritage-Hotel im Maharaja-Palast, mit Hallenbad, Ganganagar Road, Tel. 2540201, www.lallgarhpalace.com.
The Laxmi Niwas Palace, im Maharaja-Palast, Heritage-Hotel, schöner Innenhof mit Restaurant, zum Teil große, stilvoll eingerichtete Zimmer, nettes Gartenrestaurant, Dr. Karni Singhji Road, Tel. 2202777, www.laxminiwaspalace.com.
Bhanwar Niwas, schönes Haveli mit historischem Flair, in der Altstadt, Rampura Street, Tel. 2529329, www.bhanwarniwas.com.
$ **Hotel Harasar Haveli**, ca. 30 Zimmer in unterschiedlichsten Preiskategorien bis *Super Deluxe*, Dachrestaurant; nahe Karni Singh Stadium, Tel. 2209891, www.harasar.com.
Vijay Guesthouse, schlichte, familiäre Herberge mit Gartenrestaurant, der Besitzer organisiert auch Kamelsafaris, 3 km östl. an der Jaipur Road, Tel. 2231244, www.camelman.com.

Udaipur (☎ 0294)

$$$ **Shiv Niwas Palace**, exklusives altehrwürdiges Luxushotel im Palastbereich, in dem Roger Moore 1982 als James Bond in *Octopussy* wohnte, City Palace Complex, Tel. 2528016, www.hrhhotels.com.
Taj Lake Palace, exklusives Luxushotel auf der ehemaligen Lustinsel Jagat Nivas im Pichola See, toller Blick auf das Palastareal, ebenfalls ein *Octopussy*-Drehort, Tel. 2428800, www.tajhotels.com.
The LaLiT Laxmi Vilas Palace, Fatehsagar Rd., Tel. 2529711, www.thelalit.com/the-lalit-laxmi-vilas-palace-udaipur.
Udai Vilas, luxuriöses Hotel der Oberoi-Gruppe am Pichola-See, wird gerne von indischen Celebrities gebucht, Haridasji Ki Magri, Tel. 2433300, www.oberoihotels.com/oberoi_udaivilas.
Trident, angenehmes Luxushotel mit schönem Garten und Pool, gute Lage neben Udai Vilas Oberoi, Haridasji Ki Magri Mulla Talai, Tel. 2432200, www.tridenthotels.com/udaipur.
Fateh Prakash Palace, schönes Luxushotel im Palastbereich, Kontakt über Shiv Niwas Palace Tel. 2528016, www.hrhhotels.com.
Royal Retreat, außerhalb von Udaipur gelegenes nettes Bungalow-Hotel mit Gartenanlage, Badi Hawala Rd., Village Hawala, Tel. 5130415, www.royalretreatudaipur.in.
$$ **The Tiger**, komfortables Guesthouse/Boutiquehotel mit schöner, aussichtsreicher Sundowner-Dachterrasse, Spa, 33 Gangaur Ghat, Tel. 2420430, www.thetigerudaipur.com.
Anand Bhawan, Fatehsagar Rd., Tel. 2523256, www.rtdc.in/anandbhawan.htm.
Kankarwa Haveli, stimmungsvoll; einfach, aber geschmackvoll eingerichtete Zimmer, z. T. mit Aussicht auf den See, schönes Dachterrassenrestaurant, am Ufer des Pichola-Sees, 26 Lal Ghat, Tel. 2411457, www.kankarwahaveli.com.
Hilltop Palace, einige schöne Balkonzimmer mit Aussicht, Dachrestaurant; außerhalb der Altstadt, 5 Ambavgarh, Fatehsagar Rd., Tel. 2432245, www.udaipurhotelhilltoppalace.com.
Jagat Niwas Palace Hotel, umgebautes Haveli in bester Lage, aussichtsreiches Dachrestaurant, Zimmerkategorien von Standard bis Deluxe, 25 lal ghat, nahe Jagdish-Tempel, Tel. 2422860, www.jagatniwaspalace.com.
$ **Panorama Guest House**, sehr schöne Aussichtslage, gepflegte, nett eingerichtete Zimmer,

Dachrestaurant; Hanuman Ghat, O/s Chandpole, Tel. 2431027, www.panoramaguesthouse.in.
Hotel Gangaur Palace (Ashoka Haveli), charmantes altes Haveli in Seenähe, mit historischem Säulenatrium und Dachrestaurant *Natural City View*, handgemalte Wandverzierungen in den Zimmern (einige mit Erker und Seeblick), gute Bäckerei im Erdgeschoß; 339, Ashoka Haveli, Gangaur Ghat Marg, Tel. 2422303, www.ashokahaveli.com.

Distrikt Rajsamand (☎ 02904)

$$$ **Sardargarh**, schönes kleines, etwas abgelegenes exklusives Boutiquehotel in alter Festung, Möglichkeit zu Jeepausflug über die Dörfer, Reiten, 313 330 Sardargarh, District Rajsamand, Tel. 02908 254591, www.sardargarh.in.
$$ **Deogarh Mahal**, schönes Palasthotel in malerischer Kleinstadt, die zum Spazieren einlädt, Zimmer individuell gestaltet in unterschiedlicher Größe, einige Zimmer neu; Deogarh Madaria, Dist. Rajsamand 313 331, Tel. 099288-34777, www.deogarhmahal.com.

Jodhpur (☎ 0291)

$$$ **Umaid Bhawan Palace**, sehr exklusives, riesiges Luxus-Palasthotel aus dem frühen 20. Jh., Tel. 2510101, www.tajhotels.com.
Ajit Bhawan, traditionsreiches Heritage-Hotel von 1900, Zimmer, Cottages u. Luxuszelte, geschmackvoll gestylt, mit exzell. Restaurant u. Pool, noble Gästeliste, Oldtimersammlung, Circuit House Road, Tel. 2513333, www.ajitbhawan.com.
Taj Hari Mahal, schönes Luxushotel im traditionellen Stil, zentral gelegen, großzügige Zimmer, 5 Residency Rd., Tel. 2439700, www.vivantabytaj.com.
Bal Samand Garden Retreat und **Lake Palace**, neu ausgebautes altes Gebäude mit schönen Zimmern im Grünen, im nebenan gelegenen Lake Palace am Stausee ausschließlich luxuriöse Suiten (Doppelbett), ca. 6 km außerhalb von Jodhpur, Mandore Rd., Tel. 2572321, www.welcomheritagehotels.com
$$ **Karni Bhawan**, mit gutem Rajasthani-Restaurant u. großem Pool, Palace Rd., Ratananda, Tel. 2512101, http://karnihotels.com.
$ **Singhvi's Haveli**, schön restauriertes Haveli, 11 stilvolle Zimmer, gemütl. vegetar. Dachrestaurant mit guter Küche; Navchokiya, Ramdeo Ji ka chowk, Tel. 2624293, www.singhvihaveli.com.
Govind, 12 Zimmer, einige mit Klimaanlage, gutes vegetarisches Dachrestaurant, Station Road nahe Hauptpost (GPO) und Bahnhof, Tel. 2622758, www.govindhotel.com.

Umgebung von Jodhpur

$$ **Fort Chanwa Luni**, nettes kleines Palasthotel mit neuem Zimmertrakt im alten Stil in ursprünglicher dörflicher Umgebung mit Gartenanlage, kleiner Pool, je nach Windrichtung Eisenbahn in Hörweite; Luni, 35 km S von Jodhpur, Tel. 02931 284216, www.fortchanwa.com.
Rohet Garh, charmantes Palasthotel, Möglichkeit zur Jeepsafari, Rohet, Dist. Pali 306 401, 40 km S von Jodhpur, Tel. 02936 268231, 268531, http://rohetgarh.com.
Manvar Desert Camp, sehr schönes, nicht zu großes Wüstencamp, Möglichkeit zur Jeepsafari über Dörfer und Wüste, Kamelritt in die Dünen, Khiyasaria, an der MDR 32, 90 km NW von Jodhpur, 10 km vor Dechu, nahe Jodhpur-Jaisalmer Highway, Tel. 0291 2511600, Mobiltel. +91 9414129767, www.manvar.com.
Khimsar Fort, schönes Palasthotel in dörflicher Umgebung, Pool, Gartenanlage, Khimsar, Dist. Nagaur, 95 km NO von Jodhpur, 65 km von Osian, Tel. 01585 262345, www.welcomheritagehotels.com.

Alwar (☎ 0144)

$$ **Alwar Hotel**, gut, preiswert, großer Garten mit Restaurant, 26 Manu Marg, Tel. 2700012, www.alwarhotel.com.
$ **Meenal** (RTDC), Cottage-Zimmer mit AC, Garten, nahe dem Circuit House, Topsingh Circle, Tel. 09414261237, www.rtdc.in/meenal.htm.
Ashoka Hotel, Manu Marg; Tel. 2346780.

Shekhavati (☎ 01592)

$$ - $$$ **Alsisar Mahal**, sehr schönes Heritage Hotel mit Palastambiente im abgelegenen Örtchen Alsisar, das zum Besuch seiner bemalten Havelis einlädt, Shekavati, Distr. Jhunjhunu 331 025, Tel. 01595 275271, www.alsisarmahal.com.
Dundlod Fort, Dundlod, 333 702 Distr. Jhunjhunu, Tel. (01594) 252519 (Res.: Dundlod House, Jaipur, Tel. 266276), www.dundlod.com.
$$ **Castle Mandawa**, athmosphärisches jedoch rechts frequentiertes Heritagehotel mit Pool, Man-

dawa Haveli, Sansar Chandra Road, Tel. 2371194, 2374112, www.mandawahotels.com.

Desert Resort Mandawa & Jai Nivas Resort, zu buchen über Castle Mandawa.

Roop Niwas Kothi, Nawalgadh, Tel. (01594) 222008, www.roopniwaskothi.com.

Ajmer (☎ 0145)

$$$ **Mansingh Palace**, Vaishali Nagar, Tel. 2425855, www.mansinghhotels.com.

$ **RTDC Khadim**, staatlich, nahe dem Busbahnhof, Civil Lines, Tel. 2627536, www.rtdc.in/khadim.htm.

Pushkar (☎ 0145)

$-$$ **Inn Seventh Heaven**, stilvolles traditionelles Haveli, entspannte Atmosphäre, angenehmes Dachrestaurant, nahe Mali Ka Mandir (Temple of the Gardeners),Chotti Basti, Tel. 5105455, www.inn-seventh-heaven.com.

Pushkar Palace, nettes Hotel, direkt am See gelegen, traditionelles Ambiente, Choti Basti, Tel. 2773001, www.hotelpushkarpalace.com.

$ **Everest**, gepflegte Zi., teils mit AC, sehr hilfsber. Personal, nettes Dachrestaurant, Nähe Main Gau Ghat, Badi Basti, Tel. 2773417, www.pushkarhoteleverest.com.

Ranakpur (☎ 02934)

$$ **Fatehbagh**, neues Haus im alten Palasthotel-Stil, in Ranakpur, Ranakpur Road, 4 km N des Tempels, Tel. 286186, www.hrhhotels.com.

Rawla Narlai, exklusives kleines Palasthotel im Besitz der Maharajafamilie in sehr schöner landschaftlicher und dörflicher Umgebung, Zimmer individuell verschieden; Narlai, 30 km nördlich vom Ranakpur-Tempel, Tel. 09928754913, www.rawlanarlai.com

Mt. Abu (☎ 02974)

$$$ **Palace Hotel Bikaner House**, sehr schönes stilvolles Palasthotel mit renovierten Zimmern, Delwara Rd., Tel. 238673, 235121, 235494, www.palacehotelbikanerhouse.com.

$$ **Connaught House**, Charme eines britischen Countryhouses im Grünen, stilvoll sind die Zimmer im alten Trakt., Rajendra Marg, Tel. 238560, www.welcomheritagehotels.com.

Hotel Hillock, gutes Hotel mit gepflegten Zimmern und gutem Service, Nähe Busstop, Tel. 238463, www.hotelhillock.com.

The Jaipur House, nettes kleines Heritage- Palasthotel oberhalb des Nakki-Sees, sehr schöner Blick auf den See, die besten Zimmer sind die im Haupthaus oben auf dem Hügel, Service ortsüblich gemütlich, Zimmer etwas angejahrt, Restaurant eher durchschnittlich, Tel. 235176.

Cama Rajputana Club Resort, Bungalowhotel in schöner Gartenanlage, Pool, Haupthaus ehemals brit. Club, Zimmer o.k., Adhar Devi Road, Tel. 238205 / 238206, www.camahotelsindia.com.

$ **Samrat International**, günstiges, sauberes indisches Mittelklassehotel, Nähe Bushaltestelle, Tel. 238453, www.hotelsamratinternational.com.

Bundi (☎ 0747)

$$ **Haveli Braj Bushanjee**, Tel. 2442322, www.kiplingsbundi.com.

Ishvari Niwas Palace, Hotel im Haveli-Stil mit großem begrüntem Innenhof, 24 Zi. unterschiedlicher Qualität, 1 - Civil Lines, Tel. 2442414, www.ishwariniwas.com.

Keoladeo Ghana National Park (☎ 05644)

$$ **Hotel Bharatpur Ashok (Forest Lodge)**, im Nationalpark, Tel. 222722, www.forestlodgebharatpur.com.

$ **Spoonbill**, nahe des Tourist Reception Center, Tel. 223571, www.hotelspoonbill.com.

Chittorgarh (☎ 01472)

$$ **Padmini**, großer Garten, Zimmer mit Aussicht, Nähe Sainik School, Bhilwara Road, Tel. 241718, www.hotelpadmini.in.

Castle Bijaipur, nostalgisches Palasthotel, 40 km südlich von Chittorgarh, Tel. 276351, www.castle-bijaipur.com.

$ **RTDC Panna**, einige Zimmer mit AC, Nähe Railway Station, Pratap Nagar Road, Tel. 241238, www.rtdc.in/panna.htm.

Natraj Tourist Hotel, sehr billig und einfach, Nähe Bus Station, Tel. 241009.

Kota (☎ 0744)

$$ **Brij Raj Bhawan Palace Hotel**, ein Original-Rajapalast von 1830, Station Rd., Tel. 2450529.
Umed Bhawan Palace, großer Palast mit einem weitläufigen Park, Palace Road, Tel. 2325262, www.welcomheritagehotels.in.

Ranthambhore (☎ 07462)

$$$ **Sawai Madhopur Lodge** (Taj-Hotel), schöne, ehemalige Art Deco Jagdresidenz des Maharaja von Jaipur, Pool, Ranthambore National Park Road, Tel. 220541, www.vivantabytaj.com.
The Oberoi Vanyavilas, sehr schönes Jungle Resort mit allem Komfort, Pool, Tel. 223999, www.oberoihotels.com/oberoi_vanyavilas.
Nahargarh, atmosphärisches, großzügiges Palasthotel, Pool, Tel. 252281, www.nahargarh.com.
$$ - $$$ **Forest Resort**, bewachsene doppelstöckige Natursteincottages im Grünen, Pool, Ranthambore Rd., Sawai Madhopur, Tel. 221120 / 221122, http://ranthambhoreforestresort.in.
$$ **Ankur Resort**, Ranthambore Road, Tel. 220697, www.ankurresorts.com.

GUJARAT

Ahmedabad (☎ 079)

$$$ **Lemon Tree Premier The Atrium** (vormals Le Meridien), luxuriöses Hallenbad, Sauna, sehr gute Restaurants, nahe Nehru Bridge, am Fluss, Khanpur Rd., Tel. 25505505.
$$ **Sarovar Portico**, schöner Garten, zuvorkommender Service, gutes Restaurant, Bhawan's College Road, Khanpur, Tel. 25601111, http://sarovarhotels.com/ahmedabad-sarovar-portico.shtml.
House of MG, sehr schönes Heritage Hotel, sehr gutes Restaurant mit traditioneller Gujarati-Küche angeschlossen, auch für Nicht-Hotelgäste, Opp. Sidi Saiyad Jali, Lal Darwaja; Tel. 25506946, www.houseofmg.com.
Ambassador, Khanpur Rd., nahe Nehru Bridge, Tel. 25502490, www.ambassadorahmedabad.com.
$ **Neelkanth Panshikura**, Madalpur Underbridge, B/h., Town Hall, Ellisbridge; Tel. 26578294, www.neelkanthhotels.com.
Cadillac, kleine, preiswerte Zimmer, Cinema Rd., nahe der Sidi-Sayyid-Moschee, Tel. 255075558.

Vadodara (☎ 0265)

$$$ **WelcomHotel Vadodara**, R.C. Dutt Rd., Tel. 2330033, www.itchotels.in/hotels/welcomhotelvadodara.aspx.
$$ **Express Residency**, in Alkapuri, gutes Preis-Leistung-Verhältnis, hübscher Garten, gemütliche Zimmer, Tel. 2337899, www. expressworld.com.
Surya Palace, Sayajigunj, Tel. 2363366, www.suryapalace.com.
Utsav, Prof. Mank Rao Road, Tel. 2435859.
$ **Aditi**, Sayajigunj, nahe Sardar Patel Statue, Tel. 2361188, www.hotel aditi.com.

Surat (☎ 0261)

$$$ **The Gateway Hotel Athwalines Surat**, Ambika Niketan, Surat Dumas Road; Tel. 6697000; www.thegatewayhotels.com.
$ **Embassy**, gegenüber der Railway Station, Tel. 2443170, www.embassyhotelsurat.com.
Palazzo, Ring Rd, Tel. 2623018.
Oasis, Varacha Rd., Tel. 254 1125 und 2641124.

Jamnagar (☎ 0288)

$$ **President**, Teen Batti, Tel. 2557491, www.hotelpresident.in.
Aram, Pandit Nehru Marg, Tel. 2551701, www.hotelaram.com.

Chorwad (☎ 02876)

$$ **Palace Beach Resort**, Tel. 288557.

Bhuj (☎ 02832)

$ **Prince**, freundlicher Service, Station Rd., Tel. 220370, www.hotelprinceonline.com.

Junagadh (☎ 0285)

$$ **Magico Do Mar**, bei Diu-Checkpost, Ahmedpur Mandvi, direkt am Mandvi Beach, Tel. 252567, www.magicodomar.com.
$ **Girnar**, Majwadi Darwaza, Tel. 2621201.

Gir National Park (☎ 02877)

$$$ **Gir Jungle Lodge**, ruhig, komfortabel, gutes Buffet-Dinner, Tel. 285600, www.girjungle.

com/girjunglelodge.htm.
$-$$ **Anil Bagh**, gut ausgestattete Zimmer im Haupthaus einer Mangofarm, Reservierung ratsam, Tel. 285590.

Dwarka / Veraval (☎ 02876)

$$ **Hotel Park**, Junagadh Road, National Highway No 8; Tel. 242703, www.hotelpark.in.
$ **Meera**, sauber und günstig, Dwarka, Nähe Power House, Tel. 2361335.

Porbandar (☎ 0286)

$$ **Kuber**, Bhavsinghji-Park, Tel. 2241025.

Palitana (☎ 02848)

$ **GTDC Sumeru**, einfache Zi., teils mit Balkon, Restaurant; Station Rd, Tel. 252327.

Bhavnagar (☎ 0278)

$$$ **Nilambag Palace**, Tel. 2424241.
$$ **Apollo**, gegenüber Central Bus Station, Tel. 2425251.
$ **Blue Hill Hotel**, Opp. Pill Garden, Tel. 2426951, http://hotelbluehill.com.

Little Rann of Kutch (Kachchh)

$$ **Desert Coursers Camp Zainabad**, bei Zainabad, 45 km westlich von Virawagram (Anfahrt über Dasada), Tel. 0275 7241333, www.desertcoursers.net.

MADHYA PRADESH

Bhopal (☎ 0755)

$$$ **Noor-Us-Sabah Palace**, VIP-Road, Koh-e-Fiza, Tel. 4223333, www.noorussabahpalace.com.
$$ **Jehan Numa Palace**, 57, Shamala Hills, Tel. 2661100, www.hoteljehanumapalace.com.
Imperial Sabre, Palace Grounds, VIP Road, Tel. 5250007, www.hotelimperialsabre.com.
$ **Lake View Ashok**, empfehlenswertes Restaurant, sehr schöne Aussicht auf den See, Shamla Hills, Tel. 2660090, www.lakeviewashok.com.

Gwalior (☎ 0751)

$$ **Usha Kiran Palace**, neben dem Jai-Vilas-Palast, eine der schönsten Unterkünfte der Stadt, sehr schöner Garten, Jayendraganj Lashkar, Tel. 2444000, www.tajhotels.com.
$ **Tansen**, gemütliche Zimmer, schöner, gepflegter Garten, ca. 1,5 km vom Busbahnhof, 6A Gandhi Marg, Tel. 2340370.
Metro, Ganesh Bazaar, Nähe Gandhi Market, Tel. 2425530.

Sanchi (☎ 07592)

$$ **Gateway Retreat,** klimatisierte Bungalows, Garten, Restaurant, Tel. 266723, www.mptourism.com.
$ **Sri Lanka Mahabodhi Society Guest House,** buddhistisches Gästehaus, ruhig, einfache Zi. Gemeinschaftsbad, Monuments Road, Tel. 262739.
Railway Retiring Rooms, Tel. 262743.

Indore (☎ 0731)

$$$ **Hotel: Fortune Landmark**, Adjoining Meghdoot Gardens; Tel. 3988444, www.fortunehotels.in.
$$ **President**, 163, R.N.T. Marg, Tel. 2528866, www.hotelpresidentindore.com.
$ **Central**, 70-71 M. G. Road, Tel. 2538547.
Kanchan Tilak, 585/2 MG Road, Palasia, Tel. 2538606.
Shree Maya, 12, R.N.T. Marg Tel. 2518000, www.shreemaya.com.

Shivpuri (☎ 07492)

$$ **Tourist Village**, 19 Zi., Rest., Bar, betrieben durch MP Tourism (Madhya Pradesh State Tourism Development Corporation), Bhadiya Kund, Jhansi Road, Tel. 223760, www.mptourism.com/web/explore/accomodation.aspx.

Khajuraho (☎ 07686)

$$ **Taj Chandela**, schöner Pool, großer Garten, Tel. 272355, www.tajhotels.com.
Radisson Hotel Khajuraho, großer Pool, Bypass Road, Tel. 272777, www.radisson.com.
$ **Hotel Marble Palace**, preiswertes Haus der unteren Mittelklasse, viel Marmor in der Lobby

und in einigen der geräumigen, sauberen Zimmer, teils mit AC, Restaurant, nur 200 m zu den Tempeln, zentral, gegenüber Gole-Markt, www.hotelmarble-palace.com, Tel. 274353.
Hotel Siddharth, nettes altes Hotel mit großen Zimmern, teils mit AC, Tel. 274627.
Harmony, gepflegte, gut ausgestattete Zimmer, Garten, für das Gebotene sehr preiswert; Jain Temple Road, gegenüber der westl. Tempelgruppe, Tel. 274135, www.hotelharmonyonline.com.

Kanha National Park

$$ - $$$ **Tuli Tiger Resort**, schönes Jungle Resort, Cottages im traditionellen Stil; **Tuli Tiger Corridor**, luxuriöses Zeltcamp mit festen Zelten im Dschungel, kostenfreie Tel.-Nr. 1800 209 9050, www.tulihotels.com.

Bhandavgarh

$$$ **Mahua Kothi**, Luxusresort im Jungle mit allem Komfort, Village Tala, Ditstrict Umaria, Tel. 02266011825, www.tajhotels.com.
$$ - $$$ **Jungle Lodge**, schöne Jungle Lodge im Dorfstil, Cottages und Villas, Tel. +91 11 2685 3760 / 8656, www.tigerresorts.com/jungle-lodge.html oder www.bhandavgarhjunglelodge.com.

Orchha (☎ 07680)

$$$ **Orchha Resort**, Kanchanghat, Tel. 2330759, www.orchharesort.com.
$$ **Sheesh Mahal**, Tel. 252624.
Betwa Cottages, Tel. 252618.

Mandu (☎ 07292)

$$ **MPSTDC Tourist Cottages**, Tel. 263235.
$ **MPSTDC Traveller's Lodge**, Tel. 263221.

Ujjain (☎ 0734)

$$ **MPSTDC Shipra Hotel**, University Road, Tel. 2551495.
Suvarna Palace, 23 GDC Rd., Tel. 257411.

5 HIMALAYA

JAMMU

Jammu (☎ 0191)

$$ **Asia Jammu-Tawi**, Nehru Market, Tel. 2435757, www.asiahotelsjammu.com.
$ **Jewel's Jammu**, 20 Zi. mit AC; Jewel Chowk, Tel. 2520801, www.jewelshotel.com.

KASCHMIR

Vor einem Aufenthalt in Kaschmir sollte man sich vorsichtshalber nach der aktuellen Sicherheitslage erkundigen!

Srinagar (☎ 0194)

Hausboote kann man im **Tourist Reception Centre**, Tel. 2450326, reservieren. Aber am besten chartert man eine Shikara (Wassertaxi) am Boulevard und wählt im Dal-See selbst eines aus. Kategorien: Deluxe, A, B, C, D. Ungestörter ist man auf den Booten im Nagin-See.
$$ **Butt's Clermont Houseboats**, ruhige Lage, Himalayablick, im Norden d. Dal-Sees, n. Mogulgarten Nasim Bagh u. Hazratbal-Moschee. Gute Küche u. Service, Tel. 9056761.
Welcomgroup Gurkha Houseboats, schöne Lage im ruhigen Nagin Lake, Tel. 2421001.
HOTELS: $$$ **Centaur Lake View**, groß u. luxuriös, empfehlenswertes Restaurant; Srinagar, Cheshma Shah, Tel. 2475631-33.
The Lalit Grand Palace, Gupkar Rd., schöne Aussicht, Tel. 2501001, www.thelalit.com.
$$ **Ahdoo's**, Residency Rd., Tel. 2472593, www.ahdooshotel.com.
$ **Hotel Swiss**, gepflegt, ruhig, mit großem Vorgarten; Nehru Park, Gagribal Road, Tel. 2472766, www.swisshotelkashmir.com.

Pahalgam (☎ 01936)

$$ **Pahalgam Hotel**, Tel. 243252, www.pahalgamhotel.com.
Pine- N-Peak, Tel. 243304.
$ **Mount View**, Tel. 223221.
Woodstock, Tel. 223259.

Gulmarg (☎ 01953)

$$ **Hill Top**, Tel. 277.
Highlands Park, Tel. 230.
$ **Ornate Woodlands**, Tel. 68

Sonamarg (☎ 0194)

$$ **Glacier Heights**, Tel. 2417215.
$ **Tourist Bungalows**, Tel. 2417208.

Kargil (☎ 01985)

$$ **Caravan Sarai**, saubere Zimmer mit Bad, schöne Aussicht, Tel. 232278, 233237.
$ **Greenland**, einfach, großer Garten mit Schatten spendenden Bäumen, Tel. 232342.

LADAKH

Leh (☎ 01982)

$$$ **Omasila**, stilvoll, netter Garten, sehr schöne Aussicht, beliebt auch bei Bollywood-Filmstars; Changspa, Tel. 252119.
$$ **Lharimo**, angenehmes Hotel im tibetischen Stil; Fort Road, Tel. 252101.
Yak Tail, komfortabel und zentral, aber wenig Flair, Changspa, Tel. 252218.
Dragon, elegant gestylte Zi. mit Panoramafenster, Garten; Old Road Sheynam, nahe d. Zentrum, Tel. 250786, www.the granddragonladakh.com.
Galdan Continental, netter Garten, guter Service, 1 Fort Rd., Tel. 252173, 25 24 38, galdancontinental@hotmail.com.
$ **Old Ladakh**, der preiswerte „Guest-House-Klassiker" in der Altstadt, Dachterrasse, Ausflugs- und Trekking-Vermittlung, Tel. 252951.
Asia, beliebte Backpacker-Herberge, netter Garten mit Bewirtung, Tel. 253403.
Außerdem gibt es in und um Leh viele weitere preiswerte, oft familiäre Guest Houses.

HIMACHAL PRADESH

Shimla (☎ 0177)

$$$ **Oberoi Cecil**, Chaura Maidan, Tel. 2204848, www.oberoicecil.com.
Oberoi Clark's, The Mall, Tel. 2212991.
Woodville Palace, Raj Bhavan Rd., The Mall, Tel. 272763, www.woodvillehotel.com.
$$ **Asia The Dawn**, Tara Devi, Mahavir Ghat, Tel. 2231162.
Eastbourne, Khillini, Tel. 2201234, www.eastbourneindia.com.
$ **Himland East**, Circular Rd., Tel. 2213043.
Marina, The Mall, Tel. 2206148

Kullu (☎ 01902)

$$$ **Apple Valley Resorts**, Mohal, NH21, Tel. 222310.
$$ **Hotel Shobla**, zentrale Lage, etwas zurückversetzt von der Hauptstraße, architektonisch sehr ansprechendes Hotel, große Zimmer, empfehlenswertes Restaurant, Tel. 222800, www.shoblainternational.com.
Vaishali, Gandhi Nagar, Tel. 224225, www.vaishalihotel.com/india.
$ **Alankar Guest House**, Tel. 222785.

Naggar (☎ 01902)

$$ **HPTDC Hotel Castle Naggar**, Schlosshotel in Aussichtslage, Tel. 248316.

Manali (☎ 01902)

$$$ **Banon Resort**, gute Lage, schöne Zimmer, in den Cottages großzügige Zimmer mit Balkon, New Hope Orchids, Tel. 253026 / 252490, www.banonresortsmanali.com.
Log Huts, komfortable Bungalows mit mehreren Zimmern, schöner Bergblick, Circuit House Rd. (2 km außerhalb), Tel. 252407.
$$ **Piccadily**, The Mall, Tel. 252152.
Ambassador Resort, Chadiari, Tel. 252235.
$ - $$ **Tourist Hotel Manali**, großzügige Zimmer mit Balkon, Bergblick und Holzboden, gutes Preis-Leistungsverhältnis, sehr freundliches Personal, Tel. 253562, mobil 9218603562, www.touristhotelmanali.com.

Dharamsala (McLeodganj) (☎ 018992)

$$ **Glenmore Cottages**, freistehende Cottages im Wald, ideal zum Relaxen – nur 1,5 km vom Dalai Lama, McLeodganj, Tel. 221010, www.glenmoorcottages.com.

Clouds End Villa, Naoroji Rd., Tel. 222109.
$ **Green Hotel**, Balkonzimmer mit Aussicht, zentral gelegen, von Tibetern geführt, Tel. 221200.

Chamba (☎ 018992)

$$ **HPTDC Hotel Iravati**, Tel. 222671.
Akhand Chandi, College Rd., Tel. 222371.

Dalhousie (☎ 01898)

$$ **Silvertone**, The Mall, Tel. 242329.
HPTDC Hotel Geetanjali, Tel. 242155.
Aroma-n-Claire, Court Rd., The Mall, Tel. 242199.
$ **Hotel Devdar** (HPTDC), Khajjiar (eine weitere Jugendherberge befindet sich 27 km entfernt, 14 km von Chamba).
Weitere Hotels an der Mall und nahe der Bus-Station.

Chail (☎ 01792)

$$$ **Palace Hotel Chail**, Ex-Maharaja-Sommerpalast in 2230 m Höhe, große stilvolle Zimmer, zudem Cottages, Tel. 2848343.
$$ **Himneel Hotel**, umgeben von einem mit Zedern bestandenen Park.

Kangra (☎ 18926)

$$$ **Taragarh Palace**, nobles WelcomHeritage-Haus, Tennis, Pool, Tel. 01892/34.

Lahaul-Spiti / Keylong (☎ 01900)

$ **HPTDC Tourist Bungalow**, auch Zelte, Keylong, Tel. 222333.

UTTARAKHAND

Mussoorie (☎ 0135)

$$$ **Dunsvirk Court**, Vincent Hill, Upper Rd., Tel. 2632680.
Nabha Resort, Barlow Ganj, Tel. 2632525.
Hotel Connaught Castle, Upper Mall Rd., Tel. 2632210.
$$ **Padmini Nivas**, stilvolle, geräumige Zimmer, schöne Aussicht, gepflegter Garten, Tel. 2632793, www.hotelpadmininivas.com.
Savoy, Traditionshaus aus dem 19. Jh., The Mall, Tel. 2632010.
Solitaire Plaza, Picture Palace, Kincraig Rd., Tel. 2632937.
$ **Broadway**, etwas altmodisch, aber angenehm und preiswert, Camel's Back Rd. (nahe Kulri Bazaar), Tel. 2632243.
Shipra, Picture Palace, The Mall, Tel. 2632494, 2632373.

Haridwar (☎ 0133)

$$ **The Haveli Hari Ganga**, angenehme Zimmer in zentraler Altstadt-Lage, Terrasse mit schöner Aussicht auf den Ganges, 21 Pilibhit House, Ramghat, Tel. 226443, Fax 265207, hariganga@sancharnet.in.
Tourist Bungalow, Belawala, Tel. 242637.
Gurudev, Station Rd., Tel. 227101.
Suvidha Deluxe, SN Nagar, Tel. 227423.
$ **Midtown**, Rly. Rd., Tel. 2427507 und 2423674.

Rishikesh (☎ 01364)

$$$ **Ananada Spa**, Luxus-Wellness-Resort in ehemaligem Rajapalst, Yoga, Ajurveda, Spa, Narendra Nagar, Tel. 01378-227500, www.anandaspa.com.
$$ **Ganga Kinare**, liegt auf der ruhigen Flussseite, 16 Virbhadra Rd., Tel. 2430566.
Tourist Complex Rishilok, Muni-ki-Reti, Tel. 2430373.
$ **GMVN Tourist Bungalows** und einfache Hotels gibt es in Kedarnath, Badrnath, Chamoli, Devaprayag, Rudraprayag, Karnaprayag, Nandprayag und Auli.
Basera, 1 Ghat Rd., Tel. 2430767.
Inderlok, Railway Station Rd., Tel. 2430555.

Nainital (☎ 05942)

$$ **Manu Maharani Royal Garden**, Tel. 237341-48, 235530.
Grand Hotel, Nainital, The Mall, Tel. 235406.
Swiss Hotel, 1910 errichtete, nostalgische Unterkunft, Nainital, Tel. 236013.
The Naini Retreat, Ayanpatta Slopes, Nainital, Tel. 235105.
$ **Arif Castles**, Nainital, Tel. 235801, www.arifcastles.com.
Vikram Vintage Inn, Mallital, Tel. 236179, (Res.: New Delhi 2643-6451).
Belvedere, Mallital, Tel. 235082, 237434.

Almora (☎ 05962)

$$ **Shikhar**, Aussichtslage, Zimmer mit Balkon, The Mall, Tel. 230253.
Savoy, netter Garten, ruhig, Police Lane, Tel. 230329.
$ **Kailash**, originelles Guesthouse mit noch originellerem Besitzer, The Mall, Tel. 230624.

Ranikhet (☎ 05966)

$$$ **West View**, Kolonialstil, Zimmer mit Aussicht, Mahatma Gandhi Rd., Tel. 2261.
$ **Moon Hotel**, Upper Mall, Tel. 2382.
KMVN Tourist Rest House, The Mall, Tel. 2297.

Binsar

$$$ **Valley Resort**, Hügellage, schöner Bergblick, Bhainsori, Almora – Bageshwar Rd., Tel. 011 (Delhi) 26152294.
Auch in weiteren kleinen Orten, wie Pithoragarh, Chaukori und Bageshwar gibt es Tourist Bungalows.

6 BIHAR, JHARKHAND, CALCUTTA UND WESTBENGALEN

BIHAR

Patna (☎ 0612)

$$$ **The Maurya**, beste Adresse am Platz, Zimmer gut, gutes Restaurant, mit Pool, South Gandhi Maidan, Tel. 2203040, www.maurya.com.
$$ **Chanakya**, Birchand Patel Marg, Tel. 2220590-96, www.chanakyapatna.com.
Pataliputra Ashok, gepflegtes Hotel, schöne Zimmer, Beer Chand Patel Path, Tel. 2226270, www.theashokpatna.com.
Republic, Lawly's Buildg., Exhibition Rd., Tel. 2655021-24.
Samrat International, Fraser Road, Tel. 2220560.
$ **Avantee**, Fraser Rd., gegenüber Dak Bungalow, Tel. 2220540-42.
Jaysarmin, Kankar Bagh Rd., Tel. 22354281.

Rajgir (☎ 06112)

$$$ **Indo Hokke Hotel**, luxuriöses japanisches Hotel für Pilger, im Sommer geschlossen, Tel. 255245.

$$ **Tourist Bungalow Gautam Vihar** (Bihar Tourism), Tel. 255273.

Bodh Gaya (☎ 0631)

$$ **Hotel Sujata**, neues Haus, geräumige Zimmer, Balkon,gute Küche, Tel. 2200761.
$ **Hotel Siddharta** (BSTDC), Tel. 2200127.
Embassy, etwas älter, aber gut ausgestattet; Bodhgaya Road, Tel. 2200711.
Einige **Klöster** vermieten ebenfalls Zimmer.

CALCUTTA (☎ 033)

$$$ **Oberoi Grand**, luxuriöses, traditionsreiches Haus, 15 Jawaharlal Nehru Rd, Tel. 22492323, www.oberoikolkata.com.
Airport Ashok, Calcutta Airport, Tel. 25119111.
Park Hotel, 17 Park St., Tel. 22493121, www.theparkhotels.com.
Taj Bengal, 34 B Belvedere Rd, Alipore, Tel. 22483939, www.tajhotels.com.
Great Eastern Hotel, Old Court House, Tel. 22482311.
$$ **The New Kenilworth**, 1-2 Little Russel Street, Tel. 22428394, www.kenilworthhotels.com.
Fortune Select Loudon, modern, in einem Hochhaus, mit kleinem Pool, 21B Dr.U N Brahmachari Street., Tel. 22475240.
$ **Hotel Neelam**, sehr günstig, schöne große Zimmer in Altbau, zentral, aber nicht besonders sauber, 11 Kyd Street – Park Street, Tel. 22269198, hotelneelamm@g-mail.com.
Lytton Hotel, 14 Sudder St., Tel. 22491875, www.lyttonhotelindia.com.
Shalimar, 3 S.N. Banerjee Rd., gegenüber American Library, Tel. 22285030.
Lindsay, 8 B Lindsay St., Tel. 22452237, www.hotellindsay.com.

WESTBENGALEN

Darjeeling (☎ 0354)

$$$ **Hotel Mayfair**, The Mall, Tel. 256376.
$$ **Windamere Hotel**, 1862 errichtetes, angenehmes und sehr romantisches Resort inmitten einer weitläufigen Grünanlage, Vollpension im Preis enthalten, traumhafte Aussicht, Observatory Hill, Tel. 254041.
$ **Bellevue Hotel**, The Mall, Tel. 254075.

Central Hotel, Robertson Rd., Tel. 256046.
Hotel Sinclairs Darjeeling, 18/1 Gandhi Rd., Tel. 256431.

Jaldapara (☎ 03563)

\$\$ **Jaldapara Tourist Lodge**, Tel. 262230.
Hollong Forest Lodge, Tel. 252524. Reservierungen: im GTO in Darjeeling, im Tourist Bureau, Siliguri, oder bei WBTDC 3/2 BBD Bagh, Calcutta, Tel. 22488271.
\$ **Bandari Tourist & Youth Hostel**, Reservierung: Divisional Forest Officer, Wildlife Division, P.O. Jalpaiguri. Tel. 0353/838.

Malda (☎ 03512)

\$\$ **Golden Park Hotel**, modernes Hotel mit Konferenzzentrum, Narayanpur, Tel. 262251.
Hotel Chanakya, NH 34, Zentrum, Tel. 266620/266694.
\$ **WBTDC Tourist Lodge**, Tel. 220123.

Murshidabad (☎ 03482)

\$ **Berhampore Tourist Lodge** (12 km entfernt). Reservierung: Tel. 250439, oder WBTDC, Calcutta, Tel. 22488271.

Shanti Niketan (☎ 03463)

\$\$ **Chhutti Holiday Resort**, Tel. 252692.
\$ **University Guest House**, Purba Pally, Bolpur. Außerdem **Jugendherberge** sowie **Inspection-**, **Dak-** und **Forest Bungalows** in Bolpur (2 km entfernt).

Bishnupur (☎ 03244)

\$\$ **Hollywood Hotel & Resort**, 24 Paraganas (South), Tel. 24709372.
\$ **WBTDC Tourist Lodge**, Tel. 252013.

Sunderbans (☎ 03219)

\$\$ **Sajnekhali Tourist Lodge**, Sajnekhali / Sunderbans Tiger Reserve, Tel. 236560. Permit notwendig, erhältlich Mo-Sa beim West Bengal Tourist Centre (WBTC) in Calcutta, Tel. 033-2248827, das auch Pauschaltouren mit Lodge-Übernachtung anbietet.

7 SIKKIM UND DER NORDOSTEN

SIKKIM

Gangtok (☎ 03592)

\$\$-\$\$\$ **Tashi Delek**, alteingesessenes Hotel, Dachrestaurant mit Aussicht, Mahatma Gandhi Marg, Tel. 222991, www.hoteltashidelek.com.
Nor Khill, nostalgisch, stilvoll, komfortabel, vormals Gästehaus des Königs, Kanchenjunga-Blick, Tel. 205637, www.elginhotels.com.
Tibet, stilvolle Zimmer, einige mit Kanchenjunga-Blick, Paljor Stadium Rd, Tel. 222523.
\$ **Mayur**, Paljor Stadium Rd., Tel. 222825.
Green, MG Marg, Tel. 223354.

ASSAM

Guwahati (☎ 0361)

\$\$ **Dynasty**, sehr komfortabel, SS Road, Tel. 2516021, www.hoteldynastyindia.com.
Brahmaputra Ashok, M.G. Rd, Tel. 2541064, www.theashokgroup.com.
Raj Mahal, Pool u. Restaurant auf d. Dach; Assam Trunk Rd., Paltan Bazaar, Tel. 2522478.
\$ **Belle Vue**, schöner Brahmaputra-Blick; M.G. Rd, Tel. 2541291.
Prag Continental, ruhige Lage, gutes Restaurant; Motilal Nehru Rd., Pan Bazaar, Tel. 2540580.

Kaziranga N. P.

\$\$ **Wild Grass Resorts**, Tel. 03776-262437 oder 0361-2546827.

MEGHALAYA

Shillong (☎ 0364)

\$\$ **Pinewood Ashok**, älteres Haus mit großen Zimmern, European Ward, Tel. 2223116.
Alpine Continental, zentral; Police Bazaar, Thana/Quinton Rd., Tel. 2220991.

MANIPUR

Imphal (☎ 0385)

$$ **The Classic Hotel**, North AOC Point, Imphal Dimapur Rd., Tel. 2220459.
$ **Deesh Deluxe**, bei Kali Bari, Khoyathong Rd., Thanjal Bazaar, Tel. 2220608.
White Palace, 113 M. G. Avenue, Tel. 220599.
Diplomat, Bir Tikendrafet Rd., Tel. 2220588.

MIZORAM

Aizawl (☎ 0389)

$ **Tourist Bungalow & Lodge**, Chaltlang; Tel. 2341083.
Embassy, Chandmari, Tel. 222570.

ARUNACHAL PRADESH

Itanagar / Naharlagun (☎ 0360)

$$ **Donyi-Polo Ashok**, Sector C, Itanagar, Tel. 22626, www.theashokgroup.com.
Hornbill, Naharlagun (10 km von Itanagar), Tel. 244419.

TRIPURA

Agartala (☎ 0381)

$$ **Rajdhani**, BK Road, Tel. 2223387, www.hotelrajdhani.co.in.
Broadway Guest House, Colonel Chowmohini, Palace Compound, Tel. 2225613.
Meenakshi, Khush Bagan, Tel. 2223430.
$ **Royal Guest House**, Kunjaban, Tel. 2225652.
Hotels in der H. S. Basak Rd.

NAGALAND

Kohima (☎ 0370)

$$ **Hotel Japfu**, angenehme Zimmergröße, gutes Restaurant, Tel. 22721.
$ **Aradura Inn**, nettes Guesthouse, Tel. +91 986 2469939, www.aradurainn.com.